高等职业教育财经类“十二五”系列规划教材·市场营销专业

市场营销基础与实务

——项目课程教材

（第2版）

林小兰 主 编

吕 银 陈慧敏 副主编

SHICHANG YINGXIAO JICHU YU SHIWU

電子工業出版社
Publishing House of Electronics Industry
北京·BEIJING

内 容 简 介

本书主要内容包括：营销观念分析、企业战略规划分析、营销环境分析、竞争者分析、购买者心理分析、目标市场营销战略分析、产品策略分析、价格策略分析、渠道策略分析、促销推销实战。

本书适合作为高等职业院校市场营销及相关专业教学用书，也可供从业人员参考使用。

图书在版编目（CIP）数据

市场营销基础与实务：项目课程教材 / 林小兰主编. —2 版. —北京：电子工业出版社，2014.8
高等职业教育财经类“十二五”系列规划教材. 市场营销专业
ISBN 978-7-121-23939-7

Ⅰ. ①市… Ⅱ. ①林… Ⅲ. ①市场营销学－高等职业教育－教材 Ⅳ. ①F713.50

中国版本图书馆 CIP 数据核字（2014）第 173096 号

责任编辑：张云怡　　特约编辑：尹杰康
印　　刷：北京京师印务有限公司
装　　订：北京京师印务有限公司
出版发行：电子工业出版社
　　　　　北京市海淀区万寿路 173 信箱　邮编　100036
开　　本：787×1 092　1/16　印张：18.5　字数：473.6 千字
版　　次：2009 年 9 月第 1 版
　　　　　2014 年 8 月第 2 版
印　　次：2017 年 1 月第 3 次印刷
印　　数：2 000 册　定价：37.00 元

凡所购买电子工业出版社图书有缺损问题，请向购买书店调换。若书店售缺，请与本社发行部联系，联系及邮购电话：（010）88254888，88258888。

质量投诉请发邮件至 zlts@phei.com.cn，盗版侵权举报请发邮件至 dbqq@phei.com.cn。

本书咨询联系方式：（010）88254573，zyy@phei.com.cn。

第 2 版前言

为了更加有利于学生学习及老师教学，新版教材在每一个项目任务后面增加了项目指导书，里面列出了项目完成的基本路径及做法，以使学生得到帮助。

新版教材删除了原项目十“进行有效的信息沟通”的内容，将项目九“促销推销实战”分解成了“企业定价策略”及“促销推销实战”两个项目，以使整本书的框架结构更加合理。此外，在大部分项目中，删除了以前相对较老的案件，补充了较多新的、鲜活的营销案例，以拉近理论学习与企业营销实践的距离。对于第 1 版中的“任务所涉及的知识点”，在本版中也进行了较大幅度的修订，使知识点更加清楚、凝炼。

第 2 版教材由林小兰任主编，吕银、陈慧敏任副主编。林小兰负责本书的全面修订、改稿。参加第 2 版教材修订的人员包括：北京信息职业技术学院林小兰，负责项目一、项目二、项目三的修订；辽宁理工职业学院吕银，负责项目四、项目五的修订；北京信息职业技术学院陈慧敏，负责项目八、项目九的修订；北京信息职业技术学院蒋鸣雷，负责项目六的修订；北京信息职业技术学院苏兰君，负责项目七的修订；北京第七九七音像股份有限公司杨勇，负责项目十的修订。

编者对电子工业出版社一直以来给予的大力支持与无私帮助表示衷心感谢！

本教材已得到工信部的科研立项，将增加与本课程教学内容匹配的数字化立体资源。

由于编者水平有限，书中难免存在错误和不足之处，恳请广大读者批评指正。本书配套教学资源请登录华信教育资源网（www.hxedu.com.cn）免费下载。

编者

2014 年 7 月

目　录

项目 1

营销观念分析

观念指导人的思想和行动，观念对人的行为、决策至关重要。作为营销人员，具备现代营销观念是非常重要的。通过本项目的完成，能够让同学们充分认识到营销观念对企业、对人产生的巨大影响，并能初步具备营销理念、应用营销理念，指导自己今后在营销岗位上的工作。

任务 1 组建团队、确定模拟企业

项目任务书

课内学时	2	课外学时	2
学习目标	1．能够在教师的指导下完成分组任务 2．分组后通过沟通，各成员知道自己所在团队，自己在团队中具有哪些优势（PPT 制作、写文件、资料整理、上台演讲、沟通、组织、分析），自己团队的成员有何种优势、劣势 3．通过上网查阅资料、协调沟通、充分讨论，确定本团队要模拟的企业		
学习方法	1．小组讨论沟通 2．查找学习资料		
所涉及的专业知识	组建团队（组织）的有关信息收集及计划		
与其他任务的关系	本任务是完成其他任务的前提，本任务可作为一个独立的任务完成		

续表

学习材料与工具	学习材料：样例 1.1、样例 1.2 工具：互联网、电脑、项目任务书、笔
学习组织方式	1．以团队为单位完成组建任务 2．团队代表上台介绍团队及所模拟的企业

项目指导书

完成项目的基本路径：

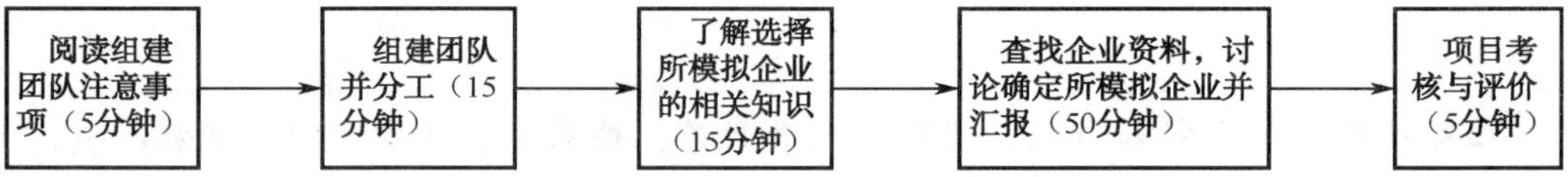

Step 1 阅读组建团队注意事项

组建团队模拟某一具体企业是本课程教学组织实施的前提与基础，团队的组建成功与否，会对整个学习的质量产生很大的影响。在组建团队时要注意：在一个团队中，应该吸收具有各个方面专长的成员，如口才好的，写作能力强的，计算机水平高的，组织协调能力强的。

本课程各团队的主要任务是：完成对模拟企业资料的查找、整理、分析，撰写分析报告，根据分析报告制作 PPT 文件，上台汇报及答辩；或者完成一个市场营销实际项目的策划及实施，如促销策划方案的制订及实施。

Step 2 组建团队并分工

由教师组织学生自主选出队长 6～8 人，然后由各队长自主寻找团队成员，组建团队。

团队成员聚集在一起后，由队长召开第一次组建会议，各成员依次进行自我介绍，说清楚自己的长处（包括 PPT 制作、写文件、资料整理、上台演讲、沟通能力、组织能力、分析能力等）和不足。然后进行讨论，确定在团队中各自的主要分工，并填写表 1-1 所示的分工表。

表 1-1　项目任务产出——团队分工

团队队长姓名：________		团队名称：________
队员 1 姓名：________	特长：________	分工：________
队员 2 姓名：________	特长：________	分工：________
队员 3 姓名：________	特长：________	分工：________
队员 4 姓名：________	特长：________	分工：________
队员 5 姓名：________	特长：________	分工：________

Step 3 选择模拟企业的相关知识

（1）考虑所选择模拟企业的规模。在各团队选择了模拟企业后，以后各项调查、分析活动的开展均以该模拟企业作为对象，故对模拟企业选择的好坏直接影响到本课程的学习。

在选择模拟企业时，最好选择国内的企业或者属于国外但在国内有经营场所的企业。因为我们对国内的企业比较熟悉，也容易查找相关的资料，必要时还可到企业进行实地调研。而对国外的公司一方面我们不熟悉，另一方面查找资料困难，也不利于到公司实地调研。

所选择的企业要大小适中。不要过小，如只有几个人的小企业，其运行、管理等诸多方面不成熟，也可能没有专门的营销部门。也不要过大，如跨国公司且主营业务在国外的企业。如果选择了较大的公司，一定要弄清楚本团队所要模拟运作的具体区域，如肯德基的中国北京市场、雀巢公司在中国北京的市场等。建议所选择的市场最好是当地市场，以方便后面的工作开展。

对于所选择的企业最好是同学们对其有一定了解的，如一般的日用品企业、啤酒公司、奶制品企业，如果所选择的企业经营的产品不常见，则要求一个团队至少有一个同学非常了解该企业经营的产品，且团队的绝大多数同学有兴趣来模拟该企业。

（2）了解所模拟企业的基本情况。企业基本情况包括：企业的完整名称、成立日期、办公地点（总部分部所在地）、企业性质（国企、私企、外企、合资企业等）、企业规模（可用注册资金、员工人数、销售额或利税额等资料来说明）、主要业务、所经营的产品或服务在市场上的占有率情况（适用企业比较大，有一定知名度的情况）、组织情况、企业特色等。可参看样例 1.1、1.2。

样例 1.1　国美电器集团简介

国美电器集团成立于 1987 年 1 月 1 日，是中国最大的以家电及消费电子产品零售为主的全国性连锁企业，截止到 2008 年 10 月，在中国 280 多个城市拥有直营门店 1 200 多家，2003 年、2006 年国美电器相继在中国香港、澳门地区开业，目前在两地已拥有 17 家门店。旗下拥有国美、永乐、大中、黑天鹅等全国性和区域性家电零售品牌，年销售能力 1 000 亿元。目前，集团拥有员工（含门店促销员）20 万人，每年上缴国家税收超过 20 亿元。2008 年 3 月，中国连锁经营协会发布“2007 年中国连锁百强”经营业绩，国美电器以 1 023.5 亿元位列首位。国美电器集团是中国企业 500 强之一。

样例 1.2　雀巢食品公司简介

1867 年，瑞士化学家亨利 · 内斯特尔创立了育儿奶粉公司，以他的名字 Nestle 为其产品的品牌名称，并以鸟巢图案为商标图形。1905 年，雀巢育儿奶粉公司与美国的另一食品公司合并，取名雀巢英瑞炼乳公司。1949 年为另一家瑞士公司购进，改为现名雀巢食品公司。

20 世纪初，公司开始实行多样化生产，并在世界各地收购并建立企业，成为世界规模最大的食品制造商，其分支机构开设在美国、日本、德国等 20 多个国家，已有 1 200 多家工厂、商号，总部设在瑞士的韦维。

公司主要产品为速溶咖啡、炼乳、奶粉、婴儿食品、乳酪、巧克力制品、糖果、速饮茶等数十种。其中雀巢咖啡销量最大，主要是因为产品质量过硬，而且品牌名称使得消费者在饮用时也确实体会到“舒适”、“依偎”的感觉。

雀巢公司2008年位居《财富》500强第57位，营业收入896.3亿美元，利润88.74亿美元，在全球拥有500多家工厂，近28万名员工。

雀巢进入中国已有20多年历史，是最早进入中国的外商之一。2001年，雀巢在上海成立了上海雀巢研发中心，致力于应用科技和营养研究，并开发中国消费者喜爱的、适合中国人口味和消费能力的营养食品。在过去的二十多年中，雀巢从瑞士对大中华区的直接投资累计达70亿元人民币。雀巢大中华区的总部设在北京。雀巢在中国拥有20多家工厂，十几家独资及合资企业，2008年雀巢北京研发中心开业。2007年，雀巢大中华区的销售额为21亿瑞士法郎（合130亿元人民币）。

Step 4 查找模拟企业的相关知识，讨论并确定所模拟的企业

（1）如何查找有关信息。

① 网络查找。许多时候我们需要查找的资料可以通过二手资料获得，而获得二手资料的途径最方便的是通过网络。我们常用的搜索引擎有：谷歌、百度，在网页地址栏输入www.google.com或www.baidu.com，打开相应的网站，然后在关键词栏中输入想要查找内容的关键词，于是相关的资料就出现了。

在通过搜索引擎查找时要注意，有的同学试图通过输入教师要求他们完成的问题来获得答案，比如，老师想让他们了解一下肯德基的营销渠道是怎样的，他们会在搜索引擎关键词栏中输入“肯德基的营销渠道”。这种解决问题的方法是不对的，要根据你想查找的资料，输入适当的关键词，然后根据所查到的信息来总结你想要的资料。如还是上面的问题，可以输入“北京　肯德基分布”来了解相关的信息。有些问题网上不一定有现成的资料，但有相关的资料，关键要看是否会整合应用。

在查找信息的时候，需要阅读大量的资料，通过大量阅读、分析，就可以大致了解你要的信息。这其实是一个整合信息、筛选信息的过程。

对于较大的、较著名的企业，通过网络查找相关信息是一个很好的方法，但不适用于较小或不知名的企业。

② 实地调研。对于一些较小且具有一定特色的企业，在网络上未必能找到相关的资料，如果条件允许，可以到企业去进行实地调研。但这样做的前提是与该企业的人员较熟，可以以合法的途径获得内部信息。

③ 通过其他二手资料查找。除了通过网络和实地调研外，还可以通过企业所发的宣传单、企业的内部杂志等获得一些二手资料。

（2）如何开团队会，提高工作效率。参看“项目所涉及的知识”。

（3）上网查找资料，召开团队会，确定模拟企业。

① 以个人为单位，填写表1-2所列内容（需上网查找相资料）。

表 1-2 项目任务产出——“确定模拟企业”个人完成项目

个人感兴趣的企业/或企业类型：	
所上的网站：	所用的搜索关键词：
查到的企业资料： 名称： 规模： 基本情况：	

② 以团队为单位，进行沟通和讨论，完成表 1-3（由队长或队长指定队员填写），并由队长指定一位队员上台进行汇报。

表 1-3 项目任务产出——“确定模拟企业”团队完成项目

本团队所确定的要模拟的企业名称：
企业概况：成立日期、办公地点（总部分部所在地）、企业性质（国企、私企、外企、合资企业等）、企业规模（可用注册资金、员工人数、销售额或利税额等资料来说明）、主要经营什么业务、所经营的产品或服务在市场上的占有率情况（适用规模较大且有一定知名度的企业）、组织情况、企业特色等。

Step 5 项目考核与评价

项目的评价标准有以下几个方面。

（1）无须求助于教师，在课堂上能顺利完成分组任务（各成员之间搭配合理），并及时向教师汇报。各团队成员间沟通充分，每个成员均知道自己在哪个团队，队长是谁，团队成员各有什么特长，主要负责哪一方面的工作；通过计算机互联网查找了团队成员所感兴趣的产品的公司，并能够很好地沟通，确定了本团队所要模拟的企业。成绩为 A（90～100 分）。

（2）在课堂上能顺利完成分组任务（各成员之间搭配合理），并及时向教师汇报，但团队成员之间沟通不全（如有的队员不知道自己在哪个队，或对于自己主要负责哪方面的工作不很了解，或不知道各团队成员有何优势）；通过计算机互联网查找了团队成员所感兴趣的产品的公司，但没有达成一致的意见，对于所确定的本团队要模拟的企业，有的成员有意见。成绩为 B（80～90 分）。

（3）通过求助老师，在课堂上完成了分组任务（各成员之间搭配基本合理）并及时向教师汇报，团队成员之间未进行沟通；上网查找并比较了相关企业，选定了要模拟的企业，但团队成员未进行沟通或大部分人未参与沟通。成绩为 C（60～80 分）。

（4）顺利完成了分组任务（各成员之间搭配不合理），未及时向教师汇报，未认真查找想模拟的企业的资料，团队成员之间未进行沟通，未能选出要模拟的企业或大部分人对所选定的公司有异议。成绩为 D（60 分以下）。

分值划分：本任务占课程过程考评总分的 5%（或由任课教师指定），其中分组资料提交情况占 30%，模拟公司确定情况占 35%，学生间的合作及表现占 35%。由教师与学生共同评价，其中学生自我评价占 50%，教师评价占 50%。

评分要求：由教师和学生分别给出每个团队具体项目的档次及具体分值。项目评分表见表 1-4。

表 1-4 “组建团队，确定模拟企业”项目评分

教师评价	分组情况（30%）		学生评价	分组情况（30%）		总评：
	模拟公司确定情况（35%）			模拟公司确定情况（35%）		
	学生间的合作及表现（35%）			学生间的合作及表现（35%）		

基本知识

一、如何开团队会，提高工作效率

开团队会是我们在本课程的学习过程中经常要做的工作，有的是在课堂上开，有的是在课下开。对企业来说，参加会议是管理人员经常性的工作。许多人对开会非常厌烦，但有会还得参加。

对一个企业来说，适当的开会是必要的、不可缺少的，但是，许多会开得不明不白、毫无结果，浪费了好多时间，使得参加会议的人一无所获。

因此，开会要有目的和结果，这是会议开得有效的最低要求。同学们在开团队会时，首先要明确自己开会的目的，比如上述项目，就需要开团队会，其要求是要使团队各成员之间相互了解，并进行合理的分工，所以会议目的是“了解”和“分工”。这就需要队长主持，让队员们一个一个发言进行自我阐述，大家再讨论进行分工。

作为队长，首先要弄清楚会议的目的是什么；其次，在自己作为会议的主持人时，要有能力主持好会议，力争达到预期的结果；另外，作为会议的参加者，要积极地参与会议，不浪费时间，力争有所收获。

二、开团队会的意义

会议是团队存在的体现，表现了一定的群体边界，展现了一个组织运作的事实，能使领导者产生成就感，使参加者对团队产生认同感。

会议是一种群体沟通。群体沟通的成本比较低，对解决协调问题尤其方便。会议过程中的沟通是全面的、交叉的，反馈是即时的、多方面的。

三、团队会的类型

团队会的类型主要有两种，一种是制订方案的会议，一种是收集和交换意见、解决问题的会议。制订方案一般是在任务开始时，团队成员先明确任务的主要目的（这通常需要花费一定的时间，包括与教师进行反复沟通、同学间相互询问），然后围绕任务讨论和确定如何进行分工，时间如何安排，谁负什么责任。收集和交换意见、解决问题的会议在团队会中占有相当的比例，在我们完成任务的过程中，经常需要大家在一起讨论，了解各个分工负责人的工作进展情况，鼓励广泛地讨论，进行充分的沟通，有时需要做出决策，以解决遇到的问题。

四、团队会失败的原因

经常会有团队会失败的情况发生，也就是会议没有达到预期的目的。了解失败的原因会对我们有帮助，使团队尽量避免发生会议失败、效率低下的情况。

会议失败的原因，从根本上来讲是由于对会议不够重视，事先没有足够的准备和分析。主要表现在以下几个方面：

第一，组织不当。会议组织不周密，致使会议偏离既定目标，或对目标失去控制。

第二，分析不够。误以为参会者都了解了会议的目的，并误以为会议上传递的信息，可以为与会者快速接受。

第三，备忘录失误。由于前一次会议的备忘录内容记录不够准确，因而在本次会议上需花费时间重新考虑有关问题，并达成一致意见。

第四，议程安排不当。未能对会议和会议议程进行合理的计划安排，谈论的话题就会混杂多样，难以控制。

第五，会议主持人的原因。包括：放任自由讨论；对会议的目的和即将产生的结论模糊不清；听任一两个人夸夸其谈，使大多数人无法发表自己的见解。

五、会议前的准备工作

一般来说，开会前要做好如下的准备工作：

第一（why），为什么要召开这次会议？开会的目标是什么？要确定目标，需要回答如下三个问题：我能不能自己做决定？这个会议必须在这个时候开吗？如果改成打电话或写便笺，能不能达到相同的目标？效果会不会更好？

第二（when），什么时候召开？这个时间必须是所有参加会议的重要人物都有时间出席的。如果有权做出决定的人无法出席，那么这次会议很可能得不到好结果。

第三（who），哪些人参加会议？即需要哪些人、多少人参加会议。

第四（where），在哪儿开会？重点考虑：需要哪些书籍、备忘录或书面资料，是否需要事先写好议程表发给每个人？

六、主持会议

一般来说，由团队的队长来主持会议。对于涉及某个具体负责人的会议（如计算机使用问题、PPT 制作问题交流等），可以由相关的负责人来主持。

主持人应该明白，自己的任务主要是控制会议、阐明目标、鼓励大家各抒己见，并保证给予会议每一个成员有合理的发言机会和时间，保证每一个会议成员都明白会后自己应该承担的工作。

1．主持人的责任

主持人应在会议前对下列各事项认真考虑，并做出决定：会议的目的、议事日程、与会人员；召开会议的时间和地点；会议种类和应散发的文字材料。

在会议召开期间，主持人应以创造和谐的会议气氛为己任，要做的工作是：宣布开会；控制议程；鼓励讨论；控制人员发言；总结发言；做出决议、确认行动和责任；闭会。

在会议结束之后，主持人还要对会议的过程做出总结，包括回顾会议情形，评价会议进展情况和结果。

主持人可参考表 1-5，总结自己的主持情况和水平，提高主持技巧。

表 1-5　主持人的行为表现记录表

行　　为	次　　数	引言或例句
组织安排会议		
确定、检查目标		
遵守时间		
鼓励发表见解，提出建议和问题		
澄清事实		
检查理解程度和意见是否一致		
引入正题还是离题太远		
使与会者对决策制定具有责任感		
过早结束，结果未明		

2．会议开始的主持技巧

首先开会要准时，时间一到，即要宣布开会。人们最怕拖拖拉拉、到了时间却又开不了的会议。在宣布会议开始时要心平气和，神态自然、镇定，使纷乱、嘈杂的场面平静下来。

一开始便要说明议程安排、大纲及会议进行时间表。询问有没有人对会议的安排不清楚，并回答与会者提出的其他问题。

3．会议进行中的主持技巧

第一，要尽早并简明地引出主题，说明讨论的目的；第二，把握和控制会议的进度；第三，要注意鼓励每个人发表自己的见解；第四，在一段时间里要集中讨论一个议题，在一个议题结束之后再开始下一个议题；第五，注意对不同意见的处理；第六，随着会议的进行，对已表述的观点要及时加以概括总结；第七，争取尽早得出结论。

4．与不同的与会者打交道

（1）始终保持沉默的与会者。如果与会者只是紧张，主持人应尽量鼓励他发言，并在他发言时，对他的表现加以赞许。如果与会者是由于有不同的意见而不发言，那么更应该鼓励他发表意见，并尽力找出他不同意的原因——可能会是很独到的看法。

（2）喋喋不休的与会者。在他提出一个意见后就打断他，并把目光注意力转向另一个人。例如，你可以说："小李，这个意见很好。小王，你的看法怎样？"

（3）反对任何建议的与会者。在一开始就声明无论什么建议或意见，都欢迎大家提出来讨论。在有人不断批评别人的建议的情况下，就可以用这一点来提醒他。

（4）思维散乱的与会者。主持人可以请他用比较精确的说法再解释一次，让大家都听得懂。或者让他说明一下他的意见何以能解决目前大家在讨论的问题，这样就可以把讨论引回正题。

（5）窃窃私语的与会者。主持人可以停止说话，让整个会场静下来，使私下谈话的人警觉。主持人也可以直接请问他们是不是觉得应该分组讨论，然后再把各组的结论集中起来讨论。

（6）脱离主题的与会者。这是一群人（在我们的学生团队里可能是两个人或三个人）同时脱离会议主题的情形。此时主持人应该想办法打断大家，同时引进新的相关资料。也可以针对主题稍作总结，把大家注意力引回正题。

七、参与会议的技巧

1．与会者的责任

每一个会议参与成员均对会议的成功负有重要责任。全体成员必须通晓会议的目标、议事日程中的各个项目和各自在会议上所担当的角色，见表1-6。

表1-6　与会者的责任

开会之前	根据个人的观点研究问题
	依据所提供的文件、资料，准备经缜密推断分析的论证材料
	记下开会的地点、日期和时间
	做好在会议中尽量发挥自己的心理准备
会议中间	倾听他人的观点
	积极发表自己的见解
	关注正在讨论的事项
	与主持人密切配合
会后检查	为什么要出席这次会议
	这次会议达成了什么结果
	还有哪些事情尚未完成
	进一步的行动由谁来负责

2．记录员的责任

会议记录员的责任是：对每一次会议进行记录。此任务可由团队队长担任，也可由队长指定人员来担任。记录中要写清楚会议的日期、地点、目的、最后形成的决议（行动方案），以便以后完成任务时有案可查。

3．积极参与会议的技巧

（1）有备而来，开会前先把会议议程看一看。

（2）尽可能地开放心胸，接纳别人的看法，不要因为别人不同意你的意见就反对他们的看法，同样，也不要别人一开始反对，你就放弃自己的看法。

（3）尽可能精确、明白地表达你的看法，不要随便引用一些不相关的证据，使议程受干扰。

（4）不要觉得不好意思说“我不知道”或“这个问题我需要进一步了解”，当你听不懂的时候，别人可能也听不懂。

（5）主动帮助大家解决问题。

任务 2 营销观念案例分析

项目任务书

课内学时	6	课外学时	至少 2
学习目标	1．掌握市场营销的核心概念 2．了解各种营销观念的适用范围，并能针对具体企业的情况进行分析，初步具备适应现阶段市场的营销理念 3．初步接触团队合作，能发挥每一个团队成员的能力，完成案例讨论、分析并写出案例分析报告		
学习方法	1．听教师讲解并完成项目任务 2．个人思考，完成个人案例分析 3．团队讨论、沟通，完成案例分析报告		
所涉及的专业知识	1．市场营销核心概念：市场、需要、欲望、需求、产品、交换、交易、价值、满意 2．营销观念：生产观念、产品观念、推销观念、市场营销观念、社会市场营销观念、大市场营销观念		
与其他任务的关系	营销观念是指导一个企业走向成功的必要条件。企业所采用的营销观念只有适应了环境才能取得成功，因此本任务是做好其他任务的前提。学生应达到本任务的要求才能做好后续任务		
学习材料与工具	学习材料：案例、PPT 工具：项目任务书、笔、黑板、粉笔、投影等		
学习组织方式	1．以个人为单位学习 2．以团队为单位学习		

项目指导书

完成项目的基本路径：

听教师讲解案例，掌握营销核心概念（90分钟） → 听教师讲解案例，掌握不同营销观念的内容及适用范围（90分钟） → 以团队为单位分析综合案例并上台讲解、完成案例分析报告（85分钟） → 项目考核与评价（课内5分钟及课后）

Step 1 听教师讲解案例，掌握营销核心概念

案例1.1 海尔洗衣机“无所不洗”

创立于1984年的海尔集团，经过24年的持续发展，现已成为享誉海内外的大型国际化企业。作为在白色家电领域最具核心竞争力的企业之一，海尔有许多令人感慨和感动的营销故事。

海尔营销人员在调查四川农民使用洗衣机的状况时发现，在盛产红薯的成都平原，每当红薯大丰收的时节，许多农民除了卖掉一部分新鲜红薯外，还要将大量的红薯洗净后加工成薯条。但红薯上附着的泥土洗起来费时费力，于是农民就动用了洗衣机，更深一步的调查发现，在四川农村有不少洗衣机用过一段时间后，电机转速减弱，电机壳体发烫。向农民一打听，才知道原来他们冬天用洗衣机洗红薯，夏天用它来洗衣服。这令海尔负责人张瑞敏萌生一个大胆的想法：发明一种洗红薯的洗衣机。它于1998年4月投入批量生产，洗衣机型号为XPB40-DS，不仅具有一般双桶洗衣机的全部功能，还可以洗红薯、水果甚至蛤蜊，价格仅为848元。首次生产了1万台投放农村，立刻被一抢而空。

“只有淡季的思想，没有淡季的市场。”每年6至8月是洗衣机销售的淡季，每到这段时间，很多厂家就把促销员从商场里撤回去了。调查发现，不是老百姓不洗衣裳，而在夏天5公斤的洗衣机不实用，既浪费水又浪费电。于是，海尔的科研人员很快设计出一种洗衣量只有1.5公斤的洗衣机——小小神童。

在西藏，海尔洗衣机甚至可以用于打酥油；在安徽，海尔洗衣机可以洗龙虾。海尔，通过多年以来的技术储备和市场优势的积累，在快速启动的洗衣机市场上占尽先机，在其他企业以降价和推销为手段大力开拓市场时，海尔仍然以高价和优质服务赢得了市场，市场份额持续高居全国第一。正是海尔公司以顾客为中心，以市场需求为导向，重视市场调查，获取重要的调查资料来指导企业的生产和经营活动，组织有系统的市场营销，才取得了今天的成就。

（资料来源：中国营销评论网. 2008年11月. http://www.marketingcn.org/html/Class15/200811/38.html.）

【案例思考】

（1）对于“无所不洗”洗衣机的开发，你认为海尔成功在哪些方面？

（2）张瑞敏说：“只有淡季的思想，没有淡季的市场。”请谈谈你对这句话的理解。

（3）通过对本案例的分析，你能够得出哪些结论？

（4）完成任务产出表1-7。

表 1-7　任务产出表——对“市场营销”概念的理解

听老师讲解该案例，谈谈你对市场营销的概念的理解。

案例 1.2　人口分析发现新市场

日本尼西公司原是一个仅有 30 多人的生产雨衣的小公司，因产品滞销，公司准备转产。

有一次，公司董事长多川博偶尔看到一份人口普查资料，得知日本每年出生婴儿 250 万。他想，每个婴儿一年用两条尿布，一年就需要 500 万条，如果再销往国外，市场就更加广阔了。于是他果断决策：转产尿布。

结果，几年工夫，该公司生产的尿布就占领了日本市场，并占世界销售总量的 30%。多川博由此成为世界著名的“尿布大王”。

（资料来源：高目，文洁编著．谁能把梳子卖给和尚．深圳：每天出版社，2002.）

【案例思考】

人口对市场有影响吗？人口是决定市场的唯一因素吗？完成任务产出表 1-8。

表 1-8　任务产出表——对“市场”概念的理解

听老师讲解该案例，谈谈你对“市场”概念的理解。

案例 1.3　印度洋海啸后的重建

进入 2005 年 2 月，印度洋海啸救灾的重点已由人员搜救转向灾后重建。尽管在人类悲剧面前谈论营销法则可能有悖常理，但不可否认，海啸过后的重建中隐含着巨大的市场机会。海啸袭击了斯里兰卡东南海岸，使得全国铁路、公路和港口设施均遭到破坏，特别是从首都科伦坡到南部加勒地区的道路损毁情况更加严重，许多物资都不得不通过空中运输，因此，斯里兰卡急需直升机和空中管制人员。除此之外，由于此次海啸受伤人数接近两万人，也急需更多的医护人员和医疗设备。

在印度的尔奈社，无家可归的灾民们更需要重建家园及谋生所需的建筑工具，包括他们赖以生存的渔网和渔船。印度灾区最需照明灯、储水罐、简易移动卫生间、炉灶和毛毯等生活资料，鞋子、香皂和消毒剂等在市场上也出现了短缺。由于灾区还有许多倒塌的房屋和瓦砾尚未清理，一些大型机械也是救灾所需。

在印度尼西亚，海啸之后由于商品短缺，物价一度飙升。默拉博是亚齐省的第三大城市，但因为靠近震中，受损也最严重，市内 80%的建筑被毁。陆路前往默拉博只有一条路可通，物价因此翻倍上涨，一竹筒大米（约 2 升）从 4 000 盾（100 盾约合 1 元人民币）涨到 8 000 盾，一公升汽油从 2 000 盾涨到 2 万盾。直到国际社会空运救援物资到来后，物价才逐渐回落。

在泰国重灾区攀牙府，最需要的是清理和运载废墟砖瓦的工具以及干冰、防腐剂等医疗用品。

可以预计，之后一年，受灾地区对钢铁和其他建筑产品的需求将会增加。自灾难发生以来，泰国水泥、钢铁和建筑业相关公司的股份均已上扬。海啸重建为中国企业提供了工程劳务输出的机会。与英美企业相比，中国工程公司最大的优势在于地理位置和承包金额。以泰国为例，中国在泰国承包项目的历史有20多年，对当地的环境和物价也比较熟悉，与当地政府的良好合作是取得工程项目不可或缺的条件。

（资料来源：《人民日报》，2005年3月10日）

学习完案例1.3后，完成任务产出表1-9。

表1-9　任务产出表——对“交易、交换”概念的理解

听老师讲解该案例，谈谈你对“交易”、“交换”概念的理解。

案例1.4　美国通用电气的面包烤箱在日本市场受挫

美国通用电气企业在20世纪60年代将其在欧洲非常畅销的家用面包烤箱推向日本市场，并大做促销广告，结果日本消费者反应非常冷淡。因为虽然日本人饥饿也需要吃东西，可日本人饥饿时的欲望是米饭而不是面包，而面包烤箱是不能烤大米的。后来，通用电气企业认识到自己所犯的错误，为了满足日本消费者的需要，该企业发明了我们大家现在所熟悉的电饭煲。电饭煲的工作原理和作用与面包烤箱一样，但却满足了日本人的需要，随之产生了极大的产品需求。现在电饭煲已风靡全球，非常畅销。

（资料来源：高凤荣主编．市场营销基础与实务．北京：机械工业出版社，2008.）

【案例思考】

美国通用电气的面包烤箱在日本市场为什么会受挫？

表1-10　任务产出表——对“需要、欲望、需求”概念的理解

听老师讲解该案例，谈谈你对“需要、欲望、需求”概念的理解。

案例1.5　镇北堡——出售荒凉

和“三国城”、“水浒城”这些蜚声中外的影视城相比，知道宁夏镇北堡的人要少一些，但是你知道《大话西游》、《红高粱》、《新龙门客栈》、《黄河谣》、《红河谷》吗？除此之外还有很多电影电视剧都是在那里拍的。

镇北保西部影城在中国众多的影视城中以古朴、原始、粗犷、荒凉、民间为特色。它原本是明清修筑的戍塞边城，现保存着两座古堡，俗称“土围子”，是典型的中亚细亚地区的“覆土建筑”，完全是用黄土夯筑修建成的。除了城门，四周城墙上没有一块砖，古朴别致、雄伟苍劲。土墙历经数百年的风霜雨雪，墙面的自然风蚀形成任何人工无法修饰出的“花纹”。古堡兼有小城镇与“土围子”的城门情调，独具风姿。在这里的城墙上极目四望，眼前除了蓝天便是纯黄的石、土和树，脚下则是穿行于银川平原的黄河。当风吹开衣襟时，你可以体会到天涯沦落人的凄怆；也可以将身心融入这片气势磅礴的广阔之

中，默默体会着“心宽天下宽”的感觉；还可以狂奔狂呼，尽情感受侠客们的生死豪情。

有的人从镇北堡旅游回来可能会说，什么破地方，除了荒凉还是荒凉。但镇北堡出售的恰恰就是荒凉，据说生意还不错。

（资料来源：屈冠银主编. 市场营销理论与实训教程. 北京：机械工业出版社，2008.）

【案例思考】

镇北堡出售的是什么样的产品？对于“产品”，你是怎样理解的？完成表1-11。

表1-11　任务产出表——对“产品”概念的理解

听老师讲解该案例，谈谈你对“产品”概念的理解。

案例 1.6　秦川汽车销售公司销售案例

西安秦川汽车销售公司业务员以良好的服务态度和形象对待每一个客户。一次，一个贵州客户带着现金来公司买车，由于日方零配件未到，公司除了几辆样车外无车可卖，这怎么办？按一般的做法，是让顾客留下地址，等有了车再联系。但该公司没有让顾客失望地回去，而是从样车中选出一辆卖给了顾客。这使顾客很感动，后来这个顾客成了“西安奥拓”汽车的义务宣传员，经他介绍，有好几个客户来买车。

（资料来源：郭国庆主编. 市场营销学通论. 北京：中国人民大学出版社，2005年7月）

【案例思考】

西安秦川汽车销售公司业务员为什么能多售出几辆车？完成任务产出表1-12。

表1-12　任务产出表——对“价值、满意”概念的理解

听老师讲解该案例，谈谈你对“价值、满意”概念的理解。

Step 2　听教师讲解案例，掌握不同营销观念的内容及适用范围

案例 1.7　观念与命运（教师可选择讲解或让学生课后自己学习）

这是一个真实的故事。

两个乡下人外出打工，一个去上海，一个去北京。可是在候车厅等车时，双双都改变了主意。因为邻座的人议论说上海人精明，外地人问路都收费；北京人质朴，见吃不上饭的人，不仅给馒头，还送腐乳。

想去上海的人想：还是北京好，挣不到钱也饿不死，幸亏车还没开，不然就掉进了火坑。

去北京的人想：还是上海好，给人带路都能挣钱，还有什么不能挣钱的？幸亏还未上车，不然真失去一次致富的机会。

于是他们在退票处相遇了。原来要去北京的拿到了去上海的票，原来要去上海的拿到了去北京的票。

去北京的人发现，北京果然好，他初到北京一个月，什么都没干，竟然没有饿着。不仅大厅里的水可以白喝，而且大商场里品尝的点心也可以白吃。

去上海的人发现，上海果然是一个可以发财的城市，干什么都可以赚钱。带路可以赚钱，开厕所可以赚钱，弄一盆凉水让人洗脸也可以赚钱，只要想点办法，再花点力气，就可以赚钱。凭着乡下人对泥土的感情和认识，第二天，他在建筑工地装了十包装有沙子和树叶的土，以“花盆土”的名义，向不见泥土而又爱花的上海人兜售。当天他在城郊间往返六次，净赚了50元钱。一年后，他凭“花盆土”在大上海拥有了一间小小的门面。

在长年的走街串巷中，他又有了一个新发现：一些商店楼面亮丽，而招牌较黑，一打听才知是清洁公司只负责洗楼而不负责洗招牌。他立即抓住这一机遇，买了些人字梯、水桶和抹布，办起了一个小型的清洁公司，专门负责清洗招牌。如今他的公司已有150多个打工仔，业务也由上海发展到杭州和南京。

前不久，他坐火车去考察清洗市场。在北京站，一个捡破烂的人把头伸进软卧车厢，向他要一个啤酒瓶，俩人都愣住了——因为五年前，他们曾经换过一次车票。

请问，现在你想去北京还是上海？

[资料来源：刘玉凤. 班主任之友. 2005（3）]

【案例分析】

这两个人的命运为什么会如此不同？完成任务产出表1-13。

表1-13 任务产出表——营销观念的重要性

营销观念对企业有何重要意义？

案例1.8 福特“T”型车的成功

在20世纪初，当大多数人还在用马车甚至是双腿踏上旅程的时候，亨利·福特和他的福特汽车公司经过反复试验和多年的技术经验的积累，终于让汽车脱下了高贵的外衣，使它成为普通百姓的宠儿。

1903年6月16日，福特汽车公司在底特律的一间由货车车间改造而成的窄小工厂中宣告成立。1903年至1908年间，亨利·福特和他的工程师们狂热地制造了19种车型，从字母表中的A直到S车型。当时的汽车制造者们一般都致力于高档汽车的设计生产，推出的都是价格昂贵的豪华车型，只有少数富人有购买能力，一般人根本不敢问津。福特公司推出的以A、B、C等字母为标志的高档车型，销量较差，售价为2 500美元的K型车是一辆六缸轿车，销量更差。

K型车的失败，使福特先生坚持认为公司的未来在于生产适合大众市场的价格低廉的汽车。T型车于1908年10月1日步入历史舞台，亨利·福特称之为“万能车”。T型车在设计思路、生产管理、零售定价、销售组织、售后服务等许多方面都采用了与众不同的方法。T型车的各种零件被首次设计成统一规格，实现了总成互换；在大型总装车间，别人发明的流水线装配法被发展成为了由机械传送带运送零件和工具，极大地提高了工作效率；采用低定价（每辆车只售850美元，后又降至360美元）的销售策略，使大多数人都能购买得起，提供充足的零部件和及时的售后服务保障，消除了用户的后顾之忧；大幅度提高工人工资（实行“8小时5美元工作日”——相当于原工资的200%以上），以求提高工作效率、降低生产成本。1914年，公司不足13 000人，生产了730 000辆汽车，获利30 00万美元。由于该车价格低廉、使用方便、维护容易，销售异常火爆。累计1 500多万辆的产量更是创造了空前的纪录。

在T型车投产的19年里，仅美国一地就销售了15 007 033辆。福特汽车公司在全球牢牢建立了自己作为综合工业巨头的地位。T型车既使福特获得了巨大的成功，又成为普通民众的交通工具，改变了人们的生活方式、思维方式和娱乐方式，将人类带入了汽车时代。

（资料来源：http://gb.cri.cn/13524/2007/02/01/2246@1433180_1.htm）

【案例分析】

福特的T型车为什么会成功？其经营理念是什么？完成任务产出表1-14。

表1-14 任务产出表——对生产观念的理解

（1）生产观念的核心理念是什么？
（2）生产观念适用于什么样的环境？

案例1.9 爱尔琴钟表公司的遭遇

美国爱尔琴钟表公司自1869年创立到20世纪50年代，一直被公认为是美国最好的钟表制造商之一。该公司在市场营销管理中强调生产优质产品，并通过由著名珠宝商店、大百货公司等构成的市场营销网络分销产品。1958年之前，公司销售额始终呈上升趋势，但此后其销售额和市场占有率开始下降。造成这种状况的主要原因是市场形势发生了变化，这一时期的许多消费者对名贵手表已经不感兴趣，而趋向于购买那些经济、方便、新颖的手表，而且，许多制造商迎合消费需要，已经开始生产低档产品，并通过廉价商店、超级市场等大众分销渠道积极推销，从而夺走了爱尔琴钟表公司的大部分市场。爱尔琴钟表公司竟没有注意到市场形势的变化，依然迷恋于生产精美的传统样式手表，仍旧借助传统渠道销售，认为自己的产品质量好，顾客必然会找上门。结果，企业经营遭受重大挫折。

（资料来源：郭国庆．市场营销学通论．北京：中国人民大学出版社，2005.）

【案例分析】

爱尔琴钟表公司为什么会失败？其经营理念是什么？完成任务产出表1-15。

表1-15 任务产出表——对产品观念的理解

（1）产品观念的核心理念是什么？
（2）产品观念适用于什么样的环境？

学习案例 1.10，填写任务产出表 1-16。

案例 1.10 “背背佳”最初的成功

杜国楹当过一年中学教师，然后“下海”，短短两年的时间就把“背背佳”产品做到年销售额近 3 亿元，品牌家喻户晓。他白手起家的创业经历和 26 岁的“小小年纪”，往往会让同龄人涌起创业的冲动。

一品科技 1997 年刚成立时，注册资金只有 50 万元，杜国楹手中实际能够支配的款项不过 70 万元。但是，他们在《中央电视台》播出广告，一播就是一分钟，而且是滚动重复播出，很难想象当时他们的钱如何分配？杜国楹说，他们从没有贷款，也没有借款。现在这 3 亿元的销售额意味着什么呢？杜国楹说，他们有超过 10%的利润。

很难想象天津一品科技实际上只是一个“壳”企业，它没有自己的生产厂房，没有真正属于自己的销售网络，只有一个管理机构，整个公司处于一种虚拟经营状态。1998 年，当电视屏幕上出现“背背佳”的“青春美少女”组合时，一品科技只是一个 20 多人的企业，即使到现在，杜国楹说他们也不过只有 100 人左右。

1995 年 2 月 17 日，杜国楹出任公司驻津办事处经理。刚去天津时，所谓驻津办事处也就是他一人，他租了一间月租金 130 元的小平房，买了一张天津市地图、一辆 50 元钱的二手自行车。紧接着，举目无亲的杜国楹每天不知疲倦地拿着地图在风里雨里穿梭。他用了三个月的时间就跑遍了天津市各区、县的各大商场、药店，销售网点由最早的 3 个发展到 100 多个。但是，一番辛苦之后，当时的营业额却只是从初期的每月 5 000 元增长到 10 000 多元。有一天杜国楹铺完网点后骑车回家，路上，自行车突然坏了。回到住处，看着破车，瞅瞅破屋，突然想大哭——这是何苦呢？杜国楹躺在破屋里，屋里堆积的货很久没有拿出去晒了，散发出一种霉味。他苦思冥想：网点都建了，货都铺到了，为什么东西就是卖不掉？后来他决定用广告来试一试。

1995 年 7 月的一个周末，杜国楹说服老板花 1 000 元钱在天津经济广播电台做了半个小时的直播节目，这是公司的第一笔广告投入，杜国楹心情复杂地等待着结果。

周六早上一睁眼，杜国楹又差点哭出来——外面下着瓢泼大雨，“完了，泡汤了，这样的天气谁来买？”但是，没想到在 9 点钟左右时，杜国楹的呼机就开始嘀嘀作响——百货大楼请他赶紧供货。杜国楹从床上蹦了下来。他说：“那天早上，整个百货大楼都没有几个顾客，而我们的柜台前却排起了一个四五十人的长队。”销路打开了。那一段时间，杜国楹几乎只去两种地方，一是去送货，然后就进电台各个节目的直播间，一进去几乎就不出来了，平均每周做广告直播节目 30 次，每次 30 分钟，平均每天 5 次以上。那时的电台直播节目便宜，每次只需 1 000 元左右，而且效果奇好。

杜国楹的辛苦没有白费，到 1995 年年底，天津地区的销售额已经达到每月 100 多万元，并且这样的火爆场面一直持续到 1997 年春节。杜国楹由此也成为郑州那家公司的“劳动模范”，各地的派出人员均到天津向杜国楹取经。

（资料来源：张忠，靳菁．简单技术实现创业神话．中国经营报，1999 年 11 月 30 日）

【案例分析】

杜国楹为什么会成功？他的营销理念是什么？完成任务产出表 1-16。

表 1-16　任务产出表——对推销观念的理解

（1）推销观念的核心理念是什么？
（2）推销观念适用于什么样的环境？

参考“海尔洗衣机‘无所不洗’”的案例（案例 1.1），完成任务产出表 1-17。

表 1-17　任务产出表——对市场营销观念的理解

（1）市场营销观念的核心理念是什么？
（2）市场营销观念适用于什么样的环境？

案例 1.11　案例三则

巴西博迪商店制造和销售以自然成分为主的纯天然化妆品，从开业之初至今，一直将“有原则获利”锁定为其经营哲学，也是该品牌的灵魂。这一产品包装简单而富有吸引力，且可再回收，其主要成分都是来自发展中国家的植物，通过交易以此来促进这些国家的经济发展。该公司每年都会向社会捐助一定比例的利润，例如动物保护协会、流浪者之家、雨林保护组织等。在印度，该公司赞助了一个为孤儿设立的“儿童城”工程；在新加坡，它为改善老人的生活发起了一项社区活动，为保护妇女发起了一项反暴力运动。因为该公司广泛参与这些社会活动，其价值观也与消费者高度契合，许多消费者都愿意购买它的产品。

日本横滨本田汽车公司别出心裁地推出了一个通过销售汽车而绿化街道的“本田方案”，每卖一辆车，就在街道两侧分别种一棵纪念树，以减轻越来越多的汽车尾气对城市环境的污染。该方案实施后，汽车一辆一辆开出厂门，街道上树木一棵棵栽上，绿化地带也就一块块地铺开。“绿化街道”真实地记载着本田公司不俗的销售业绩，同时又美化环境，减少污染，使公众倍感温馨。

农夫山泉利用“味道有点甜”的广告传播迅速崛起后，紧扣举世关注的申奥活动，创造性地推出“每喝一瓶农夫山泉就为申奥捐出一分钱”活动；2002 年，又启动面向贫困地区基础体育事业的“阳光工程”，向全国贫困地区的中小学校捐赠了价值 500 多万元的体育器材。这些举措树立了农夫山泉关注社会福利的形象，大大提升了农夫山泉的品牌美誉度。

（资料来源：郭国庆．市场营销学通论．北京：中国人民大学出版社，2005.）

【案例分析】

以上三家公司为什么会成功？它们的营销理念是什么？

表 1-18　任务产出表——对社会市场营销观念的理解

（1）社会市场营销观念的核心理念是什么？
（2）社会市场营销观念适用于什么样的环境？

Step 3 以团队为单位分析综合案例并上台讲解、完成案例分析报告

案例 1.12　“荒岛”市场的开发

有一个欧洲的跨国制鞋公司，为了开发一个岛国的市场，先后派出了4个考察队。

第一个被派去的是公司里最优秀的推销员组成的队伍。推销员们在岛上转悠了半天，第二天就回来了。他们在述职报告中声称：岛上的居民没有一个是穿鞋的，因为他们没有这个习惯，岛上暂时也没有卖鞋的；由于存在这么巨大的市场空缺，公司可以大批量地把鞋运过去，而他们也有信心把鞋推销给这些岛国的居民使用。

第二个被派的考察队是鞋厂的厂长们。厂长们在岛上转了两天，回来之后显得非常高兴，他们声称：岛国是一个很有前景的市场，他们在岛上找到了可以生产鞋的原料，而且原料以及岛上的其他各方面社会资源价格都很低廉。他们建议，公司立即到岛国设立分厂，认为只要能够赶快大批量生产，肯定可以获取高额的利润。

第三个被派去的是公司的财务部门。他们比较了“国际贸易”和“本地化生产”两种模式的优劣后认为：岛国的原料、土地、劳动力、水、电等资源的价格相对低廉，而公司距离岛国最近的鞋厂，是非常远的；岛国的关税较高。综合两种模型所需的各方面成本来说，是“本地化生产”的优势较高。只要新建的鞋厂，能够保持每天1 000双以上的生产量（这对公司来说是不难做到的），每双鞋的成本，“本土化生产”可以比“国际贸易”节省4元。按一个月生产3万双计算，一个月就可以节省12万元，半年就可以收回建厂的全部成本。所以，他们建议公司到岛国设厂，就地生产就地销售。

第四个被派去的是公司的营销经理队。经理们在岛上住了5天，拜访了上至岛国酋长，下至各行各业普通老百姓的岛国人50多个样本。他们了解到，岛国的居民一直都没有穿鞋的习惯，他们看见外来的穿鞋人都感到非常奇怪——原来他们根本没有意识到穿鞋这件事。但是，他们很多人的脚都是有毛病的，他们想过很多办法去避免脚病，都不太奏效；他们非常渴望得到脚病的根除方法。当他们知道穿鞋可以帮他们的脚避免很多意外的伤害，更利于防止他们的脚病后，都表示非常愿意和渴望得到一双鞋。经理们还了解到：岛国居民的脚，普遍都比公司所在的欧洲的同年龄段的人的脚长2～3英寸，宽出1英寸左右。因此，公司要对卖给他们的鞋重新加以设计。另外，一个有一定竞争力的制鞋公司曾派人来考察过，当他们发现当地居民都不穿鞋以后，认为没有市场，就放弃了继续努力，但也不能排除他们日后会卷土重来。岛国的居民是没有什么钱的，但是岛上的居民都听从酋长的命令；岛上盛产香蕉，这些香蕉又大又甜又香，在欧洲是极具销售力和竞争力的。经理们跟酋长谈过，也去岛上的香蕉园看过了，非常高兴，因为酋长已经答

应，他将以每20千克到30千克的香蕉，对应一双鞋的比例，换取公司专门为岛国生产的鞋，总数量大概为10万双左右，第一批可以先要1万双，越快到货越好，并给予制鞋公司独家卖鞋权。

经理们了解后，这样的香蕉如果经过适当的包装，可以以30元/千克的价格卖给欧洲的连锁超市，按1万千克算，扣除包装、运输、关税、人员工资等，每千克香蕉的纯利为23元。一万双鞋，如果从离岛国最近的厂运到岛国，公司的总成本为16万元。第一批1万双鞋，可以换得的香蕉总数额（按25千克香蕉折合1双鞋算）是25万千克，则香蕉的总利润为575万元。扣除鞋的成本，公司可以在第一笔交易中盈利559万元。如果在岛国本地生产鞋，每双鞋可以再节省成本4元，公司则可以得到563万元的总利润。不过，经理们算过了，投资设厂的资金需要200万元，而且从建厂到真正出成品交货，需要3个月的时间，满足不了酋长的迫切要求；而公司从最近的鞋厂设计、生产1万双鞋，再运到岛国出售，只需要一个半月，这个时间酋长是可以容忍的。所以，经理们建议公司先用“国际贸易”做成第一笔的1万双鞋交易，打好关系和基础。

（资料来源：吕进编．老经理侃营销．北京：中国工人出版社，2004.）

【案例分析】

（1）请分别说明上述案例中4个队的相互竞争的营销理念。

（2）如果你是公司总裁，将采纳哪一个考察队的建议？

（3）结合这个案例联系企业实际，思考如何才能发现潜在需求，满足潜在需求？怎样善于诱导需求？

（4）学生以个人为单位，上课前对案例进行阅读、思考，并记笔记，完成表1-19。

表1-19　任务产出表——分析案例1.12中的营销理念

（1）请分别说明案例中4个队的相互竞争的营销理念。

（5）学生以团队为单位进行思考、讨论、分析，完成表1-20。（写在队长的项目指导书上）

表1-20　任务产出表——分析案例1.12中的营销理念

（1）请分别说明他们4个队的相互竞争的营销理念：
（2）如果你是公司总裁，将采纳哪一个考察队的建议？
（3）结合这个案例联系企业实际，思考如何才能发现潜在需求，满足潜在需求？怎样善于诱导需求？

（6）学生团队上台讲解并回答其他学生和教师的提问（可以是一个人主讲，其他成员一起来回答问题），教师点评。（学生将点评笔记记录在项目任务书任务产出表 1-19 里）

（7）学生课后上交修改后的案例分析报告，即项目任务产出 1-20。（请另附纸）

Step 4 项目考核与评价

【成果要求】 完成所有项目任务产出表。其中案例分析报告只需以团队为单位提交一份。

【评价标准】 由教师进行评价。总成绩等于团队成绩加个人成绩。

【评分方法】

（1）案例分析报告成绩由教师根据团队最后上交的案例分析报告进行评分。

（2）上台讲解时团队配合较好（至少有两人发言），能够较好地回答学生及教师的提问，讲解思路清楚，能突出本项目所学的知识点（至少两点），可得 90 分以上。其他情况由教师酌情评分。

（3）能对其他团队成员的讲解提出疑问。提出一个有价值的问题可得 6～8 分，提出两个有价值的问题可得满分。所提问题价值不大，可酌情给分。不提问则不得分。评分表参照表 1-21。

表 1-21 项目评分表——“营销观念案例分析”

教师评价	市场营销核心概念理解（案例 1.1～1.6 后的练习），10%		总评分：______
	营销观念笔记（案例 1.7～1.11 后的练习），10%		
	个人案例分析（案例 1.12 后的练习），10%		
	团队案例分析报告，30%		
	上台讲解团队配合，30%		
	对其他团队提问，10%		

说明：其中前三项为个人成绩，后三项为团队成绩，总成绩等于团队成绩+个人成绩。

基本知识

一、市场营销的核心概念

1．市场

市场是什么？有关市场的解释很多，如市场是商品交换的场所，是各种交换关系的总和等。市场营销观念认为，实现企业的利润必须以顾客需要和欲望为导向，必须以满足顾客需要和欲望为前提。因此，从营销的角度看，市场是具有特定需要和欲望，并愿意且可以通过交换来满足这些欲望的全部顾客。有人认为：市场=人口+购买力+购买欲望。

人口是构成市场的基本因素，哪里有人，哪里就会有市场。一个国家或地区的人口多少，是决定市场大小的基本前提。中国市场目前成为全世界许多企业的进攻目标，其中一个重要因素就是因为中国有巨大的人口。购买力是指人们支付货币购买商品或服务的能力。购买力的高低取决于购买者收入的多少，一般来说，人们收入多，购买力高，市场也大，如美国市场的购买力一般较高，因为其人口的收入较高。购买欲望是指人们购买商品的动机、愿望和要求，它是购买者把潜在的购买能力变为现实购买行为的前提条件。例如，美国福特的 T 型车未出现之前，人们可能有较高的购买欲望，但却没有足够的购买力，福特生产出价格低廉的 T 型车，在人们的购买力范围内，使人们的购买欲望得以实现，也就扩大了其市场。

以上三个因素互相制约、不可或缺，只有三者结合起来才能构成现实的市场，才能决定市场的规模和容量。如一个国家或地区人口众多，但收入很低，人均购买力有限，则不能构成容量很大的市场；如果人均购买力很大，但人口很少，也不能成为很大的市场。只有人口既多，人均购买力又高，才能成为一个有潜力的大市场，但是，如果产品不适合需要，不能引起人们的购买欲望，对销售者来说，仍然不能认为它是现实的市场。所以，市场是上述三个因素的统一。

2．市场营销

企业的市场营销是在交换的前提下，通过了解、明确市场需求并有效加以满足来实现企业利润及其他目标的过程。美国市场营销学家菲利普·科特勒给市场营销下的定义是：市场营销是个人和群体通过创造产品和价值，并同他人进行交换以获得所需所欲的一种社会及管理过程。

通过这一概念，我们可以这样认为：市场营销以交换为核心，以满足需求和欲望为最终目标。交换过程能否顺利进行，则取决于企业创造的产品和价值可以满足顾客所需的程度及企业对交换过程管理的水平。

为了更好地理解市场营销，科特勒分析了市场营销的核心概念，具体内容如下所述。

（1）需要、欲望、需求。

① 需要。需要是指人与生俱来的基本要求。这些要求包括吃、喝、穿、住、行等生理性的，也包括爱、尊重、自我实现等社会性的。需要是抽象的概念，它们存在于人类自身和所处的社会环境，不表现为某一具体满足物。显然，任何营销都不可能创造人的基本需要，而任何成功的营销都必须有效地满足人的需要。

② 欲望。欲望是指人特别迫切地期望得到某些满足基本需要的具体物品时的愿望。欲望来源于需要，欲望生成行为动机和行为过程。一般来说，欲望越强烈，越能激励人们为实现欲望而采取主动、积极和创造性的行为。人的需要是有限的，但人的欲望是无止境的。不同背景下的消费者欲望有所不同，比如中国人口渴了可能想喝茶，美国人可能想喝可乐。人的欲望受社会因素及机构因素，诸如职业、团体、家庭、教会、商业公司等影响。因而，欲望会随着社会条件的变化而变化。

③ 需求。需求就是有购买能力的欲望。需要转化为需求必须具备两个条件：一是有强烈的需要欲望；二是要有一定的货币支付能力。许多人都想要一辆宝马车，但只有极少数人能够并愿意买一辆。需求形成市场，因此，企业进行营销决策时，重要的不是有多少人需要、喜欢自己的产品或者服务，而是有多少人愿意并有支付能力购买自己的产品和服务；重要的不是提供什么样的产品或者服务，然后采取各种各样的方式和手段将产品或者服务卖出去，而是在准确预测需求的基础上，通过提供优质的产品、合理的价格、全面满

意的服务来影响和引导需求，将潜在需要、欲望变成现实的市场。

作为市场营销人员，还应注意的是，现在没有需求，并不等于将来没有需求。在市场营销中，把暂时没有购买力或购买欲望不强的情况称之为潜在需求，如我国不少人随着收入的增高引起的购车热，就是一个典型的例子。对市场营销人员而言，不但要学会分析当前的需求，还应放眼未来，发现潜在需求，并能采用有效的方法把它开发出来，使之成为有效需求。

能够真正认识和把握市场营销核心的企业都会不遗余力地去了解和弄清楚消费者的需要、欲望和需求，这是规划市场营销战略的重要步骤。

（2）产品。人们是靠产品来满足自己的各种需要和欲望的。从营销角度对产品下的定义是，任何能用以满足人类某种需要与欲望的东西都是产品。产品包括有形与无形的、可触摸与不可触摸的。例如，传统意义上的冰箱、彩电、汽车等属于有形产品；与有形产品一同出售的服务也是产品。人们购买洗衣机不是为了观赏，而是因为它可以提供一种被称为“方便”的服务。

服务的传递还可以通过其他载体，诸如人、地、活动、组织和观念等来提供。当我们感到烦闷时，可以到音乐厅欣赏歌星唱歌（人），到北京去游玩（地），到健身房做操（活动），参加俱乐部活动（组织），或者接受一种新的意识（观念）。此外，知识、智慧、创意也是产品。在我国春秋战国时期，以苏秦、张仪为代表的纵横家们已经把智力当作商品一样出售，他们“待价而沽”，“争名者于朝，争利者于市”。

产品的定义让我们认识到，创意、开发产品，不在于为了消费者拥有它们，更在于产品能提供的服务。产品实体是服务的外壳，市场营销就是提供产品实体中所包含的利益和服务，让消费者的需要得到更大的满足。

（3）交换、交易。

① 交换。人们有了需求和欲望，企业亦将产品生产出来，还不能称之为市场营销，产品只有通过交换才能使市场营销产生。只有通过等价交换，买卖双方彼此获得所需的产品，才产生市场营销活动。可见，交换（exchange）是营销学中的核心概念。交换是指通过提供某种东西作为回报而与他人换取所需产品或服务的行为。交换的发生，必须具备五个条件：第一，至少有两方参与；第二，每一方均拥有对方想要的东西；第三，每一方均可以沟通信息和传送货物；第四，每一方均可以自由接受或拒绝对方的东西；第五，每一方均满意于与对方的交换。具备这五个条件，交换就有可能发生。但交换能否成为现实，还必须看交换各方能否找到合适的交换条件，即交换各方在交换后都比交换前有利。

市场营销学中的交换应被看成是一个过程而不是一个事件。如果双方正在进行谈判，并趋于达成协议，这就意味着他们正在进行交换。

② 交易。交易是一个通过谈判达成协议的过程。交易方达成协议，他们之间就发生了交易行为。所以交易（transaction）是交换活动的基本单元，是由交换各方之间的价值交换所构成的行为。一次交易包括三个可以量度的实质内容：一是至少有两个有价值的事物；二是买卖双方所同意的条件；三是协议时间和地点。

（4）价值、满意。

① 价值。面对市场众多可选择的产品，顾客凭借产品提供的价值来选择、购买产品，并力求使自己满意。市场营销学上的价值是指消费者对产品满足各种需要的能力的评价，

而不是产品本身价值的大小。从营销学的角度，这些内容可以用顾客让渡价值和顾客满意来表述。

顾客让渡价值是顾客通过购买和消费特定产品所获得的价值与为此而付出的所有成本的差额。对顾客而言，顾客让渡价值实际上是按照顾客自己的心理感受来理解的。顾客让渡价值的基本构成如图 1-1 所示。

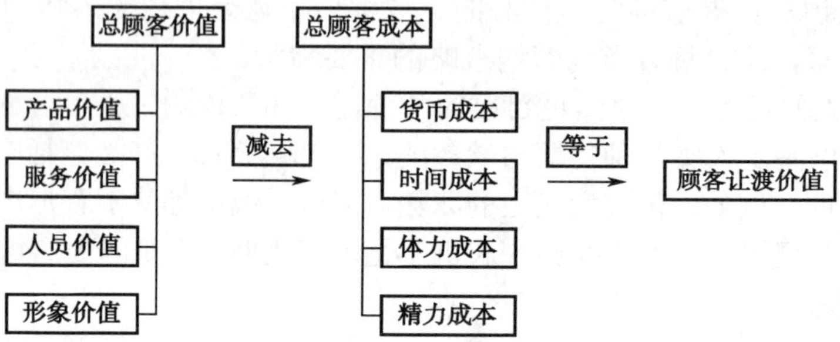

图 1-1　顾客让渡价值的基本构成

② 顾客满意。顾客满意是顾客对购买和消费的产品所提供的效能与其主观期望比较的一种结果。当产品效能与其主观期望吻合时，顾客会满意；当产品效能低于其主观期望时，顾客会不满意；当产品效能超出其主观期望时，顾客便会喜出望外了。

二、营销观念的概念

营销观念也称市场营销哲学，就是企业在开展市场营销活动的过程中，在处理企业、顾客和社会三者利益方面所持的态度、思想和观念。了解市场营销观念的演变，对于企业更新观念，自觉适应快速变化的市场新形势，加强市场营销管理，具有十分重要的意义。

目前已存在的企业营销观念有六种，即生产观念、产品观念、推销观念、市场营销观念、社会市场营销观念以及大市场营销观念。

三、不同营销观念的特点及适用范围

1. 生产观念

生产观念即以生产为中心的企业经营指导思想，是 20 世纪 20 年代以前，西方发达国家占支配地位的企业经营思想，是一种重生产、轻市场营销的商业哲学。在这一时间内，生产效率不是很高，市场商品供不应求，基本上是“卖方市场”。市场的主要问题是产品有无价格及其价格的高低问题，人们是否能买到和是否买得起是市场的主要矛盾；企业的一切经营活动以生产为中心，围绕生产来安排一切业务，“以产定销”，企业的主要任务就是努力提高效率，降低成本，扩大生产。这种观念得以存在，是以产品供不应求、不愁无销路为条件，以大批量、少品种、低成本的生产更能适应消费需求为前提的。

生产观念在两种情况下适用：其一是市场需求超过供给，供不应求，企业自然致力于生产规模与效率的提高；其二是产品成本和售价太高，如汽车，企业只有提高生产规模与效率，才能降低产品成本与售价，从而促进购买，扩大市场规模。

生产观念是以生产为中心的市场营销观念，突出的特点就是“以产定销”，“以量取胜”，强调的是有效地利用资源，提高劳动生产率，降低成本，企业追求的是最低的成本、最大产量、最大的销售额及最高的利润。

2．产品观念

产品观念与生产观念极其相似，在20世纪20年代初期之前同样为许多企业所选择。与生产观念稍有不同的是，产品观念认为只要是好产品，就不愁卖不出去。

产品观念的假设前提是：顾客喜欢质量高、性能好、有特色的商品，企业的工作重点就是努力提高产品质量，提供价廉物美的商品。福特汽车从1908年至1927年间，生产了大量的T型车，不断地改进T型车的质量，其中既有生产观念，又有产品观念作为指导。

比起生产观念只讲产品数量，不讲产品质量，产品观念体现了在“卖方市场”状态中企业经营思想的一大进步。但它是一种“营销近视症”，过于重视产品本身，而忽视市场的真正需求，在本质上没有差别，都是以生产为中心，其企业营销活动过程也基本相同，二者都没有把企业外部需要放在首位。

3．推销观念

推销观念是生产观念的发展和延伸。20世纪20年代到50年代，西方国家的生产技术已相当先进，产量迅速增加，市场供求关系开始发生重大变化，由卖方市场向买方市场过渡。随着竞争的加剧，企业产品的销售变得越来越困难。越来越多的企业发现生产的规模化与高效化及产品质量的提升已不能够满足自己对利润的有效追求，产品销路问题由此凸显。于是，推销技术得到企业的特别重视，建立高效的销售队伍以帮助企业找到顾客，成为企业实现利润的选择。

推销观念认为顾客不会购买并非必需的产品或服务，因此企业必须进行有效的人员推销和广告活动，刺激顾客并诱导其采取购买行动。即产品是“卖出去的”而非“买回去的”。

推销观念与前两种观念不同的是：生产观念和产品观念是以抓生产为重点，通过提升产量与质量来获利的；推销观念则是以推销为重点，通过强化产品销售来获利的。但事实上，与前两种观念一样，推销观念仍然没有脱离以生产为中心的“以销定产”的范畴。

在市场营销理论界，企业从生产观念转变为销售观念仍然被看作是一个进步，因为这种观念在客观上提高了销售在生产经营企业的经营活动中的位置，第一次将销售列入企业的经营活动日程中。

4．市场营销观念

市场营销观念是在第二次世界大战后在美国新的市场形势下形成的。20世纪50年代至60年代，市场商品供过于求的情况在继续发展，企业间的竞争更加激烈，与此同时，消费者需求的变化也越来越快，人们有了更多的选择商品和服务的机会。对于企业来说，面临的市场问题更为严峻，市场营销观念就是在这种买方市场形成的条件下产生的。

市场营销观念认为，企业经营要以消费者需求为中心，重点考虑消费者需要什么，把发现和满足消费者需求作为企业生产经营活动的核心，以市场为出发点来组织生产经营活动，市场处于生产经营活动的起点。因为有相应顾客需求，才会有企业的产品销售，最终才可能有效地实现企业的利润，所以企业必须“发现需要并设法满足它们”，而不是“生产产品并设法卖出去”。正所谓“主观为自我，客观为他人”。

市场营销观念作为赢利之道而为企业所选择，标志着企业经营思想发生了根本性变化，意味着企业经营思想从“以产定销”转变为“以销（需）定产”。市场营销观念是新旧经营思想的分水岭，它的出现，在市场营销研究中被视为企业经营指导思想的一个大变革，被称为“营销革命”。

5．社会市场营销观念

社会市场营销观念是对市场营销观念的修改和补充。它产生于 20 世纪 70 年代西方资本主义出现能源短缺、通货膨胀、失业增加、环境污染严重、消费者保护运动盛行的新形势下。因为市场营销观念回避了消费者需要、消费者利益和长期社会福利之间隐含着冲突的现实。

社会市场营销观念认为，企业的任务是确定各个目标市场的需要、欲望和利益，并以保护或提高消费者和社会福利的方式，比竞争者更有效、更有利地向目标市场提供能够满足其需要、欲望和利益的物品或服务。社会市场营销观念要求市场营销人员在制定市场营销政策时，要统筹兼顾三方面的利益，即企业利润、消费者需要的满足和社会利益。

上述五种营销观念是不同的企业经营思想，它们被不同的企业用来指导自己的营销活动，所以，我们也称之为企业的营销观念。把这五种不同的企业营销观念作一个基本的比较，不难看出，前面三种具有本质上的相同点，可以统称为传统的营销观念。传统的营销观念以企业为中心，以“产”定“销”；而市场营销观念及社会营销观念以顾客为中心，以“销”定“产”。

6．大市场营销观念

近十多年来，在国际市场上，贸易保护主义盛行，各国政府为了保护本国的民族工业，设立了一系列关税贸易壁垒，在这种封闭型或保护型的市场上，已经存在着参与者与批准者设置的各种障碍和层层关卡。在这种情况下，菲利普·科特勒在 20 世纪 80 年代中期提出了大市场营销观念。

大市场营销观念强调企业要主动地改变和影响企业外部环境与市场需求。除了一般市场营销手段外，又增加了两个手段：一个是权力，即要打入特定市场，必须征得对企业具有较大影响力的人员、立法部门和政府官员的支持，大市场营销者必须掌握高超的游说本领和谈判技能，才能赢得权力的支持；一个是公共关系，利用公共关系，借助各方面舆论的力量，通过各种途径，逐渐在群众中树立起良好的企业形象，往往会收到比利用权力更广泛、更持久的效果。

大市场营销观念的出发点是市场环境，所运用的方法是“4P+2P”的整体营销策略，企业的目标是进入特定市场，满足消费者需求。

项目自我练习 1

一、选择题（下列选择题有一个或多个答案，请选择）

1．企业营销活动的出发点和归宿点是（　　）。

A．顾客　　B．企业　　C．产品　　D．营销人员

2．消费者喜欢那些可随处买得到且价格低廉的产品，企业应致力于提高生产和销售效率，扩大生产，降低成本以扩展市场。这种市场营销观念叫做（　　）。

A．生产观念　　B．推销观念

C．产品观念　　D．市场营销观念

3．在产品观念的指导下，企业的营销行为容易产生（　　）。

A．市场营销轻视　　B．市场营销远视

C．市场营销重视　　D．市场营销近视

4．大市场营销观念是著名营销学者（　　）提出来的。

A．菲利普·科特勒　　B．麦卡锡

C．迈克尔·波特　　D．彼得·杜拉克

5．在社会营销观念中，所强调的利益应为（　　）

A．企业利益　　B．消费者利益

C．社会利益　　D．企业、消费者与社会的整体利益

6．市场营销是与（　　）有关的人类活动。

A．商品　　B．交换　　C．买卖　　D．市场

7．人们感到某些基本满足被剥夺的状态构成了人的（　　）

A．基本需要　　B．冲动　　C．产品需求　　D．欲望

8．任何一个企业所面对的现实市场都是由相互制约、缺一不可的要素结合构成的，这些要素分别是（　　）。

A．人口　　B．购买力　　C．购买欲望　　D．生产能力

9．大市场营销组合应该包括的要素是（　　）。

A．顾客　　B．产品　　C．权力　　D．公共关系

二、判断题

1．第二次世界大战后，在美国新的市场形势下形成了一种全新的经营哲学，这就是产品观念。（　　）

2．市场上的大部分人不喜欢某产品，甚至宁愿付出一定代价来躲避该产品。这种需求是无需求。（　　）

3．市场营销观念坚持以生产者为中心。（　　）

4．市场营销的含义随着社会的变动不断演进。（　　）

5．市场营销就是推销。（　　）

6．顾客价值最大化只有一种方法，就是降低顾客成本。（　　）

7．顾客满意水平是预期期望与产品所能提供的效能之间差异的比较。（　　）

三、营销游戏：测测你的商机意识

人们坐火车外出时，带了一些行李，一上车发现车上人很多，通常会有三种情况：一是，在附近看看有没有座位，如没有，就近找个好站的地方，将东西放下；二是，走两三节车厢，看看有没有座位，如没有，找个人较少好站的地方，放下行李；三是，找遍所有的车厢，也要找到座位。

思考：你通常是如何做的？

有一个人经常出差，经常买不到对号入座的车票。可是无论路程长短，无论车上多挤，他总能找到座位。他的办法很简单，就是耐心地一节车厢一节车厢找过去。这个办法听上去并不高明，但是却很管用。每次，他都做好了从第一节车厢走到最后一节车厢的准备，可是每次他用不着走到最后一节车厢就会发现空位。他说，这是因为像他这样锲而不舍找座位的乘客实在不多。经常是在他落座的车厢里尚余若干座位，而在其他的车厢的过道和车厢接头处，居然人满为患。

他说，大多数乘客轻易地被一两节车厢拥挤的表面现象迷惑了，不大细想在数十次停靠之中，从火车十几个车门上上下下的流动中蕴藏着不少提供座位的机遇；即使想到了，他们也没有那一份寻找的耐心。眼前一方小小立足之地很容易让大多数人满足，为了一两个座位背负着行囊挤来挤去有些人也觉得不值。他们还担心万一找不到座位，回头连个好好站着的地方也没有了。与生活中一些安于现状不思进取害怕失败的人永远只能停留在没有成功的起点一样，这些不愿主动找座位的乘客大多只能在上车时最初的落脚之处一直站到下车。

这个故事告诉我们自信、执着、富有远见、勤于实践，会让你握有一张人生之旅永远的坐票。

（资料来源：王健. 班主任之友. 2005）

项目2

分析具体企业的业务组合规划

企业的各种营销策略总是要与企业的战略相一致。了解企业的总体战略，了解其业务组合规划是合格的营销人员应该做到的。这对于营销人员的职业发展提供了后劲，同时也非常有利于营销人员把握大局、避免短视，在有利的环境中开展自己的工作。

任务1 学习相关知识

项目任务书

课内学时	2	课外学时	2
学习目标	1．掌握战略的基本概念及特点，了解企业战略的概念 2．理解企业战略规划的层次 3．理解战略业务单位的概念，了解规划投资组合的基本方法，能用波士顿矩阵法对企业战略业务单位进行初步分析 4．了解企业成长战略		
学习方法	1．听老师讲解 2．自学		
所涉及的专业知识	1．战略的概念及特点，企业战略的概念 2．企业战略规划的层次、战略业务单位的概念 3．规划投资组合的基本方法：波士顿矩阵法、通用电气公司法 4．企业成长战略		

续表

本任务与其他任务的关系	本任务是完成本项目下一个任务的基础。与其他项目任务联系不是很紧密，相对较独立
学习材料与工具	学习材料：样例 2.1、样例 2.2 工具：项目任务书、笔
学习组织方式	以个人为单位进行学习

项目指导书

完成项目的基本路径：

思考并回答教师提问 → 认真听老师讲解并记笔记

Step 1 思考并回答教师提问

雀巢食品公司都从事哪些业务？他们在我国的市场占有率情况如何？完成表 2-1。

表 2-1　项目任务产出

Step 2 教师讲解样例 2.1、样例 2.2 及相关的知识

学生听教师讲解并记在样例后的表 2-2 中。

样例 2.1　雀巢食品公司在中国的主要战略业务

雀巢食品公司在北京市场的主要战略业务单位有：咖啡、巧克力、牛奶、奶粉、冰激凌、饮用水。

1. 咖啡

雀巢咖啡从 1988 年进入中国市场至今，已占据中国咖啡市场 80%的份额，远高于雀巢全球 25%的市场占有率，中国市场的上升空间是非常巨大的，大卫 · 苏丹认为，拥有强大茶文化的中国市场充满潜力，正在成为世界最大的咖啡市场之一。

“中国的咖啡市场还很年轻，在未来很长一段时间（该市场）都会处于上升阶段。”大卫 · 苏丹介绍，中国城市居民的人均咖啡消费量是每年 8 杯，但是在马来西亚、泰国等东南亚国家则为 100 杯以上，日本是 300 多杯。有数据显示，目前中国内地咖啡年消费量在 3 万吨至 4 万吨，但咖啡消费的增长速度相当快，每年在 10％至 15%。

由于中国市场巨大，国际咖啡组织2005年时曾预计，中国在世界咖啡业扩大需求的总战略中将占据重要地位。东亚地区传统上是以饮茶为主，日本市场现在对茶与咖啡的消费观念的转变，可能是中国市场的明天。有数据显示，日本最近40年来在咖啡消费方面发展十分迅速，现已成为世界第三大咖啡进口国。

2. 巧克力

至2007年年底，中国巧克力的年消费量在30亿元左右，人均巧克力消费大约为每年40克至70克。约3.5亿美元的市场价值看似巨大，实际上仅占国际市场的0.5%。欧洲人均年消费巧克力7公斤以上，亚洲的韩国、日本平均2公斤，业内人士普遍认为，中国巧克力市场将有每年10%至15%的增长率。数据显示，中国巧克力市场中，巧克力以“礼品”形式被消费的比例占总消费的52.4%。在礼品市场中，德芙以40.2%的品牌渗透率拔得头筹，而吉百利、金帝、好时、雀巢、费列罗、金莎、瑞士莲等品牌分列其后。雀巢表示，中国市场将成其全球最重要的巧克力市场之一。

3. 牛奶

作为一家有着长远发展规划的跨国企业，雀巢最重要的发展战略就是不断进入具有发展潜力的新市场。经过与中国政府有关部门艰苦的谈判，雀巢公司于1987年获得了在黑龙江双城建立生产基地的权力。当时黑龙江双城还是一座很落后的小城，雀巢却把它将当作全面进军中国市场的桥头堡，雀巢看中的不是近期的投资回报，而是远期的市场成长空间。雀巢从欧洲派来一支专家队伍，不仅建立了一套提高奶农积极性的牛奶采集网络和收购制度，而且还向农户教授照顾奶牛的技术和采奶技术。雀巢这种协助当地发展经济、帮助农民提高收入的方式得到中国政府的高度嘉许，使雀巢赢得了良好的社会形象。雀巢通过发展双城雀巢牛奶公司，可以直接从品质、规模、效益去控制奶源的发展，对于液态奶来说，控制着奶源就相当于控制住自己的生命线，雀巢的长远战略目光在十几年后即2004年得到了体现——对奶源掌握不了主动权导致产品成本过高，世界五大牛奶巨头法国达能、意大利帕玛拉特、美国卡夫、英国联合利华、荷兰菲仕兰相继黯然退出中国市场，唯有雀巢硕果仅存。1990年，在雀巢双城牛奶公司正式运营之时，中国的乳业还处于刚刚起步阶段，雀巢牛奶在中国可以说处于垄断地位，其他所有奶企的产量全部加起来敌不过雀巢一家企业。随着竞争形势及外企发展策略的转变，本土企业通过并购跨国企业在中国的乳业得以迅速增长。在此情况下，雀巢加速了在中国的战略布局，在接下来几年时间中，相继成立广州雀巢牛奶有限公司、天津雀巢牛奶有限公司、青岛雀巢牛奶有限公司，并购云南蝶泉牛奶、梅鹿牛奶等，还与上海梅林正广和结盟，利用对方的网络优势进行市场扩张。2000年，雀巢在上海成立了雀巢研发中心，以更好地研究中国消费者需求及开发新产品。

4. 冰激凌

据统计，至2004年6月，中国冰激凌市场的年销量为230亿元，每年的增长率在10%以上。2003年在中国大陆地区的冰激凌总销量是10亿升，人均年消费在1升左右，居世界第三位，但人均销量和美国人均销量的23升相比还有很大的差距，从发展看中国可能成为全球最大的冰激凌消费市场。

目前中国冰激凌市场的80%被伊利、和路雪、雀巢、蒙牛、光明这五大品牌分食。从五大品牌的发展势头来看，还不断在扩大市场份额，他们的触手越伸越远，都想成为“江湖霸主”。2006年雀巢品牌冰激凌中国市场的占有率达到20.1%，雀巢公司期望成为中国冰激凌市场的领头羊。

5. 饮用水

20世纪90年代初，中国水市场风云突起，市场销售一路飘红，国内有实力的食品品牌差不多都已加入饮用水的市场大战，娃哈哈、乐百氏、农夫山泉已脱颖而出，品牌集中度日趋提高。中国的水市场也吸引了世界水巨头达能公司的目光，达能通过控股乐百氏、娃哈哈这两家中国最大的瓶装水生产企业，大举进军中国水市场。早在1994年，雀巢就将水源定在天津蓟县盘山，但直到1997年天津水厂才建成投产，这3年时间都被雀巢用来考察水源的可持续性、可发展性，这种过度谨慎的行为，使雀巢不仅因此失去了在中国水市场上的先发优势，还面临着来自老对手达能与可口可乐的打压。

在世界范围内，除了达能，在水业务上可以向雀巢叫板的公司并不多。全球六大瓶装水品牌，四个出自雀巢，其余两个则归属达能；雀巢在营业额上称老大，达能在销售量上居第一。即便如此，双方的“势力范围”和市场重心仍有所区分：雀巢水在美国的业务几乎占到了其全球水业务总额的一半，而达能从最开始就将中国看作“兵家重地”，不断地引入资本兼并扩张。

中国市场是达能全球布局的一大重点。通过收购、参股、合资等方式，达能在中国已经以相当大的持股比例间接进入了瓶装水市场、乳制品市场，达能全面介入中国市场，而且后发先至，在许多方面抢在了雀巢的前面，这对雀巢是极大的威胁。

面对达能的进攻，作为全球“水老大”雀巢在后发落后形势下急起反击，在天津和上海两地设立了现代化水厂，天津水厂生产天然矿泉水，上海水厂则生产纯净水、蒸馏水及矿化水，并改进了以往自行销售的方式，与分销商合作拓宽销售渠道，在反击达能的同时，吹响了进军中国水市场的号角。

样例22　雀巢公司在中国的战略业务规划投资组合分析

咖啡：雀巢公司在中国的咖啡占有率已高达80%，尽管如此，它还有较大的增长潜力，相对市场占有率很高，而市场增长率还处在增长中，所以可以视为金牛类战略业务单位。如其增长速度还能保持较大的增长，也可视其为明星类战略业务单位。对该战略业务单位，可采取的投资战略是维持战略：既对其投入维持现状，使其继续为企业提供大量现金，也可采用发展战略，即大量投入，进一步提高其市场占有率，促进其成长。

巧克力：中国巧克力市场每年有10%至15%的增长率。在中国，巧克力礼品市场约占巧克力市场的52.4%，其中德芙以40.2%的品牌渗透率拔得头筹，而吉百利、金帝、好时、雀巢、费列罗、金莎、瑞士莲等品牌分列其后。雀巢表示，中国市场将成其全球最重要的巧克力市场之一，所以可以看出，雀巢公司的巧克力在中国属于市场占有率较高、增长率较高的产品，故属于明星类战略业务单位。对该战略业务单位，可采取的投资战略是发展战略。

冰激凌：在中国，近几年冰激凌行业的市场份额正在逐步向几个主要品牌集中，外资品牌主要为雀巢、和路雪、哈根达斯等，国内品牌主要为伊利、蒙牛等。行业集中度的提高，揭示了市场的日趋成熟和规范，同时意味着竞争更加残酷。近十年间，中国冰激凌市场保持了10%以上的年增长速度，2007年中国冰激凌市场的产销量达256万吨。目前雀巢在中国有三个冰激凌生产企业，分别位于天津、上海、广东。2008年3月26日雀巢广州冰激凌工厂建成。新工厂生产能力扩至老厂的3倍，产能达6.4千万升。有专家判断，对于雀巢，咖啡业务仍然是发展重点，冰激凌业务在整个业务构成中分量不大，以目前的产能，也不足以支持雀巢大规模的市场动作。所以，雀巢冰激凌市场占有率较高，增长率也处在较高的增长阶段，可以算是明星类战略业务单位。对该战略业务单位，可采取的投资战略是发展战略。

饮用水：我国饮用水工业起步较晚，饮用水市场大体经历了从天然矿泉水到纯净水，再到矿物质饮用水的三个发展阶段。目前国内饮用水行业已形成以娃哈哈、乐百氏、康师傅、农夫山泉、屈臣氏、雀巢和依云等为领先品牌的第一方阵，怡宝、正广和、天赐庄等为强势品牌的第二梯队，以及其他一些弱势品牌的杂牌军的布阵格局。可以看出雀巢的相对市场占有率较高，增长潜力也较大，可以算是明星类战略业务单位。其可采取的投资战略也是发展战略。

由于雀巢公司是国际性大公司，其下属涉及的战略业务单位众多，且在不断地开拓新产品、新市场。对于雀巢公司来说，上面所提到的几个中国战略业务单位都较重要，但其重点在咖啡业务，因而要保持其市场领先者的地位，其他业务在中国已处于较好的行业位置，竞争激烈，所以它会借助其在国际上各业务的成功运作经验（如采取并购、收购等战略），努力发展壮大这些业务，分享这些行业在中国的利润。

表 2-2　项目任务产出

战略的概念（写出重点词即可）：

企业战略的层次（文字或画图）：

企业战略业务单位的特点：

波士顿咨询公司模型：在图中标出缺少的文字。

通用电气公司模型：在图中标出缺少的文字，并标出不同的地带。

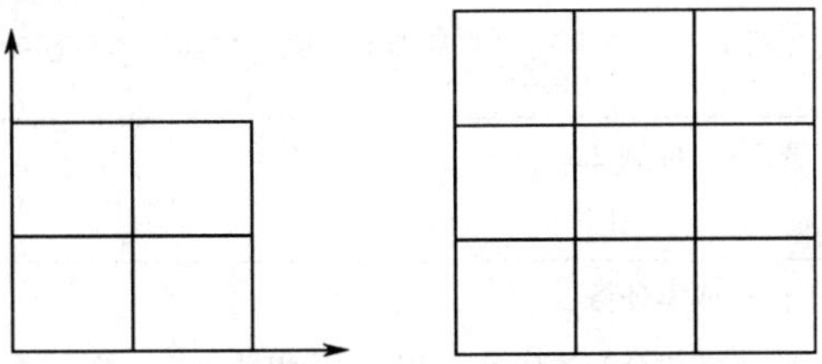

波士顿咨询公司模型　　通用电气公司模型

企业的成长战略：

任务2 企业业务组合规划分析

项目任务书

课内学时	2	课外学时	2
学习目标	1．能够利用计算机网络，查找本团队所模拟企业的战略业务的相关资料，在此基础上，分析出企业具有哪些战略业务 2．能够利用所学过的知识，对企业的战略业务单位进行分析，写出文字说明：说明所选定的每一个战略业务属于哪一类别（金牛类、瘦狗类、明星类、问题类），有何特点；如有可能，可以画出波士顿矩阵图 3．能利用所学知识，对所模拟企业的业务组合进行简单的评价，并对企业的成长战略提出简单的建议 4．能将所分析的资料写成书面分析报告		
学习方法	1．上机查找资料并归集 2．团队讨论，分析资料；自学相关知识 3．撰写案例分析报告		
所涉及的专业知识	1．战略业务单位的概念、特点 2．规划投资组合的基本方法——波士顿矩阵法 3．企业成长战略		
本任务与其他任务的关系	本任务需在本项目第一个任务完成的基础上完成。与其他项目任务联系不是很紧密，相对较独立		
学习材料与工具	学习材料：样例2.1、样例2.2 工具：项目任务书、笔、计算机		
学习组织方式	1．以团队为单位完成本任务 2．团队沟通、个人完成分配的任务、团队讨论相结合		

项目指导书

完成项目的基本路径：

明确任务并分工（5分钟）→ 查找资料并讨论，完成学习目标1、2（40分钟）→ 自主学习、评价业务组合（20分钟）→ 上台汇报（20分钟）→ 项目考核与评价（5分钟）

Step 1 明确任务并确定行动方案

以团队为单位活动，认真阅读项目任务书中的“学习目标”。利用计算机网络，以个人为单位分头查找本团队所模拟企业的战略业务的相关资料，时间 15 分钟左右；然后团队成员碰头，进行讨论分析，得出初步结论（时间为 10 分钟左右）；在参看“所涉及的专业知识”相关部分内容的基础上再查找资料，讨论分析，讨论过程中需有人做记录（时间为 15 分钟左右）；对企业的战略业务进行分析后，大家一起讨论其业务组合并进行评价，对企业的成长战略进行讨论，并提出简单的建议（时间为 20 分钟）。各团队上台汇报各自的成果，每队 5 分钟（共计 20 分钟）。最后进行项目评价。

Step 2 查找资料并讨论

完成学习目标 1、2，填写表 2-3。

表 2-3 项目任务产出——所模拟企业的战略业务

所模拟企业的战略业务 ① 战略业务 1 的名称、主要情况（如市场占有率、在同类市场上的地位、在公司各战略业务中的地位等）： ② 战略业务 2 的名称、主要情况： ③ 战略业务 3 的名称、主要情况： ④ 战略业务 4 的名称、主要情况： ⑤ 战略业务 5 的名称、主要情况：

Step 3 自主学习、评价战略业务组合

对企业的战略业务单位进行分析，写出文字说明：说明所选定的每一个战略业务属于

哪一类别（金牛类、瘦狗类、明星类、问题类），有何特点。如有可能，可以画出波士顿矩阵图。并填写表 2-4。

表 2-4　项目任务产出——战略业务分析及评价

战略业务分析（属于哪种类型，为什么）：
对所模拟企业的业务组合进行简单的评价：
对企业的成长战略提出的建议：

Step 4 上台汇报

各组选择一位同学，上台汇报本次课业成果。

Step 5 项目考核与评价

【成果要求】 模拟企业的战略业务分析报告。

【评价标准】

（1）团队组织到位，分工合理，整个活动过程有序、有效；资料查找较完整，分析出了至少三个业务，归类正确；对于企业的成长战略通过自学掌握了相关知识，能对所模拟企业的成长战略提出简单的建议；分析报告写作质量较好。可得优秀（90～100 分）。

（2）对评价标准（1）所提到的内容，有一项达不到要求，其余均达到要求，可得良好（80～90 分）。

（3）对评价标准（1）所提到的内容，有两项达不到要求，其余均达到要求，可得及格（60～80 分）。

（4）对评价标准（1）所提到的内容，有三项达不到要求，其余均达到要求，则为不及格（60 分以下）。

打分时教师与各团队将给出每个团队的档次及具体分值，最后进行平均。本次成绩占该系列项目总分值的 5%。

【分值划分】团队组织情况占 30%，资料查找是否完整占 30%，自主学习情况占 20%，分析报告的质量占 20%，见表 2-5。

表 2-5　企业业务组合规划分析评分表

教师评价	团队组织情况（30%）		学生评价	团队组织情况（30%）		总评：
	资料查找情况（30%）			资料查找情况（30%）		
	自主学习情况（20%）			自主学习情况（20%）		

基本知识

一、如何接受项目任务

接受项目任务时，首先要明确领导（老师）布置的是哪个项目任务，要求完成哪些内容。拿到项目任务书后，要认真阅读，认真理解，如果有不清楚的或理解时感觉有多种含义的，要找到领导（老师）进行询问，提出疑惑的地方，直到弄清楚为止。在认为已经弄清楚以后，最好用自己的话给领导（老师）再说一遍你的理解，看是否完全正确，然后再开始下一步的工作。

团队接受项目任务后，各队员先认真阅读、理解项目任务书，如有不明白的由队长或队员代表询问老师，做到每一个队员都清楚要做什么。

二、如何制定一个团队的工作计划

团队的工作计划主要是为了保证在一定的时间内（如两节课或四节课中）保质保量地完成项目任务，因此很重要。项目所要求的时间越多，越应该做好计划。认真理解项目任务后，团队成员应坐在一起讨论，在队长的领导下确定任务的分工，并写在相应的表格里。有时，不同的队员是同步去完成不同的任务，此时需规定好完成任务的时间、碰头的时间、下一步怎么做、做什么等。每个队员应在自己的项目任务书的任务分工中填写自己负责的内容、完成时间，并在完成任务时遵守，使整个团队的任务能顺利完成。

三、企业战略与企业战略规划的关系

1．企业战略

战略一词本来是军事术语，尽管许多军事学家或战略家对战略这一概念的表述有所不同，但在“战略就是对战争全局的筹划和谋略”这一点上达成了共识，后来被广泛引入到社会生活的各个领域，泛指带有全局性、重大问题的谋划和决策。

企业战略强调的是企业对外部环境的适应性和长远的发展，也就是说，企业战略就是根据企业的外部环境变化和内部资源条件，着眼未来，立足长远为求得企业自下而上的发展而进行的总体运筹与计划。企业战略分为以下三个层次。

（1）企业总体战略。企业总体战略亦称公司总体战略，它是整个企业的最高层次战略，主要决定企业在何种领域从事经营，核心业务是什么，支撑核心业务的核心技术是什么，企业最终要达到的目标以及资源如何在不同业务之间进行分配。公司总体战略的确定，为企业指明了未来一段时间企业的总体发展方向，指导其资源的合理配置，是企业一切行为的指南。

（2）经营单位战略。经营单位战略是企业内部一种局部的战略，支撑公司总体战略的实现，一般大型企业都有不同的业务单位，或称事业部。由于各个业务单位面对的市场环境不同，竞争对手也不一样，各业务单位在公司总体战略指导下，指导本部门的战略部署，就形成了企业内部的经营单位战略。

（3）职能战略。为了保证公司总体战略的实施，企业内部各职能部门如生产管理、供应管理、财务管理、人力资源管理、科技以及后勤等部门都需纳入到企业战略管理过程中，通过制定职能部门战略，解决职能部门如何卓有成效地开展工作的问题，确保企业总体战略的实现。

2．企业战略规划

（1）企业战略规划的概念。所谓战略规划，是指企业在其目标、能力和不断变化的市场营销机会之间，发展和保持某种战略适应性的过程。也就是说，战略规划是企业为了使自己的资源和实力同营销环境相适应，以加强自己的应变能力和竞争能力而制定的长期性、全局性和方向性的规划。战略规划对一个企业的自下而上的发展，具有决定性的指导作用。

企业战略规划的制定过程通常包括三个层次：首先，确定企业总体战略；其次，根据企业总体战略的要求确定相应的企业经营战略；最后，设计、协调市场营销和其他各项职能计划（如财务计划、生产计划、人事劳动计划），具体过程如图2-1所示。

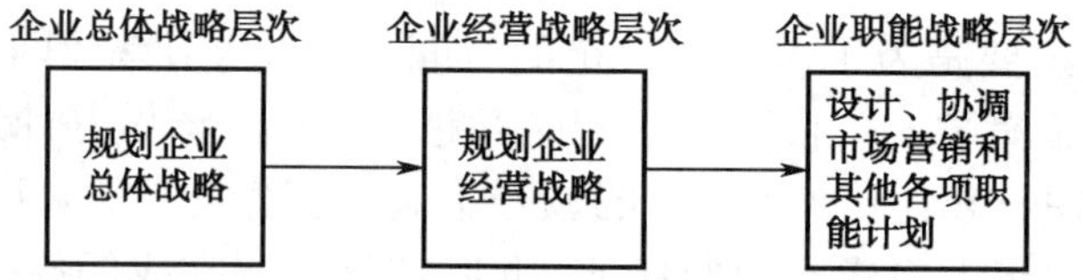

图2-1　企业战略的制定过程（一）

站在营销管理的角度，我们可以更直观地将企业战略的制定过程用图2-2来表示：

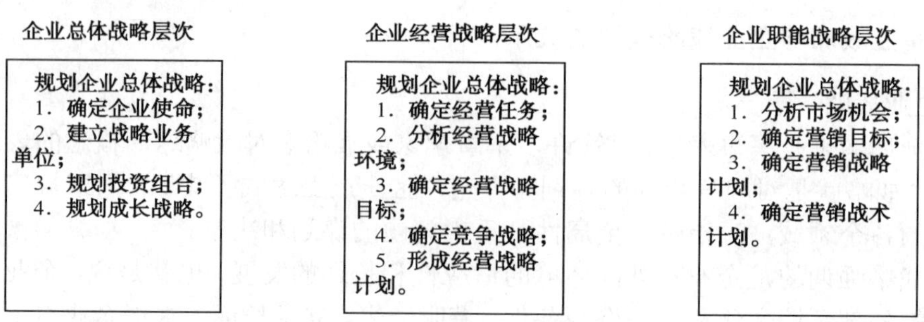

图2-2　企业战略的制定过程（二）

（2）企业战略规划与营销管理过程。如前所述，企业战略规划过程可以有三个层次：

企业总体战略规划、业务经营战略规划和企业职能战略规划。企业的营销管理过程属于职能战略层次规划的范畴，但仅局限于此去理解市场营销在企业战略规划中的地位，会犯原则性的错误。事实上，企业的市场营销战略与企业总体战略之间有许多重叠部分。市场营销在企业总体战略规划中的重要作用可以表现在：

① 市场营销观念为企业战略的制定提供非常有益的指导原则。它告诫企业，必须围绕着顾客特别是重点顾客群的需要来制定企业的战略。否则，企业的战略注定要失败。

② 市场营销帮助企业在进行战略环境分析的过程中，找到有吸引力的市场机会，并估计企业利用、把握这些机会的能力，从而对战略规划做出合理、有效的选择。

③ 在战略业务单位经营战略规划之后，市场营销为达成业务单位目标而设计具体战略，其任务就是为实现目标并取得赢利。

四、规划企业总体战略包括的内容

1．确定企业的使命

企业使命是企业根本目的、特征与性质的反映。企业使命不是固定不变的，随着企业所处环境与条件的变动，企业使命也要相应地变化。企业在确定使命时，必须考虑一些主要因素：

（1）企业的历史与文化。除去那些新生企业，任何一个企业都有自己的过去：过去的价值观、发展历程、行为特征及公众形象等。确定使命时，必须考虑对历史和文化的传承和尊重。

（2）企业所有者和决策者的意愿。企业的所有者及高层决策者对企业未来的发展意愿，肯定要影响企业的使命确定。

（3）企业环境的变化。企业环境不是一成不变的，而企业环境的变化将给企业带来不同的机会或威胁。

（4）企业的资源情况。不同企业拥有不同的资源条件，这是约束、决定企业业务范围、性质的基础性因素。

（5）企业的核心能力和优势。企业只有拥有了真正优于竞争对手的特长，才可能发展成为自身优势。确定企业使命，必须充分利用企业核心能力，注重优势发挥，获得真正的成功。

在确定好企业的使命后，必须将企业使命转化为各管理层的具体目标。企业每个管理人员都必须有自己明确的目标，并负责实现这些目标。

2．建立战略业务单位

每一个企业都有自己的业务。所谓业务，实际上是一个顾客满足的过程。它可以从三个方面加以确定：顾客群、顾客需要和企业用以满足需要的手段。

显然，很多企业都可能同时或准备经营若干项业务。每项业务都会有自己的特性，都会面对自己的市场与环境，所以，界定企业的业务领域只是对企业经营总体范围的描述。在实际操作中，企业为了有效地进行战略管理，必须确定自己的战略业务单位，并以此作为战略规划的基本单位。

战略业务单位具有三个特征：

（1）它是一项独立业务或相关业务的集合体，但在计划过程中可以与企业其他业务分开进行；

（2）它有自己的竞争者；

（3）它有专门的管理者负责其战略计划、利润业绩，并掌握影响战略计划实现的重要资源，通过确定的战略业务单位，可以使企业开发独立的战略和安排合理的资源。

3．规划投资组合

在确定了企业的战略业务单位之后，企业必须对各个战略业务单位及其业务状况进行分析与评估，确认它们的前景和发展潜力，从而确定投资结构，以便使企业资源得到合理的配置。

在规划投资组合方面，波士顿咨询公司模型与通用电气公司模型两种方法被广泛应用。

（1）波士顿咨询公司模型。该模型由美国著名的管理咨询公司——波士顿咨询公司（Boston Consulting Group，BCG）提出。波士顿咨询公司建议企业用市场增长率-市场占有率矩阵对各战略业务单位或业务进行评估。波士顿咨询公司利用两阶矩阵，共分四个战略决策区，如图 2-3 所示。图中，纵坐标表示市场增长率，即产品销售的年增长速度，以 10%为分界线分高低两个部分；横坐标表示业务单位的市场占有率与最大竞争对手市场占有率（用 X 来表示）之比，称为相对市场占有率，以 1.0X 为分界线，也分高低两个部分。如果相对市场占有率为 0.1X，则表示自己的市场份额为最大竞争对手市场份额的 10%；相对市场占有率为 10X，则表示自己的市场份额为最大竞争对手市场份额的 10 倍。矩阵图中每个圆圈都代表一个战略业务单位或业务，圆圈的大小表示该战略业务单位或业务的销售额占企业总销售额的比重，圆圈的位置表示该战略业务单位或业务市场增长率和相对市场占有率的情况。

根据图 2-3，我们可以将所有战略业务单位或业务分为以下四类：

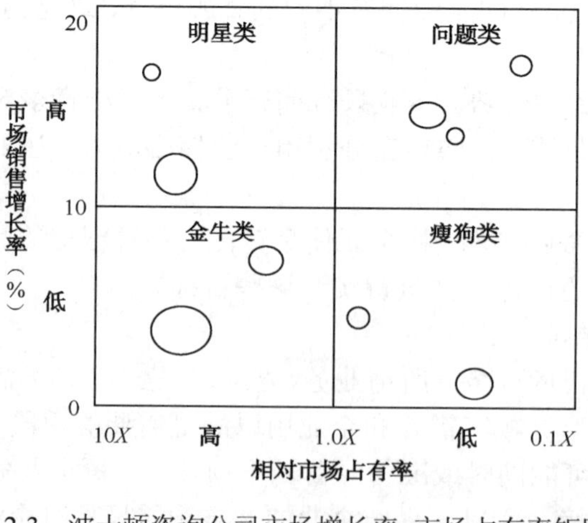

图 2-3　波士顿咨询公司市场增长率-市场占有率矩阵

① 明星类。这是市场增长率和相对市场占有率都高的战略业务单位或业务。这类业务单位或业务由于市场增长迅速，企业必须投入巨资以支持其发展。当其市场增长率降低

时，这类业务单位就由“现金使用者”变为“现金提供者”，即“金牛类”。

② 金牛类。这是市场增长率低、相对市场占有率高的战略业务单位或业务。这类业务单位或业务能为企业提供较多现金，可用来支持企业其他业务单位的生存与发展。所谓“金牛”是“产金牛”（cash cow）的意思，这类单位的多少，是企业实力强弱的重要标志。

③ 问题类。这是市场增长率高但相对市场占有率低的战略业务单位或业务。由于这类业务单位或业务的前途命运不太确定，所以，对这类业务单位是大量投入使之转为明星类，还是精简合并甚至淘汰，企业决策者应慎重考虑并及时做出决策。

④ 瘦狗类。这是市场增长率和相对市场占有率都低的战略业务单位或业务。这类业务单位或业务有可能自给自足，也有可能亏损，但不可能成为产生大量现金的源泉，通常情况下企业对这类业务单位不应追加投入。

在图 2-3 中，企业共有 9 个战略业务单位，其中明星类 2 个，金牛类 2 个，问题类 3 个，瘦狗类 2 个，说明该企业经营状况尚可。因为，处于金牛类的两个战略业务单位规模较大，所提供的现金可以支持其他战略业务单位；但该企业应采取一些果断措施解决问题类和瘦狗类战略业务单位的问题，以免负担过重，影响企业发展。

根据对各战略业务单位分析的结果，可确定对各个战略业务单位的投资战略措施。企业可以选择的战略有以下四种：

① 发展战略。实施这种战略的目的是要设法提高市场占有率，必要时可放弃短期利润，适用于明星类业务单位和问题类中有希望转为明星类的业务单位。对这类业务单位应大量投入，促其成长。

② 维持战略。实施这种战略的目的在于保持现有的市场占有率，适用于金牛类的业务单位，目的是使其继续为企业提供大量现金，对其投入可维持现状。

③ 收割战略。实施这种战略的目的在于通过减少投入，降低成本来增加短期现金收入，而不管其长期效果。这是一种短期行为，主要适用于金牛类中前景暗淡的业务单位，对瘦狗类业务单位也适用。

④ 放弃战略。这种战略就是变卖处理某些业务单位，以便使企业资源转移到那些赢利的业务单位上，适用于给企业造成很大负担而又没有发展前途的瘦狗类和问题类业务单位。

（2）通用电气公司模型。这是由美国通用电气公司（General Electric，GE）创造的多因素投资组合矩阵，是对波士顿咨询公司市场增长率-市场占有率矩阵的发展。

按照通用电气公司模型，企业无论对每个战略业务单位，都从市场吸引力和竞争能力两个方面进行评价，只有那些进入有吸引力的市场、又拥有相对竞争优势的业务单位才能成功。

市场吸引力取决于市场大小、年市场增长率、历史的利润率等一系列因素；竞争能力由该业务单位的市场占有率、产品质量、分销能力等一系列因素决定。对每个因素，分别依据等级打分（最低分为 1 分，最高分为 5 分），并依据权数计算其加权值，将加权值累计起来，得出该业务单位的市场吸引力及竞争能力总分。每个战略业务单位，都可以用得到的两个分数数值对应的坐标为圆心，画出与其市场规模成正比的圆圈，并标示出其市场占有率，如图 2-4 所示。在图 2-4 中，多因素投资组合矩阵依据市场吸引力的大、中、小，竞争能力的强、中、弱，分为九个区域。它们组成了三种战略地带。

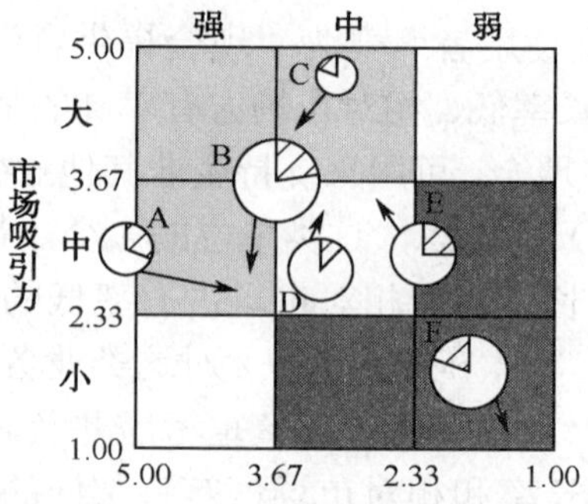

图 2-4　通用电气公司多因素投资组合矩阵：分类

绿色地带由图 2-4 中左上角的大强、大中、中强三个区域组成。这个地带的吸引力和业务单位的竞争能力都最强，企业要"开绿灯"，对这类业务单位采取增加资源投入和发展扩大的战略。

黄色地带由图 2-4 中左下角至右上角对角线贯穿的小强、中中、大弱三个区域组成。这个地带的市场吸引力和业务单位的竞争能力属中等水平，对这个地带的业务单位应当"亮黄灯"，即采用保持原投入水平和市场占有率的战略。

红色地带由图 2-4 中右下角的小弱、小中、中弱三个区域组成。这里的市场吸引力比较小，业务单位的竞争能力也较弱，因此，企业多是采用"红灯"，即采用收割或放弃战略。

五、如何规划企业的成长战略

通过规划投资组合战略，企业可以清楚地知道哪些业务单位需要扩大、发展，哪些业务单位维持不变，哪些业务单位需要收割、放弃，并且，企业也需要发展一些新的业务单位来填补战略缺口，保证企业利润目标的实现。

从理论上来说，企业有三种成长战略可以选择。这三种选择分别是：密集型成长战略——在企业现有的业务领域寻找未来的发展机会；一体化成长战略——建立或收购与目前企业业务有关的业务；多样化成长战略——增加与企业目前业务无关的富有吸引力的业务。

1．密集型成长战略

企业的现有产品和现有市场如果还有赢利潜力，可采用密集型成长战略。这一战略主要有三种形式。

（1）市场渗透。即扩大现有产品在现有市场上的销售量。例如，通过各种营销措施，如增加广告，增加销售网点，加强人员推销以及降价等，促使现有顾客增加购买，并吸引竞争对手的顾客和吸引更多的潜在顾客进行购买。

（2）市场开发。即努力使现有产品进入新的市场。例如，从地方市场扩展到全国市场，从男性市场扩展到女性市场。

（3）产品开发。在现有市场上通过改进原有产品或开发新产品，来满足现有市场上的不同需求，以增加销售。如在原有市场增加所供应产品的花色、品种、规格、型号等。

2. 一体化成长战略

如果企业所属行业的吸引力和增长潜力大，而且在供、产、销等环节实行一体化后可提高效率，扩大销售，提高赢利能力，则可采取一体化成长战略。一体化成长战略的具体形式有三种，如图2-5所示。

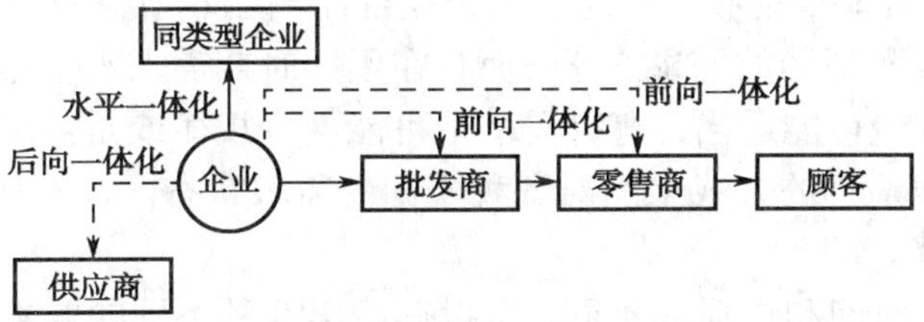

图2-5　一体化成长战略的三种形式

（1）后向一体化。即企业通过收购或兼并供应商，拥有或控制其供应系统，实现供产一体化。例如，皮衣制造商原来向其他厂商购进所需皮革，然而由于皮衣市场需求增长很快，决定自己生产皮革，即为后向一体化。

（2）前向一体化。即企业通过收购或兼并其他企业，来拥有或控制其分销系统，实现产销一体化。例如，某皮衣制造商自己设立分销系统经销自己的皮衣产品，即为前向一体化。

（3）水平一体化。即企业通过收购或兼并同类企业，或与其他同类企业合资生产等。例如，实力雄厚的大皮衣制造企业兼并小的皮衣制造企业，即为水平一体化或称横向一体化。

3. 多样化成长战略

企业通过跨行业生产和经营多种产品，以扩大自己的业务领域，提高经营效益，则需要采用多样化成长战略。多样化成长战略主要有三种形式。

（1）同心多样化。即企业利用现有技术、特长和经验，发展与现有产品近似的新产品，向外扩大业务领域。例如，皮衣制造商除增加皮衣品种外，还生产皮鞋、皮帽等产品即为同心多样化。同心多样化成长的重要特点是新产品与企业原来的产品虽然有着不同的用途，但在生产过程中却有着较强的技术相关性。

（2）水平多样化。即企业针对原有市场，采用不同技术发展新产品，增加产品种类。例如，皮衣制造商为购买其皮衣的顾客提供皮衣清洗、保养服务；大型百货商店内开办餐厅、酒吧、美容店等。水平多样化的重要特点是新产品的基本用途与原产品不同，但却存在较强的市场相关性。

（3）综合多样化。即企业发展与企业现有产品、技术和市场无关的新产品，吸引顾客。例如，皮衣制造商进入新的商业领域，经营物流配送等。

自学与拓展

一、市场营销管理的实质

市场营销管理（marketing management）是指企业为了实现自身目标，建立和维持与目标顾客互利的交换关系，而进行的各种分析、企划、执行和控制活动。企业在开展市场营销活动过程中，一定要设定一个在目标市场上要实现的预期交易水平，然而实际需求水平是在不断变动的，可能会等于或低于或高于企业预测的需求。企业必须通过营销管理调整市场的需求水平、需求时间和需求性质，以有效实现企业与目标顾客之间的供求关系的相互协调，从而实现互利的交换，最终达成企业目标，因此，营销管理实质上是需求管理。任何一种生产都有一种适当的需求水平，而且在不同时期需求水平是不同的：有时需求量可能为零；有时需求量可能适当；有时需求量可能没有规律或是需求过量。因此，企业必须通过营销管理找出适当的方式来面对各种不同的需求状态，做出刺激、提升、维持或减少需求等不同的选择。

根据需求水平、时间和性质的不同，可以归纳出八种不同的需求状况。在不同需求状况下，市场营销管理的任务有所不同。

二、市场营销管理的任务

1. 负需求

负需求是指绝大多数人对某个产品感到厌恶，甚至愿意出钱回避它的一种需求状况。例如，减肥者对肥肉呈负需求。

在负需求的情况下，市场营销管理的任务是改变市场营销，即分析市场为什么不喜欢这种产品，以及是否可以通过对产品重新设计、降低价格和积极促销的市场营销方案，来改变市场的信念和态度，将负需求转变为正需求。

2. 无需求

无需求是指目标市场对产品毫无兴趣或漠不关心的一种需求状况。通常，市场对下列产品无需求：人们一般认为无价值的废旧物资；人们一般认为有价值，但在特定市场环境下无价值的东西；新产品或消费者平常不熟悉的物品等。例如，老年人对一些年轻人的时尚潮流新品无动于衷，基本呈无需求状况。

在无需求情况下，市场营销管理的任务是刺激市场需求，即通过宣传、沟通、大力促销及其他市场营销措施，努力将产品所能提供的利益与人的各层次相关需要和兴趣联系起来。

3. 潜伏需求

潜伏需求与潜在需求不同，潜在需求是指消费者对某些产品和服务有消费需求而无购买力，或虽有购买力但并不急于购买的需求状况。潜伏需求是指相当一部分消费者对某物有强烈的需求，而现有的产品或服务又无法使之满足的一种需求状况，如许多人对无害香烟的需求。在潜伏需求的情况下，市场营销管理的任务是开发市场需求，即开发市场营销研究和潜在市场范围的测量，进而开发有效的产品和服务来满足这些需求，将潜伏需求变为现实需求。

4. 下降需求（也称衰退需求）

下降需求是指市场对一个或几个产品的需求呈下降趋势的一种需求状况。在下降需求的情况下，市场营销管理的任务是重振市场需求，即分析需求衰退的原因，改进产品特色和外观，以及采用更有效的沟通手段来重新刺激需求，使老产品开始新的生命周期，并通过创造性的产品再营销来扭转需求下降的趋势，进而谋求开拓新的目标市场。

5. 不规则需求（也称波动需求）

不规则需求是指某些产品或服务的市场需求在一年不同季节，或一周不同日子，甚至一天不同时间上下波动很大的一种需求状况。在不规则需求的情况下，市场营销管理的任务是协调市场需求，即通过灵活定价、策略促销及其他刺激手段来调节或改变需求的时间模式，使产品或服务的市场供给与需求在时间上协调一致。

6. 充分需求

充分需求是指某种产品或服务的市场需求在数量和时间上均与企业预期的需求相吻合的一种需求状况，这是企业最理想的一种需求状况。但是，在现实的动态市场上，消费者偏好会不断变化，竞争也会日益激烈，因此，在充分需求的情况下，市场营销管理的任务是努力维持市场需求，即努力保持及改进产品质量，经常测量消费者满意程度，以保持并改进服务质量，通过降低成本来保持合理价格，同时激励推销人员和经销商大力推销，千方百计维持目前需求水平。

7. 过量需求

过量需求是指某种产品或服务的市场需求超过了企业所能供给或所愿供给的水平的一种需求状况。在过量需求的情况下，市场营销管理的任务是降低市场需求，即通过提高价格、合理分销产品、减少服务和促销等措施，暂时或永久地降低市场需求水平，或者设法降低赢利较少的市场需求水平。需要强调的是，降低市场需求并不是杜绝需求，而是降低需求水平。

8. 有害需求

有害需求是指市场对某些有害物品或服务的需求，如有些人对毒品有需求。对于有害需求，市场营销管理的任务是反市场需求，即劝说喜欢有害产品或服务的消费者放弃这种爱好和需求，大力宣传有害产品或服务的严重危害性，大幅度提高价格，以及停止生产和供应等。降低市场需求与反市场需求的区别在于：前者采取措施减少需求，后者是采取措施消灭需求。

三、市场营销管理过程

为了完成不同的营销任务，企业必须做好不同类型的营销管理。营销管理的过程又被称作营销程序（marketing process），包括分析营销机会，研究与选择目标市场，制定营销战略、营销方案以及组织、执行和控制营销实现。企业营销管理过程包括四项营销管理职能，即分析、企划、实施和控制，其相互关系如图 2-6 所示。

1. 分析市场机会

市场营销学认为，寻找和分析、评价市场机会，是市场营销人员的主要任务，也是市场营销管理过程的第一个步骤，我们也可以把它视为企业营销管理过程的起点。所谓市场机会，就是市场未被满足的需求。哪里有未满足的需求，哪里就会有企业的市场机会。在现代市场经济条件下，由于市场需求不断变化，任何产品都有其生命周期，因此任何企业都不能永远依靠其现有产品过日子，每一个企业都必须经常寻找、发现新的市场机会。

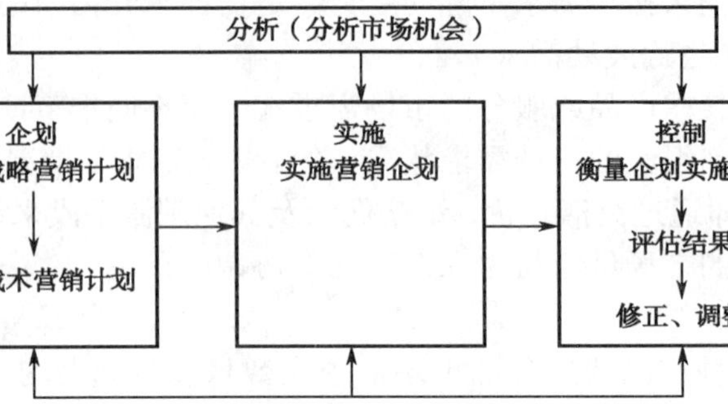

图 2-6　营销管理过程

市场营销管理人员可以通过收集市场信息、分析产品/市场矩阵、进行市场细分来发现市场机会。

市场营销管理人员不仅要善于寻找、发现有吸引力的市场机会，而且要善于对所发现的各种市场机会加以评价，决定哪些市场机会能成为本企业有利可图的企业机会。这是因为某种有吸引力的市场机会并不一定能成为某些企业的企业机会。

在现代市场经济条件下，某种市场机会能否成为某企业的企业机会，不仅要看利用这种市场机会是否与该企业的使命和目标相一致，而且取决于该企业是否具备利用这种市场机会、经营这种业务的条件，取决于该企业是否在利用这种市场机会、经营这种业务上比其潜在的竞争者有更大的优势，因而能享有更大的“差别利益”。

2．企划

营销企划是在研究和分析企业营销环境的基础上，确定适合于企业资源状况、竞争能力、任务和目标的营销目标，并规划其实现的行动方案的结构性程序。这一结构性程序的最终结果是营销企划书。

（1）制定战略营销计划。经过市场机会分析，企业可以找出自己的营销机会及营销障碍。考虑到企业自身的资源状况，企业可以确定自己的营销目标。企业的营销目标可以分为战略营销目标和战术营销目标。通常，我们将为期一年以上、事关企业全局的整体营销目标称为战略营销目标。常见的战略营销目标包括利润与销售收入等财务目标，市场占有率、产品保护程度等。为期一年以内的局部性、具体的营销目标为战术营销目标，通常包括年度内的利润等财务目标，市场销售目标、广告与推广等具体的营销投入目标等。

为了完成企业的营销目标，必须做好相关的营销管理决策，从而合理地进行企业的营销企划。营销企划是企业创造性地事先规划自身营销管理的活动。在这里，企业要制定自己的战略营销计划和战术营销计划以分别实现战略营销目标和战术营销目标。

（2）制定战术营销计划。在战略营销计划的基础上，企业必须制定战术营销计划来实现战术营销目标。对企业来说，战术营销计划是在通过目标市场营销战略定好自己的目标市场及市场定位之后，针对目标市场去整合、安排各种适当的营销手段，以更好地满足目标市场需求。营销理论中称满足目标市场的各种营销手段的集合为营销组合（marketing mix），所以，企业制定战术营销计划就是设计针对特定目标市场的营销方案，即确定针对特定目标市场的营销组合。

企业的营销，是企业对其营销管理过程中可以控制的因素的合理安排，是企业在特定的目标市场中进行营销活动的具体工具。企业通常要对产品（product）、价格（price）、地点（place）、促销（promotion）四个方面的可控因素进行决策，形成相应的产品策略、价格策略、地点（渠道）策略及促销策略，因此，营销组合又简称为4P。

营销企划书的一般结构包括以下方面：

① 前言：营销企划的意义。

② 企划概要：将整份营销企划作一概要，以方便阅读者直观地对企划有整体的了解与把握。

③ 营销环境分析：对影响企业营销活动的宏观、微观环境因素进行仔细分析。

④ SWOT 分析：根据营销环境进行分析，得出企业面对的机会与威胁，以及自身把握成功营销机会的优、劣势结论。

⑤ 营销企划对象与目标界定：根据环境分析及 SWOT 结论，明确营销企划的对象，同时，在细分市场的基础上，确定企划对象所面对的目标市场，并进行有效的市场定位。在此基础上，确定企划对象在目标市场要达成的目标。

⑥ 营销策略：为企划对象设计符合目标市场需求的包括产品策略、价格策略、渠道策略及促销策略在内的整体营销策略。

⑦ 实施计划：为实现营销企划而进行的组织安排、资源配置预算以及进度安排。

⑧ 效果预计：用具体、定量的财务、销售等相关指标分析营销企划的各方面效果。

⑨ 建议：为更有效地实施营销企划提供必要的建议。

3．实施

在营销企划制定之后，接下来企业必须组织营销资源实施营销企划。营销企划是在营销调研与分析的基础上制定的，营销企划的制定只是营销管理过程的开始，而要取得实际的成功，更重要的在于营销企划的实施与控制。

为了实施营销企划，必须设计一个能够实施企划的营销，并保证营销组织与企业的规模和营销管理任务相适应，且应当根据客观需要随时调整。

4．控制

在营销企划实施的过程中，可能出现很多意想不到的问题，企业需要采用不同的手段和措施来消除企划实施时的偏差，保证营销目标的实现，即进行营销控制。营销控制主要有年度控制、赢利能力控制和战略控制。通过这些控制，企业可以及时发现企划执行中存在的问题或企划本身的问题，判断产生问题的原因并及时反馈给有关的决策者，以便采取适当的纠偏措施。

项目自我练习2

一、单项选择题

1．在“市场增长率-市场占有率”矩阵分析中，低市场增长率和高相对市场占有率的战略业务单位称为（　　）。

A．金牛类　B．问题类　C．明星类　D．狗类

2．以保持原有的业务经营水平为主要目标的战略是（　　）。

A．稳定战略　B．发展战略　C．收缩战略　D．淘汰战略

3．具有较高增长率和较低相对市场占有率的经营单位是（　　）。

A．明星类　B．问题类　C．奶牛类　D．狗类

二、多项选择题

1．多因素投资组合矩阵依据市场吸引力的大小和竞争能力的强弱分为九个区域，由它们组成三种战略地带，分别是（　　　）。

A．红色地带　B．绿色地带　C．黄色地带　D．黑色地带

E．白色地带

2．市场增长率/相对市场占有矩阵将经营单位划分为下列几种类型：（　　　）。

A．明星类　B．问题类　C．奶牛类　D．金马类　E．狗类

3．企业一体化成长战略包括（　　　）。

A．前向一体化　B．后向一体化　C．向上一体化

D．向下一体化　E．水平一体化

4．企业密集型战略包括（　　　）。

A．市场渗透　B．市场开发　C．产品开发

D．水平多样化　E．集团多样化

5．企业多样化成长战略包括（　　　）。

A．纵向多样化　B．同心多样化　C．垂直多样化

D．综合多样化　E．水平多样化

6．美国学者波特提出的市场竞争性战略包括（　　　）。

A．成本领先战略　B．差别化战略　C．品牌战略

D．聚焦战略　E．一体化战略

三、案例分析题

巨人集团多元化经营的困境

珠海巨人高科技集团公司于 1992 年 10 月成立，其前身是珠海巨人新技术公司。创业之初，公司总裁史玉柱竭力将公司开发的 M-6401 系列桌面排版系统推向市场，取得了极大的成功。1992 年出售 M-6403 汉卡 2.8 万套，销售总值 1.6 亿元，实现利润 3 500 万元，年发展速度达 500%。1993 年 1 月，巨人集团加快扩张步伐，在全国成立了 8 家全资公司，一年之内推出了中文手写电脑、中文笔记本电脑、巨人传真卡、巨人中文电子收款机、巨人钻石财务软件、巨人防病毒卡、巨人加密卡等产品，当年实现销售额 3.6 亿元，利润 4 600 万元，成为中国极具实力的计算机企业。正当此时，全国开始兴起房地产和生物保健品热，巨人集团追随潮流，适时提出第二次创业的口号，开始迈向多元化经营之路。次年巨人集团在生物工程项目尚未巩固的情况下，毅然向房地产这一陌生的领域进军，并想在房地产业大展宏图，将拟建的巨人科技大厦设计方案一变再变，楼层节节拔高，从最初的 18 层，一直涨到 70 层，投资也从 2 亿元上升到 12 亿元，1994 年 2 月破土动工，正是这一巨人

大厦，给资产规模仅 1 亿元的巨人集团埋下了覆灭的种子。当时，巨人集团为了筹措资金，除挪用生物工程和软件开发的流动资金外，还通过出售楼花在香港筹款 6 000 万元港币，在国内获得 4 000 万元，其中在国内签订的楼花买卖协议规定，三年大楼一期工程（20 层）完工后履行，如未能如期完工，应退还定金并给予经济补偿。到了 1996 年年底，一期工程未能如期完工，这 4 000 万元楼花就成了巨人集团财务危机的导火索，巨人集团终因财务状况不良而陷入破产的危机之中。

【案例分析】

1．巨人集团成功和失败的经验和教训有哪些？

2．多元化经营的要点是什么？如何处理主导产品与相关产品的关系？

3．谈谈你对跨行业的多元化经营存在的风险的认识。

项目3

企业的营销环境分析

企业开展营销活动会受到周围及企业自身各种因素的影响，只有与环境相适应、相协调，企业才能顺利地开展营销活动。企业的营销环境处于不断变化中，随时会给企业带来机遇和挑战，企业只有适应环境，主动去预测、发现和分析环境，才能为企业营销决策提供依据，充分利用自身优势、避免劣势。大到企业的发展，小到营销人员日常的活动，都需要随时了解、把握周围的环境。通过本项目的学习，可以学会如何专业地进行营销环境的分析，并在今后从事营销工作或其他工作时应用到自身或企业，从而为企业决策、自身决策提供客观的分析依据。

任务1 听老师讲解相关知识

项目任务书

课内学时	4	课外学时	至少2
学习目标	1．能够掌握并理解宏观环境和微观环境所包含的各种因素 2．掌握营销环境的分析方法并能灵活运用SWOT分析方法		
学习方法	1．听老师讲解案例并思考 2．听老师讲解理论知识并记笔记		
所涉及的专业知识	市场营销的微观环境（供应商、企业内部的力量、营销中介、顾客、企业竞争者、公众）；市场营销的宏观环境（自然、经济、人口、政治法律、社会文化、技术）；SWOT分析法；环境机会矩阵分析法		

续表

本任务与其他任务的关系	本任务是完成该项目后面两个任务的前提。本任务也可作为一个独立的任务来完成
学习材料与工具	学习材料：样例 3.1、样例 3.2、案例分析资料 工具：项目任务书、笔
学习组织方式	学生以个人为单位完成任务

项目指导书

完成项目的基本路径：

听老师讲解案例及营销环境的相关知识（135分钟）→ 听老师讲解环境分析方法（35分钟）→ 听老师讲解如何撰写营销环境分析报告（10分钟）

Step 1 听老师讲解案例

案例 3.1 雷利自行车

英国雷利自行车公司是成立于 1887 年的世界老字号自行车生产商，雷利自行车公司自成立以来，由于生产的自行车质量好而享誉世界。雷利自行车成为高质量的代名词，行销世界各地，尤其在欧美国家更是抢手货。

然而，随着时间的推移，市场需求却在悄悄地变化，而此时的雷利公司仍固守原来的经营理念，没有创新。自行车是作为一种方便、灵活的交通工具流行起来的，但到了 20 世纪六七十年代，比自行车更理想的交通工具——轿车，在一些经济发达国家开始普及。自行车与轿车相比，就显得速度慢、活动半径小，所以消费者纷纷选购轿车作为自己的交通工具，自行车消费陷入低潮，雷利自行车也难逃此劫。

另一方面，在新技术的冲击下，发达国家中自行车主要消费群体——青少年的消费偏好也发生了很大变化。以往，16 岁以下的青少年购买雷利自行车的，约占英国国内自行车消费量的 70%，而现在，青少年感兴趣的已是电子游戏机了。在欧美工业化国家里，自行车即使免费赠送给青少年，也未必受欢迎。青少年消费偏好的这一变化，给雷利自行车带来了很大的打击。

面对着变化了的市场，许多精明的企业家或进行多角化经营，分散经营风险；或根据市场的新情况研制、开发新产品，增强企业的生存能力与发展能力。在自行车行业，一些富有开拓精神的企业家，很快设计生产出新型的自行车，使它集游玩、体育锻炼、比赛功能于一体，这样一来，自行车又很快成为盈利丰厚的“黄金商品”。如美国的青少年，迷上这种多功能自行车的比比皆是，购买一辆新车需 200 至 300 美元，一顶头盔约 150 美元，各种配套用品约 250 美元，更换零件平均约 100 美元，这种连带消费，使那些应变能力强，率先开发出新式自行车的厂商财源滚滚。

然而，雷利公司却一直坚持“坚固实用”的生产经营理念，直到 1977 年，公司实在难以维持下去，它才投资筹建成千上万自行车比赛队，想让雷利自行车在体育用品市场上大显身手。1980 年，雷利自行车终于成为自行车大赛的冠军车，雷利自行车因此再次名声大振，当年在法国销售达 4 万辆。雷利公司尝到甜头后，便集中力量发展作为体育运动器械用的自行车，想借此重振雄风。谁料天公不作美，1986

年夏天，北欧各国一直是阴雨绵绵、寒冷潮湿的气候，使自行车运动无法进行，购买自行车的人锐减，造成雷利自行车积压严重，公司周转资金严重不足。

亚洲一些国家和地区的自行车业的崛起，也使雷利自行车不得不退出传统而利润丰厚的市场，从而加快了它衰落的步伐。雷利自行车原来有30%是出口国外的，其出口目标主要是欧美国家，特别是美国市场。但20世纪80年代以后，亚洲一些国家、地区的厂商以低廉的价格和灵活多样的行销方式，相继夺走了雷利自行车在欧美的市场份额。例如，一度风行美国的花式自行车，每年都可销售几百万辆，这本来是雷利自行车公司的传统市场，但在中国台湾厂商与美国行销商的默契合作下，这笔生意被中国台湾厂商抢走了，他们采取中国台湾生产的商品，挂上美国的商标的推销方法。中国台湾的自行车厂家由于对美国市场不太了解，不想为自己的商标花重金进行广告宣传，则将自行车直接以出厂价供给美国的经销商，美国经销商将这些自行车运回美国，打上自己的商标后出售，这种自行车售价低且质量高，很快在市场上打开了销路，到1986年，这种自行车在美国的销售量达580万辆。

雷利自行车公司不仅失去了欧美的自行车市场，而且也失去了第三世界的自行车市场。以往，尼日利亚每年平均进口雷利自行车达数万辆，1986年以后，英国与尼日利亚两国关系日渐恶化，尼日利亚政府对英国设置贸易壁垒，从而使雷利自行车无法进入这一市场。祸不单行，两伊战争爆发，昔日雷利自行车的另一大买主——伊朗，由于战争，几乎全部停止了雷利自行车的进口。此外，公司财政困难、产品积压、人员过剩等一系列问题日趋严重，使得雷利自行车出口日趋困难。

（资料来源：210.35.104.5/marketing/download/cases_5_2.pdf）

【案例思考】

（1）根据案例思考，雷利自行车公司受到了哪些因素的影响？

（2）雷利自行车衰落的原因是什么？给我们哪些启示？

学习案例完成以下内容。

（1）听老师讲解案例并将你的思考写入表3-1（10分钟）。

表3-1　项目任务产出——市场营销环境案例分析之我的思考

“雷利”自行车公司受到了哪些环境因素的影响：
给我的启示是：

（2）回答教师提问，在听老师讲解过程中，补充完善表3-1（20分钟）。

（3）听老师讲解相关知识，同时填写完成表3-2（60分钟）。

案例3.2　在金字塔底部找到机会

商业作家普拉哈拉德（C.K.Prahalad）认为很多创新来自如中国和印度等新兴市场的发展。他估计在“金字塔底部”有50亿人得不到服务和服务水平低下。一项研究表明，每天的生活费为2美元或更低的人口有40亿。企业在生活水平如此低下的市场中经营需要少花钱多做事。

在印度的班加罗尔，Narayana Hrudayalaya 医院收取的心脏搭桥手术的费用为 1 500 美元，是美国的 50 倍。医院劳动力薪酬低廉，经营费用不高，由专业人员负责护理，这种方法非常奏效，这家医院的死亡率是美国医院的一半。该医院还免费照顾数百名婴幼儿，用其盈利为 250 万名患有重症的印度穷人提供医疗，而每月仅收取 11 美分。

发展中国家的外国公司也在开发具有创意的营销方案。在巴西、印度、东欧和其他市场，微软公司推出了按次付费的营销计划。这个计划允许用户无须支付个人计算机的购买费用，只需要预付一定款项就可以正常启动使用。当付款耗尽，计算机停止运行，用户重新预付费后计算机可重新启动。

其他公司通过在中国、印度这样的国家开发产品，然后分销到全球市场，实现了“反向创新”优势。通用公司在印度农村成功地推出了 1 000 美元的手持心电图设备，在中国农村推出了基于个人计算机的便携式超声波仪器，然后再开始在美国销售。

（资料来源：菲利普. 科特勒等. 王永贵等译. 营销管理. 第 14 版，2012.）

【案例思考】

通过以上资料，体会人口因素对企业经营活动的影响。

案例 3.3 “指南针地毯”和冻鸡出口的启示

在阿拉伯国家，虔诚的穆斯林教徒每日祈祷，无论居家或是旅行，祈祷者在固定时间都要跪拜于地毯上，且要面向圣城麦加。比利时地毯厂厂商范得维格，巧妙地将扁平的“指南针”嵌入祈祷用的小地毯中，该“指南针”指得不是正南正北，而是始终指向麦加城方向，这样，伊斯兰教徒只要有了这个地毯，无论走到哪里，都能准确找到麦加城的方向。这种地毯一上市，立即成了抢手货。

欧洲一冻鸡出口商曾向阿拉伯国家出口冻鸡。他把大量优质鸡用机器屠宰好，收拾干净，只是包装时鸡的个别部位稍带点血，就装船运出，不料这批货竟被退了回来。他迷惑不解，便亲自前往进口国调查原因。他发现退货的原因不是质量有问题，而是他的加工方法违反了阿拉伯国家的禁忌：阿拉伯国家人民不允许用机器和由女性屠宰家禽，也不允许家禽带血，否则便被认为不吉祥。

（资料来源：http://wenku.baidu.com/view/b7dce43f0b4c2e3f572763c9.html）

【案例思考】

（1）比利时商人范得维格对哪种市场营销环境进行了分析，才使“指南针地毯”一举成功？

（2）欧洲冻鸡出口商为什么遭遇到阿拉伯进口国家的退货？

案例 3.4 美的：帮出来的好汉

2000 年 11 月 8 日，对美的空调事业部总经理方洪波来说是一个高兴的日子。这天，美的空调 2001 年工商恳谈会在广东顺德召开，来自全国各地以及日本、中国香港地区等地的 300 多名供应厂商聚在一起，共同探讨在新经济条件下，谋求下一步战略合作和长远发展的问题。据有关数据显示，2000 年销售年度，美的空调共销售 165 万套，实现销售收入 60 亿元，同比增长 40%，占全国空调市场 13%左右的市场份额。

对此，总经理方洪波说，取得这样的成绩，除了严格按照市场策略行事外，美的还有四大优势：一是规模和品牌优势，二是技术优势，三是美的集团多元化发展的辐射力，四是渠道优势。美的目前的渠道建设有两块：一是和上游供应商之间的战略伙伴关系，二是和销售商之间的合作关系。目前，美的已与很多供应商之间达成了战略伙伴关系合作协议。美的空调自 1996 年开始创建性地提出与供应商建立永久性的战略合作伙伴关系以来，三年多的实践证明，与供应商之间的良好协作关系是企业优化资源配置，强化成本和品质管理工作的基础，是全面参与市场竞争和提高核心竞争力的必然选择。

在企业发展规划中，他们明确提出：制造系统的工作要密切围绕品质和成本两大主题，以战略性合作伙伴关系为纽带，积极探索制造模式的创新和生产组织体系的发展，最大限度地发挥资源配置和规模效应。2000 年，美的集团的空调销售量能达到 165 万套的好成绩，与上游供应商的支持是密不可分的，2000 年，很多企业在旺季都因供应链不顺畅而导致产品断货，但美的空调却从来未出现过断货。同样，针对下游的经销商来说，美的又成了他们的供应商，所以，与下游经销商也是战略伙伴关系。美的与上游供应商和下游经销商之间的战略伙伴关系是“同心、同步、同超越”的。所谓“同心”，指的是真正稳定的上下游关系，意味着要建立长期的战略合作关系，意味着上下游各企业对各自发展目标、经营理念、市场前景的认同和理解，只有上下游各级企业同心，才能谋求发展，才能实现共荣。“同步”的意思是：美的是个大命运共同体，美的的发展离不开上下游企业的发展，上下游企业的发展不能离开美的空调长期的市场策略。“同超越”则是指：美的空调是创新领导者，创新的本质在于不断地自我否定，不断地自我超越；经历了多年的发展，上下游企业都会不可避免地遇到进一步发展的瓶颈，因此上下游各企业都应该抛弃旧的思想习惯，改变旧的行为方式，共同突破发展的瓶颈，共同实现新一轮的快速增长。

（资料来源：http://wenku.baidu.com/view/38f2f823aaea998fcc220e2a.html）

【案例思考】

（1）企业为什么要与供应商搞好关系？

（2）企业与供应商之间存在哪些关系？

表 3-2　项目任务产出——与市场营销环境相关的知识点

市场营销的宏观环境包括：

市场营销的微观环境包括：

市场营销环境分类如下图所示（请将相应的文字标在图中）：

Step 2 听老师讲解营销环境分析方法及企业对策

听讲的同时填写表 3-3。

表 3-3　项目任务产出——市场营销环境分析方法

SWOT 分析法是进行________和________的分析。 其中 S 代表_______，意思是__________；W 代表_______，意思是__________； O 代表_______，意思是__________；T 代表_______，意思是__________。 对于 SO 组合，宜采用____________战略；对于 WO 组合，宜采用____________战略； 对于 WT 组合，宜采用____________战略；对于 ST 组合，宜采用____________战略。 市场营销环境分析报告的结构主要包括：______________________________ ____ 市场营销环境分析报告的正文内容主要包括： 1.__________ 2. __________ 3. __________ 4. __________

样例 3.1 雀巢公司在北京市场的 SWOT 分析

一、雀巢公司在北京市场的 SWOT 分析

1. 优势（Strength）

（1）市场。雀巢咖啡品牌形象深入人心，企业本土化经营良好，有良好的企业形象，广告攻势强。

（2）技术。企业整体技术较国内企业具有明显优势。

（3）产品。核心产品的独特配方及其便利，有创新及研发能力。

（4）资金。较国内企业资金实力强。

（5）经营策略。企业坚持本土化经营，较其他跨国企业进入中国市场早。

（6）职工。职工素质比其他国有企业高。

2. 劣势（Weakness）

（1）管理。跨国公司组织庞大，管理易混乱。

（2）产品。瓶装水、冰激凌等产品在北京消费者中认同感不及国内其他品牌，较卡夫等企业产品范围窄。

（3）技术。卡夫、可口可乐等跨国企业有自己独特的生产技术。

（4）市场。饮品、瓶装水、冰激凌等产品市场占有率有待提高。

3. 机会（Opportunity）

（1）经济。北京市场增长速度快，人均收入水平正在逐步提高。

（2）社会。进入北京市场壁垒降低。

（3）公众。品牌影响较高，较可口可乐等企业消费群体较广。

4. 威胁（Threat）

（1）竞争者。企业产品范围较窄，对应产品替代品上升；食品市场竞争激烈，面对国内外企业的双面竞争。

（2）公众。消费者对健康意识的提高，企业负面新闻对企业的打击，使市场需求量减少。

二、雀巢公司的SWOT图

雀巢公司的SWOT分析图如图3-1所示。

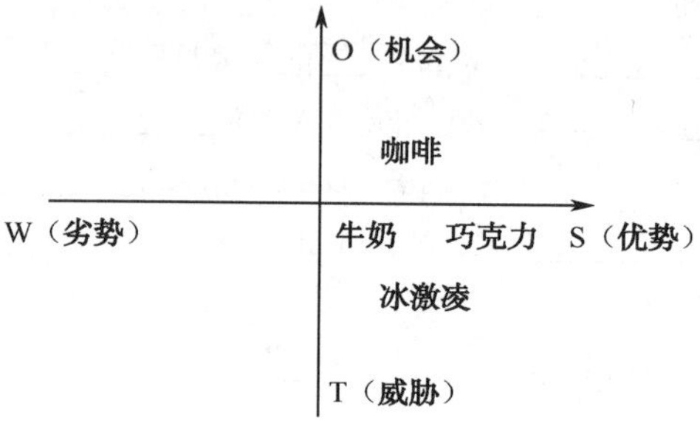

图3-1　企业SWOT分析矩阵

Step 3　听老师讲解如何撰写企业营销环境分析报告

听讲并阅读下面样例。

样例3.2　雀巢咖啡在中国的市场营销环境分析

一、东莞雀巢咖啡有限公司背景介绍

为配合公司的整体发展战略，雀巢公司于1992年成立了东莞雀巢咖啡有限公司，制造和销售速溶咖啡及相关产品。

东莞雀巢咖啡有限公司面对中国人饮茶的传统，并没有选择直接向饮茶这种传统习俗发起挑战，而是利用中国人另外的一个传统：送礼，还要送有面子的礼品。在雀巢最初进入中国的几年中，他们把推广时机选择在各种节日。雀巢咖啡被包装成一种有档次、有面子的礼物，被当做“外国的高级礼品”走进了中国人的家庭。咖啡市场从此被培育起来了，礼品装在随后的岁月里也完成了它的历史使命，取而代之的是咖啡真正的角色：一种嗜好品，一种快速消费品。

二、雀巢咖啡的宏观市场营销环境分析

1. 自然环境

咖啡豆主要分为小粒种和中粒种两类，其中原产于中美和南美的小粒种咖啡豆是优质品种，在国际市场上供不应求，且价格比其他咖啡高出35%。

咖啡的品质决定于其所生长的环境，而小粒种咖啡对环境的要求更高，适于在南北回归线附近种植。中国北方地区种植咖啡树的可能性为零，而云南思茅地区恰恰最适合种植小粒种咖啡。思茅真正开始产业化种植小粒种咖啡是在20世纪90年代。20世纪80年代末，雀巢公司在中国成立合资公司时，经调查发现，中国几乎不生产小粒种咖啡豆。雀巢开始在云南通过政府帮助，推广种植小粒种咖啡。由于雀巢把世界种植咖啡的先进技术传授给农民，使得云南咖啡种植产业起点很高。

现在，思茅市的咖啡种植面积已达1.04万公顷，共有1.5万多户咖农，年产咖啡豆1.5万吨左右，品级好的产品大多被跨国公司收购，雀巢每年收购5 000吨。作为咖啡消费和生产的大国，德国和日本的一些咖啡生产企业也到这里采购。国际咖啡组织认为云南小粒咖啡与哥伦比亚小粒咖啡品质接近，产品市场竞争力较强。

2. 经济环境

中国咖啡消费年增长为15%，而世界咖啡消费年增长率仅为2%，未来几年中国有望成为全球最具潜力的咖啡消费大国。

中国1998年消费的咖啡数量为20万袋，到2005年，已达到50万袋，约3 000万千克，年均增长率超过20%。国际咖啡组织（ICO）统计数据显示，中国咖啡市场将成为世界上重要的咖啡消费市场。目前上海是中国最大的咖啡市场之一，每年人均咖啡消费量为25～35杯，而内地多数省市人均年消费量不足10杯。

3. 政治法律环境

最初，因为不了解前景，云南思茅地区的农民并不愿种植咖啡。政府实行了多项优惠政策，包括为咖农提供小额贷款以购买肥料、种苗、加工机器，以及与雀巢协商让他们以保护价收购咖啡豆等。1989年，雀巢与当地政府签订了一个长达14年的协议，协议中承诺：雀巢按照美国现货市场的价格收购咖啡，作为农民利益的保障，上不封顶，而下设最低收购价格。同时雀巢提供技术人员、种苗甚至免息农具贷款，并承诺不拥有土地，不拥有固定资产，还为云南思茅地区的咖啡农场培训了数以千计的当地农民和农业技术人员，向他们传授控制水土流失的方法，环保、病虫害防治以及高产优产技术。

4. 人口环境

中国是世界上人口最多的国家，2008年年末中国大陆人口13.28亿，占世界人口的20%，占亚洲人口的33%，市场潜力巨大。

5. 科技环境

2001年，雀巢在上海成立了雀巢研发中心。2008年，雀巢在北京中关村成立了雀巢研发中心，投资达到7千万人民币，该中心将向雀巢的生产运营公司提供确保食品最高品质和安全所需的尖端科技，它将从事新产品开发，解决中国消费者特殊的营养需求。雀巢在中国的研发中心上共投资了1.1亿元人民币。

2003年，雀巢公司在新推出的速溶咖啡中注入雀巢专利技术，生产出全新口味的雀巢速溶咖啡。这一技术的采用，使中国成了继英国、日本之后的第三个使用此技术的国家。

2009年8月19日，雀巢咖啡世界一流新生产线开机典礼在上海松江工业区隆重举行。雀巢公司全力承诺为中国消费者提供高品质的咖啡产品以满足快速增长的需求。依托全球丰富的专业特长以及领先的咖啡创新研发能力，雀巢已经成功地把雀巢咖啡打造成中国第一咖啡品牌。

6. 社会文化环境

中国人受生活方式影响，已习惯于把豆浆、粥、油条、馄饨等食品作为早餐，只有很少一部分人群，如外企员工、有海外生活经历的人或其他热爱咖啡的人士会选择咖啡作为早餐。“喝咖啡”还被很多人认为是提神醒脑的主要饮品。

三、微观市场营销环境分析

1. 企业内部环境

雀巢公司产品线众多，咖啡是其在中国市场最重要的业务之一。总公司有雄厚的资金、政策、技术等各方面的支持，使咖啡业务能在中国快速成长。在市场运作方面，总公司有成熟的经验可以借鉴。在技术方面，公司对原材料、生产线、研发的投入也不遗余力。

2. 供应商环境

生产原料本地化是雀巢在全球取得成功经营的因素之一。20世纪90年代初，雀巢成立了雀巢农业服务部，帮助云南当地农民种植优质、高产的小粒种咖啡，并成为当地稳定的采购商。渠道销售方面也受益于2005年和可口可乐公司建立起来的一项协议，协议规定，由可口可乐公司担负雀巢公司茶饮料及即饮咖啡业务的品牌建设和分销工作。雀巢咖啡在中国的市场占有率也因此迅速增长到80%。

雀巢公司协助云南建立咖啡种植农场，提供资金、技术等方面的援助，而它从云南收购大量咖啡。现在，云南省咖啡豆的生产已显著增长，并且质量也大大改进。目前云南全省咖啡种植面积超过30万亩，产量达2.6万吨，种植面积和产量均占到全国90%以上，成为全国最大的咖啡生产和出口基地。云南省产的小粒咖啡品质优良，口感堪比哥伦比亚等小粒咖啡主产区产品，保证了雀巢优质的原材料供应。

3. 营销中介

（1）销售渠道。雀巢咖啡与销售渠道各方保持着良好的合作关系。雀巢公司坚信贸易伙伴是其在亚洲取得成功的重要因素，因此，公司一直与贸易伙伴保持亲密的关系，如使用销售网点进行推销活动，与当地的批发、零售系统完全融为一体，同时还把两部分促销活动转由一定的销售渠道和批发商来组织。有时，为了与当地的超级市场建立牢固的关系，雀巢还向它们提供最新的库存管理系统，并教会他们如何使用。

（2）广告机构。现在，与雀巢公司密切合作的代理机构有5个，分别是麦肯、智威汤逊、PubilisFCB、奥美以及灵狮，它们形成了一个国际广告代理机构网络。雀巢公司的总部为每个战略品牌指定了优先考虑的广告机构，雀巢咖啡优先考虑的公司是麦肯和智威汤逊，各地分公司可以从这些机构中做出自己的选择。

4. 顾客

“雀巢咖啡”荣登中国大学生“至爱品牌”奖咖啡品类榜首。“至爱品牌”评选活动覆盖全国32个省、市、自治区，1 700余所高校，共有2万多名在校大学生参与。雀巢咖啡在咖啡品类中占有绝对优势，比第二名高出近30个百分点。79.2%的受访大学生表示“味道好”是雀巢咖啡的最大优势。调查表明，女性群体是咖啡的消费主体，其中68%的女性大学生表示经常喝咖啡，从来不喝咖啡的人数只有6.7%；在选择经常喝咖啡的群体中，只喝雀巢咖啡的超过了22%。雀巢咖啡将顾客群和潜在顾客群瞄准了青年一代。

5. 企业竞争者

世界上有十大咖啡品牌。随着中国咖啡市场的繁荣，越来越多的咖啡品牌开始进入中国市场。除了标榜正宗“咖啡文化”的咖啡厅逐渐多了起来外，卡夫等老牌竞争对手也逐渐进入中国市场。据有关数据显示，目前，在国内销售情况较好、消费者认可度较高的咖啡品牌有：上岛咖啡、星巴克咖啡（Starbucks）、麦斯威尔咖啡（Maxwell）、两岸咖啡、蓝山咖啡、雀巢咖啡、LAVAZZA咖啡、艾利咖啡（ILLY）、迪欧咖啡（DIO）、真锅咖啡以及上海本地的伊诺咖啡。

6. 公众

1990年，雀巢在双城建立了进入中国以来的第一个牛奶加工基地，在此之前，雀巢在双城已经进行了3年的奶区基础建设，雀巢带来了资金和国际技术团队，与本地政府和农户进行合作。目前，雀巢在中国已经累计投入超过1亿元人民币，用于向农民提供技术援助。

在环保方面，东莞雀巢用咖啡渣烧锅炉，从而成功地将环保融于生产过程中。2009 年 10 月 26 日，广东东莞市公布了包括东莞雀巢有限公司在内的 14 家荣获广东省“省级清洁生产企业”称号的企业名单，雀巢公司获得了由广东省政府和东莞市政府颁发的“2009 年第一批东莞市清洁生产项目”奖励资金。

“雀巢将公益意识贯穿到了整个业务运作的过程中，将‘使受益人受益’的理念扩展到与之业务相关联的所有利益相关者，促进了供应商、消费者、政府以及雀巢公司等多方的繁荣。”雀巢的这种做法，得到当地政府、农民等多方的认可。

四、雀巢咖啡在中国的 SWOT 分析

1. 优势

（1）有优质、稳定的原材料供应。目前，中国咖啡产地主要集中在云南思茅，而当地能发展咖啡种植业，全依赖于雀巢的技术援助，雀巢在当地政府和农民之间取得了一致的信任，因此，咖啡豆的收购质量、数量得到了充分保证，从而保证了雀巢咖啡原料供应的高品质、供应时间的及时性以及数量的充足性。

（2）具有品牌优势。雀巢咖啡最先进入中国市场，给消费者一个先入为主的印象，良好的第一印象根深蒂固，因此，雀巢的品牌号召力、品牌偏好性较强。

（3）消费群体稳定。雀巢咖啡在大学生群体中的认可度极高，保证了未来消费群体的数量。近十年来，雀巢咖啡一直在一线主要城市发展，从 2009 年 2 月起开始向二三线城市扩展。

（4）有很强的研发能力。雀巢在中国设立了两家研发中心，拥有针对中国客户的研发队伍。在口感方面，两个研发中心每年投入数百万的资金用于对消费者进行研究。雀巢咖啡在中国市场上销售的产品都经过消费者口味喜好的测试。

（5）产品生产及销售具有优势。雀巢在华直接投资额已超过 80 亿元人民币，已在中国 17 座城市建立 20 家工厂，聘用中国员工 1.3 万名。上海是雀巢公司投资的重点，设有包括 5 家工厂在内的 7 家企业。

雀巢公司用最快的速度拥有了一套研究、开发、生产、销售产品的整套战略方针。对于每个新产品需要经过两年的时间酝酿开发，但是从生产到销售的环节只要两个月时间就可以将新产品投放于商店货架上，实施速度很快。

2. 劣势

（1）危机公关策略失误。雀巢在危机事件管理方面屡受打击，曾一度被消费者查出产品质量问题，并予以曝光，但雀巢公司出面解决问题的速度缓慢，贻误战机，造成更大程度的负面后果。

（2）受中国传统文化环境的制约。消费者固有的思维模式认为咖啡是提神醒脑的饮品，因此，多数人群在晚上饮用，而较少有人养成早上喝咖啡的习惯。

3. 机会

（1）市场潜力巨大。目前经济形势还未影响到对咖啡的消费。咖啡在中国市场的潜能很大，目前咖啡年人均消费量仅为 3 杯，而同样习惯饮茶的日本却达到 300 多杯。

（2）咖啡类产品在中国正处于成长期。雀巢咖啡在中国的真正竞争对手是中国传统的茶饮料，茶文化目前仍然是中国的主流文化，因此各个咖啡品牌之间的竞争反而能够推动咖啡文化在中国的发展及成熟，而各个咖啡品牌在营销推广上加大投入将有利于更多中国消费者了解咖啡文化，从而带动咖啡在中国的消费增加。

4. 威胁

（1）原材料竞争加剧。云南是中国本土咖啡种植少有的集中地之一。在云南，咖啡种植主要由国营农场、县咖啡厂和散户农民进行，后两者占了产量的 90%。雀巢在云南的原料供应商 90%是散户农民。

目前，全球前几大咖啡巨头都已在云南设立种植基地或大规模采购，生产麦斯威尔咖啡的卡夫食品是云南咖啡的采购大户之一，星巴克也表示该公司在中国的首个咖啡豆采购地点已经锁定云南。

（2）供应商与雀巢咖啡的关系可能发生变化。2009 年 7 月，一直是雀巢咖啡原料供应商的云南后谷对外宣布停止向雀巢公司供应咖啡原料，打造自有咖啡产品品牌。雀巢将面对如何保持与国内的咖啡原料供应商稳定合作的问题。

五、雀巢咖啡的发展建议

根据上述分析，雀巢咖啡应当适时推出针对中国年轻消费群体、有特色、关注身体健康的早、中、晚餐专用咖啡，根据人体各个时间段对营养需求的差别，添加各种营养成分，补充人体所需。

Step 4 项目考核与评价

由教师根据学生的项目任务产出表 3-1、表 3-2、表 3-3 对各学生进行评价。本次评价占本项目总分的 30%。

基本知识

一、市场营销环境的概念

市场营销环境是指影响企业市场营销活动及其目标实现的各种因素和动向，它分为宏观环境和微观环境。市场营销环境是客观存在的，企业不能选择、改变，但可以努力去影响环境，主动规避市场环境的威胁，使企业的生存环境朝着有利于企业的方向发展。

二、研究市场营销环境的意义

1. 是企业生存发展的重要保证

企业作为相对独立的经济主体总是生存在一定的环境中，其营销活动不可能脱离周围的环境而孤立地进行。企业营销活动的效果依赖于与营销环境的适应程度，当企业的营销活动与营销环境相适应时，就容易达到预期的效果；当与环境相悖时，往往容易偏离预期的营销效果。企业适应环境生存发展的前提是了解环境，并努力使外部环境与企业的内部资源和营销目标、营销策划之间相互适应，从而增强企业应变能力，实现营销目标。企业在不断地发展变化，营销环境也在不断地发展变化，企业与环境的适应程度处于一种动态平衡的状态。一旦营销环境发生了变化，企业就必须有目的、有计划、有组织地调整原有的营销策略，以适应变化了的营销环境，所以，企业要关注营销环境的变化，以提高自身对环境的应变能力。企业应变能力实质上就是指企业为适应市场环境的变化而调整自身的营销策略达到营销目标的能力。

2. 是销活动的前提和基础

企业的市场营销活动主要围绕两个中心来展开：①通过寻找、评价市场机会来选择目标市场或发现市场机会；②确定目标市场后，采取科学的方法实施营销策略，实现营销目标。这些都离不开对营销环境的分析。

企业对目标市场的分析和选择，必须建立在对营销环境的分析基础之上。通过对营销环境的了解和研究，能发现很多良好的市场机会，针对这些市场机会进行深入研究，有利于企业最终确定目标市场。

企业确定了目标市场后，应科学地制定市场营销策略，并在实施的过程不断监控各类环境因素的变化及其对营销活动产生的正、负面影响和影响程度的大小，进而为营销战略及策略的调整提供依据。

三、市场营销环境的分类

各种营销环境对企业的影响和作用大小不一，根据企业对营销环境各个因素控制程度的强弱来划分，企业的营销环境可分为宏观环境和微观环境，如图 3-2 所示。

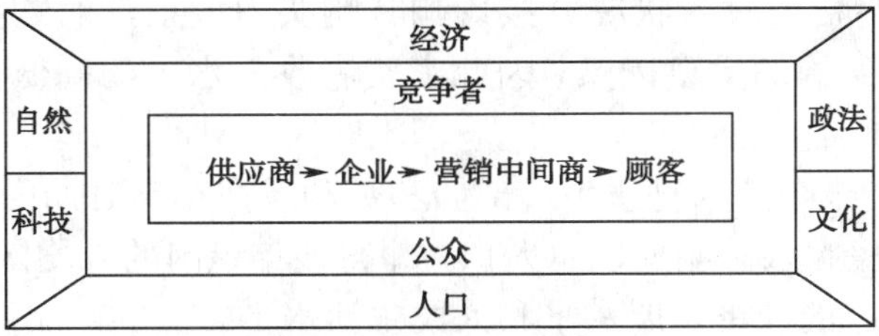

图 3-2　市场营销环境

1．宏观环境

宏观环境是指那些给企业造成市场机会和环境威胁的主要社会力量，包括自然、经济、人口、政治法律、社会文化、技术因素六个方面。这些因素是客观的、不可控的、不断变化的，对企业的影响是多方面的、综合的。

2．微观环境

微观环境是指对企业服务于顾客的能力构成直接影响的各种力量，它由企业、供应商、营销中介人、顾客、竞争者、公众所构成。相对宏观环境因素来说，企业经过努力可以控制微观环境中的一些因素。

四、市场营销环境的内容

1．宏观环境

（1）自然环境。自然环境是指自然界提供给人类各种形式的物质资料，如阳光、空气、水、森林、土地等。从 20 世纪 60 年代起，世界各国开始关注经济发展对自然环境的影响，许多环境保护组织纷纷成立，促使各国政府加强对环境保护的立法。对营销管理者来说，应该关注自然环境变化的趋势，从中分析企业营销的机会和威胁，制定相应的对策。自然环境变化的趋势包括：自然资源日益短缺；环境污染日趋严重等。

（2）经济环境。经济环境是指企业市场营销所面临的外部经济条件的总和，它包括经济发展阶段、地区发展状况、消费者的储蓄与信贷、消费者支出模式变化等因素。其中地区发展状况、消费者支出模式变化对企业营销活动的影响较为直接。

① 经济发展阶段。企业的市场营销活动要受到本国或本地区的经济发展水平的制约

和影响，不同的经济发展阶段，其居民收入不同，导致社会购买力有差别，从而购买产品的需求不同。就消费者市场而言，处于经济发展水平较低的国家和地区，市场营销活动侧重于产品的功能及实用性，价格竞争多于品质竞争；处于经济发展水平较高的国家和地区，则侧重于产品的款式、性能及特色，品质竞争多于价格竞争。在生产者市场方面，处于经济发展水平较低阶段的国家和地区，以发展劳动力密集型产业为主，侧重于使用节约资金而多用劳动力的生产设备；处于经济发展水平较高阶段的国家和地区，以发展资本密集型产业为主。由此可见，对于不同的经济发展水平，企业应采取不同的营销策略。

② 地区发展状况。我国地区经济发展不平衡，在东部、中部、西部三大地带之间，其经济发展水平客观上存在着东高西低、中部塌陷的总体区域态势。这种地区间的不平衡发展，给企业的投资方向、目标市场以及营销战略的制定等都会带来巨大影响。

③ 收入状况。消费者收入状况直接影响其购买力大小，而购买力又是影响市场构成、市场规模和消费结构的重要因素，因此消费者收入水平的高低直接影响到企业的营销活动。

a．国民收入。指一个国家物质生产部门和劳动者在一定时期内（通常为一年）所创造的价值总和。用国民收入总额除以总人口，即得该年该国的人均国民收入。人均国民收入大体上反映一个国家的经济发展水平和人民生活水平。

b．个人总收入。指个人从各种收入来源得到的总收入，包括工资、奖金、利息、红利、股息、租金收益和投资收益等货币收入。用一个国家或地区的个人收入总和除以总人口，即为人均总收入。人均总收入的大小可衡量一个国家或地区的消费市场容量大小和消费者购买力的高低。

c．个人可支配收入。指在个人总收入中扣除应缴纳的税款和其他费用后余下的部分，这部分收入由消费者个人支配，主要用于购买生活必需品，它是影响消费者购买力和消费支出的决定性因素。个人可支配收入高，其购买力强，反之，购买力低。

d．个人可任意支配收入。指在个人可支配收入中扣除购买生活必需品（食品、服装、水电费等）支出和固定支出（房租、保险费、分期付款等）以后余下的收入，可用于储蓄、教育、旅游等方面，它是影响市场消费需求变化的积极因素。针对这部分收入，企业要重点分析研究，并制定切实可行的营销计划，积极引导消费，创造需求。

④ 消费者的储蓄与信贷。消费者的购买力还受到储蓄和信贷的直接影响。消费者的收入一定时，储蓄越多，现实消费量就越小，但潜在消费量就越大；反之，储蓄越少，现实消费量就越大，但潜在消费量就越小。不同消费者的储蓄动机具有差异性，这种差异性影响着未来潜在市场的走向，从而影响着企业目标市场的选择，这就要求企业营销人员在调查消费者储蓄动机与目标的基础上制定不同的营销策略，为消费者提供适宜有效的产品和服务。

消费者信贷是指消费者凭信用先取得商品的使用权，然后按期归还贷款，并最终取得商品所有权的行为。它实际上是消费者用贷款购买商品，提前支取未来收入，提前消费。消费者信贷是金融机构开展个人信用消费的一种贷款业务，也是调控宏观经济正常运行的一个经济杠杆。它可调节积累与消费、供给与需求之间的矛盾，即当经济通货紧缩导致市场需求不旺时，通过扩大消费信贷规模来刺激需求；当通货膨胀导致需求亢奋时，通过控制消费信贷规模来抑制需求。消费信贷把资金投向需要发展的产业，可刺激这些产业的发展，并带动相关产业的发展，创造更多的就业机会、更多的收入以及更多的消费需求，从而给企业营销带来更多的机遇。在我国，虽然消费者信贷业务起步较晚，信贷业务范围较窄，主要用于购买住房、汽车及信用卡消费，但却极大地促进了房地产、汽车、银行、保险等行业的发展与市场规模的扩大，并将消费者的潜在消费需求提前转化为现实消费，最终拉动经济增长。

⑤ 消费者消费模式及其变化。消费者消费模式指消费者各种消费支出的比例关系，也就是消费结构。随着消费者收入的变化，其消费模式会发生相应的变化，从而一个国家或地区的消费结构也发生整体变化。

德国统计学家恩格尔提出了“恩格尔定律”，即收入水平越低的家庭，其用于购买食品支出在全部消费支出中的比例就越大。随着人们收入水平的提高，人们用于食品的支出在全部消费支出中的比例会逐步下降。用于购买食品的支出占全部消费支出的比例，称为恩格尔系数，其公式为：

恩格尔系数=人们用于食品的支出金额/人们全部的消费支出金额

我们可以根据一个国家、地区、城市或家庭的消费模式，利用恩格尔系数大致判断这个国家、地区、城市或家庭潜在的购买力大小及其贫富情况。恩格尔系数越小，表明生活越富裕和购买力越强；反之，则生活水平低和购买力越弱。当前世界上的发展中国家，其恩格尔系数大多在 0.5 以上，而发达国家的恩格尔系数大多在 0.2 左右。因此，企业营销人员可以通过恩格尔系数了解市场的消费水平、购买力及其变化趋势对营销活动的影响。作为开展营销活动的企业要正确认识消费模式的变动，审视市场，调整并制定好自己的营销策略，以适应市场需求的变化。联合国根据恩格尔系数制定的评价国家、地区或家庭贫富的标准如表 3-4 所示。

表 3-4　评价国家、地区或家庭贫富的标准

恩格尔系数	贫富标准
>59%	绝对贫困
50%～59%	勉强维持
40%～50%	小康水平
30%～40%	比较富裕
<30%	最富裕

（3）政治法律环境。政治法律环境是指国家的政治（包括政治体制、格局、对外关系和案例状况等）发生变动以及政府通过法律、经济手段来干预社会的经济生活，引起经济形势的变化。企业营销活动会受到政治法律环境的规范、强制和制约，因此企业必须注意国家的每一项政策和立法及其对市场营销所造成的影响，及时采取应对措施，保证营销工作顺利进行。

① 政治环境。是指国家的政治局势、政治体制以及有关方针、政策的集合。政治环境会给企业市场营销活动带来或可能带来影响，包括鼓励、支持、扶助、许可、限制或禁

止等。

② 法律环境。是指国家主管部门和地方人民政府颁布的各项法律、法规、规章和条例等。随着经济的不断发展，为维护企业间的公平竞争，保护消费者权益以及保障社会公众利益，保证正常的市场经济秩序，各国对企业经营的立法正在不断增强。从国际范围看，欧盟为其成员国建立了新的法律框架，包括竞争行为、产品标准、产品责任等。美国早在 1890 年就制定了旨在禁止垄断行为的《谢尔曼反托拉斯法》，1914 年制定了反对不正当竞争的《联邦贸易委员会法》等约束企业行为，以促进经济健康发展。改革开放以来，我国日益重视经济立法与执法，特别是加入 WTO 后，更是加快了经济立法的步伐，先后颁布了《公司法》、《经济合同法》、《产品质量法》、《商标法》、《广告法》、《专利法》、《环境保护法》和《消费者权益保护法》等法律法规。

由于企业的市场营销活动受制于法律的约束，作为企业，在营销过程中一定要熟知相关法律，严格按法律办事，运用法律手段来保障企业自身的合法权益。在进行国际市场营销活动时，企业特别要注意研究国外法律环境的影响，否则，企业市场营销活动往往会受到挫折，甚至寸步难行。

（4）人口环境。包括人口的规模、密度、地理分布、年龄、性别、家庭、职业等。

① 人口规模及增长速度。人口规模与增长速度对市场的规模和潜力有着直接的影响。人口的迅速增长促进了市场规模的扩大，但也可能导致人均收入水平下降，使市场吸引力降低。

② 人口的地理分布。市场消费需求与人口的地理分布密切相关，一方面，人口密度的不同与人口流动量的多少，影响着不同地区市场需求量的大小；另一方面，人们的消费需要、购买习惯和购买行为，在不同的地区也会存在差异。因此，研究人口的地域差别和变化，对企业的市场营销有着更为直接的意义。

③ 人口构成。包括自然构成和社会构成，前者如性别结构、年龄结构等；后者如民族构成、职业构成、教育程度等。性别、年龄、民族、职业、教育程度不同的消费者，由于在收入、阅历、生理需要、生活方式、价值观念、风俗习惯、社会活动等方面存在差异，必然会产生不同的消费需求和消费方式，形成各具特色的消费者群。

④ 婚姻家庭变化。婚姻家庭变化指一个地区的婚姻状况和家庭结构变化。结婚是一种巨大的消费行为，一个婚礼往往产生比日常生活多数十倍、甚至数百倍的购买力。近年来，我国因为出生率下降，结婚人数也随之减少，购买的对象也不断发生变化。20 世纪 70 年代人们追求全套家具，80 年代追求黄金首饰，90 年代追求高档电器，目前已开始转向追求住宅和汽车。家庭结构正在趋于小型化，在城市中，很多青年人在结婚前已独自居住。单亲家庭和独身家庭的比重在上升，因此，家庭生活对日常生活用品和服务的需求也趋向小型化。

⑤ 教育和职业。由于受教育机会的增加，我国经济较发达的地区已普及九年制义务教育，每年高等教育的招生人数正在不断增加，因此青年一代的文化需求和对消费品中的知识含量要求远远超过了老一代消费者。作为公司职员代名词的“白领”，在城市形成一种消费群体，他们成为我国消费市场上开风气之先的特殊人群。市场上，各种商品和服务的职业特征越来越明显。

（5）科技环境。科学技术是第一生产力，科技的发展对经济发展产生巨大的影响，不仅直接影响企业内部的生产和经营，还同时与其他环境因素互相依赖、互相作用，给企业营销活动带来有利或不利的影响。一种新技术的应用，可以为企业创造一个明星产品，产生巨大的经济效益，也可以迫使企业的一种成功的传统产品不得不退出市场。新技术的应用，会引起企业市场营销策略的变化，也会引起企业经营管理的变化，还会改变零售商业结构和消费者的购物习惯。因此企业要注意对科技环境的研究，跟上科技环境的变化，使企业能够持续地发展。

（6）社会文化环境。社会文化是指一个社会的民族特征、价值观念、生活方式、风俗习惯、伦理道德、教育水平、语言文字、社会结构等的总和。它由两部分组成：一是全体社会成员所共有的基本核心文化；二是随时间变化和外界因素影响而容易改变的社会次文化或亚文化。人类在某种社会中生活，必然会形成某种特定的文化。不同国家、不同地区的人民，不同的社会与文化，代表着不同的生活方式，对同一产品可能持有不同的态度，直接或间接地影响产品的设计、包装，信息的传递方法，产品被接受的程度，分销和促销措施等。社会文化因素通过影响消费者的思想和行为来影响企业的市场营销活动，因此，企业在从事市场营销活动时，应重视对社会文化的调查研究，并作出适宜的营销决策。

2．微观环境

（1）企业。企业是为满足消费者需求而提供商品或服务的经济组织，它由各个职能部门组成，包括计划、财务、采购、生产、研发、营销等部门。各部门之间既相互独立，又相互协调与配合，共同构成了企业生产经营管理系统，因此，企业开展市场营销活动不单纯是企业营销部门的孤立行为，而是企业的整体行为，营销部门必须注意与企业各部门间的协调与配合，以获得各部门的大力支持与帮助。

企业营销部门在制订营销计划或开展营销活动时，必然要考虑企业内部各部门的影响，例如：企业计划与采购部门能否保障生产供应，以销定产保质保量按期完成任务；财务部门能否保证资金支持和营销成果的及时准确核算；研发部门能否根据市场需求信息及时改进产品或开发新产品；企业高层能否保证步调统一、各环节协调，共同形成一个有机整体等。任何一个部门的工作与营销活动相脱节，都会威胁企业营销活动的正常进行，直接影响营销部门的绩效，直至影响企业生产经营目标和任务的实现。所以企业能否正确处理与协调好营销部门与其他部门的关系，是保障企业市场营销活动成功的重要条件之一。

（2）供应商。供应商是向企业及其竞争者提供生产经营所需资源的企业或个人，包括提供原材料、零配件、设备、能源、劳务及其他用品等。供应商与企业的关系是一种相互协作的伙伴关系，其资源的供应能力直接影响企业的营销能力，二者配合是否密切，影响营销企业为目标市场顾客服务的能力和效率。供应商对企业营销活动的影响程度主要表现在以下几个方面：

① 资源供应的可靠性。由于市场需求千变万化，企业必须及时调整营销和生产计划，客观上要求供应商提供的各类资源也要同步跟上，即原材料、零配件、设备、能源等资源不能与生产脱节，否则将影响到企业产品的产量、销售量与交货期，造成企业营销活动无法正常进行。

② 资源供应的价格及其变动。原材料价格是构成企业产品价格的一个组成部分，原

材料价格的变动必然影响企业产品成本、产品价格和利润的变化。原材料价格上涨会增加产品成本，企业产品价格若保持不变会导致企业利润水平下降；产品价格若上调，则直接影响企业的综合竞争力以及市场占有率。因此，企业要密切注意资源供应的价格变动，及时采取应变措施。

③ 资源供应的质量水平。资源供应的质量包括资源本身的内在质量和各种售后服务质量。原材料与零配件的质量好坏直接影响企业产品的质量，供应商售后服务质量水平高低直接影响企业营销服务的能力。由于资源供应对企业营销活动起着重要影响，企业应重视协调好与供应商的合作与采购工作，可采取以下应对策略：

a．应变多样化的策略。企业不过分依赖一家或少数几家供应商，尽可能与多家供应商建立供货关系，通过招标采购与多家供应商竞争方式，最大限度地降低因供应商的变化给企业正常生产带来的威胁。

b．供应商等级分类策略。根据供应商的资源、实力、服务质量等方面综合状况，结合资源供应的重要程度对供应商进行分类，制定相关协调原则。确保重点供应商，形成企业间的战略合作伙伴关系；兼顾一般供应商，以便形成一个较完整的资源供应体系。

c．后向一体化供应策略。企业通过投资、控股或兼并重要的资源供应企业，以确保资源供应的稳定性、及时性。

(3)营销中介。营销中介指协助企业把产品或劳务销售给最终购买者的各类中介机构，包括中间商、物流机构、营销服务机构和金融机构等。

① 中间商。中间商主要指批发商和零售商，他们从企业购进商品，然后转卖给其他经营者或消费者，对购进的商品拥有所有权。中间商的经营活动属企业营销活动的一个重要中间环节，应与中间商保持良好的关系，共促企业营销目标的实现。

② 物流机构。物流机构是指协助企业承担商品保管、储存、装卸、分拣、配送的专业物流企业，包括仓储、货运、装卸等经济组织，其作用在于确保企业营销渠道中的物流畅通无阻，为企业创造时间和空间效益，为企业的营销活动服务，及时、快捷地满足消费者需求。企业选择物流机构的基本要求是物流企业信誉好，产品安全，货运准时，配送准确，费用经济，物流服务配套。

③ 营销服务机构。营销服务机构是指为企业营销活动提供专业服务的中介机构，包括市场调研公司、营销咨询公司、广告公司、审计事务所及律师事务所等。

④ 金融机构。金融机构是指为企业营销活动提供资金融通、投资和保险业务的机构，包括银行、证券公司及保险公司等。企业生产经营离不开金融机构的支持，金融机构的业务变化会影响企业的营销活动。

（4）顾客。顾客是指企业产品与服务的直接购买者或使用者的总称。企业营销者通常把顾客群称为目标市场，并按其购买目的不同划分为五类市场，即消费者市场、生产者市场、社会集团市场、中间商市场和国际市场。顾客是企业服务的目标对象，企业的一切活动都必须围绕此中心，企业营销的最终目的就是通过有效地提供产品和服务来满足目标市场的需求。企业产品和服务若得不到顾客认可，营销目标就难以实现，因此，企业只有充分了解不同市场、顾客的需求特性和购买行为，进行市场细分，选择目标市场，才能在市场营销活动中进行准确的市场定位，从而制定出切实可行的营销战略、对策与计划。

（5）企业竞争者。从消费需求的角度划分，企业的竞争者包括愿望竞争者、普通竞争者、产品形式竞争者和品牌竞争者。企业在开展营销活动时，要善于分析各类竞争者并采取不同的营销策略。

（6）公众。公众是指对企业实现其营销目标的能力有现实或潜在影响的各种团体的总称。由于企业的营销活动必然会影响公众的利益，因而各种公众必然会关注、监督、影响、制约企业的营销活动，这种制约力量的存在，决定了企业必须处理好与周围各方面公众的关系，即搞好公共关系。遵纪守法，善于预见并采取有效措施满足各方面公众的合理要求（如及时归还贷款、防治污染等），开展一些力所能及的公益活动，努力塑造并保持企业良好的信誉和公众形象，是企业适应和改善微观环境的一个重要方面。公众包括：

① 金融公众，即影响企业取得资金能力的任何集团，如银行、投资公司等。

② 媒体公众，即报纸、杂志、广播、电视、IT网等具有广泛影响的大众媒体。

③ 政府公众，即负责管理企业业务经营活动的有关政府机构。

④ 群众团体公众，即各种消费者权益保护组织、环境保护组织、少数民族组织等。

⑤ 地方公众，即企业附近的居民群众、地方官员等。

⑥ 一般公众，即并不购买企业产品，但深刻地影响着消费者对企业及其产品的看法的个人。实际上，一般公众是上述各种关系公众之外的社会公众。

⑦ 内部公众。指企业内部全体员工，包括董事长、经理、管理人员和职工。处理好内部公众关系是搞好外部公众关系的重要前提。

以上这些公众，都与企业的营销活动有直接或间接的关系。现代企业是一个开放的系统，它在经营活动中必然与各方面发生联系，必须处理好与各方面公众的关系。

3．营销活动与营销环境的关系

营销环境是企业营销活动的制约因素，营销活动依赖于这些环境才得以正常进行，表现在：营销管理者虽可控制企业的大部分营销活动，但必须注意环境对营销决策的影响，不得超越环境的限制；营销管理者虽能分析、认识营销环境提供的机会，但无法控制所有有利因素的变化，更无法有效地控制竞争对手；由于营销决策与环境之间的关系复杂多变，营销管理者无法直接把握企业营销决策实施的最终结果。此外，企业营销活动所需的各种资源，需要从环境许可的条件下取得，企业生产与经营的各种产品，也需要获得消费者或用户的认可与接纳。

虽然企业营销活动必须与其所处的外部和内部环境相适应，但营销活动绝非只能被动地接受环境的影响，营销管理者应采取积极、主动的态度能动地去适应营销环境，积极影响和改变环境因素，创造有利于企业营销活动的空间。

五、市场营销环境分析方法及企业对策

企业对市场营销环境深入分析的目的是为了发现营销机会，避免环境威胁，但是，企业发现机会和威胁之后，对企业的生存和发展产生重大影响的是企业如何应对环境变化。企业采取何种应对措施直接关系到企业的长远发展，因此，企业运用科学的分析方法捕捉市场环境变化信息，制定有效的应对措施，才能不失时机地利用营销机会，尽可能减少环

境威胁带来的损失。

1．营销环境分析方法

（1）环境机会威胁矩阵分析法。

① 环境机会矩阵分析。对特定企业来说，有吸引力的市场机会不一定能成为本企业实际的发展良机，具有较大吸引力的市场机会必须同时具有较强的可行性才是真正高价值的市场机会，因此，企业有必要对各种环境变化中出现的有利因素深入分析，择优加以利用。

环境机会矩阵分析法是通过对企业所面临的内外部环境变化进行分析，并着重分析环境变化对企业的吸引力和企业参与其中取得成功的可能性大小，来决定企业采取何种措施应对这种环境变化。

如图 3-3 所示环境机会矩阵图中，横轴代表成功可能性，即企业利用环境变化获得高收益、取得成功的概率大小；纵轴代表该环境变化对企业的吸引力，即企业在该环境变化所出现的市场领域里可能创造的最大利益，比如市场需求规模、发展潜力等。

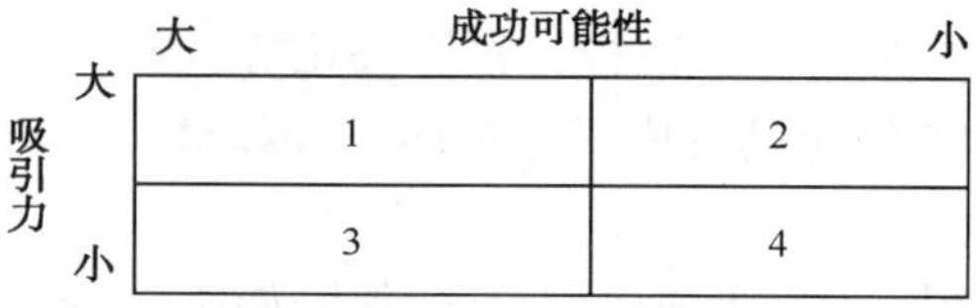

图 3-3　环境机会矩阵图

象限 1 表示吸引力大、可行性大的市场机会。该类市场存在极大收益空间，也是企业向往的一类市场环境，但是，这类市场环境既少又不稳定，企业营销人员的主要任务就是及时、准确地发现进入该区域的市场机会。

象限 2 表示吸引力大、成功可能性小的市场机会。该类市场的获益空间有限，企业应慎重考虑，不能盲目跟风，但要密切关注其变化，当其可行性变大进入象限 1 时，应当迅速做出反应。

象限 3 表示吸引力小、成功可能性大的市场机会。该类市场的风险低，获益空间有限，通常注重稳健、实力薄弱的企业应密切关注它，可以适时进入，同时，应注意其环境变化，当其对企业的吸引力增大时，应立即有效把握市场机会。

象限 4 表示吸引力小、成功可能性小的市场机会。该类市场获益空间和吸引力均不具备企业进入的条件，一般企业不应考虑，但可适时观察其进一步的环境变化趋势，一旦条件成熟，进入象限 2 时，可及时把握市场机会。

企业可改变自身条件加强营销措施，进入象限 1 所示市场机会；也有可能进入由于环境的改变（如某项法令的颁布）由象限 1 所示机会变为象限 3 所示机会。

② 环境威胁矩阵分析。环境威胁矩阵分析法是通过对企业所面临的内外部环境变化进行分析（着重分析环境变化给企业带来的不利因素的严重程度和这种不利因素实际发生的可能性大小）来决定企业采取何种措施应对这种环境变化。

图 3-4 所示的环境威胁矩阵图中，横轴代表出现威胁的可能性，即企业遇到环境变化遭受损失的概率大小；纵轴代表该环境变化给企业造成严重后果的等级。

象限 1 表示出现威胁的可能性大、威胁后果严重性大，表明企业面临严重的环境危机，企业应高度戒备，积极采取对策，努力降低可能出现的损失。

象限 2 表示出现威胁的可能性小、威胁后果严重性大，企业不应忽略，必须密切关注其发展趋势，制定相应应对方案，以预防威胁的出现。

威胁严重性 \ 出现威胁的可能性	大	小
大	1	2
小	3	4

图 3-4　威胁矩阵图

象限 3 表示出现威胁的可能性大、威胁后果严重性小，虽然后果不严重，但出现威胁的可能性大，企业要及时解决环境变化出现的新问题，以免因小失大。

象限 4 表示出现威胁的可能性小、威胁后果严重性小，这种情况企业不必担心，但应关注环境变化的动向。

象限 3 所示威胁可能因后果严重性小而没有引起企业足够重视而转为象限 1 所示威胁，象限 2 所示威胁可能因企业应对措施得当转化为象限 4 所示威胁。

③ 综合分析。营销环境变化给企业带来的威胁和机会有时候是并存的，威胁中有机会，机会中也存在威胁，在一定条件下，威胁和机会可以相互转化，从而使得环境分析更加复杂。企业可以将机会分析与威胁分析综合起来对企业环境做出评价，如图 3-5 所示。

机会水平 \ 威胁水平	低	高
大	1理想环境	2冒险环境
小	3成熟环境	4困难环境

图 3-5　综合环境分析矩阵

a．理想环境——高机会、低威胁；说明企业有非常好的发展前景，这种环境对企业最为有利，适合企业开拓经营，但这种环境较少出现。

b．冒险环境——高机会、高威胁；环境的变化给企业带来机会的同时也存在着很高的风险，企业应全面分析，慎重决策，在抓住机会的同时，制定降低风险的对策。

c．成熟环境——低机会、低威胁；企业应常规经营，积蓄力量准备进入理想环境或冒险环境。

d．困难环境——低机会、高威胁；这种情况下的企业如果不能减少环境威胁，将会陷入经营困境，2．企业应另谋发展。

2．SWOT 综合分析法

SWOT 分析方法是进行企业外部环境和内部条件分析，从而寻找二者最佳可行战略组合的一种分析方法。其中，S 即 Strength，代表企业的长处或优势；W 即 Weakness，代表企业的弱点或劣势；O 即 Opportunity，代表外部环境中存在的机会；T 即 Threat，代表外部环境对企业所构成的威胁。

（1）SWOT 分析的步骤。

① 收集信息：收集宏观环境、中观（行业）环境及微观（内部）环境信息；

② 信息的整理和分析：信息经整理后，分析其属于优势、劣势，还是机会或威胁；

③ 确定企业具体业务所处的市场位置（在 SWOT 分析图中标出）；

④ 拟定营销战略。

（2）企业的SWOT综合分析。

进行SWOT分析，需要绘制SWOT分析矩阵图，这个矩阵是以外部环境中的发展机会和威胁为一方，以企业拥有的优势和存在的劣势为另一方而组成的二维矩阵，如图3-6所示。在这个矩阵中，存在四种组合，即优势-劣势组合、劣势-机会组合、优势-威胁组合和劣势-威胁组合。

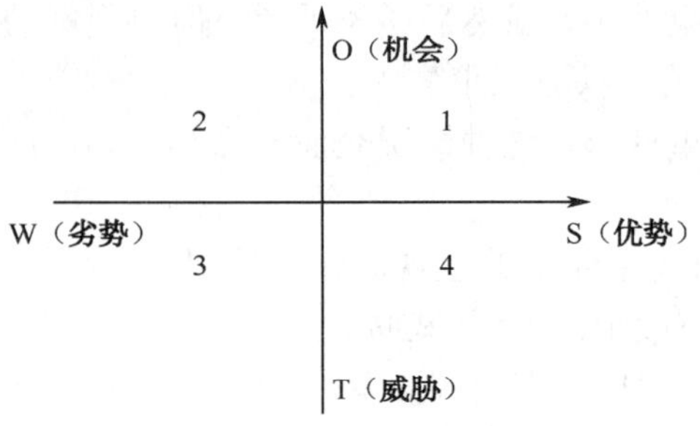

图3-6　企业SWOT分析矩阵

① 优势-机会组合（SO），代表企业自身优势多、市场机会大。这种组合应该是企业的最佳选择，应通过发挥自身优势，最大限度地利用外部环境所提供的机会，实现企业的快速发展。企业适宜采用扩张策略，即企业在该业务上重点扩张，筹集资金，招聘所需人员，积极准备扩大经营。

② 劣势-机会组合（WO），代表企业虽遇到的市场机会大，但自身劣势多，缺少竞争优势。企业虽然识别出外部环境中存在的机会，但企业自身存在的不足可能会限制企业对机会的把握。对于这样的情况，最现实的问题就是如何弥补自身资源或能力的不足，以抓住机会，如果自身资源、能力得不到改进，机会只能让给竞争对手。企业适宜采用防卫战略，即应克服自身弱点，招商引资等，寻求外援协助，共同抓住市场机会。

③ 劣势-威胁组合（WT），代表企业自身缺少竞争优势，劣势明显，且市场威胁较大。在这种情况下，企业根本难以抵挡环境威胁对企业的不利影响。企业一旦处于这样的位置，在制定战略时就要设法降低环境不利因素对企业的冲击，使损失减到最小。企业适宜采用退出策略，即该业务既无机会也无优势可言，应及早撤离，比如缩减生产规模、抽资转向、剥离等。

④ 优势-威胁组合（ST），代表企业自身虽有竞争优势，但缺少市场机会。企业可以通过利用自身优势来对付环境中的威胁，降低威胁可能产生的不利影响，但这种做法会使得企业的优势资源不能得到更好地利用。在严重的市场威胁环境下，企业适宜采用分散战略，即多角化经营，分散经营风险。

3．企业应对营销环境变化的对策

（1）应对市场机会的营销对策。

① 及时利用。当市场机会与企业目标一致时，企业具备利用市场机会的资源条件，应抓住时机，及时调整营销策略，求得更大发展。

② 待机利用。有些市场机会相对稳定，在短时间内不会发生变化，而企业暂时不具备充分的条件进入，可以积极准备，创造条件，等待时机成熟再加以利用。

③ 果断放弃。营销机会十分具有吸引力，但企业缺乏必要的条件，无法加以利用，此时企业必须果断放弃，因为任何犹豫和拖延都可能导致错过利用其他营销机会的时机。

（2）应对环境威胁的营销对策。

① 转移。当企业面临环境威胁时，通过改变自己受到威胁的产品的现有市场，或将投资方向转移来避免环境变化对企业的威胁。例如，嘉陵公司原是军工企业，由于国内外

环境变化，1980 年年末出现大幅亏损，面对不利环境，积极寻求对策，通过深入的环境分析，积极与本田合作，从而较快地占领了国内摩托车市场的领导地位。

② 减轻损失。当企业面临环境威胁时，通过调整、改变自身营销组合策略，尽量降低环境威胁对企业的负面影响程度。例如，面对吸烟危害的数据和舆论压力，烟草公司大力宣传应在公共场所设单独的吸烟区。

③ 对抗。当企业面临环境威胁时，通过自己的努力限制或扭转环境中不利因素的发展，这是一种积极、主动的应对策略。

六、市场营销环境分析报告及汇报

1．如何撰写市场营销环境分析报告

一个有效的报告不仅需要对市场有充分的认识和了解，还需要对报告涉及的各个方面进行全面的描述。这样的报告对于公司非常重要，因为大多数公司的决策层并不是真正地对其面对的市场有着全面和真实的了解。

（1）市场营销环境分析报告的典型结构。在一般情况下，市场调研报告的典型结构如下：

① 题目；
② 内容提要；
③ 目录；
④ 调研报告正文；
⑤ 表格目录；
⑥ 图例目录；
⑦ 参考资料；
⑧ 附录。

（2）市场营销分析报告的正文内容。根据具体情况，分析报告正文中一般应包含以下几个方面的内容：

① 产品市场状况：包括规模和趋势、价格和利润；
② 推广模式：销售服务；
③ 产品状况：包括产品的规格、种类、包装等；
④ 产品价格：出厂价格、批发价格、零售价格等；
⑤ 市场竞争状况：包括国内厂商概况、国内竞争品牌状况、市场竞争态势等；
⑥ 销售渠道；
⑦ 宏观环境。

以上各个方面限于工作的侧重点和信息拥有量，可能会对某些方面比较深入，而其他方面比较简略。信息的来源一般通过内部调查和市场走访来获得，当你写出一份令自己满意的报告时，那么你开始真正地了解这个市场了。

2．制作 PPT 文件时的注意事项

（1）内容简单，条理清晰，多运用图表。

① 幻灯片要简单。幻灯片要简单，尽量多用图表，少用文字，条理要清晰，研究方

法等最好用路线图或图解来显示；幻灯片背景不宜花哨，以深色背景为佳。

② 幻灯片最好加入报告大纲。幻灯片中可以加一张报告大纲，它能给人比较有条理的感觉。制作一张演讲大纲，加入链接，每讲完一个层次后按鼠标返回原主题，这是一种让观众紧跟演讲者的行之有效的方式，但制作过程较烦琐，演示时需自行控制，或由非常熟悉演讲顺序的人帮助，对鼠标的控制差错会影响演示效果。

（2）幻灯片总体风格一致。

① 总体风格应以简洁为主。

a. 幻灯片风格要简洁。幻灯片风格简洁，可将观看者的注意力放在内容上；标题和末尾的致谢可以加以创新设计，以求给人留下鲜明的印象（在致谢时使用个人或团队工作照是很恰当的应用）。

b. 幻灯片风格一致。尽可能让幻灯的总体风格一致，不要太跳跃。

- 三维立体效果一致。三维立体效果包括图片的阴影、背景框和文本框的三维效果，图表中的三维图，颜色尽量不要太花哨，厚度适合，光线的来源保持基本一致。
- 播放效果一致。设置相同或相似的动画播放格式，不要一下从左边飞入，一下棋盘状出现，一下子又改用缩放，令人难以适从；慎用那些速度慢的幻灯效果，如一个字一个字进入、缓慢逐行移入、图表中按元素播放等。

c. 幻灯片内容的制作原则。能用图表或模式图说明的地方尽量减少文字性阐述，以增强渲染力，打破专业演讲的沉闷气氛；文字排版忌满、花、繁。一页的行数控制在 5～6 行为宜，应用“3”字原则：使用的颜色不宜超过 3 种，层次不宜超过 3 层，字体不宜超过 3 种；讨论部分文字尤其需要字斟句酌，以最精练而不走形为原则。

② 幻灯片插入图片要与主题有关联。幻灯片插入的图片最好能和主题有联系，而不是随意添加的风景画。使用 gif 格式动感图片和卡通图片都可能和总体氛围不合，应慎重考虑。

照片、制图应精心制作，照片可以用专用软件调整明暗、对比度及裁切、去杂质，合理选择适宜的图表类型，在不影响数据表达、说明的原则下，可通过立体、加阴影、调整颜色类型，静中求变，丰富表达形式；要特别注意颜色搭配，应以明暗、深浅、冷暖为搭配原则。

③ 不要使用多种艳丽的颜色。在一个风格统一的幻灯片里偶尔更换颜色可以起强调和突出的作用，但使用的颜色多了，就无法突出其中任何一种颜色了。

④ 不同标题的内容运用不同的模板分隔。常规演示多采用统一的演示模板，可以将演讲的各分段标题（如背景、方法、结果、讨论）单列一张，调整使用与主模板同图案但不同颜色的背景，有助于突出各层次。

（3）制作完成后的调试。幻灯片制作完成后一定要进行放映调试，在确保没有问题后再正式使用。

3. 如何汇报答辩

（1）演讲人如何汇报、答辩。

① 要充满自信。演讲人应对自己的幻灯内容心中有数，对分析报告的相关内容从点到面多多了解，只有做到心中有数才谈得上技巧，否则只是取巧。

② 幻灯片形式上尽可能“养眼”。演讲人在答辩前夕应该演练自己的幻灯内容，因为写起来是一回事，说起来又是另一回事，看着一张幻灯片，不能只是照着念，还要加入自己的语言，哪些地方应该发挥，哪些地方可以一笔带过——这样才显得自然，不然会给人以朗读的感觉。

③ 衣着得体、表情自然。演讲者答辩时的衣着选择、答辩姿态和表情可事先稍作揣摩，这样让自己更有自信。

④ 回答提问要谨慎。演讲者回答问题时，应将各位评委的问题综合一下再做解答，否则，某个评委可能会与你纠缠不清；如果不好答也尽量打擦边球，最好不要生硬地说答不了。

（2）如何提问。在项目教学活动过程中，会让各团队参与提问、评分等活动。在这些场合，提问者需要注意所提问题的合理性和提问技巧，注意把意思表达清楚以及要有礼貌。

在一般情况下，所提问题要与汇报内容具有相关性，但不必局限于项目中；针对项目和报告中出现的疑问可以请汇报者给出解释；要避免过激的言行和不理智的争论。

任务2 分析具体企业的市场营销环境

项目任务书

课内学时	6	课外学时	至少2
学习目标	1．能够在教师的指导下完成本团队对所模拟企业的市场营销环境分析的任务，掌握营销环境分析的方法 2．收集、整理网络资料、报刊资料、图书馆资料、企业内部资料等信息，完成PPT文件制作、书面环境分析报告撰写、上台演讲的任务，熟悉环境分析方法和流程 3．通过团队完成工作任务的形式，加强团队沟通、相互学习、团体协作等方面的培养与锻炼		
学习方法	上网查找相关资料并进行、整理、分析，撰写分析报告并上台汇报		
所涉及的专业知识	市场营销的微观环境（供应商、企业内部的力量、营销中介、顾客、企业竞争者、公众）；市场营销的宏观环境（自然、经济、人口、政治法律、社会文化、技术）；SWOT分析法		
本任务与其他任务的关系	本任务是在该项目前一个任务完成的基础上进行的。本任务也可以作为一个独立的任务来完成。对于下一个项目而言，本项目能为其提供一定的铺垫，使其完成得更为顺畅		
学习材料与工具	学习材料：样例3.1、样例3.2 工具：项目任务书、笔、电脑、互联网、大屏幕投影		
学习组织方式	以团队为单位进行合作学习		

项目指导书

完成项目的基本路径：

上网查找资料，撰写具体企业的营销环境分析报告（90分钟） → 制作汇报PPT并以团队为单位上台汇报（85分钟） → 项目考核与评价（5分钟）

Step 1 上网查找资料，撰写具体企业的营销环境分析报告

（1）认真阅读环境分析报告样例，队长对工作任务进行合理的分工并让每个人明确自己的任务（每位成员填写自己的任务分工表，队长填写本团队的任务分工表）。时间约 5 分钟。

（2）阅读案例，复习之前学过的相关知识（课外）。

（3）查找所选定企业的宏观营销环境相关资料并讨论分析，撰写分析材料。约 30 分钟。

（4）查找所选定企业的微观营销环境相关资料并讨论分析，撰写分析材料。约 55 分钟。

Step 2 制作汇报 PPT 并以团队为单位上台汇报

（1）根据所查找的资料，制作 PPT（此工作利用课外时间完成）。

（2）认真阅读本团队所撰写的“某具体企业的营销环境分析”，进行分工，做好团队上台讲解及答辩的准备。

（3）上台讲解并答辩。

Step 3 项目考核与评价

【成果要求】

（1）完成项目任务产出表 3-5，以团队为单位交一份。

（2）上交汇报答辩 PPT 一份。

（3）完成本次课内容的汇报答辩任务。

表 3-5　项目任务产出——具体企业的营销环境分析

1. 分工表

队员 1 姓名：	任务分工：
队员 2 姓名：	任务分工：
队员 3 姓名：	任务分工：
队员 4 姓名：	任务分工：
队员 5 姓名：	任务分工：

续表

2．企业的宏观营销环境分析（含人口环境、经济环境、政治法律、社会文化环境、科学技术环境及、自然环境因素等，分析对企业有利和不利的各种主要因素）： 3．企业的微观营销环境分析 （1）企业自身环境分析（企业内部组织结构、各部门配合情况，企业竞争实力状况、营销战略、策略运用等）： （2）供应商状况分析： （3）竞争状况分析（所模拟企业的主要竞争对手简介，主要竞争对手的实力、主要竞争对手的目标市场、市场占有率、营销策略等）： （4）营销中介状况分析 （5）顾客现状分析 （6）公众情况分析

【评价标准】

（1）无须求助于教师，在课堂上能顺利完成资料查找工作和撰写分析报告，以及制作演说用 PPT 文件的任务（各成员之间搭配合理），对模拟企业市场营销环境的资料查找较全，分析较充分，文字表述逻辑清楚，无冗余；SWOT 方法应用正确，最好能画出简图；能及时向教师汇报，各团队成员间沟通充分，每个成员均知道自己的任务，并知道他人的任务分配，各人主要负责哪一方面的工作。成绩为优秀（90～100 分）。

（2）在课堂上能顺利完成资料查找工作和撰写分析报告，以及制作 PPT 文件的任务（各成员之间搭配合理），对本企业市场营销环境资料查找较全，资料整理分析较清楚，要点不突出，文字表述时逻辑上有的地方比较含糊，有时有冗余；SWOT 方法应用基本正确；能及时向教师汇报，但团队成员之间沟通不全（如有的组员不知道自己的任务，或对于自己主要负责哪方面的工作不很了解，或不知道各团队成员的任务分配，无法沟通协调工作）；资料查找和撰写分析报告及制作 PPT 文件基本完成，但没有达成一致的意见，对于所完成的作品，有的成员有意见。成绩为良好（70～80 分）。

（3）通过求助老师，在课堂上完成了资料查找工作和撰写分析报告，以及制作演说用 PPT 文件的任务（各成员之间搭配基本合理），资料查找不全，或查找到的资料重点有偏差，文字表述有一定的欠缺；SWOT 方法应用存在问题；能及时向教师汇报，小组成员之间未进行沟通或大部分人未参与沟通。成绩为及格（60～70 分）。

（4）没有认真完成资料查找工作和撰写调查报告，以及制作演说用 PPT 文件的任务（各成员之间搭配不合理），错误较多或存在有的任务根本没做的现象，未及时向教师汇报，未认真查找资料，团队成员之间未进行沟通，存在队员不知道报告内容或不能正确解释报告内容的现象。成绩为不及格（60 分以下）。

【分值划分】 分组资料提交情况占得分的 35%，分组汇报成果占 35%，学生间的合作及表现占 30%。

【评分要求】打分时教师与各团队给出每一个团队的具体分值，教师最后进行加权平均。本任务评价占本项目总分的 70%；其中，学生自我评价占 50%，教师评价占 50%。本项目占课程过程考评总分的 10%（或由任课教师指定）。

评分表见表 3-6。

表 3-6　项目评分表——具体企业的营销环境分析

教师评价	资料提交情况（35%）		学生评价	资料提交情况（35%）		总评
	PPT 制作及成果汇报（35%）			PPT 制作及成果汇报（35%）		
	学生间的合作及表现（30%）			学生间的合作及表现（30%）		

项目自我练习 3

一、单项选择题

1．与企业营销活动直接发生关系的组织与行为者的力量和因素是企业的（　　）。

A．微观营销环境　　B．宏观营销环境

C．内部环境　　D．外部环境

2．产品从生产商流向消费者的中间环节或渠道，主要包括批发商和零售商的是（　　）。

A．中间商　　B．营销中介

C．物资分销机构　　D．金融机构

3．帮助企业进行保管、储存、运输的物流机构，包括仓储公司、运输公司的是（　　）。

A．中间商　　B．营销中介　　C．物资分销机构　　D．金融机构

4. 企业营销活动中进行资金融通的机构，包括银行、信托公司、保险公司的是（　　）。

A. 中间商　　B. 营销中介　　C. 物资分销机构　　D. 金融机构

5. 与企业营销活动有关的非政府机构，如消费者组织、环境保护组织以及其他群众团体属于（　　）。

A. 社团公众　　B. 社区公众　　C. 内部公众　　D. 俱乐部公众

6. 企业所在地附近的居民和社区团体属于（　　）。

A. 社团公众　　B. 社区公众　　C. 内部公众　　D. 俱乐部公众

7. 企业内部的管理人员及一般员工属于（　　）。

A. 社团公众　　B. 社区公众　　C. 内部公众　　D. 俱乐部公众

8. 间接影响和制约企业营销活动的社会性力量和因素，我们称之为（　　）。

A. 微观营销环境　　B. 宏观营销环境

C. 内部环境　　D. 外部环境

9.（　　）是指在个人收入中扣除消费者个人缴纳的各种税款和交给政府的非商业性开支后剩余的部分，它构成人们实际的购买力。

A. 人均国民收入　　B. 个人收入

C. 个人可支配收入　　D. 个人可任意支配收入

10.（　　）是指当企业面临环境威胁时，通过改变自己受到威胁的产品现有市场，或者将投资方向转移来避免环境变化对企业的威胁。

A. 利用策略　　B. 转移策略　　C. 减轻策略　　D. 对抗策略

二、多项选择题

1. 根据企业的营销活动受制于营销环境的紧密程度来分，市场营销环境可以分为（　　）。

A. 微观营销环境　　B. 宏观营销环境

C. 内部环境　　D. 外部环境

2. 微观营销环境包括的因素和条件有（　　）。

A. 供应商　　B. 顾客　　C. 竞争对手　　D. 科学技术

3. 宏观营销环境是指影响企业营销活动的社会性力量和因素，包括（　　）。

A. 人口　　B. 经济　　C. 政治法律　　D. 社会文化

4. 市场营销环境的特点包括（　　）。

A. 客观性　　B. 差异性　　C. 相关性　　D. 不可逆性

5. 供应商对企业营销活动的影响主要表现在（　　）。

A. 供应的及时性和稳定性　　B. 供货的质量保证

C. 供应的货物价格变化　　D. 可以限制企业用量

6. 营销中介的主要功能是帮助企业推广和分销产品，主要对象有（　　）。

A. 中间商　　B. 营销服务机构

C. 金融机构　　D. 物资分销机构

7. 企业所面临的公众主要有（　　）。

A. 媒介公众　　B. 政府公众　　C. 内部公众　　D. 社区公众

8. SWOT分析法是将宏观环境、市场需求、竞争状况和企业营销条件进行综合分析，分析出与企业营销活动相关的（　　）。

A. 优势　　B. 劣势　　C. 威胁　　D. 机会

9. 面临客观的市场机会，企业应制定适当的对策，常用的对策一般有（　　）。

A. 及时利用策略　　B. 果断放弃策略

C. 待机利用策略　　D. 减轻策略

10. 面对环境对企业可能造成的威胁，企业常用的对策有（　　）三种。

A. 转移策略　　B. 待机利用策略　　C. 减轻策略　　D. 对抗策略

三、判断题

1. 企业不能选择、改变营销环境，但可以努力地影响环境，能够规避市场环境威胁，使环境有利于企业的生存和发展。（　　）

2. 相同的市场营销环境因素对不同的企业所产生的影响和形成的制约是大致相同的。（　　）

3. 企业的营销活动不仅受单一环境因素的影响，而且受多个环境因素的共同制约。（　　）

4. 市场营销环境是营销活动的资源基础，企业必须研究如何从环境中获取最优的营销资源满足经营需要。（　　）

5. 企业营销活动受制于客观环境因素，所以企业在环境面前是无能为力、束手无策的。（　　）

6. 中间商是指为企业营销活动提供各种服务的企业或部门的总称。（　　）

7. 恩格尔系数越高，食品支出所占比例越小，表明生活富裕，生活质量高；恩格尔系数越低，食品支出所占比例越大，表明生活贫困，生活质量低。（　　）

8. 对抗策略是指当企业面临环境威胁时，力图通过调整、改变自己的营销组合策略，尽量降低环境威胁对企业的负面影响程度。（　　）

9. 市场营销环境是各种营销因素的总称。（　　）

10. 市场营销环境是客观的、不可控的因素。（　　）

四、案例分析题

酒桶的故事

1931年，美国的哈默从前苏联归国，当时正是富兰克林·罗斯福逐渐走近白宫总统宝座的时候。罗斯福提出解决美国经济危机的“新政”，获得了一些人的赞许，但仍有一些人对“新政”能否成功持怀疑态度。哈默潜心研究了当时美国国内的政治形势和经济状况，认为罗斯福肯定会掌握美国政权，“新政”定会成功。

正是从这点出发，具有商人头脑的哈默找到了一条可以发财的新路。他以敏锐的眼光预见到，一旦罗斯福“新政”得势，1920年公布的禁酒令就会被废除。为了解决全国对啤酒和威士忌酒的需求，那时将需要空前数量的酒桶，特别是需要用经过处理的白橡木制成的酒桶，而当时市场上却没有酒桶。哈默在前苏联住了多年，他知道前苏联有制作酒桶用的桶板可供出口，于是，他向前苏联订购了几船桶板，并在纽约码头前苏联货轮靠岸的泊位上设立了一个临时性的桶板加工厂，由于酒桶供不应求，他又在新泽西州的米尔敦建造了一个现代化的酒桶工厂，造桶厂就以自己的名字命名。当酒桶从哈默的造桶厂滚滚而出的时候，恰好赶上“新政”废除禁酒令，人们对啤酒、威士忌等酒的需求量大大增加，各酒厂生产量急剧增加，这就需要大量酒桶。于是，哈默的酒桶被那些最大的威士忌和啤酒制造厂以高价抢购一空，获得了空前的成功。随后的几年，哈默以其敏锐的眼光又把握住了更多的商机，经营愈加活跃，乃至成为美国巨富。

（资料来源 www.zzhzbbs.zjol.com.cn/）

【案例分析】

1．请结合案例分析，哈默对酒桶预测的根据是什么？

2．结合实际谈谈政策法令的变化对市场带来的影响？

项目 4

具体企业的消费者购买行为分析

现代市场营销的出发点和中心是如何最大限度地满足现实的和潜在的消费者的需求和欲望。研究消费者市场购买行为的特点和模式，找出消费者市场购买行为的起因，成为企业制订营销计划、确定营销组合的前提。通过完成本项目任务，可以初步掌握如何设计消费者购买行为调查问卷，如何对问卷进行分析，了解消费者信息的一般方法，利用所学理论知识对消费者行为进行初步分析，为今后从事营销工作打下基础。

任务 1 听老师讲解相关知识

项目任务书

课内学时	4	课外学时	至少 2
学习目标	1. 了解影响消费者购买行为的因素 2. 了解消费者购买行为与购买决策过程 3. 简单了解产业市场购买行为的影响因素		
学习方法	1. 听老师讲解案例并思考 2. 听老师讲解理论知识并记笔记		
所涉及的专业知识	1. 影响消费者购买行为的因素，包括文化因素、社会因素、个人因素和心理因素 2. 消费者购买行为与购买决策过程。购买行为类型包括复杂型购买行为、协调型购买行为、变化型购买行为和习惯型购买行为；购买决策过程包括引起需要、收集信息、方案评估、决定购买和购后行为		

续表

本任务与其他任务的关系	本任务是完成该项目后面两个任务的前提。本任务也可作为一个独立的任务来完成
学习材料与工具	学习材料：案例分析资料 工具：项目任务书、笔
学习组织方式	学生以个人为单位完成任务

项目指导书

完成项目的基本路径：

听老师讲解案例及影响消费者购买行为因素的相关知识（90分钟） → 回答老师提问，了解消费者购买行为与购买决策过程（45分钟） 听老师讲解，了解产业市场购买行为的影响因素（45分钟）

Step 1 听老师讲解案例及影响消费者购买行为因素的相关知识

听讲并填写案例 4.1 至案例 4.7 后的项目任务产出表 4-1。

案例4.1 汇丰——环球金融，地方智慧

汇丰银行的主营业务大致可以分为个人理财、企业业务和投资业务三类。产品业务设计在各国家市场基本是一致的，但是具体的业务推广模式以及营销策略则因各国家、地区的文化特征而异。比如，在中国香港地区非常重视个人的理财业务，而在中国内地，则注重针对快速发展中的中小企业业务；又如，法国的顾客注重服务提供的舒适程度，而日本的顾客则比较看重提供服务的效率，这就意味着不同国家、地区的分支机构提供的优质服务的概念是不同的。

（资料来源：吴晓云．市场营销管理．天津：天津大学出版社，2009.）

案例4.2 奔驰——“国家元首的象征”

拥有一辆奔驰轿车，往往被视为财富、身份和地位的象征，所以世界各国的名流及国家元首通常会选择奔驰作为座驾。例如，德国前总理科尔、俄罗斯前总统叶利钦、印尼前总统苏哈托、新加坡前总理吴作栋等四十多个国家的元首选择奔驰旗舰车作为座驾，由此奔驰也享有了“国家元首专车”的美誉。即使在竞争尤为激烈的日本市场上，奔驰汽车同样牢牢占据着一席之地，成为该国进口最多的外国汽车，使得本田汽车从20世纪90年代初的50%以上的市场占有率下降到21世纪初的40%左右，这被业界公认为是了不起的成就。由此，奔驰汽车在全球顾客心目中的魅力可见一斑。一项在对万名消费者品牌偏好的调查中，消费者将“奔驰”列为第三，仅次于可口可乐和索尼，被称为“世界第一车”。

（资料来源．吴晓云．营销管理案例．天津：天津大学出版社，2008.）

案例4.3 刘翔退赛对代言品牌的影响

2008年北京奥运会是世界性的体育盛会。很多企业追求“明星效应”，以期短时间内扩大品牌的知名度和影响力。

刘翔在雅典奥运会110米栏比赛中夺冠后，标志着最具广告价值的体坛明星的诞生，凯迪拉克、安利纽崔莱、可口可乐、白沙文化、杉杉男装、千里马汽车里、交通银行、联想、元太、奥康、中国邮政EMS、耐克、中国移动等重量级品牌纷纷选择刘翔作为代言人。然而，2008年北京奥运会，在预赛时刘翔因为脚伤的原因选择了退赛。2008年8月18日这天，对刘翔代言的品牌企业而言，他们一起遭遇了“最黑暗的星期一”。业内猜测，刘翔退赛给广告商带来的损失高达30亿元人民币。

（资料来源：吴晓云. 市场营销管理. 天津大学出版社，2009.）

案例4.4 自我概念带来的高消费

小王是某名牌大学的毕业生，在一家知名公司里工作不到一年就当上了总经理助理。虽然工资不太高（月薪2 000元左右），可她经常出入专卖店购买名牌服装，使用高档化妆品，从来不到农贸市场或者地摊上买东西，她认为那样做有失身份。

【案例思考】

小王为什么会这样做？

案例4.5 我什么要买苹果手机

网民1：东西的确是不错的，用户体验良好，软件众多。虽然自己用安卓，但好东西毕竟是好东西。就是其价格不够亲民。

网民2：我个人觉得苹果手机和其他安卓系统的手机相比，我还是比较倾向苹果，因为我对软件不是很懂，所以觉得手机还是找个稳定点的系统好，不要太复杂，像安卓系统总是提醒软件升级，而且系统总是混乱，信号也不稳定。

网民3：个人觉得购买苹果手机最主要的原因有两个：一是可玩性强，客户体验好，系统更不用说，没有手机能比得上；二是不懂装懂的，觉得拿着苹果有面子，可不知，卖菜的阿姨也在用，呵呵！

网民4：我在犹豫要不要买苹果手机？我工作了，一个月的工资2000元。现在淘宝上苹果4S只要3000多元，我看到很多人都用苹果手机，很羡慕他们，觉得不跟风就落伍了。买吧，又舍不得钱，而且手机这种东西更新速度太快，唉，我该怎么选择呢？

网民5：首先，得先说明一下，本人并不是手机菜鸟，但也不敢妄称高手，只不过对各种智能手机了解稍微多一些而已，曾经玩过塞班S60第二版、第三版、第五版，WM6.1到6.5，Android手机从1.6到2.1多多少少都接触一些。但是直到2010年4月，我才第一次真正接触苹果的iOS系统，其实就是买了台iPod touch 3，从信用卡注册开始，研究iTunes，玩转APP Store、越狱，安装盗版软件等，历时2个月，对苹果iOS系统才算正式入门。怎么说呢，从我的经历来说，苹果的东西可玩性确实非常高，软件资源多不说，而且软件质量也是我接触过的其他系统手机中最好的。这时我才真正明白苹果手机为什么在全球那么受欢迎。

（资料来源：http://bbs.weiphone.com/read-htm-tid-1310299.html.）

案例4.6 后乔丹时代的耐克

乔丹退役后，美国篮球再难出产像乔丹那样的大众英雄了。年轻球员的个性越来越强。新一代的气垫鞋 Air force 25 挑选了 NBA 中六位篮球新星作为代言人，让人们看到耐克就想到：科比的坚韧，詹姆斯的王者风范，拉希德·华莱士的传统核心作用，斯塔德迈尔的力量，帕克的法式酷感和卡特的特立独行。耐克总是让自己与世界级的明星为伍，总是出现在获胜者的队伍里和产品中，数十年来一直倡导“只要去做（just do it）”的精神，号召人们加入到耐克的行列中来，共同获得成功。“只要去做”，从无形到有形，“只要去做”就一定能成功，不要在乎别人怎么说，你可以展示你的个性，而这一切是耐克带给你的，穿上耐克，体验耐克魅力。因此，耐克销售的不仅仅是运动装备，而是一种充满自信与希望的形象，一种新的生活态度。

（资料来源：吴晓云．市场营销管理．天津：天津大学出版社，2009.）

案例4.7 苹果公司 iPhone 手机的学习性推广

2007 年 1 月 9 日苹果公司推出了小巧、轻盈的 iPhone 手机，将创新的移动电话、可触摸宽屏 iPod 以及具有桌面级电子邮件、网页浏览、搜索和地图功能的突破性因特网通信设备这三种产品完美地融为一体。iPhone 引入了基于大型多触点显示屏和领先性新软件的全新用户界面，让用户用手指即可控制手机。iPhone 还开创了移动设备软件尖端功能的新纪元，它重新定义了移动电话的功能。

iPhone 是一款革命性产品，比市场上的其他任何移动电话整整领先了 5 年。当苹果公司将 iPhone 这一全新产品推向市场时，苹果公司投入了大量的推广费用，主要用于科普工作，告诉消费者苹果 iPhone 的特点、如何使用等知识。这种宣传有助于消费者的学习过程，通过市场学习性推广的反复刺激，使潜在消费者对 iPhone 认知更加清晰并得到不断的强化。自 2007 年苹果公司推出 iPhone 后，iPhone 的销售额便直线上升。2008 年，苹果公司销售了将近 1000 万部 iPhone 手机。

（资料来源：百度百科，http://baike baidu.com/view/710887.html?wtp=tt，有改动）

表 4-1　项目任务产出——影响消费者购买行为的因素

影响消费者购买行为的因素包括四类，它们是   其中每一类又包括许多具体的内容，分别为

Step 2 回答老师提问，了解消费者购买行为与购买决策过程

（1）老师提问：你们有没有自己购买过物品？如饮料、食品、服装、笔记本电脑、手机等。老师请三位同学分别详细谈一谈购买日常生活用品、服装以及手机或电脑的经历，每位同学说一种。

回答老师提问，听老师讲解，完成表 4-2 中的问题 1。

（2）听老师讲解分析案例，完成表 4-2 中的问题 2。

表 4-2 项目任务产出——消费者购买行为与决策过程

问题 1：消费者购买行为的类型有哪些？至少写出四种。
问题 2：消费者购买决策的过程包括哪五个阶段？

案例 48 买车

简妮·布洛菲尔特小姐，终于攒够了购买轿车的钱，她兴冲冲地来到一家经营汽车的大公司，看中了一辆海蓝色“西尔斯”牌小轿车。价格尽管贵一点，但她喜欢这种车的颜色和式样，而且她很喜欢“西尔斯”这个牌子。不巧，售货员正要去吃午饭，于是她走出这家大公司，看见街对面也有一家出售汽车的公司，便信步走了过去。

这家公司的销售员是个活泼的年轻人，他一见简妮进来，立即彬彬有礼地问:“我能为您效劳吗？”简妮微微笑道说她自己只是来看看，消磨一下时间。年轻的销售员很乐意陪她在销售大厅参观，并自我介绍说他叫汤姆，汤姆陪着简妮聊天，很快两人便谈得很投机。

简妮告诉汤姆今天是她的生日，特意挑选今天这个日子来买车。汤姆笑着向简妮祝贺，并和身旁一位同伴低声耳语了几句。不一会儿，同伴捧着几朵鲜艳的红玫瑰走了进来，汤姆接过来送给简妮说道:“祝你生日快乐!”

简妮的眼睛亮了，她非常感谢他们的好意，他们越谈越高兴，突然简妮看见大厅一侧有一辆银灰色的轿车，色泽是那样的柔和诱人，他问汤姆那是什么牌子的轿车，汤姆热情地回答了她，并仔细地介绍了这辆车的特点，尤其是价钱比较便宜，简妮觉得这就是自己想要买的车。

结果，简妮·布洛菲尔特小姐驾驶了一辆自己原先根本没有考虑过的车回家了，车上插着几朵鲜艳的红玫瑰，简妮的生日充满了欢乐。

【案例思考】

简妮为什么买了一辆不是预先确定的牌子的轿车？这个案例说明了什么？

案例4.9 我该怎么办

2014年2月18日，张先生在A电器商场购买了一台B品牌洗衣机。买回家后洗衣机的脱水桶不能正常使用，存在明显的质量问题。2月23日，因为无法使用，张先生向A商场售后服务部反映了情况。工作人员上门后，未经仔细检查就草率答复属于正常，解释时甚至连洗衣机的基本原理都胡乱编造。洗衣机无法正常使用，张先生非常着急，又向工商局消费者维权电话反映寻求帮助，工商局答复要市质检局出具质检证明才能处理，而市质检局又告知没有检测设备，无法检测家电的质量问题。3月7日，当地日报记者、A商场售后经理及张先生当场使用该洗衣机，发现确有质量问题，记者于是与售后经理协商，要求售后经理对这台新洗衣机进行维修或退换。多天后未见动静，没有维修，更无退换，记者也毫无办法。最可气的是，数次电话求助B总部和A电器商场，都答复24小时内回话，但仍未接到过一个电话。

A商场是国内数一数二的电器零售服务商，却是这种出店不认货、一拖再拖的态度，令人气愤；同时，B也是号称国内知名洗衣机品牌，竟有如此质量低劣的产品出厂，而且质量三包变成口号，售后服务又死不认账。另外，一旦出现家电质量问题，作为国家执法部门应该如何保护消费者的合法权益？一个家电的一般质量问题却无法检测，使得顾客投诉无门。

【案例思考】

1．如果你遇到类似情况，你会怎么办？

2．企业如何做才能让消费者满意？

Step 3 听老师讲解，了解产业市场购买行为的影响因素

听讲并填写任务产出表4-3。

表4-3 项目任务产出——影响组织市场购买行为的因素

问题1：组织市场由哪些市场构成？
问题2：组织市场的特点是什么？产业市场的特点是什么？
问题3：影响产业购买者决策的主要因素有哪些？

任务2 实地观察调研分析消费者行为

项目任务书

课内学时	2	课外学时	至少4
学习目标	1．会根据实际事例，分析影响消费者购买行为的因素 2．会根据实际事例，分析影响消费者购买行为 3．了解在进行消费者购买行为调研时，设计调查问卷需要关注哪些问题		
学习方法	1．实地观察、调研并进行分析 2．自主学习		
所涉及的专业知识	1．影响消费者购买行为的因素，包括文化因素、社会因素、个人因素和心理因素 2．消费者购买行为与购买决策过程；购买行为类型包括复杂型购买行为、协调型购买行为、变化型购买行为和习惯型购买行为；购买决策过程包括引起需要、收集信息、方案评估、决定购买和购后行为		
本任务与其他任务的关系	本任务需在完成该项目的任务一后进行		
学习材料与工具	1．市场调查问卷的样例资料 2．工具：项目任务书、笔		
学习组织方式	1．学生以团队为单位完成调研任务 2．学生以个人为单位完成自主学习任务		

项目指导书

完成项目的基本路径：

寻找销售现场对某一交易进行观察并记录（90分钟）→ 对观察到的交易行为进行消费者行为分析及购买决策分析（课外）→ 自主学习，了解设计消费者购买心理或行为调查问卷时应注意的问题（课外）

Step 1 寻找销售现场对某一交易进行观察并记录

团队合作，确定某一销售现场，可以是超市，也可以是服装商场、电器卖场或其他交易场所。团队成员一起观察某一正在进行的交易（建议用录音笔进行录音）。

Step 2 对观察到的交易行为进行消费者行为分析及购买决策分析

交易结束后，团队成员一起讨论该交易，对该交易的消费者行为进行分析，分析可能的影响因素，并对其购买决策进行分析。运用所学过的专业知识，完成表4-4。

表4-4 项目任务产出——消费者购买行为与决策过程的实地调研分析

所观察的交易发生的地点： 所观察的交易发生的时间： 对交易顾客描述：SS 对交易经过描述： 对交易结果描述： 对影响消费者购买行为的因素分析： 对消费者购买决策的分析： 团队成员签字：________________

Step 3 了解设计消费者购买心理或行为调查问卷时应注意的问题

通过对样例4.1至样例4.3的自主学习，了解设计消费者购买心理或行为调查问卷时应注意的问题。

样例4.1 2010年中国空调消费调查问卷

夏天已经到来，空调市场热度飙升。2010年中国空调市场大事不断，定频空调能效升级，节能补贴进行调整，变频空调迎来新的发展机会。为把握新的市场动向、了解消费者对于空调产品的需求情况，互联网消费调研中心ZDC举办本次空调消费调查，望您能根据自身情况如实填写。

本次调查结束将抽取5名幸运网友，赠送一份精美礼品！感谢大家积极参与！

品牌篇

1. 您正在使用的空调是哪个品牌（以下品牌不分先后，使用多品牌空调请选择最常用的，未购买可跳过1、2题）？

A. LG　B. TCL　C. 奥克斯　D. 长虹　E. 春兰　F. 大金　G. 格兰仕
H. 格力　I. 海尔　J. 海信　K. 惠尔浦　L. 科龙　M. 美的　N. 日立
O. 三菱重工　P. 三菱电机　Q. 三星　R. 三洋　S. 松下　T. 伊莱克斯　U. 志高

2. 您对正在使用的空调是否满意？

□ 非常满意　□ 比较满意　□ 一般　□ 有些不满　□ 非常不满

3. 现在购买空调的话，您会选择哪个品牌（以下品牌不分先后）？

A. LG　B. TCL　C. 奥克斯　D. 长虹　E. 春兰　F. 大金　G. 格兰仕
H. 格力　I. 海尔　J. 海信　K. 惠尔浦　L. 科龙　M. 美的　N. 日立
O. 三菱重工　P. 三菱电机　Q. 三星　R. 三洋　S. 松下　T. 伊莱克斯　U. 志高

4. 选购变频空调的话您会选择哪个品牌（以下品牌不分先后，选项同3）？
5. 您认为以下哪个品牌的空调最为畅销（以下品牌不分先后，选项同3）？
6. 您感觉哪个品牌的售后服务最放心、最方便（以下品牌不分先后，选项同3）？

选购篇

7. 哪些是您选购空调时的主要考虑因素（多选）？

□ 价格　□ 品牌　□ 制冷/制热速度　□ 能效级别（耗电量）
□ 导购人员的专业程度　□ 运行噪声　□ 吹风方式　□ 赠品
□ 保修时限　□ 亲朋好友的推荐　□ 附加功能（如空气净化、制氧、加湿等）
其他 □

8. 选购空调时，导购人员的介绍对您是否起到作用？

□ 是的，对我的选择起到重要作用　□ 有一定参考价值，但并不算重要
□ 只是随便听听而已，并不会拿来做参考

9. 您更青睐通过哪种渠道购买空调？

□ 家电卖场（国美、苏宁等）　□ 大型超市　□ 家电专卖店　□ 百货商场
□ B2C网上商城（如京东商城）　□ C2C商城（如淘宝网）　其他 □

10. 您选择上题渠道购买空调的主要原因是？

□ 价格便宜　□ 感觉较有保障　□ 送货快　□ 品牌齐全、型号丰富
□ 售后方便　□ 省时省力　其他 □

11. 您选购、安装空调的时候遇到过什么问题（多选）？

□ 导购人员不专业，态度差　□ 安装、送货不准时/太慢　□ 安装人员态度差
□ 安装人员故意把安装位置设计得不合理，多收延长管等费用
□ 收费不开发票　□ 很顺利，没遇到过不愉快的问题　其他 □

新技术篇

12. 您更愿意购买变频空调还是定频空调？

□ 变频空调　□ 定频空调

13. 您认为变频空调较传统定频空调有何优点（多选）？

□ 精确控温，体感更舒适 □ 制冷/制热速度快 □ 宽电压启动

□ 较节能省电 □ 使用寿命较长 □ 没感觉到有什么优点 其他 ______

14. 您感觉当前市场上的变频空调有哪些缺点（多选）？

□ 价格太高 □ 标准不统一，无法衡量是否省电 □ 广告宣传混乱

□ 技术不成熟，达不到宣传的效果 其他 ______

15. 您是否愿意购买无氟空调？

□ 无氟空调更为环保，我会选择无氟空调 □ 无氟空调太贵了，我不会购买

□ 我购买空调的时候并不会在意是否是无氟空调

使用篇

16. 您是否能轻松读懂空调面板及遥控器上的各项参数和功能？

□ 都可以轻松读懂 □ 有些不是完全明白 □ 完全看不懂

17. 您是否介意空调夜间运行的噪声可能会影响到您的睡眠？

□ 我很介意，所以会选择静音功能较好的空调

□ 偶尔会注意到有噪声，但影响不大

□ 完全没注意过噪声

18. 您是否注意对空调滤网等进行清洗维护？

□ 我很注意这一点，每年都清洗 □ 偶尔觉得太脏了才想起来清洗

□ 从来不清洗

个人信息

19. 您的性别？

□ 男 □ 女

20. 您的年龄？

□ 18岁以下 □ 18～25岁 □ 26～30岁 □ 31～35岁

□ 36～45岁 □ 45岁以上

21. 您的学历？

□ 小学/初中 □ 高中/中专/职校 □ 大专/本科 □ 硕士/博士/博士后

22. 您的职业？

□ 在校学生 □ 销售 □ 系统程序员/开发 □ 技术支持/维护

□ 软件测试/硬件测试 □ 市场营销/策划/公关 □ 教师/培训师

□ 客户服务 □ 专业人士（法律/医药/翻译等） □ 财会/审计/统计

□ 人事/行政/后勤 □ 编辑/记者 □ 采购/供应链管理

□ 自由职业者 □ 退休 □ 其他

（资料来源：http://www.sina.com.cn，2010年6月8日）

样例42 2005年空调消费行为调查报告

为了更好地了解国内消费者空调消费行为，引导消费者理性消费，为消费者选购空调做好参谋，人民网7月初发起并组织了“2005年国内空调市场消费行为调查”活动。活动内容在人民网首页等多个重

要位置发布，历时近一个月，共有23000余名网友参与投票，在所有投票的网友中，家庭中已拥有空调的比例达到了82%，因此本次空调消费行为的调查活动具有真实性和客观性。

1. 空调拥有率持续上升，消费结构日趋合理

从调查中我们惊喜地发现，目前我国居民的空调拥有率不断上升，在所有接受调查的人群中，82%的被调查者家里都拥有空调，其中32%的被调查者家里拥有2台空调，11%的被调查者家中拥有3台空调。

家庭所拥有的空调结构也发生了变化，在2005年之前，人们所选购的空调中，壁挂式占据了77%的比例，柜式只有17%，窗机为5%；到了2005年，人们购买产品的机型出现了变化，其中壁挂式的比例下降至69%，柜式的比例上升至26%，窗机比例进一步下滑，只有2.6%。这种变化，一方面与人们房屋结构的变化有着密切联系，“大客厅小居室”成一种流行时尚，另一方面与人们生活水平的提升有关，因而柜机比例持续上升，而窗机将逐渐被市场所淘汰。

调查显示，在2005年之前购买空调的用户中，海尔的占有率达到26%，格力、美的分居第二、第三位，占有率为19%、10%；在2005年当年购买空调的用户中，28%的用户选择了海尔，格力、美的分居二、第三位，占有率分别为21%、12%。这一数据表明，行业三大领军品牌的地位已经形成，并日渐巩固，其中海尔空调的市场份额进一步扩大，短期内，这三大品牌的竞争实力不会发生重大更改。此外，格兰仕、志高成为销量上升最快的两个空调品牌。

同时，我们还对未来一年具有空调购买意向的人员进行了调查，共有48%的被调查者表示有购买意向，而在这一比例的调查者中，87.2%的人表示会选择变频空调，而只有12.8%的人会购买定频空调。他们对于想要购买的空调品牌发表了自己的看法，有49%的调查者表示会选择海尔，格兰仕等品牌选择率也较高。

2. 电视宣传认知度最高，他人推荐信任度最高

在所有被调查者的反馈问卷中，我们发现，在被调查者认知并认可空调企业所使用的众多宣传方式中，电视媒体独占鳌头，以65%的高认知度成为人们接受并了解空调品牌的主要方式，而网络广告和报纸广告也受到了不同程度的认可，分别达到了49%和35.7%的高比例。

经过分析，主要有两方面的原因：第一，电视的普及率高，对接受人群的文化水平要求低，因而吸引了众多潜在消费者；第二，由于本次调查为网络调查，参与调查的大部分人员为网民，对网络广告情有独钟，而报纸广告由于传播面广泛、容易保存，也成为调查者选择品牌的一种参考。

但是，被调查者对“最可信赖的宣传方式”一项进行选择时，“他人推荐”这种通过口头传播的方式受到了人们的普遍信赖，获得了43%的投票，而电视广告则以40%的比例居第二位，这一结果从侧面折射出空调品牌口碑传播的重要性。空调品牌不只是通过广告宣传就能够获得信赖的，重要的是产品质量和售后服务让用户满意，从而形成“1传25，25传125”的良好口头传播效果。

3. 质量、品牌主导消费选购

调查显示，消费者的消费行为逐渐趋于理性化、科学化。在调查中，我们要求被调查者指出在选购空调时的首要考虑因素，有60%的被调查者选择了质量，27%的被调查者选择了品牌，而只有不到4%的消费者选择了价格。

在被调查者购买空调的次要考虑因素中，分别有32.3%、26%、25.7%的被调查者选择了质量、品牌、服务，而价格同样没有能够进入次要考虑因素的前三位。

在问及购买空调时，根本不被考虑的购买因素时，分别有48%、24.5%、18.7%的调查者选择了外

观、功能、价格，在谈到原因时，一些被调查者提出，许多空调外观或华而不实，或缺乏实用性，或不贴近生活，但相比其他款式产品售价却高出很多。

无疑，对于一项调查而言，真实就是生命，可以看出，越来越多的被调查者已对原先作为首要考虑因素的价格采取理性对待的方式，这反映我国空调市场竞争的成熟和稳健。

4. 产品五花八门，消费需求多样

通过对已拥有空调的被调查者反馈信息可知，在他们所青睐的空调产品款式中，进出风口自动闭合以41%的高票占据首位，而彩壳、彩屏产品分别为24%、16.5%，志高空调今年新推出的镜面画款式也获得了15%的得票率。

这反映了消费者在空调选购心态上，多样化、层次化的变化。而随着人们生活水平的不断提升，这种多样化的需求趋势愈演愈烈，将大大地推动我国空调厂家在产品款式多元化开发和推广的积极性。

在被调查者最需要的空调功能上，空调的节能性和健康性分别占据了50.2%和38.3%的比例，基本上代表了我国空调产品今后的发展方向。作为空调厂家而言，面对这种二元化的发展趋势，必须要根据自身的实际情况进行产品的研发和推广。

同时，众多空调企业近年来在特色产品的推广上，也获得了长足的发展，其中海尔直流双新风空调得到被调查者的最多关注，大家对这款具有健康节能功能的空调显示出非常强的喜爱；另外，格兰仕光波空调、志高镜画面空调、澳柯玛木制空调、格力节能王子空调、海信变频空调、LG清新空调、三星银离子空调、美的全健康空调、春兰静博士空调等，也多为被调查者所提及，成为被调查者所熟知的特色产品。

5. 售后服务总体有提升，服务速度、人员素质待提高

我国空调企业的售后服务水平，随着市场竞争的深入有显著的改善和提高，在所有接受调查者中，有73%的被调查者对空调售后服务基本满意，只有27%的被调查者表示不满意。

在被调查者最为看重的空调售后服务项目中，售后服务的反应速度以及售后服务人员的专业素质成为大家关注的焦点，分别受到了38.2%和34.5%的人的看重。在对空调售后服务不满意的调查中，分别有45.9%和38.5%的被调查者对售后服务速度和人员素质表示极度不满意，因此空调企业在这两个方面极需加强，这样才能真正有效地拉动产品售后服务水平的提升。

被调查者一致评选海尔为售后服务最令人满意的品牌，参与投票的许多网友反馈，海尔空调提供的无尘安装、安全配电等服务，是任何一个其他品牌都没有的独特服务，不仅让消费者感到贴心，而且也解决了空调在安装和使用过程中的问题；另外，被调查者对海尔的安装反应速度也普遍表示满意。

6. 空调产品烦恼，多噪声、耗电是问题

在空调产品的使用过程中，许多被调查者对目前的产品质量和性能给予了极大的肯定，而在众多影响空调使用效果的指标中，被调查者对空调的制冷/制热效果、健康功能的关注度分别达到了38.1%和28%。

可以看出，现阶段对空调的需求量仍然停留在最根本的制冷/制热功能上，而健康功能则随着人们生活水平的提高，也被越来越多的消费者所看重。

消费者在空调使用过程中，也遭遇了许多空调性能上的问题。调查中，噪声过大、耗电量大分别占据了38.4%和25%的比例，成为困扰现阶段人们空调使用的难题。

这两项指标与人们的生活息息相关，在耗电量大这一问题上，已经出台的相关强制性标准，基本杜绝了高能耗空调的生产销售，而在噪声问题上，现阶段众多企业的研发方向与用户实际需求仍然存在一定的差距，造成噪声问题多年来一直得不到根本解决。

7. 空调购买地集中在家电连锁和专营店

越来越多的消费者购买空调时，开始青睐以国美、苏宁、大中为代表的大型家电连锁卖场，其中 43.6%的被调查者是在家电连锁卖场购买的空调，仍然有 35.7%的被调查者选择空调专营店购买空调。

在所有被调查者中，他们对家电连锁卖场的熟悉度一直较高，其中国美、苏宁、三联分别以 84.4%、75.7%、30%的被提及率，成为人们最为熟悉的三大家电连锁卖场。

在问及家电连锁购物最吸引人的地方时，39.3%的被调查者认为价格低是首要因素，而 32.8%的被调查者认为产品种类多是首要因素，但家电连锁的售后服务却没有被多数人认可，只获得了 15%的认可，更多的被调查者认为家电连锁不光要价格低、产品种类全，售后服务一定要及时到位，特别是在货物配送、相关产品安装维护过程中，更应拉近与用户的距离。

在未来一年购买空调的被调查者中，62.8%的人选择会去家电连锁购买，而 36.6%的人则会到空调专营店购买。这从一个侧面折射出，在空调这一特殊家电产品领域，空调专营店的专业化仍然获得了许多消费者的青睐，而大型家电连锁卖场今后发展的道路也很漫长。

8. 节能、健康是未来发展潮流

在空调产品未来发展趋势方面，49.6%的被调查者认为节能将成为空调产品今后的主流发展趋势，而 36.4%的被调查者认为健康将成为空调今后的主流发展趋势。无论哪种产品会成为今后的发展趋势，我们都希望国内的众多空调企业能够充分把握这一发展方向，健康、理性地推动我国空调行业的发展。

9. 特价空调渐行渐没

为了进一步了解目前国内市场上特价机的走势和发展程度，我们在此次调查中特意设置了一个特价机消费行为抽查，其中 38.8%的被调查者认为特价机的吸引力一般，还有 15.3%的调查者认为没有吸引力。

在问及特价机不被看好的原因时，许多被调查者都提出：特价机产品种类少、数量少，不过是厂商促销的一种噱头；特价机在价格便宜的背后，肯定存在某种猫腻，有的特价机是库存机、低质机。56%的调查者表示今后不会考虑特价机。

样例4.3 荆州空调消费习惯调查报告

目　录

摘要

随着我国经济社会的发展，人们的生活水平不断提高，人们对空调等高档消费品的需求也不断加大，空调行业整体趋势一片大好。与整体形式相反的是空调行业内部竞争加剧，无数中小型空调企业面临企业改革重组或倒闭的命运。

扩充产能、降低成本成为很多企业后来居上的法宝，但是随着竞争的加剧，市场由卖方市场转向买方市场，一些企业面临着库存太多的压力。由此，企业必须展开精耕细作，以点带面，稳扎稳打，在各个区域市场以及三四级市场上逐一积累优势，从而形成全国性的竞争力。同时，空调分化的加剧使得消费者和生产者之间的利好关系逐渐向消费者倾斜，消费者的选择、个性的追求、维权等消费利益逐步得到了释放。

空调品牌可能会分化，但空调行业总体向好的格局依然没变，以海尔、格力、美的为代表的主导品牌将保持着高昂的增长势头。三大主导品牌对整个内销市场权重影响扩大带来的结构性繁荣现象说明，空调行业正在由市场带动企业发展向企业推动市场发展这个方向转变，空调企业也在由抓市场机会向运作市场转变。

为了探索荆州市空调消费的特征，了解现有主要品牌做得好的地方和不足之处，我们从消费者角度出发展开调研，希望为空调企业的营销模式提供合理化的产品及服务方面的意见和建议。

一、前言

本次调研报告是针对荆州市空调市场进行的，主要是为了了解荆州市空调市场消费者特征及其目标消费群体的消费习惯；获取有助于企业发展的市场信息，为空调行业相关企业的改进和发展提供参考依据。本次调研我们小组采取问卷调查的方式进行，以随机抽样形式展开。小组分别在荆州区和沙市区主要各路段和商业网点发放问卷，此次调研共发放问卷70份，有效问卷68份。问卷内容围绕目标消费群消费习惯及偏好，目标消费群特征，服务满意度等几大方面展开。报告中对有关调研内容进行了包括描述分析、相关分析、回归分析、交叉分析和因子分析等在内的一系列科学分析，最后得出结论并提出了相关的营销建议。

二、调研方法

调研目的：了解荆州市空调市场特征，消费者消费需求和消费习惯、品牌偏好等；研究消费者在产品及服务方面的具体需求，测量消费大趋势，发现现有空调产品未能满足的顾客需求；为空调企业营销活动提出合理化建议。

调研对象：荆州市主要城区居民。

资料收集方法：收集相关资讯，结合网络的相关知识和教师指导，设计出合理的调查问卷，在荆州区、沙市区对当地消费者进行问卷调查。

抽样方式：此次市场调研的目标总体是荆州居民。对样本的选择采取随机抽样法，从总体单位中随机抽取部分消费者作为样本进行调查，以其结果推断荆州空调消费市场整体消费特征。

调研小组：孙浪、杜新华共2人。

调研时间：2014年6月20日～7月1日。

具体安排：20～22日，进行问卷设计及相关准备工作；

23～24日，前往荆州城区和沙市区随机进行消费者问卷调查；

25～26日，上机学习SPSS软件，并录入数据；

27～30日，进行SPSS数据分析，分析和整理资料，撰写报告；

7月1日，提交报告。

三、市场概况

（一）市场容量分析（略）

（二）品牌竞争分析（略）

……以下均略

四、综合分析（略）

五、局限性

1. 问卷调查的局限性

（1）问卷调查很难包含所有问题

（略）

（2）调查结果深度有限

（略）

2. 样本容量的有限性

（略）

3. 主观感知的影响

（略）

4. 调查分析误差

（略）

六、结论和建议

（一）结论

1. 市场方面：荆州市城镇居民空调拥有率为91.2%，其中拥有两台空调的占29.4%，拥有三台空调的占4.4%；与发达城市相比尚有差距，市场潜力较大，行业整体发展看好。

2. 目标消费群特征：空调购买人群年龄多在30～40岁之间，购买者男性多于女性，这个年龄段的男性消费者对价格因素比较敏感，对产品要求简单、大方、实用等。

3. 空调消费者家庭平均月收入为4 794.12元，消费者对空调接受价格大部分在2 500～3 500元之间；消费者以中等收入群体为主体，与经济实力相匹配，他们更多考虑中档消费产品。

4. 品牌竞争：荆州市空调市场三大品牌——格力、美的、海尔占据了大部分市场份额。

5. 描述分析

（1）购买空调类型壁挂式和立柜式其比例分别为51.5%和36.8%，中央空调和嵌入式空调需求量较少，究其原因与考虑安装成本有关。

（2）（3）（4）略

6. 质量和节能成为最受关注因素，这两方面是消费者对经济方面考虑节约长期成本的反应。

7. 相关分析得出价格合理且外观美的空调产品最受顾客欢迎。

8. 交叉列表分析表明家庭收入和空调价格之间居民收入提高时空调接受价格也相应提升，此结论在（线性）回归分析中得到了佐证。

9. 因子分析得出产品的外观、功能及价格是影响消费者决策最主要的几个方面。

（二）建议

1. 以高质量，中档定价，制定较现实的价格表，价格表分为两层：媒体公开报价，市场销售的最低价。严格控制价格体系，确保一级分销商、二级分销商、项目工程商、最终用户之间的价格距离及利润空间。为了适应市场，价格政策又要有一定的灵活性。

2. 针对30～40岁的用户群，空调接受价格在2 500～3 500元之间且以男性为主的最大部分目标消费群，我们的空调产品在考虑控制成本的基础上可以设法生产出外观大方优雅的产品，满足顾客身份的需要，同时尽量与大型家电连锁卖场合作销售以节约终端产品成本，扩大市场占有率，建立自己良好的品牌形象。

3、4、5、6、7略。

（资料来源：http://wenku.baidu.com/view/2fcdcfa2284ac850ad02420b.html.）

基本知识

一、消费者市场的概念及特点

1. 消费者市场的概念

按顾客购买产品和服务的目的或用途不同，市场可以分成消费者市场和组织市场两大类。消费者市场由满足个人生活需要而购买商品的所有个人和家庭组成；组织市场是指以某种组织为购买单位的购买者所构成的市场，购买目的是满足生产、再一次销售或是为了履行组织运作和职能的需要，包括生产者市场、中间商市场、政府市场及非营利性组织市场。在为社会提供最终产品的商品市场上，个人消费品占绝大多数，因此，对消费者市场的研究，是对整个市场研究的基础。

2. 消费者市场的特点

（1）分散性。消费品市场从交易规模和方式来看具有购买者众多、市场分散、成交频繁的特点，但是交易数量却是零散的，绝大部分产品和服务的交易都需要通过中间商的销售才能完成，因此，针对消费者市场的企业应该特别注意中间商的选择、渠道的设计以及管理等工作。

（2）差异性。消费者市场为消费者提供生活消费用品，购买者主要是个人或家庭，这些购买者在购买过程中会受到不同因素的影响而表现出较大的差异性、多样性。随着消费者购买力的不断提高，人们更注重个性选择、个性消费，新的市场不断涌现，需求的差异性有不断扩大的趋势。

（3）多变性。消费者市场中产品的类别众多，同类产品较多，消费者的可选择性很强。随着经济飞速发展以及技术的进步，新产品在短期内层出不穷，消费者的需求更加多样化。

（4）替代性。由于消费者市场产品种类众多，同类产品、功能相似的产品很多，因此，不同产品之间往往存在替代关系，这种情况同组织市场相比差异很大。替代品众多使得消费者市场的竞争异常激烈，人们经常在替代品之间进行选择，例如，相同类别的饮料产品可以相互替代，运动型饮料“脉动”与“劲跑”、茶饮料康师傅“冰红茶”与统一“冰红茶”都构成替代关系。而不同类别的产品也可能相互替代，如饼干和方便面。

（5）非专业性。从购买行为来看，消费者的购买行为具有非专业性。这是因为，消费者购买过程不像组织市场的购买决策要经历一系列复杂的手续或审批程序，多数购买行为属于冲动性和自发性，因此，消费者在购买消费品时大多缺乏相关的产品知识和市场知识，受广告宣传的影响较大。从这一特点来看，企业应做好广告宣传，强化企业产品在消费者头脑中的形象，从而有效地引导消费者进行购买。

（6）网络化。从20世纪90年代中期开始，互联网的发展拉开了新经济的序幕。随着互联网技术的日趋成熟，电子商务通过网络将消费者带入全新的网络交易时代，消费者的购买行为也随之发生改变。年青一代的消费者已经开始习惯于通过网络来搜索自己想要的商品，并且在网上进行出价、比价，最终完成交易过程。人们的购买模式较传统的线下交易发生了巨大的变化：冲动性购买大幅增加，要求便利、消费者主动参与产品的定制等，这些行为的改变都与网络经济的飞速发展密切相关。企业在电子商务时代已经不能仅满足于传统的线下宣传，而是要跟随时代的发展，建立自己的网站，在网络上吸引消费者的关注。

二、影响消费者购买行为的因素

消费者每天都会做出大量决策，许多大型公司会通过各种方法征询消费者买什么、在什么地方买、买多少、什么时候买和为什么买等问题。营销学研究消费者市场，其核心是研究消费者的购买行为，即消费者在获得所需产品或服务的过程中，有哪些因素会影响到消费者的选择。营销者了解到这些因素就可以采取相应的营销刺激，以便获得消费者的购买反应。

消费者的购买行为受到文化、社会、个人和心理因素的强烈影响，如图4-1所示。营销者对这些因素无法控制，但是必须把它们列入考虑的范围之内。

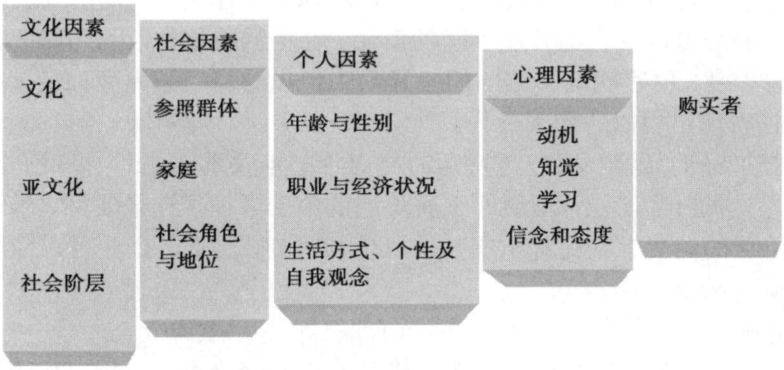

图 4-1　影响消费者购买行为的因素

1．文化因素

（1）文化。文化是区分一个社会群体与另一个社会群体的主要因素，是人们通过学习获得的区别于其他群体行为特征的集合。文化是根植在一定的物质、社会、历史传统基础上形成的特定价值观念、信仰、思维方式、习俗的综合体。文化包括价值观、伦理道德、风俗习惯、宗教仪式等抽象的概念，也包括社会所生产的和重视的实质物品和服务，如汽车、衣服、食物、艺术和运动等。文化是人类欲望和行为的最基本的决定因素，对消费者的行为具有最广泛和深远的影响。它不仅会影响人们对特定商品的购买，还作用于消费者信息收集和价值判断过程，即文化以多种方式作用于个人购买决策。虽然商家可能通过广告、促销等策略来影响这一阶段，但文化的力量是很难克服的，至少在短期内如此。

消费者行为和文化之间的关系是双向的。一方面，在某一时期，同当时占主导的文化相一致的产品或服务更有可能被消费者接受；另一方面，某一时期由某种文化所引起的新产品研究和革新又为人们了解当时的主流文化提供了窗口。

文化差异对消费者行为的影响巨大。不同文化背景下的消费者在进行购买决策的过程中会直接受到其文化背景的影响，如西方文化偏向个人导向，东方文化偏重于集体导向。对应于消费过程，西方消费者受个人因素影响更大，更注意追求个性，而中国消费者受群体因素影响更大，更愿意符合大众审美，保持中庸。

（2）亚文化。社会文化通常可以分成两个层次：一个是全体社会成员共有的基本文化，即主文化；另一个是社会中某些群体所有的独特价值观和行为模式，这些独特的价值观和行为模式与社会中群体成员的身份、地位、居住区域等密切相关，这就是亚文化（subculture）。所谓亚文化，就是指某一文化群体所属次级群体的成员共有的独特信念、价值观和生活习惯。

目前，国内外普遍接受的是按民族、宗教、地理、性别、年龄等人口统计特征来划分亚文化的分类方法。以此分类方法分出的亚文化群体包括：民族亚文化群体、宗教亚文化群体、地理（区域）亚文化群体、性别亚文化群体、年龄亚文化群体等。亚文化构成重要的细分市场，营销者通常会设计满足各种不同亚文化群体消费者需要的产品和营销活动。

（3）社会阶层。社会阶层指在一个社会中相对稳定且有序的分层，这种分层具有相对同质性和持久性，是将整个社会按等级排列成不同的阶层，每个阶层的成员都具有相似的价值观、兴趣爱好和行为模式。各阶层具有特定的地位和作用，不同的社会阶层之间的界限不是僵化的，而是可以发生上升或下降的变化。在不同阶层，人们的消费行为由于其职业、收入、教育程度、财富状况等方面的差异而表现出对商品和品牌独特偏好，而在同一阶层，人们往往表现出相似的购买行为。

消费者会把产品的品牌和服务与特定的社会阶层相联系，因此，提供产品和服务的厂商一般会根据不同的社会阶层来设计。工薪阶层的消费者往往比较实际，乐于选购实用的商品，而中上阶层的消费者则更看重产品的风格与时尚，因此，企业可以应用社会阶层的概念来进行市场细分和产品定位。

2．社会因素

（1）参照群体。参照群体是指个人在形成其购买或消费决策时用以作为参照、比较的个人或群体，参照群体可分为直接参照群体和间接参加群体，如图 4-2 所示。

参照群体	直接参照群体	首要群体
		次要群体
	间接参照群体	向往群体
		厌恶群体

图 4-2　参照群体的划分

直接参照群体又称为成员群体，即某人所属的群体或与其有直接关系的群体。成员群体又分为首要群体和次要群体。首要群体是指与某人直接和经常接触的一群人，一般都是非正式群体，如家庭成员、亲戚朋友、同事、邻居等。次要群体是并不经常影响其成员但一般较为正式的群体，如宗教组织、职业协会等。间接参照群体是指某人的非成员群体，即此人不属于其中的成员，但又受其影响的一群人。这种参照群体又分为向往群体和厌恶群体。向往群体是指某人推崇的一些人或希望加入的集团，如体育明星、影视明星就是其崇拜者的向往群体。厌恶群体是指某人讨厌或反对的一群人。一个人总是不愿意与厌恶群体发生任何联系，在各方面都希望与其保持一定距离甚至经常反其道而行之。

随着信息与网络技术的发展，社会生活中又诞生了一个新的群体——虚拟群体，他主要基于虚拟社区而非地域性社区。网络从时间和空间上根本改变了传统的社会交往和人际沟通的方式，形成了许多独特的观念、准则。

参照群体对消费者购买行为的影响，表现在三个方面：

① 参照群体为消费者展示出创新的消费模式和生活方式。

② 由于消费者有效仿或反对其参照群体的倾向，因而消费者对某些事物的看法和对某些产品的态度也会受到参照群体的影响。

③ 参照群体促使人们的行为趋于某种一致化，从而影响消费者对某些产品和品牌的选择。

企业应善于运用参照群体对消费者施加影响，扩大产品销售。

（2）家庭。家庭是社会中最重要的消费单位和购买决策单位，它对消费者购买行为的影响最大，因此需要受到特别重视。根据家庭成员的年龄和人数，可基本划分为以下八个阶段：未婚阶段、准备结婚阶段、新婚阶段、有学龄前幼儿阶段、子女求学阶段、子女工作阶段、空巢阶段和独居阶段。不同阶段，家庭消费重点不同，对消费的影响很大。

另外，家庭中每个成员从小就受到这个家庭的影响和熏陶，其生活情趣、方式、个人爱好和习惯都会受到家庭的影响，同时会体现在对商品的要求、评价和购买习惯上。

家庭中不同购买角色的作用也很重要。在通常情况下，家庭中有五种不同的角色：购买发起者、重大影响者、商品使用者、实际购买者和购买决策者。不同商品，家庭成员充当的购买角色是不同的。家庭中丈夫或妻子的购买主导程度依据产品种类和购买阶段的不同而变化，购买角色也随着消费者生活方式的演变而变化。传统上，妻子是家庭中的主要购买者，特别是食品、家庭用品和衣服类的商品，但是，在越来越多的家庭购买中丈夫也开始承担任务，这是因为越来越多的丈夫开始承担家务劳动。孩子也会对家庭购买决策产生很大影响，在亚洲国家，由于文化方面“延续香火”的观念盛行，亚洲的父母愿意为孩子做出牺牲，在孩子的幸福、教育和发展方面的花费会占很大比重。

（3）社会角色与地位。社会角色是指个人在群体、组织和社会中的地位和作用。人们在不同的场合担任不同的角色，每个角色传递着一种地位，并反映出社会给予此人的尊重程度，而人们总是会选择那些能够代表他们社会地位的产品。人们在家庭中扮演父母、子女的角色；在工作中扮演其职场角色。职场角色所代表的社会地位决定了个体选择购买能体现自己地位的服装，并且，人们在不同场合、与不同的对象进行交谈时也会采取不同的方式，这些行为都是由其社会角色和地位决定的。

3．个人因素

消费者的购买决策也会受到其个人特点的影响，如年龄、职业、经济状况、生活方式、个性以及自我概念等。

（1）年龄与性别。消费者的年龄和性别会对其消费行为产生显著的影响。人们在一生中不同的年龄阶段会有不同的消费需求，因此企业生产的产品和服务可以针对特定年龄阶段的消费者。人从出生到死亡会经历婴儿期、儿童期、青年期、成年期、中年期和老年期六个阶段，但是，现代信息社会中信息扩散的速度与影响力都远胜于从前，因此，不同年龄段的人群在信息获取、心态和行为上存在趋同的表现，年龄的界限逐渐变得模糊。营销者应注意不仅考察消费者的生理年龄，而且也应考虑其心理年龄。性别差异也会明显地影响消费者决策，男性消费者在购买过程中目的比较明确，不愿长时间购物，决策比较理性；女性消费者则更容易发生计划外购买，购物的目的不够明确，决策比较感性，乐于在商场流连忘返。

（2）职业与经济状况。职业会影响人们购买的商品和服务。不同职业的消费者扮演不同的社会角色，有不同的价值观和行为准则。蓝领工人倾向于购买结实耐穿的服装，而管理人员则更多购买商务套装。经济状况的好坏、收入的多少对消费者的购买行为有着更为直接的影响，人们的消费心理和购买模式往往随其经济状况的变化而变化。不同的收入水平决定了不同的购买能力，也决定了需求的不同层次和倾向。

（3）生活方式。生活方式是一个人的生活模式，是人们生活、花费时间和金钱的方式的统称，它反映了人们的个人活动、兴趣和态度。不同的生活方式显然有不同的购买需求。营销者们要研究它们的产品与具有不同生活方式的各群体之间的相互关系，努力为顾客提供符合其生活方式的产品或品牌。例如，按照生活方式的差异，可以将消费者大致分为两类：比较在乎钱的消费者和比较在乎时间的消费者。对于前者，企业应该努力为其提供低成本的产品和服务，如沃尔玛公司的“天天低价”战略，对于后者，企业应准备便利的产品和服务，比如速溶咖啡、方便面等一些快捷产品。

目前，较为完善的细分生活方式的方法有两种：AIO（Activity，Interest，Opinion）模式和 VALS（Values and Lifestyles）方法。AIO 模式通过描述消费者的活动、兴趣和态度来度量生活方式的实际形式，而 VALS 方法按照自我导向和资源丰缺两个标准，定义了八个类别的生活方式，将其细分为现实者、满足者、信念者、成就者、奋斗者、经历者、工作者和挣扎者，这种细分有助于企业选择目标顾客，进行营销沟通，明确产品定位策略。

（4）个性及自我概念。个性是一个人所特有的心理特征，它导致一个人对其所处环境的相对一致的持续不断的反应。消费行为学主要采用心理分析、社会心理和品质因素这三种理论对个性进行分析、解释。最近的研究表明，个性与产品选择存在某种联系，人们表现出购买不同风格的产品来展示自己的独特个性，譬如一些求新的年轻人追逐前卫的发型和时尚的服装。研究显示，个性大概仅可以解释 10%的消费行为变化，是消费者决策过程因素中的一个。几十年前，宝洁公司就用作为细分变量的个性做了很多研究，但经过 3 年的努力后，这项研究被放弃了，因为与其他方法相比，它不能更有效地开发营销策略。

自我概念是人们由于自身特性而进行自我认知的一种方法，人们对自我的认知形成自己属于哪类人的观念。自我概念包括理想自我和现实自我两部分，理想自我是指个人期望的自己的形象，现实自我是个人实际上如何看待自己。这两种自我概念都与购买注意力有着很高的相关性，二者同样都是影响选择过程的重要因素。

4．心理因素

人们的购买行为会进一步受到四个主要心理因素的影响：动机、知觉、学习、信念和态度。

（1）动机。心理学研究表明，人的动机与行为有直接的因果关系，动机导致行为，而动机由需要引起。购买行为也不例外，消费者行为的直接原因是需要引起动机。动机是一种推动人们为达到特定目的而采取行动的追切需要，是行为的直接原因。在一定时期，人们有许多需要，但只有其中一些比较追切的需要才能发展成为动机，同样，在人们的动机中，只有“优势动机”才能导致行为。

心理学家提出过许多关于人类行为的动机理论，其中马斯洛需要层次理论对消费者的行为分析应用较广，如图 4-3 所示，底端是最迫切的需要，顶端是最不迫切的需要，从底端到顶端需要逐渐发展。

马斯洛需要层次论包括五个层次的需要：生理需要、安全需要、社会需要、尊重需要和自我实现需要。他认为：

① 人的需要分为精神层面和物质层面。

② 在一般情况下，先满足物质层面的需要，再考虑精神层面的需要，但这个结论并不是人人相同，也不是任何时期都适用的。

③ 五个层面的需要可以同时并存，但以某一个为主。

图 4-3　马斯洛需要层次论

（2）知觉。每个人都会对光线、色彩、声音、气味等基本刺激做出直接反应，知觉就是对这些人们感觉到的刺激进行选择、组织和解释的过程。处于相同外部环境下的两个人，其行为模式可能大不一样，这是由于他们的知觉不同所造成的。产生知觉不同的原因是人们在接受刺激物的刺激之后，会经历三种知觉过程：选择性注意、选择性曲解和选择性记忆。

① 选择性注意是人们将接触到的大部分信息进行筛选的一种倾向。人在同一时间内接收到的信息是有限的，对所有刺激都关注或留心是不可能的，因此人们的知觉过程会首先进行筛选。即使是很明显的刺激也不一定能起作用，每个人会用自己固定的思维方式来处理接收到的信息。

② 选择性曲解是指人们总是倾向于以一种能够支持他们已有观点的方式对信息进行理解，即按照个人意愿来揭示客观事物或信息，例如，吸烟者可能会尽量回避戒烟广告。

③ 选择性记忆指人们倾向于保留那些支持自己态度和观点的信息，而可能忘记所有与自己的信念不一致的信息。消费者往往会记住自己偏好的品牌，忘掉其他类型的品牌。

由于人具有以上知觉特点，营销人员在促销过程中应当选择能引起注意的广告词，反复宣传产品，并让消费者记住自己产品的特点，产生特殊偏好，这样才能在竞争中取得胜利。

人们对于刺激物的理解是通过感觉进行的。所谓感觉是指通过视觉、听觉、嗅觉、味觉、触觉器官对刺激物的反应。随着感觉的深入，将感觉到的材料通过大脑进行分析综合，从而得到知觉。

（3）学习。学习是由经验引起的个人相对长久的行为改变。学习是一个不断前进的过程，随着不断地面对新刺激，并接受反馈，人们会不断地修正自己对世界的认知，这种不断改进的认知让人类处于相似情境的时候会调节自己的行为。由于市场营销环境不断变化，新产品、新品牌不断涌现，消费者必须经过多方收集有关信息后，才能作出购买决策，这本身就是一个学习的过程。

学习的过程是由五个因素组成的：驱动力、刺激物、诱因、反应和强化，五个因素的关系如图 4-4 所示。

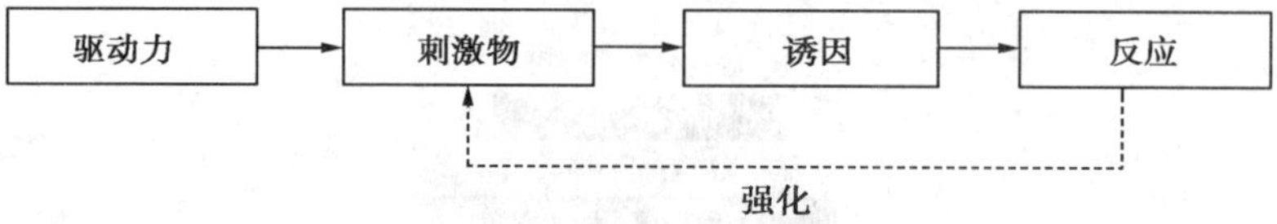

图 4-4　学习的过程

（4）信念和态度。通过学习，人们获得信念和态度，反过来，信念和态度又会影响人们的购买行为。信念是一个人对事物所持的确定性看法。信念可能基于实践经验、观点和信仰，也可能包括情感因素。营销人员对人们关于特定产品和服务形成的信念很感兴趣，因为这些信念组成了产品和品牌形象的一部分。

人们对任何事物都持有态度。态度是人们对某个事物或观念所持的一致的评价、感受和倾向。态度使人们喜欢或讨厌、亲近或疏远某一事物，并很难改变。企业应将自己的产品与现实的消费者的态度相契合，而不是试图改变态度。态度会影响人们的购买行为，但是在很多情况下，态度却不能很好地预测消费者的行为，这种不确定的联系让广告商很头疼：消费者可以很喜欢某个商业广告，但是却不买其产品。

三、消费者的购买行为与决策过程

了解了影响消费者行为的各种因素之后，营销人员还需了解消费者购买的决策过程，以便采取相应的策略，实现企业的营销目标。

1. 参与决策的角色

人们在购买决策过程中可能扮演不同的角色，包括：

（1）发起者。即首先提出或有意向购买某一产品或服务的人。

（2）影响者。即其看法或建议对最终决策具有一定影响的人。

（3）决策者。即对是否买、为何买、如何买、何处买等购买决策做出完全或部分最后决定的人。

（4）购买者。即实际采购人。

（5）使用者。即实际消费或使用产品或服务的人。

消费者的购买行为按照购物目的的不同可分为个人购物和家庭购物两种模式。个人购物是为了个人消费而购买产品，而家庭购物则是为了家庭成员共同使用购买产品。当消费者进行个人购物时，可能同时扮演上述五种角色，而在进行家庭购物时，往往是由家庭成员承担不同的决策参与角色，而且随着购买环境和产品的不同，家庭成员在购买决策过程中的角色往往也会发生变化。

2. 消费者购买行为的类型

消费者购买不同商品的时候，其行为会有很大差别。复杂的购买（如汽车、房子等）涉及更多的参与者，决策时间也会更长。根据消费者的参与程度和商品品牌间的差异大小，可以将其购买行为分为四种类型（如表 4-5 所示）。

表 4-5 消费者购买行为的类型

品牌差异度 \ 购买参与度	高	低
大	复杂型购买行为	变换型购买行为
小	协调型购买行为	习惯性购买行为

（1）复杂型购买行为。当消费者高度参与到购买中并感知到品牌差异度很大时，他们是在进行复杂的购买行为。一般来说，复杂的购买行为主要表现在消费者选购价格昂贵、不常购买、风险较高以及彰显个性的商品之时会非常仔细，他们往往需要广泛地收集信息，并经过认真的学习。学习过程使消费者产生对产品的信念，接着形成态度，然后做出慎重的购买选择。

对于复杂性的购买行为，企业应当了解高度参与顾客的信息收集和评价行为，同时还要区别品牌的特征，针对购买决策者做介绍该产品特性的广告，让消费者树立对产品的信任感。

（2）协调型购买行为。当消费者购买差异性不大、不经常购买商品时就发生了协调型的购买行为。在购买过程中，由于感知到的品牌差异不大，购买者可能会货比三家，积极了解市场上有哪些品种，但是不会花太多时间搜寻信息，而是更关心价格是否优惠或购买地点是否便利，因此，从引起需要和动机到决定购买所需时间比较短。但是，同复杂型购买行为相比，消费者购买产品之后很容易因发现产品缺陷或其他品牌更优而心理不平衡，为了减少失衡带来的焦虑，消费者会寻求有关已购品牌的有利信息，争取别人的支持，以证明自己的购买是正确的。对于这种心理特点要求企业一方面通过营销策略影响消费者的品牌选择，另一方面要在消费者购买之后向其提供信息，证明其购买的正确性，保证消费者满意。

（3）变化型购买行为。在参与度很低但又感知到品牌之间存在很大差异的情况下，消费者采取变化型的购买行为。在这种情况下，消费者不愿多花时间来寻求信息，而是不断变换所买商品的品牌，品牌的转换是因为要寻求多样性而不是因为不满意。

这种购买行为使处于不同市场位置的企业采取不同的策略：若企业处于行业的领先位置，应当注意尽可能地占领货架的有利位置，并通过提醒性的广告词促进消费者建立习惯性购买；若企业处于非领先地位，则应采取降低产品价格、免费试用等方法鼓励消费者进行多品种的选择和新产品的试用。

（4）习惯型购买行为。习惯型购买行为发生在低消费者参与和感知到比较小的品牌差异的情况下。消费者经常购买这些价格低廉、品牌差异度小的产品，他们不需要花太多时间选择，也不需要收集信息，消费者被动地接受信息，由于熟悉而购买。企业可以采用独特包装、促销、价格折扣等方式鼓励消费者试用和购买产品。

3．消费者购买的决策过程

消费者购买商品时会有一个决策过程，此过程包括五个阶段：引起需要、收集信息、方案评估、决定购买和购后行为（如图 4-5 所示）。

图 4-5　消费者购买决策过程

（1）引起需要。购买过程从购买者认识其需要开始。消费者的需要往往由两种刺激引起，即内部刺激和外部刺激。市场营销人员应注意识别引起消费者某种需要和兴趣的环境，并充分注意到两方面的问题：一是注意了解那些与本企业的产品有实际或潜在关联的驱动力；二是消费者对某种产品的需求强度会随着时间的推移而变动，并且被一些诱因所触发。在此基础上，企业还要善于安排诱因，促使消费者对企业产品产生强烈的需求，并立即采取购买行动。

（2）收集信息。一般来讲，引起的需要不是马上就能满足的，消费者需要寻找某些信息。信息来源主要有个人来源（家庭、朋友、邻居、熟人）、商业来源（广告、推销员、经销商、包装、展览）、公共来源（互联网、报刊、广播、电视、消费者评审组织等）、经验来源（处理、检查和使用产品）等。营销人员应对消费者使用的信息来源认真加以识别，并评价其各自的重要程度，以及询问消费者最初接收品牌信息时有何感觉等。

需要注意的是，由于受文化因素的影响，不同文化背景下的消费者在信息的收集（如寻求信息的来源、寻求信息的密度、寻求信息的持续时间和咨询的信息量等）和使用（如使用的信息量、信息类型、信息排序、信息来源的可信度、信息的挑选方式等）方面存在明显的差异。

（3）方案评估。消费者收集到信息之后，会有很多备选方案可供选择。在备选方案中，消费者根据一些标准来进行评判，最后选定最终方案，这些标准包括：

① 产品属性。产品属性是产品能满足消费者需要的特性。消费者对希望购买商品的各种属性会有认知，他们会选择自己认为最重要的属性进行评价。营销人员应能判定企业产品具备哪些属性以及消费者感兴趣的属性是什么，以便对市场进行细分。

② 属性权重。消费者对产品的各种属性会赋予不同的重要性权数。消费者被问及如何考虑某一产品属性时立刻想到的属性叫作产品的特色属性，但特色属性不一定是最重要的属性，在非特色属性中，有些可能被遗忘了，而一旦被提及，消费者就会意识到它的重要性。营销人员应更多关注属性权重而不是属性特色。

③ 品牌信念。品牌信念是消费者对品牌优劣程度的看法。由于消费者受个人经验、选择性注意、选择性曲解和选择性记忆的影响，其品牌信念可能与产品的真实属性并不一致。

④ 效用函数。效用函数是描述消费者所期望的产品满足感随产品属性的不同而有所变化的函数。消费者的效用函数与品牌信念的关系是：品牌信念指消费者对某品牌的某艺术性已达到何种水平的评价，而效用函数则表明消费者要求该属性达到何种水平才会接受。

⑤ 评价模型。评价模型是消费者对不同品牌进行评价和选择的程序和方法。

（4）决定购买。评价行为会使消费者对可供选择的品牌形成某种偏好，从而形成购买意图，进而购买所偏好的品牌。但是，在购买意图和决定购买之间，有两种因素会起作用：

一是别人的态度；二是意外情况。也就是说，偏好和购买意图并不总是导致实际购买，尽管二者对购买行为有直接的影响。

消费者修正、推迟或者回避做出某一购买决定，往往是受了可觉察风险的影响。可觉察风险的大小随着冒这一风险所支付的货币数量、不确定属性的比例以及消费者的自信程度而变化。营销人员必须了解引起消费者有风险感的那些因素，进而采取措施来减少消费者可觉察风险。

（5）购后行为。产品卖出之后，营销者的任务并没有结束。购买产品之后，消费者会对所购商品进行评价，并采取同营销者利益相关的购后行为。

购买者对其购买活动的满意度（S）是其对产品的期望（E）和该产品可感知性能（P）的函数，即 $S=f(E,P)$。若 $E=P$，则消费者满意；若 $E>P$，则消费者不满意；若 $E<P$，则消费者会非常满意。若消费者的期望无法得到满足，他们会采取行动协调自己的心理不平衡，或者对朋友、亲属告知不满意的经历，或者向企业投诉，甚至退货；若消费者非常满意，他们乐于再次光顾该企业，并向他人推荐企业的产品。

研究消费者的需要及其购买过程是市场营销成功的基础，营销人员通过了解购买者如何经历引起需要、收集信息、评价方案、决定购买和购后行动的全过程，就可以获得满足消费者需要的有用线索，为制定有效的市场营销计划提供帮助。

四、消费者购买行为模式

企业在市场营销活动中，要同各种各样的消费者打交道，如果不能深入、及时地了解消费者的购买行为模式，而以单一的方式对待顾客，某些可能成功的交易就可能落空，因此，企业必须认真研究消费者购买行为模式，以促进企业提高经济效益。

1．经济学购买行为模式

这种模式的代表人物为经济学家马歇尔，这种理论认为购买者是“经济人”，作为“经济人”的购买者是理性的购买，是通过经济计算才做出购买决策的购买。购买者根据自己获得的市场情报，根据个人的愿望和有限的收入，购买对自己最有价值的商品，并追求“最大效应”。基于以上原则，此模式提供有用的假设：

（1）商品价格越低，销售量越大。

（2）商品价格越低，替代品越难销售。

（3）某商品价格下降，其互补品销售看涨。

（4）推销费用越高，销售量越大等。

经济学模式认为购买行为注重产品的价格与性能因素，强调消费者购买的经济动机对购买行为的影响，特别适用于分析购买者购买住房等贵重商品，但这种模式主要考虑经济因素，不能解释消费者行为的发生及其变化，如购买者对商品商标和品牌的偏好。为什么一位消费者在面对几种价格相同，质量、性能相近的同类商品时，只选择其中的某一种，经济学模式就难以回答。

2．消费者购买行为内容模式（5W1H）

这种理论认为，在当今市场上要从事有效的营销活动，需要搞清楚消费者购买行为的基本内容，即“什么（what）”、“谁（who）”、“哪里（where）”、“何时（when）”、“为何

(why)”、“如何（how)”。

（1）“什么（what)”。即了解消费者知道什么，购买什么。

（2）“谁（who)”。指既要了解消费者是哪些人，又要弄清购买行动中的“购买角色”。消费者是谁，指的是企业的目标顾客是谁；购买角色，即研究不同的购买活动中不同人的位置和作用。购买者有别于消费者，购买者通常指的是实际完成购买行为的人，他可能是商品的消费者，也可能不是。在许多商品购买活动中，购买者、决策者与消费者是分离的，因此，要搞清楚在消费者购买行动中，谁是决策者，谁是使用者，谁对决定购买有重大影响以及谁去把商品买回来，这样，企业在确定自己的目标市场时，才能掌握消费者心理，更有针对性地对产品、价格、渠道实施促销措施。

（3）“哪里（where)”。即了解消费者在哪里购买，在哪里使用。弄清在哪里购买，是了解消费者在购买某类商品时的习惯，可以据以有针对性地确定销售渠道和选择合适的销售地点；在哪里使用，就是要了解消费者是在什么样的地理环境、气候条件、场所使用商品，根据消费者使用的地点、场所的特征，使企业提供的商品和服务更具有适应性。

（4）“何时（when)”。即消费者在什么时间购买。搞清楚消费者什么时候消费哪类商品和服务，对于开发新产品、拓宽服务领域、增加服务项目有重要的意义。

（5）“为何（why)”。即消费者为什么要买。只有探明了原因与动机，企业才可以比较全面地了解消费者的需要。

（6）“如何（how)”。即了解消费者怎样购买，喜欢什么样的促销方式，还要搞清楚消费者对所购买商品如何使用。企业搞清楚了这两个问题之后，不仅可以针对不同商品的特性突出商品的差异，还可以做出适当的促销决策。

3．市场营销刺激模式

行为心理学的创始人沃森建立的“刺激-反应”原理，指出人类的复杂行为可以被分解为两部分：刺激和反应。人的行为受到刺激的反应，刺激来自两方面：身体内部的刺激和体外环境的刺激。而反应总是随着刺激而呈现的。按照这一原理，从营销者角度出发，各个企业的许多市场营销活动都可以被视作对购买者行为的刺激，如产品、价格、销售地点、各种促销等，这些，我们称之为“市场营销刺激”，是企业有意安排的、对购买者的外部环境刺激。除此之外，购买者还时时受到其他方面的外部刺激，如经济、政治和文化刺激等。所有这些刺激，进入了购买者的“暗箱”后，经过了一系列的心理活动，产生了人们看得到的购买者反应：购买还是拒绝，或是表现出需要更多的信息。这一关系可用图4-6来表示。

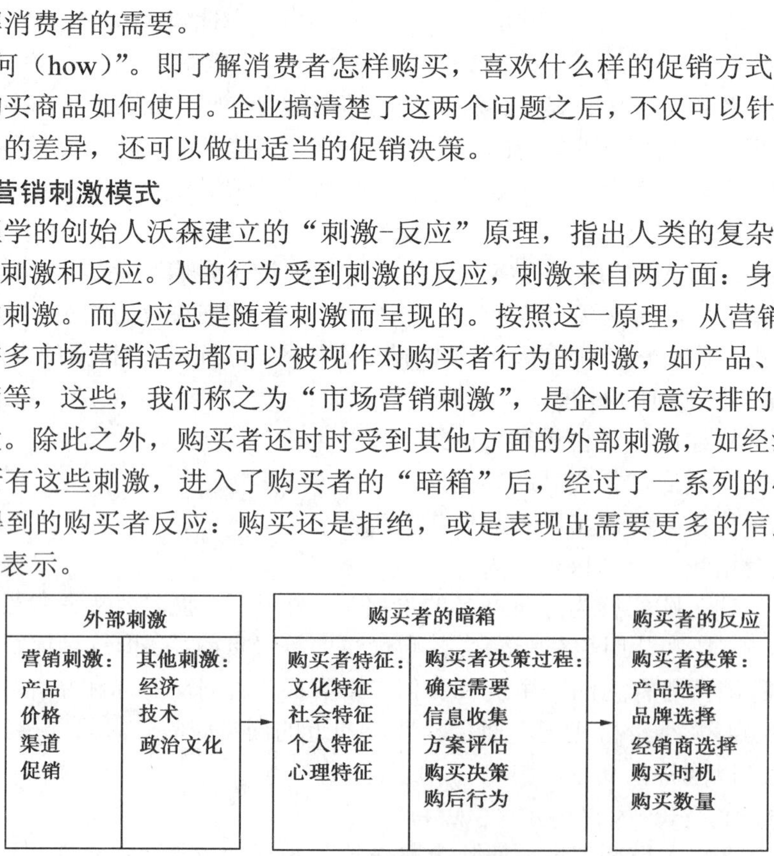

图4-6　市场营销刺激模式

图 4-6 说明，尽管购买者的心理是复杂的，难以捉摸的，但这种神秘的、不易被窥见的心理活动可以被反映出来。营销人员可以从影响购买者行为的诸多因素中找出其普遍性，由此进一步研究购买者行为的形成过程，并在能够预料购买者的反应情形下，自如地运用“市场营销刺激”。

五、组织市场分析

1．组织市场的构成

组织市场是由各种组织机构形成的对企业产品和服务需求的总和。它可分为三种类型：产业市场、中间商市场和政府市场。

（1）产业市场。又叫生产者市场或业务市场，它是指由购买产品和服务并将之用于生产其他产品或服务，以供销售、出租或供应给他人的个人和组织组成的市场。它通常由以下产业组成：农业、林业、水产业、制造业、建筑业、通信业、金融业和保险业等。

（2）中间商市场。是指通过购买商品和服务并将之转售或出租给他人以获取利润为目的的个人和组织组成的市场。中间商不提供形式效用，而是提供时间效用、地点效用和占有效用。中间商市场由各种批发商和零售商组成。批发商是指购买产品和服务并将之转卖给零售商和其他商人以及产业用户、公共机关用户和商业用户等，但不把商品大量卖给最终消费者的商业单位。零售商的主要业务则是把产品或服务直接提供给最终消费者。

（3）政府市场。是指由那些为执行政府的主要职能而采购或租用商品的各级政府单位组成的市场，也就是说，一个国家政府市场上的购买者是该国各级政府的采购机构。由于各国政府通过税收、财政预算等掌握了一大部分国民收入，为了开展日常政务，政府机构经常要采购物资和服务，因而形成了一个很大的市场。政府机构往往是市场活动的最大买主，占有 20%～30%的份额。

2．组织市场的特点

组织市场同消费者市场在构成主体方面有根本区别，相应地，二者的购买行为也就不尽相同。组织市场购买行为（以下简称“组织购买行为”）是指各类正规组织机构确定其对产品和服务的需要，并在可供选择的品牌与供应商之间进行识别、评价和挑选的决策过程。其特点如下：

（1）派生需求。组织需求是一种派生需求，即组织机构购买产品是为了满足其顾客的需要，也就是说，组织机构对产品的需求，归根结底是从消费者对消费品或服务的需求中派生出来的。显然，皮鞋制造商之所以购买皮革，是因为消费者对鞋的需求。

（2）多人决策。购买决策过程的参与者往往不止一个人，而是由很多人组成的，甚至连采购经理也很少独立决策而不受他人影响。

（3）过程复杂。由于购买金额较大，参与者较多，而且产品技术性能较为复杂，组织购买行为过程将持续较长一段时间，几个月甚至几年都有可能，这就使企业很难判断自己的营销努力会给购买者带来怎样的反应。

（4）提供服务。一般来讲，物质产品本身并不能满足组织购买者的全部需求，企业还必须为之提供技术支持、人员培训、及时交货、信贷优惠等便利与服务。

3．产业市场购买行为

在组织市场中，产业市场的购买行为与购买决策具有典型的代表意义。产业用品供货企业不仅要了解谁在市场上购买和产业市场的特点，而且要了解谁参与产业购买者的购买决策过程，他们在购买决策过程中充当什么角色、起什么作用，也就是说，要了解其顾客的采购组织。

（1）产业市场的特点。在某些方面，产业市场与消费者市场具有相似性，都有人为了满足某种需要而担当购买者角色，制定购买决策等。但产业市场在市场结构与需求、购买单位性质、决策类型与决策过程及其他各方面，又与消费者市场有明显差异。

① 购买者数量少，购买规模大。相对消费者市场来说，生产者市场的购买者数量要少很多，但每位客户的采购数额巨大。

② 产业市场的需求是引申需求，被动性较大，缺乏弹性。产业购买者对产业服务的需求是从消费者对消费品的需求引申出来的，产业购买者对于产业用品和服务的需求比消费者的需求更容易发生变化。在现代市场经济条件下，工厂设备等资本品的行情波动会加剧原料的行情波动，消费者需求的少量增加能导致产业购买者需求的大量增加，这就是西方经济学者所称的加速理论。有时消费者需求只增减10%，就能使下期产业购买者需求出现200%的增减。因为产业市场的需求变化很大，所以生产产业用品的企业往往实行多元化经营，尽可能增加产品品种，扩大企业经营范围，以减少风险。

在产业市场上，产业购买者对产业用品和服务的需求受价格变动的影响不大。产业市场的需求在短期内尤其缺乏弹性，因为生产者不能在短期内使其生产方法有很大的改变。此外，如果原材料的价值很小，这种原材料成本在制成品的整个成本中所占的比重很小，那么，这种原材料的需求也就缺乏弹性。

③ 购买人员专业水平较高。由于生产者市场采购物品的专业技术性强，采购行为一般都由经过训练的具有专门知识的专业人员负责，参与决策的人员也比消费者市场多，决策过程更为规范，通常由若干技术专家和高管层领导组成采购小组共同完成采购工作，因此，供应商需要具备较为熟练的技术知识和提供各类技术数据。产业购买者往往向生产者直接采购所需产业用品，特别是那些单价高、有高度技术性的机器设备，而不通过中间商采购。

④ 互惠现象。生产者市场的购买者还会以“互相帮忙”来选择供应商，即“你买我的产品，我买他的产品，他买你的产品”，这种三角形或多角形互惠虽然很常见，但大多数经营者和代理商把它视为不正当竞争行为。

⑤ 租赁方式广泛存在。机器设备、车辆、飞机等产业用品单价高，用户通常需要融资才能购买，而且技术设备更新快，因此企业所需要的机器设备等有大部分不采取完全购买方式，而是通过租赁方式取得。

（2）产业购买者的行为类型。产业购买者不是只作单一的购买决策，而是要作一系列的购买决策。产业购买者所作购买决策的数量、其购买决策结构的复杂性，取决于产业购买者行为类型的复杂性。

产业购买者的行为类型大体有三种：一种极端情况是直接重购，基本上属惯例化决策；另一种极端情况是全新采购，需要做大量的调查研究；介于二者之间的是修正重购，也需要作一定的调查研究。

① 直接重购。采购部门根据信誉评价和合作态度等方面的综合考虑，与几个供应商保持长期供货关系，依据长期供应合同，直接重新订购过去采购过的同类产品，每次的采购都依照既定的条款、程序和规格进行，不需要再次评估供应商。这种采购行为是惯例化的。

② 修正重购。采购部门根据需要，修正某些采购品的规格、价格和其他条件。修正供应条件时，通常会邀请新的供应商参与，以有更多的选择机会，从中可以得到更好的服务和采购价格。

③ 全新采购。生产者第一次采购某种产品或服务，采购者面对新的要求，会尽可能地向供应商索取商品信息，因此，供货企业要向客户提供适用性强且最新的信息，以供客户比较，并尽可能接触各方面的决策人士，以了解其真实采购意图。

（3）产业购买者决策的参与者。由于生产者采购数额和规模庞大，参与购买过程决策的人员不在少数，通常包括五种成员，如图 4-7 所示。

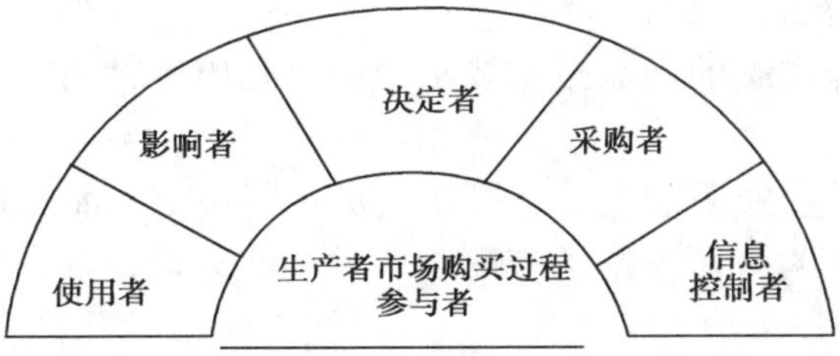

图 4-7 生产者购买过程的参与者示意图

① 使用者。指具体使用所购产品的人员。使用者往往是最初提出购买意见的人，他们在计划购买产品的品种、规格中起着重要作用。

② 影响者。指企业内外直接或间接影响购买决策的人员。企业的技术人员是最主要的影响者。

③ 决定者。指企业中有权批准购买产品的人。在标准配件的例行采购中，采购者往往就是决定者；在较为复杂的以及新的采购计划中，决定者往往是企业决策者。

④ 采购者。指企业中组织采购工作的专业人员。在较为复杂的采购工作中，除此以外，还包括参与谈判的公司高级职员。

⑤ 信息控制者。指控制市场信息流到决定者和使用者那里的人员，如采购代理商等。

当然，并不是任何企业采购任何产品都必须有上述五种人员参与购买过程，这与所购产品、采购中心规模都有关系。

（4）影响产业购买者决策的主要因素。

① 环境因素。指一个企业的外部周围环境，包括政治法律、文化、技术发展、经济和自然环境、消费者市场的需求、市场竞争、原料供应情况等，这些因素的变化均会直接影响企业采购的决定。

② 组织因素。指企业本身的因素，如企业目标和政策、业务程序、组织结构、制度等，都会影响生产者购买决策和购买行为。

③ 人际因素。指企业内部人际关系。生产者购买决策过程比较复杂，参与决策的人

员较多，他们在企业中的地位、职权、说服力以及他们之间的关系有所不同，这些都会直接影响最终的采购结果。

④ 个人因素。指参与购买决策的人，在决策过程中都会掺入个人感情。各个参与者的性格、受教育程度、偏好等会影响其对采购物品和供应商的看法，从而影响购买决策和购买行为。

（5）产业购买者决策过程（如图 4-8 所示）。

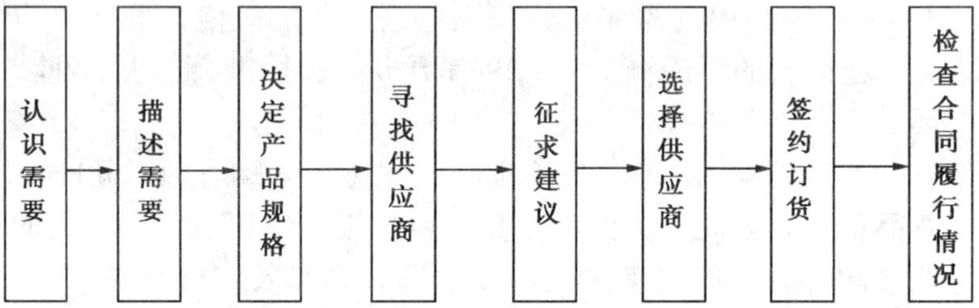

图 4-8　产业购买者决策过程

① 认识需要。企业会因为内部因素（如发展计划、机器故障等）或外部因素（如广告、竞争等）而考虑购买新产品。

② 描述需要。制作详细的产品技术要求说明，列出各种需要的重要性指标，以供采购决策。

③ 决定产品规格。企业采购人员、技术人员共同决定产品的规格。

④ 寻找供应商。采购人员根据供应商名单挑选部分信誉好、供货及时、服务周到的企业作为候选供应商。

⑤ 征求建议。企业采购部门邀请合格的供应商提出供货建议或提出报价单。

⑥ 选择供应商。与供应商有了接触之后，企业采购部门就可以对供应商提出评价和选择建议。

⑦ 签约订货。选择供应商后，通过商务谈判达成协议，就要给选定的供应商发出最后采购订单，写明所需产品的规格、数量、交货时间、退款政策、担保条款、保修条件等。

⑧ 检查合同履行情况。采购部门最后向使用者征求意见，了解他们对购进的产品是否满意，检查和评价各个供应商履行合同的情况，然后，根据检查和评价结果，决定以后是否继续与某个供应商合作。

生产者购买产品的类型不同，购买过程有所不同，因此并不是所有的生产者采购活动都要经过这八个过程的。

六、如何设计市场营销调查问卷

1. 调查问卷的含义

市场营销调查本质上是一种信息沟通。调查问卷是市场调查基本的、有效的调查工具，它可以作为调研人员与被调查者之间信息沟通的桥梁。调查问卷主要用于第一手资料的收集。

调查问卷也称调查表，是由向被调查者提问并征求意见的一组问题所组成。调查问卷设计就是根据调研目的，将所需调研的问题具体化，使调查者能顺利地获取必要的信息资料，并便于统计分析。调查问卷设计质量的高低，直接影响问卷的回收率，资料的真实性和实用性，为此，要求调研人员仔细地研究问卷，掌握问卷设计的技能。

2. 调查问卷设计原则

设计调查问卷的原则主要有：

（1）主题明确。根据调查目的，确定主题，问题应明确突出重点。

（2）结构合理。问题的排序应有一定的逻辑顺序，符合被调查者的思维程序。

（3）通俗易懂。调查问卷要使被调查者一目了然，避免歧义，愿意如实回答。调查问卷中语言要平实，语气诚恳，避免使用专业术语；对于敏感问题应采取一定的技巧，使问卷具有较强的可答性和合理性。

（4）长度适宜。问卷中所提出的问题不宜过多、过细、过繁，言简意赅，回答问卷时间不应太长，一份问卷回答的时间一般不多于30分钟，应以非开放性问题为主（多采用选择题的形式，少用问答的方式）。

开放性问题举例：

您认为潘婷洗发水的包装如何？

您认为潘婷洗发水质量存在什么问题？

非开放性问题举例：

您认为潘婷洗发水质量存在的问题是（　　）。

A. 营养功能不够　　B. 清洁不干净　　C. 洗发后不够柔滑

（5）适于统计。设计时要考虑问卷回收后的数据汇总处理，便于进行数据统计。

3. 设计调查问卷的步骤

设计调查问卷要求有清晰的思路、丰富的经验，一定的设计技巧以及极大的耐心。设计调查问卷的基本步骤为：

（1）深刻理解调研计划的主题；

（2）决定调查表的具体内容和所需要的资料；

（3）逐一列出各种资料的来源；

（4）写出问题，要注意一个问题只能包含一项内容；

（5）决定提问的方式：哪些用多项选择法；哪些用自由回答法；哪些需要作解释和说明；

（6）将自己放在被调查人的地位，考察这些问题能否得到确切的资料，哪些能使被调查人方便回答，哪些难以回答；

（7）按照逻辑思维，排列提问次序；

（8）每个问题都要考虑怎样对调查结果进行恰当的分类；

（9）审查提出的各个问题，消除含义不清、倾向性语言和其他疑点；

（10）以少数人应答为实例，对问卷进行小规模的测试；

（11）审查测试结果，对不足之处予以改进。

4. 调查问卷的组成

一般地，一个正式的调查问卷由以下三部分组成：

（1）前言。主要说明调查主题、调查目的、调查的意义，以及向被调查者致意，等等。最好强调调查与被调查者的利害关系，以取得消费者的信任和支持。

（2）正文。它是问卷的主体部分。依照调查主题，设计若干问题要求被调查者回答。这是问卷的核心部分，一般要在有经验的专家指导下完成设计。

（3）附录。可把有关调查者的个人档案列入，也可以对某些问题进行附带着说明，还可以再次向消费者致意。附录可随各调查主题不同而增加内容，结构要合理，正文应占整个问卷的三分之二到五分之四，前言和附录只占很少部分。

七、市场调研报告的撰写

市场调研的最后一个步骤就是撰写一份高质量的调查报告，也就是以报告形式表达市场调查所获得的资料和结果，供委托者或本企业管理层作为营销决策的参考。调查报告是研究工作的最终成果，也是制定市场营销决策的重要依据，市场营销调查报告的提出和报告的内容、质量，决定了它对企业领导据此决策行事的有效程度。一份写得拙劣的报告会把出色的调查活动弄得黯然失色。

1．调查报告的种类

调查报告根据读者的不同需要可分为专题报告和一般性报告。这两种报告分别适合不同兴趣和不同背景的读者，前者是供专门人员做深入研究用的，后者是供企业的行政领导或公众参考的。

（1）专题报告。专题报告又称技术性报告，在撰写时应该注意尽可能详细，凡在原始资料中所发现的事实都要列入，以便其他专门人员参考。这种详细的专业报告使得读者能够清晰地了解调查报告的适合程度以及准确程度，因此，一项专业形式的报告应该详述每一个研究步骤以及使用“标准差”这样的专业词汇。

（2）一般性报告。一般性报告又称通俗报告，适合那些只关心研究结果而无兴趣于研究技术的读者。因阅读者人数众多，水平参差不齐，故力求条理清晰，避免过多引用术语。为了提高阅读者的兴趣，报告要注重其吸引力。

2．调查报告的结构

调查报告的结构一般包括标题封面、目录、摘要、前言、调查结果、结论和建议、附录这样七个部分。

（1）标题封面。标题封面应写明调查题目、承办部门、承办人和日期，让读者知道调查报告的题目、此项报告是为谁而写、此项报告由谁完成和此项报告的完成日期。

（2）目录。目录应该列出报告的所有主要部分和细节部分，以及其所在页数，以便使读者能尽快阅读所需内容。如果研究报告少于 6 页，目录可省去，只要提供明确的标题则可。

（3）摘要。摘要是以简明扼要的话陈述研究结果，以便企业的决策者或主管在繁忙的时间内迅速地了解到调查的成果，采取下一步措施或行动。因此，摘要是报告中最重要的部分。

（4）前言。在这个部分里要述及调查背景、调查目的和所采用的调查方法。在调查方法里要说明样本设计和抽样方法等。

（5）调查结果。这部分是调查报告的核心内容，应将研究结果有组织有条理地整理和陈述，尽可能图文并茂地说明问题，便于读者阅读。

（6）结论和建议。研究者的作用不仅在于向读者提供调查事实，而且应该在事实的基础上做出问题的结论并提供建议。

（7）附录。附录是调查报告的结尾部分，它起到以数据图表来支持调查报告的作用。有些与报告主体“调查结果”相关的数据图表由于没有地方放置，通常也被放在“附录”这一部分；另外，问卷实地调查概况也包括在这里。

3．撰写市场调查报告的要求

一份高质量的调查报告，除了符合调查报告的一般格式外，写作手法是多样的，在写作中应注意以下问题：

（1）调查报告必须真实、准确，要以实事求是的科学态度，全面地总结和反映调查结果。

（2）应该根据调查目的和调查报告的内容确定篇幅的长短。

（3）仔细核对全部数据和统计资料，务必使资料准确无误。

（4）调查报告所包括的项目应与调查宗旨有关，剔除一切无关资料。

（5）调查报告应该用清楚、简洁的语言表达。

（6）充分利用统计图表、统计数据来说明和显示资料。

（7）调查报告版面应合理设计，便于阅读。

项目自我练习4

一、单项选择题

1．关于消费者的购买决策过程，正确的顺序是（　　）。

① 收集信息　② 购买决策　③ 唤起需要　④ 判断选择　⑤ 购后感受

A．①②③④⑤　　B．③①④②⑤

C．②③④⑤①　　D．④②⑤③①

2．20世纪50年代美国心理学家马斯洛提出了（　　）。

A．双因素理论　　B．激励理论

C．需要层次理论　　D．影子价格理论

3．按马斯洛的需要层次论，最低层次的需要是（　　）。

A．生理需要　　B．自我实现需要

C．安全需要　　D．社会需要

4．下列表达中正确的是（　　）。

A．生理性购买动机比心理性购买动机更为复杂

B．动机是人的欲望没有得到满足时的一种心理失衡状态

C．动机是推动人行动的内在力量

D．动机由外在和内在的刺激所产生

5．下列不属于影响消费者行为的个人因素是（　　）。

A．年龄　　B．肤色　　C．生活方式　　D．个性

6．乐于结识朋友、交流情感是马斯洛需求层次理论中的哪个层次。（　　）

A．安全需要　　B．社交需要

C．尊重需要　　D．自然实现需要

7．小王见同事小张买了台游戏机，觉得很好，于是准备星期天也上街选购一台。这时小王处于购买决策过程的（　　）阶段。

A．引起需要（确认需求）　　B．收集信息

C．评估比较　　D．购买决策

8．富裕后的广州人，有一部分迁居到“淘金坑”、“碧桂园”之类的高级住宅区去居住。这种需求属于（　　）需求。

A．受尊重　　B．自我实现

C．社会　　D．生理

二、多项选择题

1．消费者的购买决策一般可分为（　　　）几个阶段。

A．认识需要　　B．收集信息　　C．选择评估

D．购买决策　　E．购后行为

2．个人因素指消费者（　　　）等因素对购买行为的影响。

A．经济条件　　B．生理　　C．个性

D．社会地位　　E．生活方式

3．人们的购买行为会进一步受到（　　）主要心理因素的影响。

A．知觉　　B．学习　　C．动机

D．信念和态度　　E．意志

三、案例分析题

【案例1】　“宝洁”也有教训

世界各地的基本消费需求——例如诱人的肤色、干爽的婴儿用品，或者牙齿防蛀等，大都相同，但是消费者认知的独特性与当地市场的特殊性，会左右不同的营销策略。宝洁公司在美国以外的市场推销其产品失败的一些教训便是很好的说明。

第二次世界大战之后，宝洁不顾当地消费者的习惯与口味，采取直接引进产品的做法，迅速向国际市场扩张，例如，宝洁在英国引进一种香料油味道的牙膏，但并不受到欢迎，因为英国人很讨厌香料油的味道，香料油在当地被用作药膏，而不被用于食物或牙膏；宝洁在英国推出“杜恩”洗发精后的那个冬天，使用者开始接连不断地抱怨在洗发精瓶中发现有结晶的情形，宝洁忽略了英国家庭的浴室温度通常低于该产品的结晶温度。

数年后，宝洁进入日本市场时将过去的教训抛在脑后。“起儿”洗衣剂是宝洁打入日本市场的第一个产品，这个产品直接从美国进口，它拥有一项优势，即可依据各式洗涤温度——热洗、温洗或冷洗等来清洗衣物，但是日本妇女一直用自来水洗涤衣服，三种温度的洗衣方法对于她们毫无意义，因此，产品销售量不佳。

【案例分析】

（1）请分析宝洁在英国和日本失败的原因。

（2）结合案例分析影响消费者购买的因素。

【案例2】　　给汽车起个好听的名字

汽车制造商都想为汽车起个好听的名字，美妙的商品名称能取悦用户，打开销路。德国大众汽车公司的桑塔纳高级轿车，是取“旋风”之美喻而得名的。桑塔纳原是美国加利福尼亚州一座高山的名称，该地因生产名贵的葡萄酒而闻名于世，在山谷中，还经常刮起一股强劲的旋风，当地人称这种旋风为桑塔纳，该公司决定以桑塔纳作为新型轿车的名字，希望它能像旋风一样风靡全球，结果好名字带来了好销路。

汽车的名称也有因疏忽而遭受冷遇的。20世纪60年代中期，美国通用汽车公司向墨西哥推出新设计的汽车，名为“雪佛莱诺瓦”，结果销路极差，经调查发现，“诺瓦”这个读音在西班牙语中是“走不动”的意思。又如，福特公司曾有一种名为“艾特塞尔”的中型客车问世，但销路不畅，原因是车名与一种当地的伤风镇咳药读音相似，给人一种“此车有病”之感，因此少有问津。

更有趣的是，美国一家救护车公司成立30年来，一直把“态度诚实、可靠服务”作为宗旨，并将这四个词的英文开头字母“AIDS”印在其生产的救护车上，生意一直很好。然而，自从艾滋病流行以来，这种车便严重滞销了。

【案例分析】

（1）试从心理学角度，分析为什么要给汽车起个好名字？

（2）从这个案例中你得到了哪些启示？

【案例3】　　杭州“狗不理”包子店为何无人理

杭州“狗不理”包子店是天津狗不理集团在杭州开设的分店，地处商业黄金地段。正宗的狗不理以其鲜明的特色（薄皮、水馅、滋味鲜美、咬一口汁水横流）而享誉神州。但正当杭州南方大酒店创下日销包子万余只的纪录时，杭州的“狗不理”包子店却将楼下三分之一的营业面积租让给服装企业，即使这样，依然“门前冷落车马稀”。

当“狗不理”一再强调其鲜明的产品特色时，却忽视了消费者是否接受这一“特色”。那么受挫于杭州也是情理之中。

首先，“狗不理”包子馅比较油腻，不符合喜爱清淡食物的杭州市民的口味；其次，“狗不理”包子不符合杭州人的生活习惯，杭州市民将包子作为便捷快餐对待，往往边走边吃，而“狗不理”包子由于薄皮、水馅，容易流汁，不能拿在手里吃，只能坐下用筷子慢慢享用；第三，“狗不理”包子馅多半掺有大蒜一类的辛辣刺激之物，这也与杭州这个南方城市的传统口味相悖。

【案例分析】

杭州“狗不理”包子店为何无人理？

项目5

具体企业的市场竞争战略分析

绝大多数企业在开展市场营销活动时，总是与对手存在着激烈的竞争。如果企业不能了解竞争对手的情况，不能根据自身及环境的情况制定相应的竞争战略，光做好细节方面的工作是没有用的。市场竞争战略使企业站在较高的起点，从长远考虑，为企业的生存及发展奠定基础。通过完成本项目，可以学会如何较专业地分析企业的基本竞争战略，分析所在企业处在行业的什么位置及其面对竞争可以采用的各种可行的竞争战略。企业无论大小，均有竞争战略，学会相关的技能在今后可能从事的基础性营销工作中会发挥积极作用，在今后可能从事的中高层营销类工作中则会发挥更大的作用。

任务 分析具体企业的市场竞争战略

项目任务书

课内学时	6	课外学时	至少4
学习目标	1．能够在教师的指导下完成本团队所模拟的企业的市场竞争战略分析的任务，掌握市场竞争战略分析的方法 2．收集、整理网络资料、报刊资料、图书馆资料、企业内部资料等信息，完成市场竞争战略分析报告撰写、上台演讲部分内容的书面任务，熟悉市场竞争战略分析方法和流程 3．通过团队完成工作任务的形式，加强团队沟通、相互学习、团体协作等方面的培养与锻炼		

续表

学习方法	1．小组讨论沟通 2．小组讨论、查找资料、学习并进行沟通；小组团队上台讲解并回答提问
所涉及的专业知识	企业竞争地位及不同竞争地位企业的特点（市场主导者、市场挑战者、市场跟随者、市场补缺者）、处于不同竞争地位的企业的竞争战略
本任务与其他任务的关系	本任务是建立在组建团队、确定模拟企业、营销观念案例分析、具体企业的业务组合规划分析、企业的营销环境分析、消费者购买行为分析等任务的基础之上的，是做好后续其他任务的前提。在完成后续任务时学生应达到了本任务的要求
学习材料与工具	学习材料：市场竞争战略分析报告样例、PPT 工具：互联网、电脑、项目任务书、笔
学习组织方式	1．学生以团队为单位完成组建任务、完成确定模拟企业的任务 2．团队代表上台介绍团队及模拟企业

项目指导书

完成项目的基本路径：

认真听老师讲解与本次任务相关的知识（90分钟）→ 听老师讲解本项目任务的要求（15分钟）→ 通过调查，撰写竞争战略分析报告（75分钟）→ 讲解本项目任务成果并答辩（70分钟）→ 项目考核与评价（20分钟）

Step 1 认真听老师讲解与本次任务相关的知识

案例5.1 农药企业的竞争对手

农药企业只生产一种针对果树病虫害的农药产品，把所有生产出售这种产品的企业作为竞争对手。当原有产品供过于求而企业又无力开发新产品时，该企业寻找新的目标市场，宣传该产品也可以防治蔬菜病虫害，并说服种植蔬菜的农民购买。

案例5.2 万家乐与神州之战

前几年，万家乐与神州打起了广告战。互相相持不下，其结果是双方的品牌知名度都得到了提升，市场份额增长。最初的时间，神州燃气热水器的广告词是：神州热水器，安全又省气。万家乐从广东本地媒体上看到这则广告后，设计了一则“万家乐岂止是安全又省气”的广告语予以反击。后来，广告宣传战不断升级，打到了中央电视台。万家乐请香港明星汪明荃作为其形象代言人，大肆宣传其产品，而神州也不示弱，借调整产品线之机，从意大利引进新产品生产线，同时打出肥婆沈殿霞的广告，以吸引更多的家庭。再到后来，神州又出新招，设计了“款款神州，万家追求”的富有竞争性的广告词，万家乐得知这一信息后，岂能善罢甘休，同样制作了很有寓意的广告语反唇相讥：“万家乐崛起神州，挑战海外”。

（资料来源：http://wenku.baidu.com/link?url=VtFvQn1WUXyMS_B7WS-ciNO9vNdDSPFP6L8kmLBca-WaT2LtU6TNvfjEDf0bwzDUQOoScdUeEVdKPeXqUrDWVIjqBp8i74arNLnVkPemHEG.）

通过学习案例 5.1、案例 5.2，填写表 5-1。

表 5-1　项目任务产出——识别市场竞争者

1．案例 5.1 中，农药企业的竞争者是谁？
2．农药企业还有其他的竞争对手吗？请举例说明。
3．请画出五力模型并进行简单解释。
4．案例 5.2 中，万家乐与神州两家企业，对于竞争者的进攻，其反应模式属于哪一种？

案例 5.3　格兰仕的成本领先战略

格兰仕 1993 年进入微波炉行业，1994 年产能即达到 10 万台，1995 年 25 万台，1996 年 65 万台，1997 年 200 万台，1998 年 450 万台，1999 年 1 200 万台，目前达到 1 500 万台。产能每年以几何级数增长，迅速达到规模经济，正是由于规模经济导致的低成本为后盾，格兰仕在 1996 年 8 月和 1997 年 10 月分别进行了两次大规模的降价活动，每次降价幅度都达 40%，而同年的市场份额也同跃升到 34.5%及 47.6%，对微波炉行业进行了大清洗，一举奠定了行业领先者的地位。

格兰仕的价格战是非常有策略的，规模每上一个台阶，就大幅下调价格。当自己的规模达到 125 万台时，就把出厂价定在规模为 80 万台的企业的成本线以上。此时，格兰仕还有利润，而规模低于 80 万台的企业，多生产一台就多亏一台，除非对手能够形成显著的品质技术差异。当规模达到 300 万台时，格兰仕又把出厂价调到规模 200 万台的企业的成本线以上，结果规模低于 200 万台且技术无明显差异的企业陷入亏本的泥淖，使对手缺乏追赶上其规模的机会，在家电业创造了市场占有率达到 61.43%的创举。

由于格兰仕已经将微波炉的成本和利润都降到很低，任何一个跨国公司，要把微波炉的成本降到格兰仕之下，是相当困难的，甚至是不可能的。即使成本能达到格兰仕的水平，但由于格兰仕已经拥有 70%的国内市场占有率，如果把生产能力做到与格兰仕相当，两家的生产能力就会超过市场总需求的 40%，结果必然是两败俱伤。

格兰仕每一次降价都是它主动发起的。之所以能一次又一次地主动降价，是因为它的成本在下降，具备了引导价格的实力。格兰仕的价格一次又一次地降得非常狠，降到生产劣质产品的企业都无利可图，劣质产品也就自动退出了。因此格兰仕的降价不仅不会造成价格与质量的恶性循环，反而成了清除劣质产品的重要方式。格兰仕的降价对中国的市场来说是双重淘汰，既淘汰高成本的企业，又淘汰劣质企业。通过双淘汰，使格兰仕市场占有率不断提高，市场定位不断巩固。

案例 5.4 斯沃琪手表

1981 年，瑞士最大的手表公司的子公司 ETA 推出了著名的斯沃琪手表。这种表的重量轻，能防水防震，其表带是多种颜色的塑料带；它有许多不同的表壳和表带，颜色都很鲜艳，适合运动；这种手表是作为时装表来吸引活跃的年轻人的；斯沃琪的营销方式也有许多特色之处。例如：公司每年都不断地推出新手表；所有的斯沃琪手表在推出 5 个月后将停止生产；克里斯蒂拍卖行对以前的斯沃琪手表定期举行拍卖等。然而拥有着这么出众的差异化形象的产品，在 ETA 的经营下，成本却逐年下降，目前一只手表的成本只有 5 美元，其售价从 40 美元到 100 美元不等。1993 年公司净利润达 4.4 亿瑞士法郎（合 3.23 亿美元）。

通过学习案例 5.3、案例 5.4，填写表 5-2。

表 5-2 项目任务产出——市场竞争基本战略

1．市场基本竞争战略有哪些？
2．案例 5.3 中，格兰仕集团在竞争中采用了什么样的基本竞争战略？结合安全说明，基本竞争战略适合什么样的企业采用？
3．案例 5.4 中，斯沃琪手表采取了什么样的基本竞争战略？请进行分析。

案例 5.5 “强生婴儿沐浴乳”向成年人市场进军

作为全球最受信赖的婴儿护理用品专家——美国强生公司，为进一步扩大其在中国的市场份额，增强其作为全球领先者的竞争实力，对原先只定位于婴儿市场的沐浴乳产品进行配方改良，使其同时适用于婴儿和渴望拥有婴儿般柔嫩皮肤的成年人。

例如，强生在中国市场隆重推出了一款革命性沐浴产品“强生婴儿柔嫩沐浴乳”。与以往的婴儿洗浴产品不同，这款独一无二的沐浴乳特含 1/3 婴儿润肤露，不但能完美呵护宝宝的肌肤，更能让成人拥有婴儿般的柔嫩肌肤，成为宝宝和女性护肤产品的最新选择。该新品的强力上市，彰显了强生公司进一步拓展中国成年人市场的强大信心。

（资料来源：吴晓云主编．市场营销管理．北京：高等教育出版社，2009．）

案例 5.6 宝洁：利用营销管理创新保持其在中国市场的领先地位

在中国市场，宝洁占据了巨大的市场份额，它也成为所有想在中国市场有所作为的公司最好的攻击对象。面对大量对手的正面进攻，宝洁并没有疲于应付，而是通过营销管理创新来保持其行业领先地位。

宝洁营销管理创新之一是其推行的多品牌战略。宝洁公司在中国成立合资公司之后，针对每个不同的细分市场创建了不同品牌，并利用各种营销手段将它们分别推上了不同细分市场的领先者地位。宝洁公司多品牌战略的成功之处在于，通过宣传同类产品的不同品牌之间的差异，包括功能、包装、宣传等诸方面，来形成每个品牌的鲜明个性，使每个品牌都有自己的发展空间，避免市场重叠。以宝洁在中国推出的洗发水为例，“海飞丝”的个性在于去头屑，“潘婷”的个性在于对头发的营养保健，“飘柔”的个性则是使头发光滑柔顺。宝洁公司多品牌战略的另一精要，就是让公司不同的品牌之间相互竞争，在公司不同品牌竞争的同时，也使得竞争对手的品牌创建更加困难，从而使宝洁各种品牌的产品分别占领各自细分市场，以巩固其在市场中的领导者地位。

此外，宝洁营销管理创新的其他战略，包括深度分销计划、渠道培养、物流配送、广告沟通等全方位营销管理战略，也使得宝洁掌握了保持现有市场份额的锐器。在面对一直以来的主要对手联合利华，以及纳爱斯、奇强等诸多中国本土企业的挑战，宝洁只有通过不断创新，才能应对更为持久的挑战。

（资料来源：吴晓云. 营销管理案例. 天津：天津大学出版社，2008.）

案例 5.7 格兰仕公司对美的公司的反攻防御

格兰仕公司以其近似疯狂的低成本和降价策略，一度占据了全球微波炉 70%的市场份额，一举成为微波炉行业的绝对领先者，“格兰仕”品牌在某种程度上已经成为微波炉的代名词。

1999 年，美的集团携巨资开始挺进微波炉市场，针对格兰仕的低价策略，巧打技术牌，推出“蒸”功能微波炉，此举从格兰仕手中抢走很大的市场份额。面对美的集团的战略举动，格兰仕展开了一系列积极的反击策略。

（1）格兰仕全线布阵全能型微波炉，并号称微波炉已经升级换代，市场发展到“蒸、烤、烧、煮、炸、煎”全能型的微波炉。这个说法明显是针对美的的“蒸”功能微波炉提出的，而美的的“蒸”功能微波炉在历经“标准门”之后（美的提出的行业“蒸标准”被业内及媒体指出有“伪标准”之嫌），又一次遭受了冲击。

（2）格兰仕在各大媒体上公开攻击美的，声称美的以“空进空出”的方式赚取市场占有率，造成恶劣影响。“回购门”一出，舆论一片哗然。美的被打了个措手不及，遭遇了空前的诚信危机。

（3）以 20 亿元杀入美的集团赖以生存和发展的空调市场，同时高调地利用各种措施吸引美的集团的人才，让美的集团如芒在背，大大影响了美的集团在微波炉市场的继续推进。

（资料来源：吴晓云. 市场营销管理. 北京：高等教育出版社，2009.）

通过对案例 5.6、案例 5.7、案例 5.8 的学习，填写表 5-3。

表 5-3 项目任务产出——领先者的市场竞争战略

1．案例 5.5 中，请分析强生公司作为市场领先者，采用了什么方式来扩大总市场？
2．案例 5.6 中，请分析宝洁公司是如何保持其在中国的市场份额的？
3．案例 5.7 中，请分析对于美的的进攻，格兰仕采取了什么样的竞争战略？

案例5.8 索尼的市场竞争战略

在20世纪60年代，当日本的电视机公司进入美国的市场时，它们竭力避免与美国公司的正面冲突，在型号上专注于小电视机的生产。最早进入美国市场的日本家用电器生产商索尼公司，就是以生产直流电、售价仅为280美元的8英寸的卫星电视打入美国市场的。在营销策略上，索尼主要通过美国的几家大型连锁商店进行独家代理销售，这在短时期内在分销渠道上不会与美国的同行业竞争对手发生直接冲突。正是由于日本产品型号小、价格低，美国的电视机制造商并没有加以理会，从而造成了后来日本家用电器产品大举进入美国市场的契机。

案例5.9 百事可乐公司是如何从其市场领先者手里挣得市场份额的

在第二次世界大战之前，可口可乐统治着美国的软饮料行业。那时的确没有值得一提的第二位的公司。“在可口可乐的意识下，百事很难有一点被认知的火花。”百事可乐是一种新饮料，制造成本比较低，与可口可乐相比口味较差一些。百事主要的销售宣传点是用同样的价格可以得到更多的饮料，百事在它的广告中强调“五分钱可买双倍的饮料”。百事的瓶子不美观，瓶上贴着纸制标签，搬运中经常被污损，从而造成一种印象，认为百事可乐事是第二流的软饮料。

第二次世界大战期间，百事和可口都随着美国国旗飘扬在世界各地而同时增加了销售量。战后，百事的销售与可口可乐相比开始下降。百事可乐的问题是由很多因素造成的，包括它的不良形象、较差的口味、马虎的包装和差劲的质量管理。而且，由于成本增加，百事不得不提高售价，这使它的成交条件不如从前。在20世纪40年代末期，百事的士气相当低落。在这关头上，商界素享盛誉的艾尔弗雷德·N·斯蒂尔出任百事可乐的总经理，他和他的同僚认为，他们的主要希望在于把百事可乐从可口可乐的廉价仿制品转变为第一流的软饮料。他们也承认这个转变需要若干年的时间，因此设想了一个向可口可乐发动的大攻势，这个攻势分两个阶段进行。

第一个阶段，从1950年到1955年，采取下列步骤：

（1）改进百事的口味。

（2）重新设计和统一百事的瓶子和商标。

（3）重新设计广告活动以提高百事的形象。

（4）集中进攻可口可乐所忽视的购回家市场。

（5）选定25个城市进行特别的推销以争取市场份额。

到1955年，百事可乐所有的主要缺点都被克服，销售大量上升，于是斯蒂尔准备了第二阶段的进攻计划。

第二阶段计划包括向可口可乐的“堂饮”市场发动直接进攻，特别是对迅速成长的自动售货机和冷瓶细分市场的进攻。

另一个决策是引入新规格的瓶子，使购回家市场和冷瓶市场的顾客更感方便。

最后，百事可乐对想要购买和安装百事可乐自动售货机的装瓶商提供财务帮助。

从1955年到1960年，百事的这些行动大幅度地增加了销售量。十年之中，百事的销售额已增长了四倍。

通过对案例5.8、案例5.9的学习，填写表5-4。

表 5-4　项目任务产出——挑战者的市场竞争战略

1．案例 5.8 中，索尼公司在市场中的地位如何?它采取了什么策略?处于该地位的市场竞争者还可运用哪些进攻策略?   2．案例 5.9 中，分析百事可乐向可口可乐进攻时采取的战略。

案例 5.10　产品模仿同样可以盈利

李维特（Theodore Levitt）在其文章《有创新的模仿》中提出了产品模仿战略，认为产品模仿与产品创新战略一样可以获得盈利。对于一个技术创新者来说，尽管它可能因为产品的创新而获得了市场领先地位，但是同样要承担开发新品、进行分销、向市场提供信息及引导市场等巨大的费用。而对于市场追随者来说，它通过模仿或者改进创新者推出的产品，在不承担创新费用的基础上获得的市场利润会更高。

S&S 是一家提供整体发动机和主要电动机部件的供应商，它的顾客是那些每年仿造几千辆哈雷式样的摩托车公司。S&S 每年都会订购一辆新的哈雷摩托车，拆开引擎研究能否对其进行改进。通过了解不断变化的市场的最新动向，S&S 向那些希望得到像哈雷摩托车或比哈雷更为先进动力引擎的顾客提供服务。

（资料来源：菲利普．科特勒等．营销管理（第 13 版）．上海：上海人民出版社，2009.）

通过学习案例 5.10，填写表 5-5。

表 5-5　项目任务产出——不同市场地位竞争者的竞争战略

阅读案例 5.10，请分析产品模仿适合什么样的企业采用？它属于竞争战略中的哪一种？

Step 2　听老师讲解本项目任务的要求

案例 5.11　国美电器竞争战略分析报告

一、国美电器简介

如今的国美电器，在连锁化程度、管理水平、经营业绩和企业文化建设等方面已在同行业中遥遥领先，成为中国家电零售业的第一品牌，正向着“成为全球顶尖家电连锁零售企业”的长远战略目标持续快速前进。

二、从企业基本战略来看，国美电器目前采取的是总成本领先战略

国美模式的一大特点，就是在生产、流通、消费这一链条中，充当消费者与生产商的纽带作用。对消费者承诺：你买我的产品，我保证给你低价、优质和周到服务。为此甚至专门请权威部门对进入国美的空调进行检测。对生产商，国美也有自己的策略，作为商家，常年在一线和市场打交道，最了解市场

的需求；对于畅销产品，各地区的情况都不一样，国美的做法是综合全国各地的消费特点，找出畅销的原因，然后再以这些综合信息为依据向厂家定制包销。由国美总部直接和厂家总部从整体上进行协商合作，全国各地没有分别，无论是结算制度还是供货价格，无论是老店还是新店，都是一样的，这样就免去了各自为政的“地方协议”方式中的种种麻烦，在全国范围内实现成本的最低化，最终实现厂家、商家、消费者的“三赢”。

三、国美电器的产业地位分析

三联第五次拍卖的尘埃落定，中国家电连锁“不对称竞争”特征日趋明显。在合并了永乐电器、托管了大中电器后，国美在并购与自我扩张的双向发展道路越走越快，2008 年，国美成为三联第一大股东后，优势地位更加明显，从“品牌价值”、“营业收入”、“门店数量”这三项家电零售业关键指标来看，已远远甩开了苏宁，成为中国家电连锁领军企业。这种“不对称竞争”的特征，形成了中国家电连锁典型的“雁阵格局”：国美第一，苏宁第二，五星（百思买）第三。

如今，大中也进入了国美体系，头雁和二雁的差距进一步拉大。国美、永乐、大中三大品牌同时存在，对内可以提升自我竞争力，保持企业斗志；对外，可以使品牌互动，形成品牌合围，有效围剿竞争品牌，而且联动推广，可以大大节约营销资源。据悉，国美、永乐、大中三大品牌形成的犄角关系，称为“三足鼎立”。从全国看，国美雄踞主导地位；在经济重镇上海，永乐处于优势地位；在首都北京，大中是第一品牌，这无疑是一个相当高明的布局。如今，苏宁的绝对优势地位只有南京一地，从战略上看就明显处于国美的下风。在郑州市场，国美、永乐常常采取“打配合”的策略，协同开展市场推广，新国美在郑州的占有率高实达 80%，留给竞争对手的空间十分有限。

四、国美电器主要的竞争优势

第一，国美电器总规模处于绝对领先地位。门店数量方面，2006 年年末国美电器门店数高出苏宁电器 236 家；2007 年，国美电器又间接成功收购大中电器，门店数绝对领先对手。销售额方面，2007 年前三季度国美电器营业收入为 303.19 亿元，高于同期苏宁电器 280.43 亿元 8%，而国美电器仅为国美集团的一部分，国内仍有未上市部分的销售额。总规模的优势提升了国美电器与供应商间相对竞争对手的侃价实力，往往可以使其拿到更高的价格扣点或者更多的来自供应商的其他收入。

第二，多品牌运作。国美电器在 2006 年收购了永乐电器，在 2007 年间接收购了大中电器。永乐电器与大中电器原本在上海和北京分别具有绝对的领先地位，对其的收购直接提升了国美电器在中心大城市的绝对领先地位。多品牌战略充分利用了原品牌的知名度，保持前台相互竞争的进取性，利于获取最大的市场份额；同时，多品牌运作可以实现差异化策略，国美电器实现全国均衡发展，永乐电器和大中电器专注于强势地区。

第三，国际化发展。在国内市场成为家电连锁的老大并不能满足国美的胃口，国美的目标是走国际化发展的道路，成为一个全球的著名品牌。家电业的全球化迫在眉睫，靠规模提升速度，以速度扩大规模，这就是国美电器放眼全球的战略争霸方针。随着国美在内地市场的快速拓展和势力的不断增强，其更重要的发展计划逐渐进入了议事日程。2003 年，国美电器已经正式进入中国香港地区；2006 年，国美电器又成功进入中国澳门地区；国美电器的下一步目标是进入东南亚市场。

另外，为了增加竞争实力，国美电器又推出了会员卡服务，通过会员卡信息与零售数据，可以将消费者细分，确定出不同的群体，实施个性化、差异化的客户关系管理，以此来有效提升和维护客户忠诚度，同时，可以发掘出许多商品品类间的关联，借此可以增加销售机会，提升利润。

五、国美电器的主要竞争对手分析

1. 百思买简介

全球最大的家电业连锁企业百思买在1966年创建于美国明尼苏达州圣保罗市。目前，百思买在美国和加拿大经营着900家商店，2005年，其销售总额为308亿美元，国内家电连锁企业三雄（国美、苏宁、大中）的销售额加在一起，也难望其项背。

2006年4月，百思买在中国的第一家门店落户上海徐家汇，到2008年，还没有百思买在中国第二家门店的具体消息。

2006年5月12日，百思买与国内家电连锁企业中排名第四的南京五星电器正式达成协议，由百思买投资1.8亿美元收购五星电器56%的股权。五星电器2005年营业额近7亿美元，与百思买联姻后，五星电器曾明确表示，计划用3~5年的时间，在中国市场发展800～1 000家门店。但是，截至2008年，联姻即将两年，百思买与五星电器还没有任何大的市场动作，因为百思买（包括五星电器）在中国市场与国美电器从销售额或门店数量等指标相比有较大的差距，处于市场跟随者角色。

2. 苏宁电器简介

苏宁电器股份有限公司是目前国内第二大的家电零售连锁企业。2006年度苏宁新开连锁店136家，总店数达到351家。苏宁电器和国美电器相关数据对比，如表5-6所示。

表5-6　苏宁电器和国美电器相关数据对比

	苏宁电器	国美电器
总门店数	351家	587家
2006年新开店	136家	324家
总营业面积	142.22万平方米	222万平方米
营业面积增长率	48.66%	108%
单位面积销售额增长率	5.22%	－30%

虽然苏宁的总门店数量比国美少236家，2006年门店扩张速度不及国美快，但单位面积销售额高于国美，苏宁电器2006年每平方米销售额为17 527元，同比增长5.22%，而由于收购永乐电器门店的因素，国美2006年每平方米平均销售额约为人民币18 170元，较2005年同期下降约30%（2005年同期的每平方米销售额约为人民币25 900元）。

苏宁电器在2006年度实现销售收入249.27亿元，同比增长56.42%，净利润7.20亿元，同比增长105.42%。苏宁电器的未来目标为"打造国际化管理平台，2010年进入世界500强"，成为国美不折不扣的挑战者。

六、国美电器竞争战略分析

众所周知，长期以来在中国家电连锁业，开店都是支撑企业发展的重要支柱，也是行业利润率的重要来源。零售商的进货价和销货价之间的差别不大，甚至就以进价销售，其主要毛利来自开店带来的进场费、通道费以及销售的返利，而这些必然依托店面的不断扩张。由于零售商对供应商的商品有30～60天，甚至更长的账期，不断开店将不断给零售企业创造现金流，也就是说，门店数的增加意味着更多的厂商返利和更长的账期，甚至可以左右市场的价格，而厂家也更青睐终端庞大的销售商。这都是行业的基本生存状态。

国美电器为了保持市场老大的地位，煞费苦心，短短几年间门店数量急剧增加，2007 年 12 月 12 日，酝酿已久、志在必得的苏宁突然宣布退出对大中电器的收购，随后“死敌”国美突然切入，出价 36 亿闪电拿下大中。截至 2007 年 12 月底，携永乐、大中南北之力的国美，店面数已骤然达到 1 100 家，而苏宁才不过 620 家，二者在门店规模上的差距，进一步拉大。国美的竞争优势进一步加大。

另外，国美电器为了保持市场占有率第一的局势，还采取了完全正面进攻的策略，在产品、广告、价格等方面与对手展开了激烈竞争。这种惨烈情景，从 2005 年之夏的美苏南京“血战”中可见一斑。这场国美进军苏宁老家的战役，不仅注定是苏宁与国美的全面交锋，而且刚刚进入南京的永乐和南京本地的五星也卷入其中，更将几乎整个家电制造企业席卷进去，于是，一场惊心动魄的商业经典大战在南京上演了，这是商业、制造两大势力范围的对峙。2005 年 7 月 23 日，国美准备在南京市中心新街口距离苏宁旗舰店不足百米的两边同时开一大一小“双子星”卖场，对苏宁的“核心阵地”进行两面夹击。国美来势汹汹，预备了巨额大礼送给南京人民，开业前向南京 1 万名市民每人赠予价值 100 元的购物券，同时预备了 5 000 万元的特价机，1 000 万元的赠品，8 000 万元的让利，市民甚至只要将报纸上的国美促销广告剪下，就可以在国美当现金使用购物……这一切促销手段，极大提高了国美电器的销售率，捍卫了国美的市场地位。

在扩大市场需求方面，国美电器也独具一格，总裁陈晓表示：中国家电连锁业行业整合告一段落，下一步重点开拓通信连锁领域。近来民间又传出国美电器继成立国美通信之后，再祭资本屠刀，收购中复通信的消息。可见国美电器、通信两条腿走路的战略发展雏形基本形成。

（部分资料来源：中外管理. 国美电器的季报和年报资料，2008 年 3 月）

通过学习案例 5.11，填写表 5-7。

表 5-7　项目任务产出——团队分工表明细

团队队长姓名：	团队名称：
队员 1 姓名：　　　　分工：	
队员 2 姓名：　　　　分工：	
队员 3 姓名：　　　　分工：	
队员 4 姓名：　　　　分工：	
队员 5 姓名：　　　　分工：	

Step 3　通过调查，撰写竞争战略分析报告

每个团队查找所模拟公司的有关市场竞争的资料并进行整理，撰写表 5-8 竞争战略分析报告。

表 5-8　项目任务产出——公司的市场竞争战略分析

本小组所模拟的公司：________________ 1. 公司的产业地位分析（可附纸）。

续表

2．公司的主要竞争对手有哪些（请列举出详细的企业名称 1～3 个）？作简单说明。 3．对于本企业的主要竞争对手，企业应采取什么样的竞争战略？请进行简要说明（不少于 500 字）。

Step 4 讲解本项目任务成果并答辩

学生团队上台讲解并回答其他学生和教师的提问（可以是一个人主讲，其他成员一起来回答问题），教师点评（70 分钟），并填写表 5-9。

表 5-9 任务产出——学生提问及点评笔记记录

Step 5 项目考核与评价

【评价标准】

（1）无须求助于教师，在课堂上能顺利完成资料查找、整理、讨论、分析，撰写分析报告按时上交；报告对所模拟企业的竞争者地位、竞争对手的基本竞争战略、本企业的竞争战略的分析全面、合理；完成任务前制定了工作方案且方案可行，团队成员间沟通充分，并能有效配合。成绩为优秀（90～100 分）。

（2）较少地求助教师，在课堂上顺利完成资料查找，撰写分析报告并能按时上交；报告分析基本全面、合理（包括对所模拟企业的竞争者地位、竞争对手的基本竞争战略、本企业的竞争战略的分析 ），存在个别分析不全面或不合理的现象，能及时与教师沟通，获取教师的帮助；完成任务前制定了工作方案且方案基本可行，团队成员间沟通较好，各成员间能够较好地配合。成绩为良好（70～80 分）。

（3）较多地求助老师，在课堂上基本能顺利完成资料查找，撰写分析报告，基本能按时上交；报告存在不全面、不合理的地方，但所有的任务均有产出；完成任务前制定了工作方案，方案中存在一些问题，方案基本能够执行，但对执行结果有一定的影响；团队成员间沟通不充分，各成员间基本能够相互配合。成绩为及格（60～70 分）。

（4）非常多地求助教师或不与教师沟通，在课堂上完成了资料查找的任务但查找的资料很不充分，没有按时完成撰写分析报告的任务，基本能按时上交或延迟上交；报告存在较多的不全面、不合理的地方，有的任务没有产出或产出质量低劣；完成任务前制定了工作方案，方案中存在较多的问题，对执行的结果产生了许多不利影响；团队成员间沟通不畅，各成员间不能够相互配合。成绩为不及格（60 分以下）。

分值划分：分组资料提交情况占得分的 35%，分组汇报成果占 35%，团队成员间的合作及表现占 30%。

由教师与学生共同评分，本次成绩占该系列项目总分值的 5%，其中，团队自我评价占 50%，教师评价占 50%，并填写表 5-10。

表 5-10　项目评分——分析具体企业的市场竞争战略

教师评价	市场竞争战略分析报告（35%）		学生评价	市场竞争战略分析报告（35%）		总评	
	上台汇报及回答问题（35%）			上台汇报及回答问题（35%）			
	学生间的合作及表现（30%）			学生间的合作及表现（30%）			

基本知识

一、竞争者分析

1．竞争的内涵

竞争或称为市场竞争，在同一市场上如果存在两个以上的企业生产同一性的或可替代产品，就会存在竞争。在有多个厂家生产同一性产品的时候，购买者在市场上就可以有多种选择，这就迫使竞争者为了自己的生存和发展进行较量和争夺顾客，市场就进入不断“优化”的过程，这是市场经济活力的来源。

2．识别市场竞争者

企业通常把那些提供与本企业相似的产品，并以相似的价格向相似目标市场出售的企业看做自己的竞争对手。在市场营销学中，竞争者的范围绝不仅限于此，应以更开阔的视野，在更广泛的层面上认识企业面临的现实和潜在的竞争者，因此，识别企业的竞争者可以从市场和行业两个角度去分析。

（1）从行业结构角度识别竞争者——波特五力分析模型。

五力分析模型（见图 5-1）是迈克尔·波特（Michael Porter）于 20 世纪 80 年代初提出，对企业战略制定产生全球性的深远影响。用于竞争战略的分析，可以有效地分析客户的竞争环境。五力分别是：供应商的讨价还价能力、购买者的讨价还价能力、潜在竞争者进入的能力、替代品的替代能力、行业内竞争者现在的竞争能力。

① 供应商的讨价还价能力。供方力量的强弱主要取决于他们所提供给买主的是什么投入要素，当供方所提供的投入要素其价值构成了买主产品总成本的较大比例，对买主产品生产过程非常重要，或者严重影响买主产品的质量时，供方对于买主的潜在讨价还价力量就大大增强。

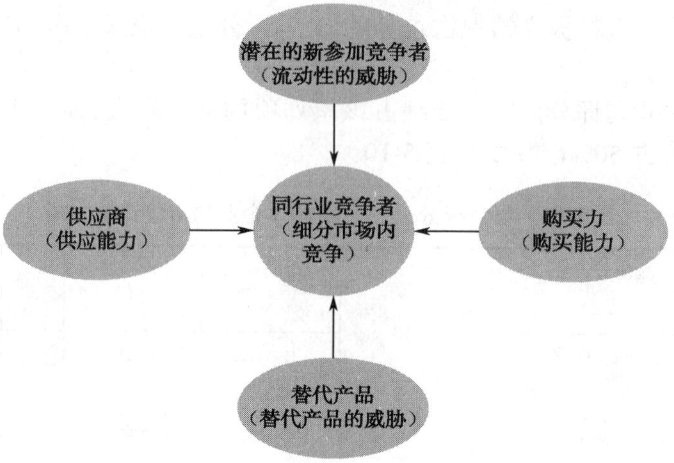

图 5-1　波特五力分析模型

② 购买者的讨价还价能力。购买者主要通过其压价与要求提供较高的产品或服务质量的能力，来影响行业中现有企业的盈利能力。一般来说，满足如下条件的购买者可能具有较强的讨价还价力量：

—— 购买者的总数较少，而每个购买者的购买量较大，占了卖方销售量的很大比例。

—— 卖方行业由大量相对来说规模较小的企业所组成。

—— 购买者所购买的基本上是一种标准化产品，同时向多个卖主购买产品在经济上也完全可行。

—— 购买者有能力实现后向一体化，而卖主不可能前向一体化。

③ 新进入者的威胁。新进入者在给行业带来新生产能力、新资源的同时，将希望寄托在已被现有企业瓜分完毕的市场中赢得一席之地，这就有可能会与现有企业发生原材料与市场份额的竞争，最终导致行业中现有企业盈利水平降低，严重的话还有可能危及这些企业的生存。竞争性进入威胁的严重程度取决于两方面的因素，这就是进入新领域的障碍大小与预期现有企业对于进入者的反应情况。

④ 替代品的威胁。两个处于不同行业中的企业，可能会由于所生产的产品是互为替代品，从而在它们之间产生相互竞争行为，这种源自替代品的竞争会制约行业或细分市场内价格和利润的增长，恶化现有企业的生存环境，降低该行业或市场的吸引力。替代品价格越低、质量越好、用户转换成本越低，其所能产生的竞争压力就越强。

⑤ 行业内现有竞争者的竞争。大部分行业中的企业，相互之间的利益都是紧密联系在一起的，作为企业整体战略一部分的各企业竞争战略，其目标都在于使得自己的企业获得相对于竞争对手的优势，所以，在实施中必然会产生冲突与对抗现象，这些冲突与对抗就构成了现有企业之间的竞争。现有企业之间的竞争常常表现在价格、广告、产品介绍、售后服务等方面，其竞争强度与许多因素有关。

行业中的每一个企业或多或少都必须应付以上各种力量构成的威胁。

（2）从市场角度识别竞争者。除了从行业角度识别竞争者外，还可以从市场角度进行识别，即把其他竞争者看做力求满足相同顾客需求或服务于同一顾客群的公司。从市场角度看，企业面临着四种竞争力量（如图 5-2 所示）。

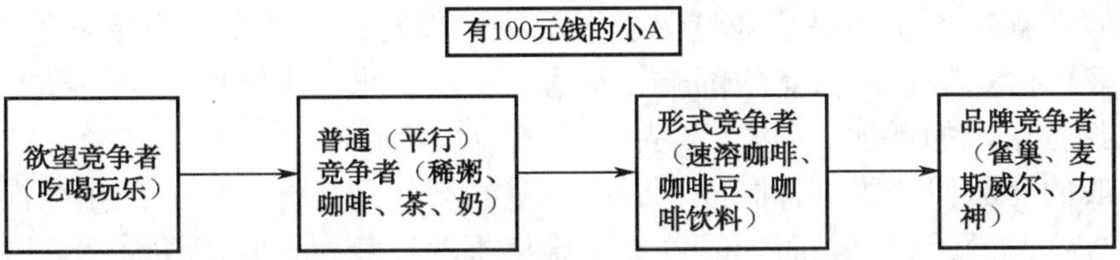

图 5-2　从市场角度看的四种竞争力量

① 愿望竞争力量。愿望竞争力量是指提供不同产品以满足不同需求的替代品竞争力量，如对于家电经营企业而言，房产、证券、文化娱乐、汽车等不同类型的行业都是愿望竞争者，在一定时期相对稳定的购买力面前，大家都在竭力争取消费者最终的购买投向，这就形成了一种现实的替代品竞争力量的威胁。

② 平行竞争力量。平行竞争力量是指提供能满足同一种需求的不同产品的替代品竞争力量，如自行车、助动车、摩托车、汽车等都可以用作家庭交通工具，这几种产品的经营者之间必然存在竞争关系，它们互相成为各自的平行替代竞争者。

③ 产品形式竞争力量与品牌竞争力量。产品形式竞争力量是指生产同种产品，但规格、型号、款式不同的替代品的竞争力量；产品品牌竞争力量是指产品相同，规格、型号等也相同，但品牌不同的替代品竞争力量。显然这两种替代品竞争力量来自同行业，然而竞争同样十分激烈。可见，从市场角度看，对竞争者的识别开阔了公司的视野，扩大了实际和潜在竞争者的范围，使企业能够制定出更具竞争性的营销策略。

（3）市场竞争的主要形式。在市场经济条件下，企业主要的竞争方式是价格竞争，但是，随着竞争的加剧，竞争形式不断向非价格竞争方向转变。

① 价格竞争。价格竞争是指生产经营同种商品的企业为扩大市场份额，采取降价促销的竞争形式。

商品价格的组成中，成本占有一定比重。一般而言，企业进行价格竞争的条件是成本的降低，如果不能降低成本，降价竞争就会造成企业利润率的下降，从而损害企业的利益。要想在价格竞争中居于有利地位，企业必须努力降低生产和经营成本。实际上，企业的价格竞争优势就是企业的成本竞争优势。

企业为了追求低成本，通过不断提高劳动生产率，改进产品设计，加强经营管理，从而使消费者收益。但是，轮番降价的后果，往往使得个别企业不计后果地降低成本，出现缺斤短两、以次充好的现象，最终受害的是消费者，因此，越来越多的企业寻求通过非价格竞争手段进行市场竞争。

② 非价格竞争。这是指在不改变产品价格的情况下，通过改变产品的某些属性，形成本企业产品与竞争对手的产品之间的某些差异，以吸引更多的消费者购买。

非价格竞争的具体形式很多，只要是不属于价格竞争的竞争手段，都可以纳入非价格竞争的范畴。凡是产品质量的提高、产品特性的改进、商标的变化、包装的改善、销售渠道的调整、促销手段的强化、广告的攻势、服务的改进，都是有效的非价格竞争手段。这些非价格竞争手段施行的结果，是使消费者心目中对企业的产品产生差异，无论这种差异是真实的差异，或者仅仅是观念上的差异，只要这种差异有利于促进消费者购买该企业的产品，就达到了非价格竞争的目的。

非价格竞争被人们认为是企业竞争手段的进一步发展，是企业市场竞争的高级形式，严格地讲，非价格竞争是价格竞争的转化形态。一般说来，非价格竞争手段的采用必然导致企业生产经营成本的增加，例如，产品质量的改进往往是以增加生产经营的投入为代价的，根据一般的商品作价原则，高成本、高质量的产品，其价格也应当相应提高。如果通过增加成本使产品质量提高，而产品价格又维持不变以获得市场竞争优势，这实际上就成了变相的降价竞争。

（4）评估竞争者的优势与劣势。

对竞争者的优劣势能否进行全面的分析和评估，决定着企业经营的成败。

评估竞争者可分为三步：

① 收集信息。收集竞争者业务上最新的关键数据，主要有销售量、市场份额、心理份额、情感份额、毛利、投资报酬率、现金流量、新投资、设备能力利用等。收集信息的方法是查找第二手资料和向顾客、供应商及中间商调研得到第一手资料。

② 分析评价。根据所得资料综合分析竞争者的优势与劣势。

③ 优胜基准。指找出竞争者在管理和营销方面的最好做法并把它作为基准，然后加以模仿、组合和改进，力争超过竞争者。例如，福特汽车公司总裁曾指示属下的设计师根据顾客认为最重要的 400 个特征组合新汽车，模仿和改进竞争者的最佳特征，如座位、外形、发动机、操作系统等，造出了当时最先进的、最受顾客欢迎的新汽车。

3．确定竞争目标

竞争者的目标由多种因素确定，包括企业的规模、历史、经营管理和经济状况等。竞争者通常会有多个目标，如获利能力、市场占有率、现金流量、成本降低、技术领先、服务领先等，每个企业具体的策略目标都是上述不同侧重点的目标组合。

了解竞争者的策略目标侧重点及其组合，可以由此判断它们对不同竞争行为的反应，比如，一个以低成本领先为目标的企业对竞争企业在制造过程中的技术突破会做出强烈反应，而对竞争企业增加广告投入则不太在意。多数美国企业按照最大限度扩大短期利润的模式经营，因为当前经营绩效决定着股东满意度和股票价值；日本公司则主要按照最大限度扩大市场占有率的模式经营，由于贷款利率低，资金成本低，所以对利润的要求也较低，反而比较关注扩大市场份额。

4．企业选择的对策

企业在对市场竞争形势做出正确估价、明确谁是市场的主要竞争者以及确定竞争目标的基础上，就可以制定和选择自己的市场竞争对策：是进攻，还是防御或者回避；谁是合适的进攻对象，谁是主要的威胁者；应当采用哪些具体的竞争手段；如何选择合适的竞争市场和出击时机等。

5．判断竞争者的市场反应

在竞争中常见的一些竞争者反应类型如下：

(1)从容型竞争者。即对某一特定竞争者的行为没有迅速反应或反应不强烈的竞争者，对竞争者缺少反应的原因是多方面的，例如，企业可能认为顾客是忠于他们的，或者可能缺少做出反应所需要的资金等。

（2）选择型竞争者。即只对某些类型的攻击做出反应，而对其他类型的攻击无动于衷的竞争者，例如，当其竞争对手同时采用了降价销售以及加大广告宣传的营销策略时，竞争者只对降价策略做出针锋相对的还击，而对对手广告宣传攻势的加强没有反应。

（3）凶暴型竞争者。这类竞争者对其他向其所拥有的领域发起的任何进攻都会做出迅速、强烈的反应，以警告其竞争对手最好停止任何攻击。

（4）随机型竞争者。这一类型的竞争者在任何特定情况下，对竞争对手的策略可能会也可能不会做出反应，而且无论根据其经济、历史或其他方面的情况，都无法预见该类竞争者会做出什么反应。许多小公司多是随机型竞争者。

二、市场竞争战略

1. 市场竞争基本战略

从市场竞争的普遍规律而言，企业为增强竞争能力，争取竞争优势的基本市场策略有三种：成本领先战略、产品差异化战略和集中战略。

（1）成本领先战略。

成本领先战略也叫低成本战略，是指通过有效途径降低产品的生产和销售成本，在保证产品和服务质量的前提下，使自己的产品价格低于竞争对手的价格，以迅速扩大销售量，提高市场占有率的竞争战略。这一战略主要用于以下情况：企业生产同类产品的产量规模大，降低成本具有很大潜力时；企业面临强大的竞争对手，要保持并扩大市场占有率时；为了防止更多的竞争者渗入同类产品的销售市场而筑起较高的进入壁垒时；企业面临替代品渗入市场时，等等。

企业降低成本的方法很多，最基本的方法有两个方面：一是扩大生产规模，采用先进的专用技术设备和先进生产工艺，以提高劳动生产率和工作效率；二是改善管理，减少在制品储备，减少废品、次品，缩短生产周期，节约各项生产性和非生产性开支。另外，企业也可以利用专利技术、原材料的优惠待遇等途径，形成同行业中的成本领先优势。要全面做到上述各点，必须有两个前提条件：一是有足够的资金支持；二是有广阔的市场支持。

（2）产品差异化战略。

产品差异化战略，是企业凭借自己的专有技术和特长，或掌握了某种专利技术和管理设施，能为社会提供产品性能与质量优于现有标准的产品，能在同行业中独树一帜，或者在服务领域内有特殊的举措，通过广告宣传与促销活动，在用户中建立了特殊的信誉，因此而形成的与众不同的差异化。产品差异化战略不仅体现在产品功能的差异化上，也可以体现在销售服务的差异化和市场管理的差异化（市场营销手段和商标等）等方面。

产品差异化战略的指导思想在于，产品或服务功能的独特性，使其所销售的产品价格可以比一般标准产品价格高，因此，其收益和企业盈利可以高于标准产品。这种战略的适用条件是，企业在同行业中具有垄断地位，或企业的信誉与市场地位很稳固，或企业为谋求较高的边际收益时。这种差异一经投入市场就会被其他企业模仿，从而大家都能做到，随后就会逐渐变成标准产品，如袋装方便面，初上市时它与切面比较是差异化产品，后来生产量多了，而且不同品牌的价格相近，就成了标准产品；碗装的方便面上市以后，又成了差异化产品，它比一般的方便面味道好，且有塑料碗，使用方便，但价格高，现在市场上这类方便面的品种多了，质量大同小异，因而又成为标准产品了。由差异化到标准化，再由标准化到差异化，然后又成为标准化，这一循环前进的过程，反映了产品品种的扩展和质量不断的提高，以及人们需求的不断丰富，这是企业制定策略时应该考虑的一个重要方面。

由于采用产品差异化策略的产品的价格较一般标准产品的价格高，因此，要承担一定的市场风险。生产这类产品的投入较大，设备与工艺独特，生产要求较高，市场需要开拓，成本比较高，企业倾注的精力与智慧比生产现成产品多，风险大，但由于产品功能的独特性，可能获得市场的认可，盈利较高。

（3）集中化战略。

集中化战略是指企业把经营的重点目标放在某一特定购买者集闭，或某种特殊用途的产品上，或某一特定地区内，来建立企业的竞争优势及其市场地位，在这个特定的领域内，建立自己在产品功能上或生产成本上的差异，并取得优势地位，这种战略适用于企业实力不够雄厚，无力在整个市场上取得优势，而只能拥有局部优势的情况。

实行集中化战略，一方面要明确企业的优势和产品的功能与特点，另一方面，要细分市场，设法开拓自己优势产品的市场，同时要掌握市场的变化趋势，并根据这种变化，利用自己的优势发展新的产品，抢占新的市场。

实行集中化战略，能够使企业集中自己的主要力量，发挥优势，专为某类市场服务，因而比较容易获得成功。这种战略既适用于某些大型企业的专项产品开发，更适用于中小型企业只具有局部优势的情况，因此集中化战略可以当成成本领先战略，也可以当成产品差异化战略。

2．不同市场地位竞争者的竞争战略

按所处竞争地位的差别，市场竞争者可分为四种类型：市场领导者、市场挑战者、市场跟随者和市场利基者。

（1）市场领导者战略。

市场领导者是指在相关产品的市场上占有率最高的企业。一般来讲，大多数行业都有一家企业被认为是市场领导者，它在价格变动、新产品开发、分销渠道和促销力量等方面处于主宰地位，为同业者所公认。它是市场竞争先导者，也是其他企业挑战、效仿或回避的对象。

这种领导者几乎各行各业都有，它们的地位是在竞争中自然形成的，但不是固定不变的。市场领导者所具备的优势包括：消费者对品牌的忠诚度高；营销渠道的建立及其高效运行，以及营销经验的迅速积累等。

市场领导者如果没有获得法定的垄断地位，必然会面临竞争者的无情挑战，因此，必须保持高度的警惕并采取适当的战略，否则就很可能丧失领先地位而降到第二或者第三位。

市场领导者为了维护自己的优势，保住自己的领先地位，通常可以采取下述三种战略：

① 扩大整个市场需求。一般来说，当整个市场被开发时，居于领导地位的企业收益

最大，因此市场领导者应该为其产品寻找新用户、开辟新用途和增加使用量。

a．寻找新用户。每一个产品都有吸引顾客的潜力，顾客不想购买它是因为有些人不知道这种产品，或者不知道该产品的好处，或者因为企业的推广策略没有顾及他们，因此，企业可以调整推广策略，将产品的好处向这些消费者介绍，可以从这些消费者中寻找新的使用者。例如，香水生产厂商可以努力说服那些不用香水的女士使用香水（市场渗透策略）；或者说服男士使用香水（新市场策略）；或者向国外出口香水（地理扩展策略）。

b．开辟新用途。企业可以通过发现并推广产品的新用途来扩大市场。企业的任务就是要注意顾客对本企业产品使用的情况，这不仅适用于工业产品，也适用于日用消费品。有研究表明，多数新工业产品最初是由顾客构想提出，而不是由公司的研究开发实验室首先研制出来的，所以系统地收集顾客的需要和建议，对于指导新产品的开发贡献极大。

c．增加使用量。这种策略就是说服人们增加使用产品的频率或增加每次的使用量，从而增加该产品总的使用量。

② 保持市场占有率。处于市场领导地位的企业，必须时刻防备竞争者的挑战，保卫自己的市场阵地。市场领导者可采取的防御策略有：

a．阵地防御。就是在现有阵地周围建立防线、保持现有市场的策略，集中保持现有销量、产品和占有率。

b．侧翼防御。是指市场领导者除保卫自己的阵地外，还应建立某些辅助性的基地作为防御阵地。市场领导者需在自己的主力产品以外，也生产其他产品，并以主力产品为旗舰，保障企业的整体市场。例如，奔驰汽车一向以生产高档汽车为主，但最近也开始生产价格较低的中型汽车，从而保障了整体市场的侧翼。

c．先攻防御。这种防御策略是在敌方对自己发动进攻之前，先发制人抢先攻击。具体做法是，当竞争者的市场占有率达到某一危险的高度时，就对它发动攻击；或者是对市场上的所有竞争者全面攻击，使得对手人人自危。有时，这种以攻为守的策略可以着重心理恐吓，并不一定要付诸行动，例如，一家美国大型制药厂是某种药品的市场领导者，每当它听说一个竞争对手要建立新厂生产这种药时，就放风说自己正在考虑将这种药降价，并且要考虑扩建新厂，以此吓退竞争者。

d．反攻防御。当市场领导者受到攻击时，可以反攻入侵者的主要市场阵地。当竞争者利用价格、促销等手段侵占其市场占有率时，市场领导者可以利用其资源直接攻击竞争者的主要领域，令其知难而退或无力兼顾。

e．机动防御。这种策略是不仅防御目前的阵地，而且还要扩展到新的市场阵地。市场扩展可通过两种方式实现：市场扩大化和市场多元化。市场扩大化就是企业将注意力从目前的产品上转移到有关该产品的基本需要上，并研究与开发能满足该项需要的全部科学技术；市场多元化，即向无关的其他市场扩展，实行多元化经营。

f．撤退防御。在所有市场阵地上全面防御有时是得不偿失的，在这种情况下可实行战略撤退，即放弃某些疲软的产品市场，把力量集中到主要的产品和市场上。例如，美国西屋电气公司曾一度将其电冰箱的品种由40个减少到30个，撤销了10个品种，结果竞争力反而增强了。

③ 提高市场占有率。市场领导者设法提高市场占有率也是增加收益、保持领导地位

的一个重要途径。美国著名的“经营战略对利润的影响项目”（简称 PIMS）的研究表明，盈利率是随着市场占有率线性上升的。市场占有率超过 40%的企业将得到 30%的平均投资报酬率，或者它的投资报酬率是市场占有率在 10%以下企业的 3 倍，因此，许多企业以提高市场占有率为目标。不过市场领导者在追求市场占有率之前，必须考虑 3 个因素：

a．反垄断法。为了保护自由竞争，许多国家的法律规定，当某一公司的市场占有率超出某一限度时，就要强行地将它分解为若干个相互竞争的小公司。

b．经营成本。许多产品会有一个最佳市场占有率，这时利润率最高。当市场占有率持续增加而未超过最佳占有率时，企业利润率会随着市场占有率的上升而上升；当市场占有率超过最佳占有率而继续上升时，利润率会随着市场占有率上升而下降，主要原因在于用于提高市场占有率的费用会增加。

c．营销组合策略。有些市场营销手段对提高市场占有率很有效，却不一定能增加收益。只有在以下两种情况下，市场占有率才同收益率成正比：一是单位成本随市场占有率的提高不下降，如 20 世纪 20 年代美国福特公司的 T 型车；二是在提供优质产品时，销售价格的提高大大超过为提高质量所投入的成本。

总之，市场领导者必须善于扩大市场需求总量，保卫自己的市场阵地，防御挑战者的进攻，并在保证收益增加的前提下，提高市场占有率，这样，才能持久地占据市场领先地位。

（2）市场挑战者战略。

市场挑战者和市场跟随者是指那些在市场上处于次要地位（第二位、第三位甚至更低地位）的企业。

这些处于次要地位的公司可以采取两种战略：一是争取市场领先地位，向竞争者挑战，即市场挑战者；二是安于次要地位，在“共处”的状态下求得尽可能多的收益，即市场跟随者。

市场挑战者如果要向市场领导者和其他竞争者挑战，首先必须确定自己的战略目标和挑战对象，然后还要选择适当的进攻战略。

① 确定战略目标和挑战对象。大多数市场挑战者的战略目标是扩大市场份额，提高利润率。在确立目标时，无论是要击败对手还是削弱其市场份额，都必须明确究竟谁是竞争对手，挑战者可选择三种类型企业作为进攻对象。

a．攻击市场领导者。这一策略风险较大，但潜在收益很大，尤其是在市场领导者出现失误，而且其服务市场的效果欠佳时，效果更为显著。

b．在整个细分市场内进行产品创新，超越领导者。例如，施乐公司开发出了更好的复印技术（用干式复印代替湿式复印），从 3M 公司手中夺去了复印机市场；后来，佳能公司如法炮制，通过开发台式机夺去了施乐公司的一大部分市场。

c．攻击当地的那些规模不大、经营不善、资金缺乏的企业。这类情况相当普遍，如实力雄厚的外国大企业进入市场后便击败了那些当地的弱小企业。

总之，战略目标决定于进攻对象，如果以领导者为进攻对象，其目标可能是夺取某些市场份额；如果以小企业为对象，其目标可能是将它们逐出市场。但是无论在哪种情况下，如果要发动攻势，进行挑战，就必须遵守一条原则：每一项行动都必须指向一个明确的、肯定的和可能达到的目标。

② 选择进攻战略。确定了战略目标和竞争对手后，还要根据企业自身和竞争对手的状况，选择攻击战略。一般有以下几种战略可供选择：

a．正面进攻。进攻者集中全力与对手正面交战，称为正面进攻（迎头猛击），这时，它往往会攻击对手的强势部位而不是其弱点，胜负结果要取决于谁的实力和耐力更强一些。在完全的正面进攻中，攻击者力图在产品、广告、价格等方面与对手竞争。如果攻击者与领导者相比没有什么优势，那么想取得胜利几乎是不可能的，为了使正面进攻奏效，进攻者必须在上述方面力量上超过对手。

b．侧翼进攻。对手期望你去攻击的地方往往是其最强大的防御地带，而在其侧翼和后方的力量就薄弱多了，因此，其弱点（盲区）很自然就成为众矢之的。进攻的主要原则是集中力量打击对方的薄弱环节，进攻者可先向对方防守严密的正面战线佯攻，牵制其主要防守兵力，然后再向其侧翼和背面发动主要攻击。这种侧翼进攻是一种极佳的营销策略，尤其适用于现有资源总量比对手少的进攻者，因为进攻者不能正面挑战对手，所以采用这种“避强就弱”的战术。

侧翼发动进攻可从以下两个方面实现：一是地理方面；另一个是细分市场方面。地理性侧翼进攻是指挑战者向竞争对手在全国乃至全球经营薄弱的地域发起进攻；细分型侧翼进攻将市场定位于尚未被领导者占据的细分市场，如日本汽车公司选择了消费者对节能型汽车的需求作为其服务市场，从而占领了被美国汽车制造商所忽略的空白细分市场。

c．包围进攻。单纯的侧翼进攻是将力量集中于对手所忽视的市场需求，包围进攻则是指进攻者在几条战线上发动全面攻击，迫使对手进行全面防御。进攻者可以向市场提供对手所能提供的一切产品和服务，甚至还要多，使得消费者无法拒绝。这要求进攻者调动起丰富的资源，确保迅速击垮对手，使其无还手之力。

另外，市场细分对进攻起到了重要的作用，如果不存在细分市场，进攻者的包围进攻便成了正面进攻。如果这样，进攻者必须在某些方面的力量上超过对手。

d．迂回进攻。是一种间接的进攻战略，这种战略避开与对手直接交锋，转而进攻较为容易的市场来扩大自己的资源基础。这有三种方法可供采用：第一，公司多元化经营与本行业无关的产品，这是领导者企业所鞭长莫及的；第二，将现有产品打入新地区市场来开展多元化经营，使之远离领导者，例如，百事可乐为了在中国取得相对于可口可乐的优势，将其新建的制瓶厂设在中国内陆省区，以远离外国饮料公司已开展经营的沿海城市；第三，公司采取蛙跳式策略，发展新技术替代现有产品，特别是在高技术领域，这种技术上的“蛙跳”极为普遍，例如，任天堂公司通过引入高新技术并且重新划定“战场”，从而在电视游戏市场上夺取了大量市场份额。

e．游击式进攻。这种策略适用于规模较小、资金不足的企业。游击战是指向对方的不同部位发动小规模的、时断时续的攻击，目的在于骚扰敌人，使之疲于奔命，然后最终夺取永久性的阵地。游击式进攻可以运用传统的或非传统的方法攻击，包括选择性削价、猛烈的促销攻势等。

上述市场挑战者的进攻战略是多样的，一个挑战者不可能同时运用所有这些战略，但也很难单靠某一种战略取得成功，通常是设计出一套战略组合即整体战略，借以改善自己的市场地位。

（3）市场跟随者战略。

市场跟随者是指那些在产品、技术、价格、渠道和促销等营销策略上模仿或跟随市场领导者的企业。并非所有在行业中处于第二或第三位的企业都可以或愿意当挑战者，实践证明，成功地采取跟随者策略的企业也能获高额利润。跟随者获得的利益在于，由市场领导者和挑战者承担新产品开发、信息收集和市场开发所需的大量经费，自己则可减少支出和风险，并避免向市场领导者挑战可能带来的重大损失。

市场跟随者战略的核心是寻找一条避免触动竞争者利益的发展道路，跟随者的战略根据其“跟随的紧密程度”可分为3大类。

① 紧密跟随。跟随者尽可能在细分市场和营销组合上采取模仿领导者的战略，但绝不超过或刺激领导者，有些甚至就是想依靠领导企业对市场或产品的开发而生存和发展，从而跟着市场一起成长。

② 距离跟随。跟随者在目标市场、产品创新、价格水平和分销渠道等主要方面仍跟随领导企业，而在其他次要方面采取与领导企业有差异的战略。

③ 选择跟随。跟随者在某些方面跟随领导企业，在另一些方面则自行其是，有时还颇有创新，但仍避免刺激对方。采取此战略的企业以后有可能发展成为市场挑战者。

（4）市场利基者战略。

市场利基者指专门为规模较小的或大公司不感兴趣的细分市场提供产品和服务的企业，规模较小且大公司不感兴趣的细分市场称为利基市场。市场利基者的作用是拾遗补缺，见缝插针，虽然在整体市场上仅占有很少的份额，但是更充分地了解和满足某一细分市场的需求，因此能够通过提供高附加值产品而快速成长。企业处于发展初期尚比较弱小时大多采用这种战略。

① 利基市场的特征。一个最好的利基市场应具备以下特征：有足够的市场潜量和购买力；利润有增长的潜力；对主要竞争者不具有吸引力；企业具备占有此补缺基点所必要的资源和能力；企业既有的信誉足以对抗竞争者。

② 市场利基者战略。市场利基者发展的关键是实现专业化，主要途径有以下几种：

a. 最终用户专业化。公司可以专门为某一类型的最终用户提供服务，如航空食品公司专门为民航公司提供飞机乘客的航空食品。

b. 垂直层次专业化。公司可以专门为处于生产与分销循环周期中的某些垂直层次提供服务，如铸件厂专门生产铸件，铝制品厂专门生产铝锭和铝制部件等。

c. 顾客规模专业化。公司可以专门为某一规模（大、中、小）的顾客群服务，市场利基者专门为大公司不重视的小规模顾客群服务。

d. 特殊顾客专业化。公司可以专门向一个或几个大客户销售产品，如许多小公司只向一家大公司提供其全部产品。

e. 地理市场专业化。公司只在某一地点、地区或范围内经营业务。

f. 产品或产品线专业化。公司只经营某一种产品或某一类产品线，如某制袜公司专门生产不同花色品种的尼龙丝袜，某造纸厂专门生产水泥包装纸等。

g．产品特色专业化。公司专门经营某一种类型的产品或者特色产品，如古旧书店专门经营古旧图书，某公司专门出租儿童玩具等。

h．客户订单专业化。公司专门接受客户订单生产特制产品。

i．质量-价格专业化。公司专为某一层次的市场提供服务，如惠普公司专门在优质高价的微型电脑市场上经营。

j．服务专业化。公司向大众提供一种或数种其他公司所没有的服务，如某家庭服务公司专门提供上门疏通管道服务，某银行可以接受客户电话申请贷款，并送现金上门等。

k．销售渠道专业化。公司只为某类销售渠道提供服务，如某软饮料公司决定只生产大容器包装的软饮料，并且只在加油站出售。

市场利基者是弱小者，要承担较大风险，因为利基市场本身可能会萎缩或受到攻击，因此，在选择市场利基时，营销者通常应选择两个或两个以上的利基，以确保企业的生存和发展。

三、企业竞争战略分析报告

略，参见案例5.11。

项目自我练习5

一、单项选择题

1．一个企业若要识别其竞争者，通常可从（　　）方面进行。

A．行业和市场　　B．分销渠道　　C．目标和战略　　D．利润

2．在进行竞争者分析时，首先要（　　）。

A．建立企业竞争情报系统　　B．判断竞争者的市场反应

C．确定竞争者的目标与战略　　D．识别企业的竞争者

3．企业决定进入某一战略群体时，首先要明确（　　）。

A．自己的竞争优势是什么　　B．自己的竞争战略是什么

C．谁是主要的竞争对手　　D．竞争者的优势及劣势

4．某奶制品生产企业的一些竞争者总是对降价竞销强烈反击，但对其他方面（如增加广告预算、加强促销活动等）却不予理会，那么这类竞争者属于（　　）。

A．从容型竞争者　　B．选择型竞争者

C．凶猛型竞争者　　D．随机型竞争者

5．美国汽车市场的通用公司、电脑软件市场的微软公司、照相机行业的尼康公司、推土机行业的卡特彼勒公司、软饮料市场的可口可乐公司等，在相关产品的市场上占有率最高，这类公司是（　　）。

A．市场领导者　　B．市场挑战者

C．市场跟随者　　D．市场开拓者

6．市场占有率高于 40%的企业其平均投资收益率相当于市场占有率低于 10%者的（　　）倍。

A．5　　B．4　　C．3　　D．2

7．市场挑战者如果要向市场领导者和其他竞争者挑战，首先必须确定（　　）。

A．战略目标和挑战对象　　B．竞争策略

C．竞争者的优劣势　　D．市场规模

8．为了向亚洲的主要金融市场东京发起挑战，中国香港地区和新加坡采取的策略是向顾客收取更低的费用，提供更自由的管理，努力克服官僚主义作风等。中国香港和新加坡的这种做法属于（　　）。

A．攻击与自己实力相当者　　B．攻击市场领导者

C．攻击地方性小企业　　D．攻击潜在竞争者

9．市场挑战者集中优势力量攻击对手的弱点，佯攻正面，实攻背面的策略属于（　　）。

A．正面进攻　　B．侧翼进攻

C．包围进攻　　D．迂回进攻

10．对于市场挑战者而言，（　　）是一种最有效和最经济的战略形式。

A．正面进攻　　B．侧翼进攻

C．包围进攻　　D．迂回进攻

11．跟随在市场领导者之后自觉地维持共处局面的企业属于（　　）。

A．市场补缺者　　B．侧翼挑战者

C．市场跟随者　　D．市场主导者

12．每个行业几乎都有些小企业，它们专心关注市场上被大企业忽略的某些细小部分，在这些小市场上通过专业化经营来获取最大限度的收益。这种有利的市场位置被称为（　　）。

A．补缺基点　　B．盈利基点

C．市场基点　　D．市场缝隙

13．市场挑战者最间接的进攻战略是（　　）。

A．正面进攻　　B．侧翼进攻

C．包围进攻　　D．迂回进攻

14．当富士公司在美国向柯达公司发动攻势时，柯达公司报复的手段是以牙还牙，攻入日本市场。柯达公司的这种做法属于（　　）。

A．阵地防御　　B．以攻为守

C．反击防御　　D．运动防御

二、多项选择题

1．市场领导者扩大市场需求量的途径是（　　）。

A．开辟产品的新用途　　B．以攻为守

C．正面进攻　　D．保持市场份额

2. 以下哪几个是市场领导者的策略？（　　　　）

A. 开辟产品的新用途　　B. 提高市场占有率
C. 季节折扣　　D. 阵地防御
E. 正面进攻

3. 市场利基者的作用是（　　　　）。

A. 拾遗补缺　　B. 有选择地跟随市场领导者
C. 攻击市场追随者　　D. 见缝插针
E. 打破垄断

4. 企业通常根据哪些情况来决定对不同竞争者的对策？（　　　　）

A. 竞争者的强弱　　B. 竞争者与本企业的相似程度
C. 竞争环境的变化　　D. 竞争者的数目
E. 竞争者表现的好坏

5. 现代市场营销理论根据企业在市场上的竞争地位，把企业分为（　　　　）。

A. 市场主导者　　B. 市场挑战者
C. 市场开拓者　　D. 市场补缺者
E. 市场跟随者

6. 市场领导者为了维护自己的优势，保住自己的领先地位，通常采取的战略有（　　　　）。

A. 发现新用户　　B. 保护市场占有率
C. 提高市场占有率　　D. 开辟新用途
E. 增加使用量

7. 香水企业可以通过哪些战略来找到新的用户？（　　　　）

A. 地理扩展　　B. 产品创新
C. 扩大产品线　　D. 市场开发
E. 市场渗透

8. 美国有一家公司把它的经营范围从“地面覆盖”扩展到“房间装饰”，取得很大成功。该公司的市场战略属于（　　　　）。

A. 市场扩大化　　B. 运动防御
C. 市场多元化　　D. 纵向一体化
E. 以攻为守

9. 在确定了战略目标和进攻对象之后，市场挑战者可以采取的进攻战略包括（　　　　）。

A. 正面进攻　　B. 侧翼防御
C. 包围进攻　　D. 迂回进攻
E. 游击进攻

10. 市场跟随者不是被动地单纯追随主导者，它必须找到一条不致引起竞争性报复的发展道路，其可以选择的跟随战略包括（　　　　）。

A. 紧密跟随　　B. 距离跟随

C．选择跟随　　　　　　　　　　　　　　D．钳形包围

E．侧翼防御

11．一个好的“补缺基点”应具有的特征包括（　　　）。

A．有足够的市场潜量和购买力

B．利润有增长的潜力

C．对主要竞争者不具有吸引力

D．企业具备占有此补缺基点所必需的能力

E．企业既有的信誉足以对抗竞争者

三、案例分析题

柯达与富士竞争

在世界摄影器材市场，从 20 世纪 50 年代起，富士、樱花、爱克发等品牌就纷纷崛起，不断向柯达发起猛烈的进攻，面对这些进攻，柯达不惜一切代价进行反攻，才使得霸主宝座不致被人夺走。富士一直是柯达最强劲的对手，在第 23 届洛杉矶奥运会前夕，正当柯达公司与奥委筹备人员为赞助费讨价还价时，富士主动出击，积极申请参加赞助，甚至把赞助费由 400 万美元提高到 700 万美元，使得富士在奥运会上大出风头，销量激增，给柯达以重创。除此之外，在中国市场上，日本富士又抢先一步适应中国文化，在胶卷包装上印上中文说明和北京名胜天坛，这比包装上全是英文的柯达胶卷更能打动中国消费者，这些活动一度使柯达总是慢富士半个节拍，处于被动不利的局面。面临竞争，柯达的做法之一是：以眼还眼，以牙还牙。洛杉矶奥运会受挫后，柯达决定以其人之道还治其人之身，入对方的虎穴一搏，1984 年年初，柯达企划主管西格先生飞赴东京，研究如何在这块“拍照乐土”与富士争霸。当时，日本摄影用软片和相纸市场规模高达 22 亿美元，而柯达只占 10%。其症结在于，柯达虽在日本做了几十年的生意，但从无长期经营规划；公司在日本既无直接销售网，也无生产据点，更无驻地经理，在东京的 25 位职员，完全依赖各地的经销商。经过周密的计划，西格开始出击。1984 年，柯达花了 5 亿美元在东京建立了一个总部，在名古屋附近建立了一个研究和发展实验室，并将其在日本的雇员从 12 人扩大到 4 500 人，结果 6 年间柯达在日本的销售额扩大了 6 倍，1990 年销售额达 13 亿美元。与此同时，富士在日本国内的销售额开始下降，以致富士公司不得不将其在国外的一部分最精干人员撤回东京，以抵挡柯达的袭击。柯达在日本的成功完全靠打破美国式的经销观念和经销模式，让柯达在日本成为与富士一样的“日本公司”，而不是一家在日本的外国公司。

另外，广告宣传也是柯达竞争的一个重要手段。柯达为了与富士竞争，在广告上投入了大量金钱。在富士准备投入大量资金促进海外销售时，柯达投入 3 倍于富士的资金用于在日本做广告。柯达不惜重金在日本众多大城市中设置了价值 100 万美元的当时日本最高的巨型路标，不仅如此，柯达还出资赞助参加 1988 年汉城奥运会的日本代表团，以报 1984 年洛杉矶蒙羞之仇，同时，柯达还早早支付 800 万美元，以获准使用奥运五环标志，来击退富士向印度、中国内地和中国台湾地区这些迅速扩大的市场的进攻。为彻底打败富士，柯达花费 100 万美元特地购置了一艘飞艇，装饰上醒目的柯达标志，在日本城市上空整整飞行了 3 年，还特别挑衅似的在东京富士总部的上空来回盘旋，致使日本舆论界纷纷指责

富士丢了日本人的脸。为挽回影响，富士不得不付出两倍于柯达的代价，专门从欧洲调回富士的飞艇，在东京上空做了两个月的飞行。

（资料来源：根据培训网上资料改编 http://www.yh21job.com/Soft/ShowSoft.asp?SoftID=77.）

【案例分析】

1．柯达是怎样应对富士的市场竞争的？采取了那些经营策略？

2．你从中得到什么启示？

项目 6

具体企业的目标市场营销策略分析

目标市场营销是"企业营销"的战略环节，是在企业开展具体的营销活动时站在较高的角度对营销活动进行的总体把握，是开展营销活动的总指导思想。学会对企业的市场细分状况、目标市场营销战略以及企业的市场定位进行分析并能初步进行应用，将极大地有利于今后的营销工作，尤其是当职业生涯发展到营销经理、店长等职位，这些能力是至关重要的；对于打算将来自己创业的人，这种能力是至关重要的；这些能力的提高，将有利于用更专业的思维方式去思考营销岗位上可能遇到的种种问题并加以分析解决。

任务 1 分析具体企业的目标市场营销策略

项目任务书

课内学时	6	课外学时	至少 4
学习目标	1．能够利用计算机网络，查找本团队所模拟企业的市场细分资料，对企业的市场细分依据变量和有效性进行分析 2．能在查找、整理、分析资料的前提下，对企业的目标市场策略及其使用原因进行分析讨论，对其目标市场策略进行评价 3．能在查找、整理、分析资料的前提下，对企业的市场定位策略及其定位依据与方法进行分析，写出文字说明 4．提高团队合作能力、时间管理能力，巩固专业知识，提高专业知识的应用能力		

续表

学习方法	1．小组讨论 2．查找资料，学习并进行沟通
所涉及的专业知识	市场细分的含义、市场细分的标准、市场细分的方法、消费者（产业市场）市场细分的标准、产业市场的市场细分标准、目标市场选择的基本模式、目标市场营销战略、影响目标市场选择的因素、市场定位的概念、市场定位的方法、市场定位战略
本任务与其他任务的关系	本任务是建立在组建团队、确定模拟企业、营销观念案例分析、具体企业的业务组合规划分析、企业的营销环境分析、消费者购买行为分析、具体企业的市场竞争战略分析等任务的基础之上，是做好后续其他任务的前提
学习材料与工具	学习材料：案例，PPT 工具：互联网、电脑、项目任务书、笔
学习组织方式	学生以团队为单位完成确定模拟企业的任务

项目指导书

完成项目的基本路径：

听教师讲解案例及相关的知识（90分钟）→ 了解项目任务并制定计划，查找资料并分析（90分钟）→ 项目汇报与评价（90分钟）

Step 1 听教师讲解案例及相关知识

（1）学习案例 6.1，填写表 6-1。

案例 6.1 江崎泡泡糖

日本泡泡糖市场曾经为“劳特”所垄断，其他企业想挤进泡泡糖市场十分困难。但江崎糖业公司对此却并不畏惧，公司成立了市场开发团队，专门研究霸主“劳特”产品的短处，寻找市场的缝隙。经过周密调查分析，终于发现“劳特”有四点不足：第一，以成年人为对象的泡泡糖市场在扩大，而“劳特”却仍旧把重点放在儿童泡泡糖市场；第二，“劳特”的产品主要是果味型泡泡糖，而现在消费者的需求正在多样化；第三，“劳特”多年来一直生产单调的条板状泡泡糖，缺乏新型式样；第四，“劳特”产品的价格是 110 日元，顾客购买时需多掏 10 日元的硬币，往往感到不便。

通过分析，江崎糖业公司决定以成人泡泡糖市场为目标市场，并制定了相应的市场营销策略。不久，便推出功能性泡泡糖四大产品：司机用泡泡糖，使用了高浓度薄荷和天然牛黄，以强烈的刺激消除司机的困倦；交际用泡泡糖，可清洁口腔，祛除口臭；体育用泡泡糖，内含多种维生素，有益于消除疲劳；轻松型泡泡糖，通过添加叶绿素，可以改善人的不良情绪。

公司还精心设计了产品的包装，像飓风一样席卷全日本。由此江崎公司成功挤进了由“劳特”独霸的泡泡糖市场，而且市场份额由 0 上升至 25%。

（资料来源：http://wenku.baidu.com/link?url=sT89QC6h8K-Qgoe16omTv_PUVvDG3jCZEwSRvX3j4tdN8wQS513V6JY_iHVRqbkJItllWm-kP1xwbdhW3wSXQr6oa7eCAUKuIE0Hm0EhuZG）

表6-1 项目任务产出——导入思考

1．江崎糖业为什么会取得成功？
2．什么是市场细分？市场细分的依据是什么？

（2）学习案例6.2，填写表6-2。

案例6.2 华为的市场选择

华为进入通信市场的时候，中国的电信市场非常广阔，用户的需求多种多样，繁杂无比，但竞争也比较激烈，尤其面对强大的国外和合资品牌厂商，华为作为市场后入者和挑战者，不可能在市场上与强大对手硬碰硬，所以华为选择了对手的薄弱环节——农村电话市场作为突破口。

表6-2 项目任务产出——消费者市场细分标准（1）

1．华为进入通信市场时，采用了什么标准进行市场细分？
2．这种细分标准包括的具体内容（标准）有什么？

（3）学习案例6.3，填写表6-3。

案例6.3 “他+她-”饮品

2004年，“他+她-”饮品的市场细分方法很独特，在此之前，国内饮料、水厂商的市场细分方法主要按年龄段分类，或是按照饮品的品种分类（单品种饮料，比如橙汁、苹果汁等，混合果汁饮料），或按功能分类。而他+她-饮品的细分方法却跳出了这种思路：横向切开，按男女来分。

“他+她-”饮料是他加她饮品有限公司在2003年推出的一种功能型饮料。他加她饮品有限公司是汇源集团和蓝猫系列饮品的策划人石岩、周子琰夫妇共同投资成立的。

“他+她-”饮料推出之时便一炮打响，成为2004年最引人注目的饮品之一。仅在2004年成都的糖酒会上，“他+她-”就获得了4.7亿元的订货款。

以“他、她”为目标顾客群——年龄在18～35岁的消费者，“+”和“-”既体现了产品男性加体力、女性减体重的寓意，又暗合产品的性别属性。在产品包装设计上，“他+她-”从用色、构图、版式等各个方面，都打上了性别的鲜明印记，“她-”饮料外包装采用桃红色，既有女人味，又带有一丝浪漫；“他+”饮料外包装采用蓝色基调，表现男性的稳重和阳刚之气，瓶身呈流线形设计，透出优雅的气质。该饮料上市后取得了空前的成功。

（资料来源：http://doc88.com/p-695925441308.html.有改动）

【案例思考】

"他+她-"饮品采用了什么标准进行市场细分？

表6-3　项目任务产出——消费者市场细分标准（2）

1．北京"他+她-"饮品采用了什么标准进行市场细分？   2．这种细分标准包括的具体内容（标准）有什么？

（4）学习案例6.4，填写表6-4。

案例6.4　麦当劳的市场细分

麦当劳作为一家国际餐饮巨头，创始于20世纪50年代中期的美国。当时创始人及时抓住高速发展的美国经济下的工薪阶层需要方便快捷的饮食的良机，瞄准细分市场需求特征，对产品进行准确定位而一举成功。如今，麦当劳已经成长为世界上最大的餐饮集团，在109个国家开设了2.5万家连锁店，年营业额超过34亿美元。

回顾麦当劳公司的发展历程后可以发现，麦当劳一直非常重视市场细分的重要性，而正是这一点让它取得令世人惊羡的巨大成功。

麦当劳拥有美国国内和国际市场，不管是在国内还是国外，都有各自不同的饮食习惯和文化背景。麦当劳非常注意分析各区域的差异，如美国东西部顾客喝咖啡口味是不一样的，把市场细分为不同的地理单位进行经营活动，做到因地制宜。

每年，麦当劳都要花费大量的资金进行认真的、严格的市场调研，研究各地的人群组合、文化习俗等，再书写详细的细分报告，以使每个国家甚至每个地区都有一种适合当地生活方式的市场策略。

例如，麦当劳刚进入中国市场时大量传播美国文化和生活理念，并以美国式产品牛肉汉堡来征服中国人。但中国人爱吃鸡肉，与其他洋快餐相比，鸡肉产品更符合中国人的口味，更加容易被中国消费者所接受。针对这一情况，麦当劳改变了原来的策略，推出了鸡肉产品。在此之前只卖牛肉产品的麦当劳也开始销售卖鸡肉产品了。

此外，麦当劳对其顾客从年龄上进行了细分，将不到开车年龄的划定为少年市场，将20～40岁的年轻人界定为青年市场，此外还划定了年老市场。

人口市场划定以后，麦当劳分析不同市场的特征与定位。例如，麦当劳以孩子为中心，把孩子作为主要消费者，十分注重培养他们的消费忠诚度。在餐厅用餐的小朋友，经常会意外获得印有麦当劳标志的气球、折纸等小礼物。在中国，还有麦当劳叔叔俱乐部，参加者为3～12岁的小朋友，定期开展活动，让小朋友更加喜爱麦当劳。

另外，快餐业通常有两个潜在的细分市场：方便型和休闲型。在这两个方面，麦当劳都做得很好。针对方便型市场，麦当劳提出"59秒快速服务"，即从顾客开始点餐到拿着食品离开柜台的标准时间为

59秒，不得超过一分钟。针对休闲型市场，麦当劳对餐厅店堂的布置非常讲究，尽量做到让顾客觉得舒适自由。麦当劳努力使顾客把自己作为一个具有独特文化的休闲好去处，以吸引休闲型市场的消费群。

（资料来源：http://wiki.mbalib.com/wiki/%E5%B8%82%E5%9C%BA%E7%BB%86%E5%86%86，有改动）

表6-4　项目任务产出：消费者市场细分标准（3）

1．案例6.4中麦当劳采用了什么标准进行市场细分？
2．这种细分标准包括的具体内容（标准）有什么？

（5）学习案例6.5、案例6.6，填写表6-6。

案例6.5　飞行常客奖励计划

飞行常客奖励计划是航空公司给忠实乘客的一种奖励，普遍的形式是：乘客们通过这个计划累积自己的飞行里程，并使用这些里程来兑换免费的机票、商品和服务以及其他类似贵宾休息室或优先值机之类的特权。

大多数航空公司都是基于飞行的里程数来给予积分的，由于系统不同，大多数廉价航空公司更乐于按照飞行次数而不是里程来计算积分，还有个普遍现象，航空公司一般会通过给新入会成员一笔奖励积分来鼓励旅客参加自己的常客计划，而且对于同一航段上不同舱位的旅客给予不同的积分。

【案例思考】

航空公司的飞行常客奖励计划是从什么角度来对乘客进行细分的？

案例6.6　牙膏市场的利益细分

利益细分是行为因素细分的一种，指按照购买者对产品追求的不同利益，将其归入各群体。哈雷对牙膏市场的利益细分是最为经典的例子。哈雷认为，消费者使用牙膏是追求经济利益、保护利益、美容利益和气味利益。每个追求利益的消费者群体都有特定人口统计特征，行为方面和心理方面的特征。在每个细分市场上都有一些受偏爱的品牌。表6-5显示了牙膏市场的利益细分状况。

表6-5　牙膏市场的利益细分

利益细分	人口统计特征	行为	心理	偏好品牌
经济利益（低价）	男性	大量使用者	高度自主	减价品牌
保护利益（防蛀）	大家庭	大量使用者	忧虑保守	佳洁士
美容利益（洁齿）	青少年，年轻人	吸烟者	爱好社交	云南白药牙膏
气味利益（气味香）	儿童	留兰香味爱好者	喜好享乐者	高露洁

表 6-6　项目任务产出——消费者市场细分标准（4）

1. 案例 6.5 和案例 6.6 中分别采用了什么标准进行市场细分？
2. 这种细分标准包括的具体内容（标准）有什么？

（6）学习案例 6.7，填写表 6-7。

案例 6.7　美国宝洁公司的目标市场营销战略

美国宝洁公司是世界上最大的日用消费品公司之一，全球雇员近 10 万，在全球 80 多个国家设有工厂及分公司，所经营的 300 多个品牌的产品畅销 160 多个国家和地区。旗下小品牌数百个，独立大品牌 80 多个，其产品覆盖洗发护发、美容护肤、个人清洁、妇女保健、婴儿护理、家居护理等诸多领域。

宝洁旗下洗发水有潘婷、海飞丝、飘柔、伊卡璐、沙宣等品牌；洗衣粉有汰渍、碧浪、波特等品牌；牙膏有佳洁士品牌；香皂有舒肤佳品牌；化妆品有 SK-II、玉兰油、威娜、妮维雅等品牌。

在中国，宝洁的飘柔、海飞丝、潘婷、舒肤佳、玉兰油、碧浪、汰渍和佳洁士等已经成为家喻户晓的品牌。

宝洁把产品的整体市场划分为若干细分市场，从中选择两个以上甚至全部细分市场作为自己的目标市场，并为每个选定的市场制定不同的市场营销组合方案，同时多方位地分别开展针对性的营销活动。它旗下的每个产品品牌个性迥异，针对不同的细分市场进行产品定位、价格定位、广告传播及渠道建设，满足消费者差异化的市场需求。每个品牌都有自己的发展空间。

表 6-7　项目任务产出——目标市场营销战略

1. 宝洁公司实施的是什么样的目标市场营销战略？实施该战略有什么优点和缺点？什么样的企业适合使用该战略？
2. 另外两种目标市场的营销战略是什么？他们各有什么优缺点？适用于什么样的企业？

（7）学习案例 6.8、案例 6.9、案例 6.10，填写表 6-8。

案例 6.8　“脑白金”的礼品定位

“今年过节不收礼，收礼只收脑白金”，这句家喻户晓的广告词，使得一个普通的保健产品，在中国礼品市场上大出风头，一时风光无限，这主要得益于其独到的“礼品”定位。

中国经济的快速发展，使得人们的生活水平有了很大提高，人们从追求一般的物质享受，发展到关注自身的健康，因而使得我国的保健品市场很快形成并迅速膨胀起来，众多企业纷纷进入这一领域，并推出了各种各样的保健品，三株口服液、中华鳖精、脑黄金等一时满天飞，由于产品质量良莠不齐，一些产品过度夸张、虚假宣传，价格远远背离价值，很快将保健品市场做滥，大大降低了人们对保健品的信任程度。

正是在这一市场背景下，脑白金独辟蹊径，绕开保健品市场的一些不利因素，主攻礼品市场。将产品定位为一种现代、时尚礼品，一种充满亲情、友情、孝心、关心的产品，赋予其更多的情感因素，迎合了现代人的心理需求，因而赢得了众多消费者的认可和接受。

中国是礼仪之邦，崇尚“礼尚往来”、“来而不往非礼也”，因而存在着一个巨大的礼品市场，但是多年来，在这一市场上一直是传统的商品如烟、酒、糕点、糖、茶等占主导地位，几乎没有新的选择。市场出现了消费疲劳，礼品市场急需新产品出现，激发消费者的购买兴趣，刺激市场的活力。

正是看中了中国礼品市场的巨大规模，以及随着社会发展人们对礼品需求的新的心理变化所带来的商机，脑白金这一保健产品毅然将其定位为礼品，从而大踏步进入了礼品市场，并取得了辉煌的市场业绩。

脑白金将自己定位为礼品，从而使自己从颇为混乱、充满信任危机的保健品市场，一步迈入了高端的礼品市场，大大拓展了自己的市场范围，由过去的新品辈出、花样众多、竞争激烈的保健品市场，进入了颇为清晰、单纯的礼品市场，显示出自身的巨大能量，其广告词“今年过节不收礼，收礼只收脑白金”，很快将人们在礼品消费上的目光吸引了过来，再加上其众多媒体的强势宣传，很快在礼品市场上形成了聚焦效应，引爆了消费者的购买行为。

脑白金礼品概念的定位策略，实属营销领域的一个成功典范。

案例 6.9 王老吉——“预防上火的饮料”

2004 年在中国市场上引起广泛关注的“王老吉现象”是应用定位理论的结果。王老吉凉茶因为受到饮食习惯和口味等限制，销售区域一直停留在广州一带，2002 年前每年的销量只有 1 亿多元人民币。2002 年年底，特劳特公司与成美帮助王老吉重新定位，从“中药凉茶”重新定位为“预防上火的饮料”，克服了广大消费者对王老吉是中药饮料的心理障碍。而且，根据王老吉“预防上火的饮料”这个定位，改变了王老吉的渠道战略，让它走进了火锅店、湘菜店等渠道，甚至因此打入了肯德基，从而与百事可乐等国际饮料品牌处于同一起跑线上。“怕上火，喝王老吉”的广告语，直接将这一新定位植入顾客的心理。新定位启动两年后，王老吉成功打开了全国各地市场，销量在两年内实现从 1 个多亿到 10 个多亿的历史性突破。

［资料来源：贺和平. 销售与市场，2005（2）］

案例 6.10 蒙牛特仑苏，定位高端牛奶

随着中国消费者对健康的日益关注，就乳品消费而言，越来越多的消费者把目光聚集到乳品品质上，乳品消费已从“有奶喝”过渡到“喝好奶”阶段，于是便催生了高端牛奶细分市场，营养价值更高的高端奶在人们健康饮食支出中将占据越来越大的比重。看到这一需求，2005 年，蒙牛公司率先推出了其高端奶产品“特仑苏”。在名为《特仑苏人生》的广告中，蒙牛用画面和声音向观念传递了一种品位人生的境界。一石激起千层浪，随后，伊利、光明、三元也纷纷加入了中国高端牛奶市场的争夺战。根据一项关于我国台湾地区高端优质奶和普通奶的相关调查显示，1998 年的高端优质奶销量为 0.16 亿升，普通奶 1.52 亿升；而到了 2004 年，这个数字则分别为 0.8 亿升和 1.2 亿升；排名前 3 位的乳品品牌已经占到整个乳品市场份额的 80%以上，而这些品牌无一例外都是将高端优质奶的生产销售作为发展的重点，因此，可以预见，在大陆的高端奶品市场上，市场价格为 4 元/盒的“特仑苏”不仅能够成为蒙牛新的利润增长点，同时也为消费者提供了更多的选择。

（资料来源：http://www.21food.cn/html/news/12/82513.htm. 有改动）

表 6-8　项目任务产出——市场定位

1．案例 6.8 中，脑白金的定位采用了什么方法？请进行分析。 2．案例 6.9 中，王老吉凉茶的定位采用了什么战略？市场定位的战略还有哪些？ 3．案例 6.10 中，蒙牛特仑苏是如何定位的？它为什么能取得成功？

Step 2　了解项目任务并制订计划，查找资料并分析

（1）认真阅读项目任务书，制定团队工作计划。教师对项目任务的目标、步骤进行讲解，学生团队分工完成任务。

样例 6.1　雀巢咖啡在中国的市场细分

20 世纪 80 年代，雀巢咖啡首次进入中国市场，在之后的短短几年里，雀巢咖啡通过准确的市场细分，在中国市场迅速流行起来，咖啡文化也得以在古老的中国"速溶"。越来越多的人开始青睐这种风格迥异的饮品。现在，雀巢咖啡已成为中国的十大知名国际品牌之一。

雀巢选择了根据中国人的购买动机来细分市场。1988 年，雀巢咖啡进入中国，当时在中国，咖啡还不属于快速消费品，国内有的只是一些低档的"咖啡糖"之类的产品，传统的中国人都无饮用咖啡的习惯。这个时候的雀巢咖啡，它的对手并不是那些"咖啡糖"，而是中国传统的茶，在此背景下，咖啡被当成一种有档次、有面子的礼物，被当作"外国的高级礼品"（事实上价格和一般保健品相仿）走进了中国人的家庭。在雀巢最初进入中国的几年中，他们选择了在佳节或者是看望亲朋好友的时候进行产品推广，雀巢咖啡市场从此开始成长起来。

当咖啡在中国成为嗜好品、快速消费品后，雀巢又根据消费者的生活方式进行了细分市场，将喜欢时尚、好享受、追求品位的顾客作为主要的市场，在消费者的心目中树立雀巢时尚、有品位的品牌形象。

雀巢这种动态的市场细分策略，使它在竞争中迅速甩开对手，处于领先地位，市场占有率高达 70%以上。

样例 6.2　雀巢咖啡在中国目标市场战略

在选择礼品市场作为细分市场之后，雀巢公司一直采用无差异性市场战略，用单一的口味、单一规格的大瓶礼盒包装，占领咖啡市场。在咖啡成为快速消费品后，又采用单一口味、单一规格的小袋盒装"雀巢咖啡 1+2"占领市场。

到 20 世纪 90 年代，公司开始采取差异性市场战略。例如，针对不同季节开发"咖啡 1+2"（热饮，冬季）和"咖啡冰 1+2"（冷饮，夏季）；根据消费者对咖啡口味的不同需求，开发了"原味"、"特浓"、

“卡布奇诺”等产品，能够满足各类消费者的需要，从而扩大市场份额。无论消费者喜欢哪一种口味、用什么方法调制，也无论他们想在什么时间、什么场合享用，雀巢咖啡都能满足他们的需求。

样例 6.3 雀巢公司的市场定位

雀巢公司将自己定位在高端品牌，一直致力于在消费者心中树立高品质、高档次、高品位的品牌形象。雀巢公司成功的广告宣传使雀巢咖啡成为优质品的代名词，为消费者广泛接受。

在产品的宣传上雀巢公司长期强调自己的产品更香更醇，通过香醇向消费者传递产品的高品质。表 6-9 是雀巢咖啡产品的宣传卖点。

表 6-9 雀巢产品卖点

产品名称	产品宣传卖点
咖啡 1+2 原味	便携，一冲即可，美味
咖啡冰 1+2	香滑、冰爽、酷劲十足
咖啡 1+2 特浓	浓郁口味
卡布奇诺	在家享受意式泡沫咖啡
咖啡醇品，100%咖啡	更香、更醇
咖啡一杯装	随时随地享用
金牌咖啡	源自上等咖啡豆，自信流露
礼品盒装	包装精美，送礼显尊贵
即饮咖啡	加油鼓劲，生活工作充满活力

在生产工艺方面，雀巢一直宣传自己独有的技术，独特的工艺使其能够制造出高质量的产品。大多数供应商也承认雀巢的高质量产品不是其他生产者能够轻易替代的，长期稳定、领先的产品质量为其品牌战略奠定了坚实的基础。消费者在对市场上提供的不同咖啡品牌的价格与质量的综合比较中，认可了雀巢咖啡。

另外，雀巢对市场的反应也非常敏锐，不断地进行产品更新、产品重新定位和推出新产品，以补充原有客户的新需求和占领新的客户，保证公司在市场上总有新的增长点（如表 6-10 所示）。它总是能适时地先于对手推出新产品，或在竞争对手推出新产品时迅速跟进。正是这种强大的研发能力保证了雀巢公司持续的行业领导能力和市场号召力，从而不断加强顾客对雀巢产品的忠诚度。

表 6-10 雀巢咖啡历年新产品

年份	新产品
1992	雀巢咖啡 1+2
1998	雀巢罐装即饮咖啡
2000	新雀巢咖啡 1+2
2001	改进工艺，更香醇雀巢咖啡
2002	进一步改进工艺，更香、更醇
2003	全新雀巢咖啡，创造咖啡品质新标准
2004	雀巢咖啡冰 1+2

续表

年　份	新　产　品
2005	雀巢卡布奇诺咖啡
2006	雀巢咖啡云南礼盒
2007	雀巢咖啡 1+2 特浓口味
2008	雀巢咖啡醇品，100%咖啡

（2）查找资料并进行分析，填写表 6-11。

表 6-11　项目任务产出——分析模拟公司的目标市场营销策略

1．对所模拟公司的市场细分变量的分析 所模拟公司的市场细分依据变量有： 你认为其中最重要的两个（或三个）是： 对所模拟公司的细分市场进行描述，对市场细分策略进行说明，本团队提出的改进建议： 2．所模拟公司的目标市场营销策略及其采用该策略原因的分析 3．所模拟公司的市场定位的依据和方法、市场定位的效果和改进建议 团队分工合作情况及各队员贡献情况说明：

Step 3　项目汇报与评价

以团队的形式向所有同学汇报本次项目的成果，可展示 PPT 并配合讲解。所有团队成员均应参加汇报并有所贡献。

由其他团队为汇报团队进行评分，评分结果占本项目成绩的 50%，教师也进行评分，评分成果占该项目成果的 50%。

【评价标准】

（1）选择细分变量合理，细分基本正确，对不同细分市场的特点描述基本正确；目标市场营销战略选择正确，原因基本正确，说明充分；对所模拟公司的资料收集充分，资料整理有条理，对其市场定位的分析正确，依据、方法说明合理；分析报告质量高。

（2）选择细分变量合理，细分有不正确的地方，对不同细分市场的特点描述不完全正确；目标市场营销战略选择正确，原因基本正确，有部分不正确之处；对所模拟企业的市场定位的分析有不正确之处：依据说明不合理或方法说明不合理（其中一项符合所列条件）；分析报告质量较高。

（3）选择细分变量合理，细分不正确，对细分市场的特点描述不正确；目标市场营销战略选择不正确，对原因可自圆其说；对所模拟企业的市场定位的分析有不正确之处，或依据说明不合理，或方法说明不合理（其中有两项同时符合该条件）；分析报告质量一般。

（4）选择细分变量不合理，细分不正确，对细分市场的特点描述不正确；目标市场营销战略选择不正确，对原因的说明不充分，不能自圆其说；对所模拟企业的市场定位的分析有不正确之处，并且依据说明不合理，定位方法说明也不合理；分析报告质量差。

符合上述标准（1），成绩为优秀，可得90～100分；符合标准（2），成绩为良好，可得70～80分；符合标准（3），成绩及格，可得60～70分；符合标准（4），成绩为不及格，得分60分以下；介于这几种标准之间的，可酌情增减分。

【分值划分】 市场细分占得分的25%，目标市场选择占25%，对市场定位的描述情况占25%，团队间的配合占25%。本次项目完成占项目任务总分的10%。评分表见表6-12、表6-13、表6-14。

表6-12 项目评分——分析具体企业的目标市场营销策略（一）

学生团队评价	市场细分（25%）		总评	
	目标市场战略选择（25%）			
	市场定位（25%）			
	团队合作（25%）			

表6-13 项目评分——分析具体企业的目标市场营销策略（二）

教师评价	市场细分（20%）		总评 总评	
	目标市场战略选择（20%）			
	市场定位（20%）			
	团队合作（20%）			
	文案写作（20%）			

表6-14 项目评分——分析具体企业的目标市场营销策略（三）

被评分团队 评分团队	团队A	团队B	团队C	团队D	团队E	总分
团队A						
团队B						
团队C						

续表

被评分团队 评分团队	团队A	团队B	团队C	团队D	团队E	总分
团队D						
团队E						
教师评分						

基本知识

一、市场细分

1. 市场细分的意义、原则及标准

市场细分就是在市场调研的基础上，按照消费者需求的差异，把某一产品（服务）的总体市场划分成若干个具有共同特征的子市场的过程。

市场细分是从消费者的角度即根据消费者的需求、动机、购买行为的多元性和差异性来划分市场的。市场细分的意义如下：

（1）有利于选择目标市场和制定市场营销策略。市场细分后企业可以根据自己经营思想、方针及生产技术和营销力量，确定自己的服务对象，即目标市场，针对目标市场，制定特殊的营销策略。在细分的市场上，信息容易被了解和反馈，一旦消费者的需求发生变化，企业可迅速改变营销策略，制定相应的对策，以适应市场需求的变化，提高企业的应变能力和竞争力。

（2）有利于发掘市场机会，开拓新市场。通过市场细分，企业可以对每一个细分市场的购买潜力、满足程度、竞争情况等进行分析对比，探索出有利于本企业的市场机会，使企业及时做出投产、移地销售的决策或根据本企业的生产技术条件编制新产品开拓计划，进行必要的产品技术储备，掌握产品更新换代的主动权，开拓新市场，以更好适应市场的需要。

（3）有利于集中人力、物力投入目标市场。任何一个企业的资源、人力、物力、资金都是有限的。通过细分市场，选择适合自己的目标市场，企业可以集中人力、财力、物力及资源，去争取局部市场上的优势，从而在市场上占据一定位置。

（4）有利于企业提高经济效益。前面三个方面的作用都能使企业提高经济效益，除此之外，通过市场细分，企业还可以针对目标市场，生产出产销对路的产品，既能满足市场需要，又可增加企业的收入。产品产销对路可以加速商品流转，加大生产批量，降低企业的生产销售成本，提高生产工人的劳动熟练程度，提高产品质量，全面提高企业的经济效益。

2. 市场细分的原则

企业可根据单一因素，也可根据多个因素对市场进行细分。选用的细分标准越多，相应的子市场也就越多，每一子市场的容量相应就越小；相反，选用的细分标准越小，子市场就越少，每一子市场的容量则相对较大。如何寻找合适的细分标准，对市场进行有效细分，在营销实践中并非易事。一般而言，成功、有效的市场细分应遵循以下基本原则：

（1）可衡量性。指细分的市场是可以识别和衡量的，即细分出来的市场不仅范围明确，而且对其容量大小也能大致做出判断。

（2）可进入性。指细分出来的市场应是企业营销活动能够抵达的，即企业通过努力能够使产品进入并对顾客施加影响的市场。一方面，有关产品的信息能够通过一定媒体顺利传递给该市场的大多数消费者；另一方面，企业在一定时期内有可能将产品通过一定的分销渠道运送到该市场，否则，该细分市场的价值就不大。

（3）有效性。即细分出来的市场，其容量或规模要大到足以使企业获利。进行市场细分时，企业必须考虑细分市场上顾客的数量，以及他们的购买能力和购买产品的频率。如果细分市场的规模过小，市场容量有限，对于企业就没有开发价值。

（4）对营销策略反应的差异性。指各细分市场的消费者对同一市场营销组合方案会有差异性反应，或者说对营销组合方案的变动，不同细分市场会有不同的反应。如果不同细分市场的顾客对产品需求差异不大，行为上的同质性远大于其异质性，此时，企业就不必费力对市场进行细分；另一方面，对于细分出来的市场，企业应当分别制定出独立的营销方案，如果无法制定出这样的方案，或其中某几个细分市场对是否采用不同的营销方案不会有大的差异性反应，便不必进行市场细分。

3．消费者市场细分标准

市场细分是建立在消费者需求的差异性上的，因此各种需求差异的因素都可以作为市场细分的标准，消费者市场细分标准通常包括四大类，即地理标准、人口标准、心理标准和行为标准。

（1）地理标准。地理标准指按照消费者所处的地理位置、自然环境来细分市场。地理环境主要包括行政区域、地形、气候、城镇大小、交通条件等。由于不同地理环境、气候条件、社会风俗等因素影响，同一地区内的消费者需求具有一定的相似性，不同地区的消费费需求则具有明显的差异。

（2）人口标准。人口标准是指按照人口变量的因素来细分市场。人口标准是市场细分最常用、最主要的标准。具体的细分标准如表6-15所示。

表6-15　消费者市场细分标准——人口标准

	主要变量	分析要点
性别	男女比例	了解男女构成及消费需求特点
年龄	婴儿、儿童、少年、青年、成年、老年等	掌握年龄结构、比重及各档次年龄的消费特征
收入	白领和蓝领；高收入、中高收入和低收入者等	掌握不同收入层次的消费特征和购买行为
职业	工人、农民、军人、学生、干部等	了解不同职业的消费差异
民族	汉族、满族、回族、蒙古族等	了解不同民族的文化、宗教、风俗及不同的消费习惯
教育程度	小学、中学、大学等	了解不同文化层次人群的购买行为、习惯及结构
家庭生命周期	筑巢期、满巢期、空巢期等	研究各家庭处在哪一阶段、不同阶段消费需求的数量和结构

（3）心理标准。心理标准是指按照消费者的心理特征来进行市场细分，主要包括以下几个方面：

① 生活方式。生活方式是指消费者对自己的工作、休闲和娱乐的态度。生活方式不同，消费倾向及需求的商品也不一样。企业可以根据生活方式将消费者分为紧跟潮流者、享乐主义者、因循守旧者等，划分不同的细分市场。

② 消费个性。消费者的个性千差万别，不同个性对消费者的需求和购买动机产生不同程度的影响。具体的细分标准见表 6-16。

表 6-16　消费者市场细分标准——消费个性

性　格	消费需求特点
习惯型	偏爱、信任某些熟悉的品牌，购买时注意力集中，定向性强，反复购买
理智型	不易受广告等外来因素影响，购物时头脑冷静，注重对商品的了解和比较
冲动型	容易受商品外形、包装或促销的刺激而购买，对商品评价以直观为主，购买前并没有明确目标
想象型	感情丰富，善于联想，重视商品造型、包装及命名，以自己的丰富想象去联想产品的意义
时髦型	易受相关群体、流行时尚的影响，以标新立异、赶时髦为荣
节俭型	对商品价格敏感，力求以较少的钱买较多的商品，购物时精打细算、讨价还价

③ 购买动机。购买动机是指驱动消费者购买的内在力量，购买动机可分为求实动机、求名动机、求廉动机、求新动机等。

（4）行为标准。行为标准是按照消费者的购买行为进行市场细分的，包括以下几个方面：

① 购买时机。根据顾客的购买规律，如平时购买、节假日购买等时机进行市场细分。

② 追求利益（品牌的核心竞争力）。根据消费者从产品中追求的不同利益来细分市场，如消费者对洗发水的选择，有的是为了去头屑，有的是为了养护头发，有的是为了柔顺头发等。

③ 使用者状况。根据消费者对产品的使用状况的不同来进行市场细分，如将消费者分为初次使用者、经常使用者、潜在使用者、非使用者、曾经使用者等。

④ 品牌忠诚度。根据消费者对品牌的忠诚度来细分市场。假设市场上的同类商品有 A、B、C、D 四种品牌，可以将消费者做如表 6-17 的细分。

表 6-17　消费者市场细分——品牌忠诚度

忠诚度类型	表　现	营 销 对 策
铁杆忠诚者	AAAAAA	用俱乐部制等办法维护老顾客
有限忠诚者	ABABAB	分析竞争者的分布，竞争者的营销策略
游移忠诚者	AAABBB	了解本企业营销工作的弱点
非忠诚者	ADBECBD	使用有力的促销手段吸引顾客

此外还可以根据使用频率、购买阶段等作为市场细分的标准。

二、目标市场选择

1. 目标市场选择模式

目标市场是经过市场细分后，企业准备以相应的产品和服务满足其需要的一个或几个子市场。企业通过评估细分市场，决定进入哪些细分市场，即选择企业的目标市场。在选择目标市场时，有五种可供考虑的市场覆盖模式，如图 6-1 所示。

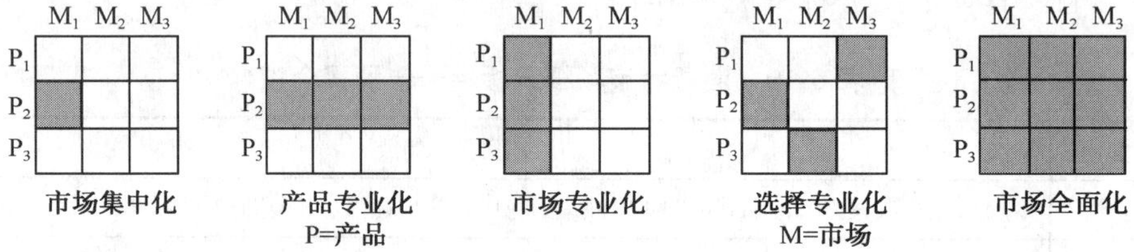

图 6-1　五种目标市场模式

（1）市场集中化。这是一种最简单的目标市场模式。市场集中化是指企业只选取一个细分市场，只生产一类产品，供应给一类顾客群，进行集中营销，例如童鞋厂只生产儿童鞋，满足小孩穿鞋的需求。选择市场集中化模式一般基于以下考虑：企业具备在该细分市场从事专业化经营并能取胜的优势条件；限于资金能力，只能经营一个细分市场；该细分市场中没有竞争对手；准备以此为出发点，取得成功后向更多的细分市场扩展。

（2）产品专业化。产品专业化是指企业集中生产一类产品，并向各类顾客销售这类产品，如电脑生产商只生产电脑产品，可以同时向家庭、机关、学校、银行、企业等各类用户销售。产品专业化模式的优点是企业专注于某一种或一类产品的生产，有利于形成和发展生产和技术上的优势，在该专业化产品领域树立形象；其局限性是当该产品领域被一种全新的技术所代替时，该产品销售量有大幅度下降的危险。当然，这种全新的替代性技术并不是经常出现的，因此该市场的顾客类型较多，营销风险较市场集中化市场模式的风险要小得多。

（3）市场专业化。市场专业化是指企业生产满足某一类顾客群体的需要，专门生产这类消费者需要的各类产品，比如某工程机械公司专门向建筑业用户供应推土机、打桩机、起重机、水泥搅拌机等建筑工程中所需要的机械设备。市场专业化由于经营的产品类型众多，能有效地分散经营风险，但由于集中于某一类顾客，当这类顾客由于某种原因需求下降时，企业也会收益下降，因此市场专业化模式的风险是不确定的。

（4）选择专业化。选择专业化是指企业选取若干个具有良好的盈利潜力和结构吸引力，且符合企业的目标和资源的细分市场作为目标市场。该目标市场模式中的各个细分市场之间较少或基本不存在联系。其优点是可以有效地分散经营风险，即使某个细分市场盈利不佳，企业仍可在其他细分市场获取盈利。选择专业化模式的企业应具有较强资源和营销实力。

（5）市场全面化。市场全面化是指企业生产的多种产品能够满足各类顾客群体的需要，因此，只有实力雄厚的大型企业才能选用市场全面化模式。这种市场模式由于面广量大，能够收到良好的营销效果，例如丰田汽车公司在全球汽车市场和索尼公司在全球电子产品市场上，均采取市场全面化的目标市场模式。

2. 目标市场营销战略

企业对目标市场的选择还需要考虑其市场战略问题，即决定采取何种市场营销战略进入目标市场，直至占领该目标市场。一般来说，企业可以根据具体条件选择三种目标市场战略，如图6-2所示。

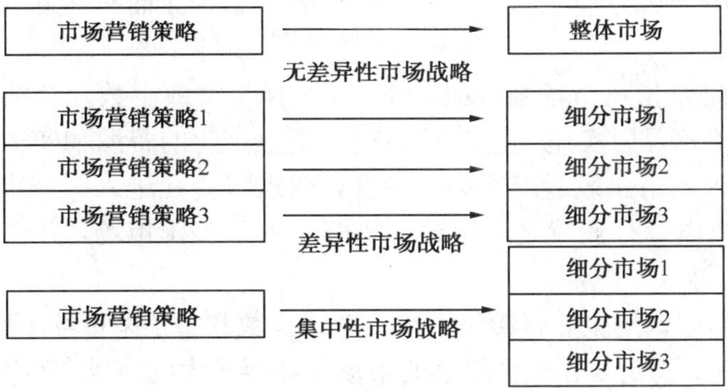

图6-2　三种目标市场营销战略

（1）无差异性市场战略。实行无差异性市场战略的企业，面对整个市场，只提供一种产品，采用统一的营销策略吸引所有的顾客。此战略把整个市场看做一个整体，只注重其需求的共性。例如，20世纪60年代前，美国可口可乐公司一直奉行典型的无差异性市场战略，公司用单一的口味、单一规格的瓶式包装，长期占领世界饮料市场。在大量生产、大量销售的产品导向时代，企业基本上采用的是无差异性市场战略。

无差异性市场战略的最大优点是成本的经济性。大批量的生产必然降低单位产品成本，大量销售能节省大量的调研、产品开发、广告宣传、管理等费用，从而取得较佳的经济效益。

无差异性市场战略的缺点是产品的市场适应性较差。市场环境是在变化的，随着消费者经济收入的提高，一种产品能长时间被所有消费者接受是极少的。同样，一个企业也不可能独占市场，当许多大企业都采用这一战略进入这个市场时，就会造成异常激烈的竞争，企业营利就会受到制约。例如，过去美国的三大汽车公司都认为消费者偏好大型轿车，从而争夺同一目标市场，长时间实行无差异性的市场战略，结果几家大公司间竞争激烈，销售受到限制，而与此同时，由于经济环境的变化，消费者对小型轿车的需求增长，美国汽车公司却不能迅速适应这种变化，结果被日本的小型轿车抢占了先机。

（2）差异性市场战略。采用差异性市场战略的企业，对整体市场进行市场细分，根据企业的资源与营销实力，选择不同数目的细分市场作为自己的目标市场，为所选择的各目标市场设计不同的产品，采取不同的营销组合策略，满足不同目标顾客的需要。

差异性市场战略的最大优点是市场适应性强。该战略能够有针对性地满足不同顾客群体的消费需求，扩大市场范围，提高产品的竞争能力，增强市场经营的抗风险能力。如宝洁公司在中国洗发水市场居于统治地位，在于该公司注重开发“海飞丝”、“飘柔”、“潘婷”、“沙宣”等不同功能的产品，能够满足各类消费者的洗发需求，从而扩大市场份额。

采用差异性市场战略，由于产品品种、销售渠道、广告宣传的扩大化与多样化，导致企业的产品研制费用、分销费用、广告宣传费用、储存费用、管理费用大幅度增加。该战略在推动销售额上升的同时，也在推动了成本的增加，企业的效益并无保证，所以目标市场选择的数目并非越细越好、产品越多越好，企业要根据自己的客观条件，权衡得失后做出决策。

（3）集中性市场战略。无差异性市场战略和差异性市场战略都是以整体大市场作为目标市场的，一般适用于实力较强的大企业。对众多中小企业而言，集中性市场战略是最好的选择。

集中性市场战略是指在市场细分的基础上，选择一个或少数几个细分市场作为企业的目标市场，经营一类产品，实施一套营销策略，集中企业的资源和实力为之服务，争取更大的市场份额。这种策略一般适用于中小企业，或出口企业进入国外市场的初期。日本公司在汽车、手表、家电等行业就是运用这种策略进入了美国市场，并在美国及全球市场取得了惊人的成功。

集中性市场战略强调把企业资源集中在一个或少数几个小型市场，不求在大市场上得到一个较小的市场份额，而是要在一个较小的市场上获得较大的市场占有率。这一策略的优点是能够发挥企业的资源优势，集中资源在小市场获得营销成功；由于目标市场集中，能更深入地了解目标市场的需求，生产出更加适销对路的产品；能促进专业化经营，有利于树立企业形象和品牌形象；还能节省生产成本和营销费用，增加盈利。

集中性市场战略的经营风险较大，如果目标市场过于集中，一旦这个市场发生突然的变化，如消费者偏好突然改变，强大的竞争者进入市场等，均会使企业措手不及，陷入困境，因而实行这种策略时要做好应变准备，加强风险意识。

3. 影响目标市场选择的因素

上述三种目标市场战略各有利弊，各自适用于不同情况。企业在选择目标市场战略时，必须全面考虑各种因素，权衡利弊，慎重决策。这些因素主要有：

（1）企业的实力。企业实力包括生产、技术、销售、管理等力量的总和。如果企业资金雄厚，市场营销管理力量强，可以选择无差异性市场战略和差异性市场战略；反之，如果企业能力有限，无力兼顾整体市场，则宜选择集中性市场战略。

（2）产品的属性差异程度。产品在性能、特点等方面的差异程度是不同的，有些差异大，有些差异小，如食盐、食糖、大米等产品的差异性很小，因而一般可视为“同质”产品，对于同质产品，一般宜实行无差异性市场战略；反之，如化妆品、服装、家具等产品的差异性较大，可视为“异质”产品，对异质产品则宜采用差异性市场战略或集中性市场战略。

（3）市场差异性的大小。市场差异性大小即市场是否“同质”。如果市场上所有顾客在同一时期的偏好相同，市场需求表现为没有多大差异，对营销刺激的反应也相近，一般宜实行无差异性市场战略；反之，如果市场需求差异较大，则宜采用差异性市场战略和集中性市场战略。

（4）产品市场生命周期的不同阶段。对于处于不同市场生命周期阶段的产品，应采取不同的目标市场战略。通常，产品处于投入期或成长期时，可采用无差异性市场战略，以扩大市场规模，提高市场占有率；产品进入成熟期时，市场竞争激烈，可改用差异性市场战略，以开拓新市场、新产品，增强企业竞争力；产品进入衰退期时，企业则应采用集中性市场战略，缩短战线，缩小市场，延长产品的生命周期。

（5）考虑竞争对手的市场战略。企业采用何种市场战略，往往要视竞争对手所采取的市场战略而定。一般来说，企业的市场战略要与竞争对手有所区别，反其道而行之。实力强大的竞争对手采取无差异性市场战略，在这种情况下，要想打进市场，企业应采用差异性市场战略。如果企业面对的竞争对手较弱，也可采取与之“对着干”的战略，凭借实力击败竞争对手。当然，这些只是一般原则，并没有固定不变的模式，营销者在实践中应根据市场具体情况以及竞争双方的力量对比，采取具体的目标市场战略。

三、市场定位

1．市场定位的含义

市场定位就是针对竞争者现有产品在市场上所处的位置，根据消费者对产品某一属性或特征的重视程度，为产品设计和塑造一定的个性或形象，并通过一系列营销努力把这种个性或形象强有力地传递给顾客，从而适当地确定该产品在市场上的竞争地位。

（1）市场定位的基点是竞争。市场定位是一种帮助企业确认竞争地位，寻找竞争战略的方法。通过定位，企业可以进一步明确竞争对手和竞争目标，发现竞争双方各自的优势与劣势。

（2）市场定位的目的在于吸引更多目标顾客。消费者的各种各样的偏好和追求都与他们的价值取向和认同标准有关，企业要想在目标市场上取得竞争优势和更大效益，就必须在了解购买者和竞争者两方面情况的基础上，确定本企业的市场位置，进一步明确企业的服务对象。企业在市场定位的基础上，才能为企业确立形象，为产品赋予特色，以特色吸引目标消费者。例如，同仁堂以“百年老店、货真价实”来定位；金利来以高档男士服饰用品来定位。通过定位可使企业的形象更为鲜明，产品特色更为明确，从而对相应的顾客群产生吸引力。

（3）市场定位的实质是设计和塑造产品的特色或个性。产品的特色和个性可有多种表现：①可以通过产品实体本身来表现，如功能、结构、成分、款式、颜色等；②可以从消费者对产品的心理感受来表现，如产品可能使顾客感到豪华、朴素、时髦、典雅、别致、通俗、活泼、庄重等；③可以通过价格、质量、服务、促销方式等形式来表现。可见，产品不同，产品个性或特色的表现形式也会有所不同。产品的某一特色往往是由多个方面的因素构成的，如电视机的高质量这一特色是由电视的画面清晰度、使用寿命等多种因素所构成的。

2．市场定位方法

各个企业经营的产品不同，面对的顾客不同，所处的竞争环境也不同，因而市场定位的方法也不同。一般来说，市场定位的方法有下述几种。

（1）根据具体的产品特色定位。产品特色定位指根据其本身特征，确定它在市场上的位置。构成产品内在特色的许多因素都可以作为市场定位所依据的原则，如产品构成成分、材料、质量、档次、价格等。“七喜”汽水的定位是“非可乐”，强调它是不含咖啡因的饮料，与可乐饮料不同；“雀巢咖啡，味道好极了”，“玉林机器，王牌动力”是从产品的质量上加以定位；“最贵的价格，最好的享受”，“以最低的价格出售最好的产品”则是从产品的价格上加以定位。

（2）根据所提供的利益和解决问题的方法定位。产品本身的属性及由此衍生的利益，以及企业解决问题的方法也能使顾客感受到它的定位。例如，在我国沐浴露市场上，强生公司的强生沐浴露，强调其包含独有的“无泪配方”，纯净温和如水，绝不刺激宝宝还未发育完善的眼睛和泪腺，解决了妈妈们给孩子洗澡时的难题；宝洁公司的舒肤佳健康沐浴露，突出其主要功能是去除和抑制皮肤感染和汗臭细菌，含有“迪保肤”抑菌成分，有助于皮肤健康，适合人们在生活水平提高后对健康的重视；上海家化公司的六神则强调其含麝香等名贵中草药，能有效祛痱止痒，清香宜人，能有效去除汗味，塑造在炎热的夏天给人带来清清凉凉的感觉形象。

（3）根据使用者的类型定位。这是根据使用者的心理与行为特征，及特定消费模式塑造出恰当的形象来给产品进行定位。例如，美国米勒啤酒广告中展示石油工人钻井成功狂欢的镜头，年轻人在沙滩上冲刺后开怀畅饮的镜头，以此来塑造一个“精力充沛的形象”；“金利来领带，男人的世界”、“百事可乐，年青一代的选择”都是根据使用者的不同来加以定位的。

（4）根据竞争的需要定位。根据竞争者的特色与市场位置，结合企业自身发展需要，将本企业产品或定位于与其相似的另一类竞争者产品的档次，或定位于与竞争直接有关的不同属性或利益。例如，美国泰来诺止痛药的定位是“不含阿司匹林的止痛药”；美国阿维斯出租车公司将自己定位于出租汽车行业的第二位，强调“我们是老二，我们将更加努力”，暗示要比居市场第一位的企业提供更好的服务。

事实上，许多企业进行市场定位的方法往往不止一种，而是多种方法同时使用，因为要体现企业及其产品的形象和特色，市场定位必须是多维度、多侧面的。

3．市场定位步骤

企业的市场定位可以通过明确优势、选择适当的竞争优势以及准确地传播企业的定位概念三个基本步骤来进行。

明确优势包括明确企业自身资源所具备的可能优势、企业在满足目标市场需求方面的可能优势以及与竞争者相比的比较优势。

企业市场定位的成功与否，在于企业能否抓住竞争优势中最重要的优势，并加以有效传播，因此，市场定位时应考虑对顾客来的重要性、独特性、优越性以及本企业相对竞争者的领先性。

企业在作出市场定位决策后，还必须采取正确的方法与步骤向目标市场顾客大力开展广告宣传，把企业的定位概念准确地传播给目标购买者以及潜在的购买者，使目标市场顾客对企业的定位选择有准确、清晰的把握。

4．市场定位战略

目标市场定位战略在个体实践中是多种多样的，但主要的定位战略有以下四种。

（1）填补定位。填补定位是指企业为避开强有力的竞争对手，将产品定位在目标市场的空白部分或是“空隙”部分。市场的空白部分指的是市场上尚未被竞争者发觉或占领的那部分需求。企业把产品定位于目标市场上的空白处，可以避开竞争，迅速在市场上站稳脚跟，并能在消费者或用户心目中迅速树立一种形象。这种定位方式风险较小，成功率较高，常常为多数企业所采用。但采用这种方式必须考虑以下几个问题：

① 研究市场的空白处是如何形成的，是因为没有潜在的需求，还是竞争对手无暇顾及。

② 如果确定存在潜在需求，就要考虑这一市场部分是否有足够的需求规模，能否使企业有利可图。

③ 考虑企业的营销能力是否能胜任这部分市场的开发，是否有足够的技术能力去开发市场空白处的需求产品。

（2）并列定位。并列定位是指企业将产品定位在某一个竞争者的同一位置上，与现有竞争者和平共处。对于竞争者来说，如果有足够的市场份额，而且既得利益没有受到多大损失，它们一般是不在乎身边多一个竞争对手的，因为激烈的对抗常常会两败俱伤，很多实力不是太雄厚的企业经常采用这种定位战略。实行并列定位战略必须注意不要试图压垮对方，只要能够平分秋色已是巨大的成功。

（3）对抗定位。对抗定位是指企业要从市场上强大的竞争对手手中抢夺市场份额，改变消费者原有的认识，挤占对手原有的位置，自己取而代之。选择这一战略的条件是：

① 与企业条件相符合的市场已被竞争者占领，而且这个市场需求不够大，不存在与之并存的可能。

② 实力比竞争者雄厚，想成为市场的领先者，企业有把握战胜对方。

采用这种定位方式的风险相对较大，成功了，企业可以独占鳌头，但一旦失败，企业会陷入惨痛境地或者是两败俱伤，因此，采用此战略的企业事先应做好充足的准备。

（4）重新定位。重新定位是指随着企业的发展、技术的进步、市场环境的变化，企业对过去的定位做修正，以使企业拥有比过去更大的适应性和竞争力。一般来说，主要在以下几种情况下需要新定位：

① 企业的经营战略和营销目标发生了变化。如当娃哈哈从一个儿童饮料的品牌发展成为全系列的、涉及多个年龄阶层的品牌时，其市场定位就需要进行延伸乃至重塑。

② 企业面临激烈的市场竞争。如可口可乐公司，由于近年来竞争加剧，特别是百事可乐和七喜的异军突起，可口可乐独霸市场的局面被打破，不得不开始改变其原来的产品定位，突破传统可乐型饮料，增加芬达、雪碧等新产品，满足各种顾客群的需要，避开了与竞争对手在狭窄市场领域的激烈冲突，并使公司获得了更多的发展机会和空间。

③ 企业为适应目标顾客的新需求。消费需求是不断发展变化的，而企业的市场定位往往具有一定的稳定性，这样当消费需求不断变化时，企业的市场定位就需要根据需求的变化而不断调整。

企业的市场定位应该是一个动态战略过程，需要针对新的环境、新的需求、新的企业战略而不断调整。

自学与拓展

产业市场细分标准

消费者市场的细分标准，有些同样适用于产业市场，如地理因素、追求的利益、使用者状况等因素。但是，生产者市场有着与消费者市场不同的特点，因此，生产者市场也有着其独特的细分标准。美国的波罗玛（Bouoma）和夏皮罗（Shapiro）两位学者，提出了一个产业市场的主要细分变量表（如表6-18所示），比较系统地列举了细分产业市场的主要变量，并提出了企业在选择目标顾客时应考虑的主要问题，对企业细分产业市场具有一定的参考价值。

表6-18　产业市场的主要细分变量

人口变量 （1）行业：我们应把重点放在哪些行业？ （2）公司规模：我们应把重点放在多大规模的公司？ （3）地理位置：我们应把重点放在哪些地区？
经营变量 （1）技术：我们应把重点放在顾客所重视的哪些技术上？ （2）使用情况：我们应把重点放在经常使用者，还是较少使用者、首次使用者或从未使用者身上？ （3）顾客能力：我们应把重点放在需要很多服务的顾客上，还是只需少量服务的顾客上？
采购方法 （1）采购职能组织：我们应将重点放在那些采购组织高度集中的公司上，还是那些采购组织相对分散的公司上？ （2）权力结构：我们应侧重那些工人和技术人员占主导地位的公司，还是财务人员占主导地位的公司？ （3）与用户的关系：我们应选择那些现在与我们有牢固关系的公司，还是追求最理想的公司？ （4）总的采购政策：我们应把重点放在乐于采用租赁、服务合同、系统采购的公司，还是采用密封投标等贸易方式的公司上？ （5）购买标准：我们是选择追求质量的公司、重视服务的公司，还是注重价格的公司？
情况因素 （1）紧急：我们是否应把重点放在那些要求迅速和突击交货或提供服务的公司？ （2）特别用途：我们应将力量集中于本公司产品的某些用途上，还是将力量平均花在各种用途上？ （3）订货量：我们应侧重于大宗订货的用户，还是少量订货者？
个性特征 （1）购销双方的相似点：我们是否应把重点放在那些人员及其价值观念与本公司相似的公司上？ （2）对待风险的态度：我们应把重点放在敢于冒风险的用户，还是不愿意冒风险的用户上？ （3）忠诚度：我们是否应该选择那些对本公司产品非常忠诚的用户？

以上分析了消费者市场和中间商市场的细分依据，需要注意的是企业在运用这些变数进行市场细分的时候，一般不是只考虑某个依据，而是要使用多个依据考虑多重属性。

项目自我练习6

一、单项选择题

1．同一细分市场的顾客需求具有（　　）。

A．绝对的共同性　　B．较多的共同性

C．较少的共同性　　D．较多的差异性

2．“市场同合化”的理论，主张从（　　）的比较出发适度细分市场。

A．成本和收益　　B．需求的差异性和一致性

C．利润和市场占有率　　D．企业自身与竞争者的资源条件

3．（　　）差异的存在是市场细分的客观依据。

A．产品　　B．价格　　C．需求偏好　　D．细分

4．某工程机械公司专门向建筑业用户供应推土机、打桩机、起重机、水泥搅拌机等建筑工程中所需要的机械设备，这是一种（　　）策略。

A．市场集中化　　B．市场专业化

C．全面市场覆盖　　D．产品专业化

5．属于产业市场细分标准的是（　　）。

A．职业　　B．生活格调　　C．收入　　D．顾客能力

6．依据目前的资源状况能否通过适当的营销组合去占领目标市场，即企业所选择的目标市场是否易于进入，这是市场细分的（　　）原则。

A．可衡量性　　B．可实现性　　C．可赢利性　　D．可区分性

7．采用（　　）模式的企业应具有较强的资源和营销实力。

A．市场集中化　　B．市场专业化

C．产品专业化　　D．市场全面覆盖

8．采用无差异性营销战略的最大优点是（　　）。

A．市场占有率高　　B．成本的经济性

C．市场适应性强　　D．需求满足程度高

9．集中性市场战略尤其适合于（　　）。

A．跨国公司　　B．大型企业　　C．中型企业　　D．小型企业

10．同质性较高的产品，宜采用（　　）。

A．产品专业化　　B．市场专业化

C．无差异营销　　D．差异性营销

11．市场定位是（　　）在细分市场的位置。

A．塑造一家企业　　D．塑造一种产品

C．确定目标市场　　D．分析竞争对手

12．（　　）是实现市场定位目标的一种手段。

A．产品差异化　　B．市场集中化

C．市场细分化　　D．无差异营销

13．寻求（　　）是产品差异化战略经常使用的手段。

A．价格优势　　B．良好服务　　C．人才优势　　D．产品特征

14．重新定位，是对销路少、市场反应差的产品进行（　　）定位。

A．避强　　B．对抗性　　C．竞争性　　D．二次

15．市场细分化是根据（　　）的差异对市场进行的划分。

A．买方　　B．卖方　　C．产品　　D．中间商

二、多项选择题

1．市场细分对企业营销具有（　　）利益。

A．有利于发现市场机会　　B．有利于掌握目标市场的特点

C．有利于制定市场营销组合策略　　D．有利于提高企业的竞争能力

E．有利于节省成本费用

2．细分消费者市场的标准有（　　）。

A．地理环境因素　　B．人口因素

C．心理因素　　D．行业因素

E．行为因素

3．属于产业市场细分变量的有（　　）。

A．社会阶层　　B．行业　　C．价值观念

D．地理位置　　E．购买标准

4．无差异营销战略（　　）。

A．具有成本的经济性　　B．不进行市场细分

C．适合绝大多数产品　　D．只强调需求共性

E．适用于小企业

5．市场定位的主要方式有（　　）。

A．产品定位　　B．形象定位　　C．避强定位

D．对抗性定位　　E．重新定位

6．企业在市场定位过程中（　　）。

A．要了解竞争产品的市场定位

B．要研究目标顾客对该产品各种属性的重视程度

C．要选定本企业产品的特色和独特形象

D．要避开竞争者的市场定位

E．要充分强调本企业产品的质量优势

三、判断题

1．在同类产品市场上，同一细分市场的顾客需求具有较多的共同性。（　　）

2．产品差异化营销以市场需求为导向。（　　）

3．“反市场细分”就是反对市场细分。（　　）

4．市场细分对中小企业尤为重要。（　　）

5．市场细分标准中的有些因素相对稳定，多数则处于动态变化中。（　　）

6．通过市场细分化过程，细分出的每一个细分市场，对企业市场营销都具有重要的意义。（　　）

7．市场专业化是一种最简单的目标市场模式。（　　）

8．同质性产品适合于采用集中性市场营销战略。（　　）

9．集中性市场战略适合于资源薄弱的小企业。（　　）

10．与产品生命周期阶段相适应，新产品在引入阶段可采用无差异性营销战略。（　　）

11．市场定位、产品定位和竞争性定位分别有不同的含义。（　　）

12．市场定位与产品差异化无关。（　　）

13．企业采用服务差别化的市场定位战略，就可以不再追求技术和质量的提高。（　　）

14．企业在市场营销方面的核心能力与优势，会自动地在市场中得到表现。（　　）

四、案例分析题

初元：蓝海市场的聚焦“赢销”

2008年，保健品行业出现了几个现象：第一，行业业绩整体持续滑坡，除了一线品牌脑白金、黄金搭档销量攀升外，老牌的金日、昂立、鹰牌等品牌都出现不同程度的销量滑坡，一个典型的现象是商店里保健品的专柜品种少了，专柜小了，光顾的消费者少了；第二，专柜化、系列化的自用保健品悄悄兴起，预示着保健品自用市场慢慢抬头；第三，全国广告宣传的新品，仅有江中集团的初元，快速切入了探病市场，在短时间内完成了局部试点到全国推广的两级跳。

2007年一项针对探病市场的研究发现，消费者在给病人送礼过程中存在着几种需求：一是面子，二是对病人有帮助，三是安全。其中，第一种需求已经获得了极大的满足，脑白金、黄金搭档、金日洋参、安利蛋白粉、深海鱼油等就是处于这个区间的品牌阵营；第二类为帮助病人缓解病情、恢复身体的需求，有阿胶、血尔等品牌；第三类是出于安全的需求，主要由各类食品占领，如核桃粉、蜂蜜等。

在进一步的调研中发现，满足“安全的需求”对应的是一个价格低廉、品种繁多的竞争市场，价格区间为50～100元，食品居多，同质化严重，进入机会几乎没有；满足面子的需求市场，品牌众多，保健品居多，包装大，名气大，价格合理，进入的可能性也非常小；而满足“对病人有帮助的需求”则是一个相对“空白”的市场，原因之一是已有品牌不够强势，原因之二是这些品牌在消费者头脑中和病人的对应度不高，进入的机会非常大。

江中开始了新产品的研发，取名为“初元”，针对病人手术伤口愈合以及衰弱病体康复推出了两款产品，焦点广告开始同步进行包装设计。

调研发现，探病送礼的单次购买价格在181～200元的占33%，其次141～160元的占14%。探病礼品购买者年龄在25～35岁的占48%。这些消费者对礼品的追求除必须具备拿得出手、制作精美外，还必须有适合病人的特性。焦点广告运用金、红作为送礼产品的主打色，高档简洁的设计配合包装背面的图解进行信息传递。

在进入渠道时发现，消费者在购买礼品尤其是相对贵重礼品时首选的渠道仍然是商场或超市，探病礼品市场主要购买场中大型超市占73%，其次才是药店和医院旁边的礼品店。江中决定，和主要的商超和传统保健品推广方式不同，只陈列不起堆，尤其是避开保健传统节庆日起堆推广。旗舰店设在离病人最近的地方，医院旁边的礼品店成为初元的示范店。初元的执行策略“渠道、推广、促销、公关”，确定了一个“空白原则”，进入传统保健品的空白地带，坚决不进入竞争激烈的主跑道。

快速占领探病礼品的位置，电视传播是最有效的媒体。第一条广告投放后，在江西、陕西试点良好，获得了预期的市场尝试。2008 年 6 月，初元拉开了全国推广战，央视加上超过 5 个卫视联播形成了立体传播阵容，在短短半年内获得了巨大的市场反响。

紧密的跟踪调查发现，重视病人的送礼者往往是和病人关系密切的亲人、亲友，他们对礼品选择的第一位是考虑对病人有好处，对价格的敏感不高。初元的实质是适合病人康复的产品，因此产品的形象才是初元的本质形象，也是达成使用者再次使用的根本理由。因此围绕产品机理、服务方法、使用体验的尝试宣传形成了对广告片的有效补充，系列专题片（实验篇、证言篇以及采访篇）的推出达成了收礼者对初元的信心和期待。

初元成为江中集团 2009 年最大的亮点：公司组建了保健食品公司，目前由 600 余人组成专门的销售团队，初元覆盖了全国 26 个省，覆盖的终端达到了 34 000 多家，其中有 3 300 多家重要客户，院边店（医院附近礼品店）6 600 家，药店 11 000 家，中小型超市 12 000 家、县级终端 800 多家。初元产品毛利率较高，高于现有品种，随着初元产品销售收入的快速增长，将提高公司整体盈利能力，由于目前初元销售具有一定规模，不再适合委托加工的方式，公司计划 2009 年在生产基地建设一条口服液生产线，初元 2009 年 1 月销售回款达 1 500 万元，预计全年销售规模有望突破 2 亿元。

【案例分析】

1．江中集团对初元产品的目标市场是如何进行细分的？其细分是否成功？请分析其原因。

2．江中集团对初元产品采取了怎样的市场定位方法？请分析说明。

五、课外阅读

请在互联网上查找关于“定位，王老吉的飙红”的资料，并进行交流讨论。

项目7

企业的产品策略分析

产品策略是企业营销的四大策略之一，从产品的需求、设计到生产、销售、售后服务，各个环节均涉及产品策略。通过本项目的完成，能了解、分析具体企业的产品策略，从而将这种能力应用于今后自己的职业生涯实践。这种能力对于职业生涯发展到一定阶段以后（如从事督导岗位、销售专员岗位等）会有较大的帮助。对于营销思维、营销观念的培养也是非常有用的，它有助于增进对营销行业、岗位的了解。

任务1 产品策略分析

项目任务书

课内学时	6	课外学时	至少4
学习目标	1．能够利用计算机查找本团队所模拟企业的产品的相关资料，包括产品整体概念，与产品组合相关的概念即产品组合、产品线、产品项目，产品组合的宽度、长度、深度和关联性，所模拟公司某一产品所处的生命周期等资料 2．能利用所学知识，查找、整理相关资料对所模拟企业的产品整体概念和产品组合内容进行详细分析，说明产品组合的方式，该公司的产品线是怎样的，产品组合的宽度、长度、深度和关联度是怎样的（最好能列表说明），并对产品线延伸策略提出简单的建议 3．能利用所学知识，查找、整理相关资料分析所模拟企业的某一产品处在生命周期的哪一个阶段，并能合理地进行论证说明，同时分析说明其市场特点及相应的营销策略 4．能就老师要求的内容进行简单汇报		

续表

学习方法	1．小组讨论沟通 2．小组讨论、查找资料学习并进行沟通
所涉及的专业知识	产品整体概念以及与产品组合相关的概念（产品组合、产品线、产品项目，产品组合的宽度、长度、深度和关联性），产品组合策略（扩大产品组合、缩减产品组合、产品线延伸策略），产品生命周期的概念，不同生命周期的特点（投入期、成长期、成熟期、衰退期），不同生命周期应采用的不同营销策略
本任务与其他任务的关系	本任务是建立在组建团队、确定模拟企业、营销观念案例分析、具体企业的业务组合规划分析、企业的营销环境分析、消费者购买行为分析、具体企业的市场竞争战略分析、具体企业的目标市场营销策略分析等任务的基础之上，是做好后续其他任务的前提。在完成后续任务时学生应达到本任务的要求
学习材料与工具	学习材料：样例 工具：互联网、电脑、项目任务书、笔
学习组织方式	1．学生以团队为单位完成确定模拟企业的产品策略分析任务 2．团队代表上台介绍团队及模拟企业产品策略分析任务

项目指导书

完成项目的基本路径：

听老师讲解相关的理论知识（90分钟）→ 制定计划，完成资料查找分析（90分钟）→ 成果汇报并答辩（70分钟）→ 项目考核与评价（10分钟）

Step 1 听老师讲解相关的理论知识

学习案例7.1、7.2、7.3、7.4，完成表7-1、表7-3、表7-5、表7-6。

案例7.1 一位顾客购买电视机的经历

有一个顾客从去年年底开始准备买一台新电视，当时他看中的是索尼NX720和三星6400或6600，最后决定买三星6400。但是由于新房当时没有装修完，于是他决定再等等。电视价格总不会越来越高吧。时间到了今年4月中旬，他去本地卖场看电视，准备五一出手，发现6400和6600基本已经退市了，有的只是样机和尾货，无奈只能放弃了。这时候索尼HX850和三星的ES系列上市了，ES6100价格在11 000元左右，但是样子太丑。ES7000看着挺好但价格太贵，最低也得17 500元。后来他转向了索尼HX850，浑然一体的屏幕很漂亮，但是不知道为何多了银边。到了五一，这位顾客又去商场看看，差不多就入手了。在ES7000的高价面前，感觉HX850还是更有优势，于是他以14 200元赠两副眼镜的价格购买了55英寸的HX850，并且于5月中旬送货，起初看着确实不错，除了银边感觉有点碍眼，但用了几天后突然出现花屏；重启后无花屏，过了一会又花了，后来花的越来越快，无奈找了售后，开具检测单，直接找到卖场经理退货。于是，这位顾客又去看ES7000。到了6月中旬，ES7000天猫商城有活动，而且淘宝旗舰店优惠后的价格只有12 300元左右，于是他果断下单了。3天后物流到家，隔天售后就上门了，不幸的是这次又出问题了。这次不是电视花屏，是菜单花屏。安装师傅说第一次见到这样的情况（看来电视越高端故障率越高），开具了鉴定单，几经周折退了货。7 月中旬，他再次在天猫商城购买了 55 英寸的 ES7000。由于这款电视本地商场价格适中，不低于 16 000 元，3 000 多元的差价导致再次购买。奇怪的是，索尼 HX850 商场里比三星 ES7000 便宜，但是网店里却要比 ES7000 贵。这次的电视终于没有问题了，目前正在使用中。

（资料来源：http://www.jdbbs.com/thread-4142026-1-1.html.）

表 7-1　项目任务产出——产品整体概念

根据案例思考并回答问题：

1．案例 7.1 中的主人公为什么要购买电视机？

2．在购买电视机时他注重的是什么？

3．买电视机的过程中他是否感到愉快？为什么？

4．如果你是电视机制造商，为了让顾客满意，你会怎样做？

5．产品是什么，都包含哪些内容？

听老师讲解后，完成下列填空。

产品整体概念包含的 5 个基本层次包括：

1．________________，含义：________________

2．________________，含义：________________

3．________________，含义：________________

4．________________，含义：________________

5．________________，含义：________________

这五个层次在本案例中具体表现为：

6．请你谈一谈作为企业，在给消费者提供产品的同时应注意什么？

案例 7.2 雀巢公司的产品组合

雀巢公司的产品组合如表 7-2 所示。

表 7-2 雀巢的产品组合

	1	2	3	4	5	6	7	
	咖啡	饮品	牛奶	冰激凌	巧克力	烹调食品	1 岁以上婴儿成长奶粉	
1	雀巢咖啡 1+2	雀巢茶语原味奶茶	雀巢全脂奶粉	雀巢瑰冠花心筒	雀巢威化	雀巢美极鲜味汁	雀巢金牌成长 1+听装	
2	咖啡 1+2 特浓	雀巢茶语金装奶茶	雀巢儿童奶粉系列	雀巢摩爵	雀巢精选滋味威化巧克力	雀巢美极鲜鸡粉	雀巢金牌成长 1+盒装	
3	咖啡冰 1+2	雀巢茶语泡沫奶茶系列	雀巢高钙高铁奶粉	雀巢爆果豆	雀巢奇巧巧克力	雀巢美极香菇粉	雀巢成长 1+听装	
4	咖啡醇品	雀巢冰爽茶	雀巢高纤高钙奶粉	雀巢卡布奇诺杯	雀巢经典品位巧克力	雀巢美极牛肉粉	雀巢成长 1+袋装	
5	咖啡伴侣	雀巢果味 C 系列	雀巢全脂甜奶粉	雀巢冰冰	雀巢珍典之选巧克力	雀巢美极中式靓汤	雀巢金牌成长 3+听装	
6	金牌咖啡	美禄	雀巢高钙甜奶粉	雀巢美禄	雀巢浓情时刻纯牛奶巧克力礼盒	雀巢美极奶油汤系列	雀巢金牌成长 3+盒装	长度
	咖啡	饮品	牛奶	冰激凌	巧克力	烹调食品	1 岁以上婴儿成长奶粉	
7	卡布奇诺咖啡	美禄含麦片	雀巢学生甜奶粉	雀巢慕斯冰激凌			雀巢成长 3+听装	
8	咖啡一杯装		雀巢液态奶				雀巢成长 3+袋装	
9	咖啡礼盒系列		雀巢鹰唛炼奶	雀巢家庭装				
10			雀巢中老年奶粉					
宽度								

表 7-3 项目任务产出——产品组合相关概念

根据案例 7.2 的表格说明：

1．雀巢公司有____条产品线；分别是：____

____。

2．该公司产品品目的总数是____个，产品线的平均长度是______________。

3．该公司产品组合的宽度是______________。

4．雀巢咖啡 1+2 的深度为______________，雀巢成长 3+的深度为______________，雀巢茶语饮品的深度为______________。

5．就产品的最终使用和分销渠道而言，这家公司的这些产品的关联度为______________。

案例7.3 华龙方便面产品组合策略分析

2003 年，在中国大陆市场上，位于河北省邢台市隆尧县的华龙集团以超过 60 亿包的方便面产销量排在方便面行业第二位，仅次于康师傅，同时与“康师傅”、“统一” 形成了三足鼎立的市场格局。“华龙”真正地由一个地方方便面品牌转变为全国性品牌，作为一个地方性品牌，华龙方便面为什么能够在“康师傅”和“统一”这两个巨头面前取得全国产销量第二的成绩，从而成为中国国内方便面行业又一股强大的势力呢？从市场角度而言，华龙的成功与它的市场定位、通路策略、产品策略、品牌战略、广告策略等都不无关系，而其中产品策略中的产品市场定位和产品组合的作用更是居功至伟。下面我们就来分析华龙是如何运用产品组合策略的。

（1）发展初期：针对农村市场的高中低产品组合

在 20 世纪 90 年代初期，大的方便面厂家大多将其目标市场定位于中国的城市市场，如 “康师傅”和“统一”的销售主要依靠城市市场的消费来实现，而广大的农村市场，则仅仅属于一些质量不稳定、无品牌可言的地方小型方便面生产厂家，并且销量极小。中国的农村方便面市场仍然蕴藏巨大的市场潜力。1994 年，华龙在创业之初便把产品准确定位在 8 亿农民和 3 亿工薪阶层的消费群上，同时，华龙依托当地优质的小麦和廉价的劳动力资源，将一袋方便面的零售价定在 0.6 元以下，比一般名牌低 0.8 元左右，售价低廉。2000 年以前，主推的大众面如“108”、“甲一麦”、“华龙小仔”；中档面有“小康家庭”、“大众三代”；高档面有“红红红”、“煮着吃”。凭借正确的目标市场定位策略，华龙一下在北方广大的农村打开市场。2002 年，从销量上看，华龙地市级以上经销商（含地市级）销售量只占总销售量的 27%，县城乡镇占 73%，农村市场支撑了华龙的发展。

（2）发展中期：针对不同区域市场高中低的产品组合

从 2001 年开始，华龙针对不同地域的消费者推出不同口味和不同品牌的系列新品（见表 7-4）。

表 7-4 华龙针对不同市场采取的区域产品策略

<table>
<tr><th>地域</th><th>主推产品</th><th>广告诉求</th><th>系列</th><th>规格</th><th>价位</th><th>定位</th></tr>
<tr><td rowspan="4">河南</td><td rowspan="4">六丁目</td><td rowspan="4">演绎不跪（不贵）</td><td>六丁目</td><td rowspan="4">分为红烧牛肉、麻辣牛肉等 14 种规格</td><td rowspan="4">低价位</td><td rowspan="4">目前市场上最低价位、最实惠产品</td></tr>
<tr><td>六丁目 108</td></tr>
<tr><td>六丁目 120</td></tr>
<tr><td>超级六丁目</td></tr>
<tr><td rowspan="3">山东</td><td rowspan="3">金华龙</td><td rowspan="3">山东人都认同“实在”的价值观</td><td>金华龙</td><td rowspan="3">分为红烧牛肉、麻辣牛肉等 12 种规格</td><td>低价位</td><td>低档面</td></tr>
<tr><td>金华龙 108</td><td>中价位</td><td>中档面</td></tr>
<tr><td>金华龙 120</td><td>高价位</td><td>低档面</td></tr>
<tr><td rowspan="4">东北</td><td rowspan="3">东三福</td><td rowspan="3">核心诉求是“咱东北人的福面”</td><td>东三福</td><td rowspan="3">红烧牛肉等六种口味、五种规格</td><td>高价位</td><td>高档面</td></tr>
<tr><td>东三福 120</td><td>中价位</td><td>中档面</td></tr>
<tr><td>东三福 130</td><td>低价位</td><td>低档面</td></tr>
<tr><td>可劲造</td><td>大家都来可劲造，你说香不香</td><td>可劲造</td><td>红烧牛肉等三种口味、三种规格</td><td>高价位</td><td>继东三福之后的又一高档面</td></tr>
</table>

续表

地域	主推产品	广告诉求	系列	规格	价位	定位
全国	今麦郎	有弹性的方便面，向“康师傅”、“统一”等强势品牌挑战，分割高端市场	煮弹面	红烧牛肉等四种口味、十六种规格	高价位	高档面系列、以城乡消费者为主
			泡弹面			
			碗面			
			桶面			

另外，华龙还有如下系列产品：

- 定位在小康家庭的最高档产品“小康130”系列；
- 面饼为圆形的“以圆面”系列；
- 适合少年儿童的“A-干脆面”系列；
- 为感谢消费者推出的“甲-麦”系列；
- 为尊重少数民族推出的“清真”系列；
- 回报农民兄弟的“农家兄弟”系列；
- 适合中老年人的“煮着吃”系列。

以上系列产品都有三种以上的口味和6种以上的规格。

（资料来源：张立森. 中国营销传播网，2004.09.09. http://www.emkt.com.cn/article/176/17621.html.）

表7-5　项目任务产出表——产品组合策略

1. 产品组合策略主要包括哪些？
2. 华龙面主要采取了什么产品组合策略？有何成功之处？

案例7.4　苏打的新用途

C&D公司具有100多年历史，已发展成为国际知名企业。它不但生产改善人类居住环境和生活环境的优质产品，而且在公益事业上做出了许多贡献。

该公司最初仅是一个生产食用苏打的小公司。可想而知，尽管产品质量、销量都比较令公司满意并占据一定的区域市场。但随着社会的发展，众多厂家参与进来使市场竞争加剧，求生存、求发展仍是摆在公司面前的主要问题。公司认识到只有扩大市场，才能站稳脚跟，获得更大的利润。然而各个州、市、地有许多生产食用苏打的厂家，各占一方市场。加之苏打粉的使用范围很有限，这种产品的营销区域不易扩大，利润难以提高，公司发展举步维艰。如何解决发展问题？公司另辟蹊径，根据其老基础产品的基本特性分析认定，苏打除可以制成食用焙粉外，还具有抗酸特性，即又能发酵又能杀菌消毒。这样的功能特点促使公司开发出了新一代的苏打产品。对新一代的苏打粉，公司采用了原苏打的品牌，即“胳臂与铁锤”牌，因为原产品的质量和功效已在消费者心里留下了较好形象。正如一位专门研究品牌发展与市场权益间关系的咨询公司主任真正感受到的那样：“一旦把品牌形象建立起来，公司就可用其品牌展开另一产品的营销了。”该公司对原苏打粉进行改造，生产出的新一代苏打粉具有多种用途（其品牌获得政府批准的经销权）。除了可以熔烤面包外，还能做清凉饮料，用作牙膏、洗衣粉、清洁剂、地毯清新剂、冰箱除味剂，等等。为使消费者尽快了解，接受新一代苏打产品，他们在所作的一则广告中提示消费者，把苏打粉盒盖打开，放在冰箱里就能达到消除异味的功用。现在，这一产品早已被大众所接受。

（资料来源：http://doc.mbalib.com/view/f30356dacaf68ad4f6f8545280f84d026.html.）

表 7-6　项目任务产出——产品生命周期

1．产品的生命周期可分为四个阶段，请对其各阶段的特点进行总结，填入下表：

	消费者认知	销量增长情况	利润情况	竞争情况
导入期				
成长期				
成熟期				
衰退期				

2．请将各个生命周期可采取的营销策略填入下表：

	营销策略 1	营销策略 2	营销策略 3	营销策略 4
导入期				
成长期				
成熟期				
衰退期				

3．根据案例 7.4 说明，该企业的苏打产品处在产品生命周期的什么阶段？公司采取了怎样的对策？达到了怎样的效果？（可以画图说明）

Step 2 制定任务工作计划

制定任务工作计划。以团队为单位活动，团队成员在准备工作任务前，由队长先进行安排（什么时间大家分头查找资料，什么时候碰头研讨，什么时候填写分析报告），然后队员开始行动。要保证时间安排合理，在规定的时间里完成各项任务。队长将各队员的分工填入分工表，每个队员将自己的任务填入项目任务书中的分工表中（见表 7-7）。（时间为 10 分钟）

表 7-7　项目任务产出——团队分工表明细

团队队长姓名：________________	团队名称：________________
队员 1 姓名：________________分工：	
队员 2 姓名：________________分工：	
队员 3 姓名：________________ 分工：	
队员 4 姓名：________________ 分工：	
队员 5 姓名：________________ 分工：	

Step 3 资料查找分析

资料查找分析一：资料查找经过一定的时间后，团队成员必须碰头，进行讨论分析，得出结论。如果所需的资料不够，还需进一步查找、整理资料并进行讨论、分析。在参看相关部分知识点的基础上，对企业的产品组合战略进行讨论，并提出简单的建议。团队的记录人员负责在“任务产出”中进行记录。（时间为 45 分钟）

参见样例 7.1、样例 7.2，完成表 7-8。

样例 7.1　雀巢公司的产品组合

由本项目案例 7.2 的内容可以看出，雀巢公司有 7 个产品线，即咖啡、饮品、牛奶、冰激凌、巧克力、烹调食品，1 岁以上婴儿成长奶粉。该公司产品组合的总长度是指它的产品组合中的产品品目总数，在表中，产品品目总数是 54 个。我们再来看一看该公司产品线的平均长度：平均长度等于总长度（这里是 54）除以产品线数（这里是 7）。每一条生产线内的品种数称为产品深度，从表中可以看出“咖啡 1+2”的深度为 3，“雀巢成长 3+”的深度为 4，“雀巢茶语饮品”的深度为 3。雀巢公司所生产经营的产品都是与食品相关的消费品，而且都是通过相同的渠道分销，就产品的最终使用和分销渠道而言，这家公司的这些产品组合的关联度大。

事实上，雀巢公司正在不断增加其产品线的宽度，如增加成人麦片、糖果等，并且收到较好的利润。之所以取得这样的成绩，是因为雀巢公司敢于大胆开发市场潜力，在以往产品项目成功的基础上，获得了较好的认可度，又经过市场调研，开发出了满足不同口味需要的产品项目。雀巢咖啡共有 9 个品种，雀巢牛奶共有 10 个品种，可以说满足了不同年龄、不同营养的人群需要。雀巢公司产品线的组合遵循了既有利于促进销售、又有利于增加企业总利润的基本原则，从而形成了公司的最佳产品组合。

样例 7.2　雀巢公司的产品组合策略

从雀巢公司的产品组合中，我们看到该公司主要采用了扩大产品组合的策略，一方面努力扩大产品线（目前该公司的产品线已经达到 18 条），另一方面努力增加产品线长度，其产品线的长度、深度和密度都达到了比较合理的水平。此外，该公司还采取了向上和向下延伸产品线的策略。雀巢咖啡一杯装的产品，满足了人们想要的“我的咖啡随心配”，随时随地享受香醇的愿望；而雀巢的雀巢金牌咖啡礼盒和雀巢咖啡金牌咖啡礼盒，精选上等咖啡豆，以雀巢独有工艺精心萃取而成，带来至尊的咖啡享受，搭配限量珍藏杯碟及专用金匙，送礼更显尊贵品味。可见适时的组合策略使其产品组合更为合理，使企业充分利用了现有资源，发掘现有生产潜力，更广泛地满足了市场的各种需求，占有了更宽的市场面。雀巢咖啡的产品组合有力地推动了其产品的销售，有力地促使雀巢成为食品行业领先者。

表 7-8　项目任务产出——产品组合分析

1．对所模拟公司的产品组合进行分析（产品项目，产品线，产品宽度、长度、深度、关联度，建议最好用图形形式综合表示并进行分析，可参考案例 7.2 及样例 7.1）（可另附纸提交打印版分析报告）
2．对企业的产品组合策略简单评价及建议（可参考样例 7.2）

资料查找分析二：在上述要求达到后，继续完成新要求。收集所模拟公司的某一个产品的生命周期的有关资料并对其进行分析，指出该产品处在生命周期的哪一个阶段，并能合理地进行论证说明，同时把其市场特点及其相应的营销策略分析出来。团队的记录人员负责在“任务产出”中进行记录。（时间为 45 分钟）

参见样例 7.3、样例 7.4，完成表 7-9。

样例 7.3　雀巢美极鲜味汁的产品策略

雀巢公司于 1947 年与美极公司合并后，美极品牌获得了更大的扩展。进入中国市场以来，美极以其特色产品鲜味汁在调味品市场上独树一帜，当时随着中国经济的飞速发展，人民生活水平的提高，老百姓对生活质量的要求也越来越高。雀巢美极鲜味汁调味品的上市正好满足了人们的愿望，加之雀巢公司的广告宣传——“只需几滴，味道美极”的广告词被大家当成了口头语。与此同时，各个大型超市中都可以见到雀巢美极鲜味汁的促销活动，很快，雀巢美极鲜味汁成为中国老百姓所熟知的调味品。

样例 7.4　雀巢奶粉的产品策略

儿童食品质量抽检报告中，知名品牌雀巢奶粉赫然被列入碘超标食品目录，报告称：“此次乳粉抽检中发现了一个新问题，即元素‘碘’含量超过国家标准要求。有关专家表示，国家标准对每 100 克奶粉的碘含量要求是 30～150μg。过量食用碘会发生甲状腺肿大，只是症状会较缺碘导致的结果稍轻，相对而言，儿童因碘过量更容易导致甲状腺肿大。雀巢公司形象因此遭到严重损害，消费者对雀巢奶粉不再信任，产品销量也急剧下滑，产品提前进入了衰退期。

面对严峻的市场形势，公司是尽量延长产品的成熟期和衰退期最后被市场自然淘汰，还是选择放弃该奶粉的市场策略，开发新产品投放其他的目标市场？决策者经过冷静的思考和深入的市场调查后认为：雀巢牌金牌成长 3+奶粉是一个配方非常强的产品，竞争对手在短期内很难掌握此项技术；雀巢牌金牌成长 3+奶粉的口味也迎合了消费者的口味，整个市场有较强的成长性，市场前景是非常广阔的。所以，选择维持与放弃策略都是一种退缩和逃避，失去的将是自己投入巨大心血打下的市场，实在可惜，而且研发新产品开发其他目标市场，其研发和市场投入成本很高，市场风险性大。而雀巢公司检查结果显示，该产品使用了新鲜牛奶做原料，碘超标是由于牛奶原料天然含有的碘含量存在波动而引起的。该成分的含量甚微，不会对人体造成什么伤害，所以在控制好奶源的基础上，应积极采取有效措施，调整营销策略，向消费者说明原因以得到理解，同时采取相应的促销政策使雀巢牌金牌成长 3+奶粉获得新生，重新退回到成长期或直接过渡到新一轮的生命周期，重新成为奶粉市场引领者。事实上，通过该公司准确的市场判断和快速有效的资源整合，使得雀巢牌金牌成长 3+奶粉化险为夷，重新夺回了失去的市场，进入高速成长期，开始了新一轮的生命周期循环。

表 7-9　项目任务产出——所模拟企业的具体产品的生命周期分析

分析所模拟企业的某一产品处在生命周期的哪一个阶段，并合理地进行论证说明，分析其市场特点及相应的营销策略（请另附纸）

Step 4　成果汇报并答辩

学生团队上台讲解并回答其他学生和教师的提问（可以是一个人主讲或各成员分工讲解，其他成员一起回答问题），教师点评（见表 7-10）。（70 分钟）

表 7-10　任务产出——学生提问及点评笔记记录

Step 5　项目考核与评价

【评价标准】

（1）A 级（90～100 分）：在规定时间内，团队组织到位，分工合理，整个活动过程有序、高效；资料查找较完整，对产品线，产品组合的宽度、长度、深度和关联度分析充分、正确、表述清楚（可借助图表）；对于产品线延伸策略提出自己的见解；正确分析出了某个具体产品所处的生命周期，对其市场特点描述正确，对“应采取什么营销策略”所提建议合理。

（2）B 级（80～90 分）：对以上所提到的内容，有一项达不到要求，其余的均达到了要求。

（3）C 级（70～80 分）：对以上所提到的内容，有两项达不到要求，其余的均达到了要求。

（4）D 级（60～70 分）：对以上所提到的内容，有三项达不到要求，其余的均达到了要求。

（5）E 级（60 分以下）：对以上所提到的内容，均未达到“1”中的要求（每一项均打折扣）。

【分值划分】 团队组织情况占得分的 30%，产品组合策略分析占 35%，产品生命周期分析占 35%。本次项目占项目任务总分的 10%。由教师和学生共同打分（取其平均值）。

【评分要求】 由教师和学生分别给出每个团队具体项目的档次及具体分值（见表 7-11）。

表 7-11　项目评分——产品策略分析

教师评价	团队组织情况（30%）		学生评价	团队组织情况（30%）		总评	
	产品组合资料查找整理、汇报情况（35%）			产品组合资料查找整理、汇报情况（35%）			
	产品市场生命周期资料查找整理、汇报情况（35%）			产品市场生命周期资料查找整理、汇报情况（35%）			

基本知识

一、产品整体概念与顾客价值

在现代市场营销学中，产品概念是指提供给市场，能够满足消费者或用户某一需求和欲望的任何有形物品和无形产品。有形产品包括产品实体及其品质、特色、式样、品牌和包装等；无形产品包括可以给买主带来附加利益的心理满足感和信任感的服务、保证、形象和声誉等。

产品整体概念包含 5 个基本层次，通过全方位地传递和实现顾客的价值诉求，构成了顾客价值体系。这 5 个层次如图 7-1 所示。

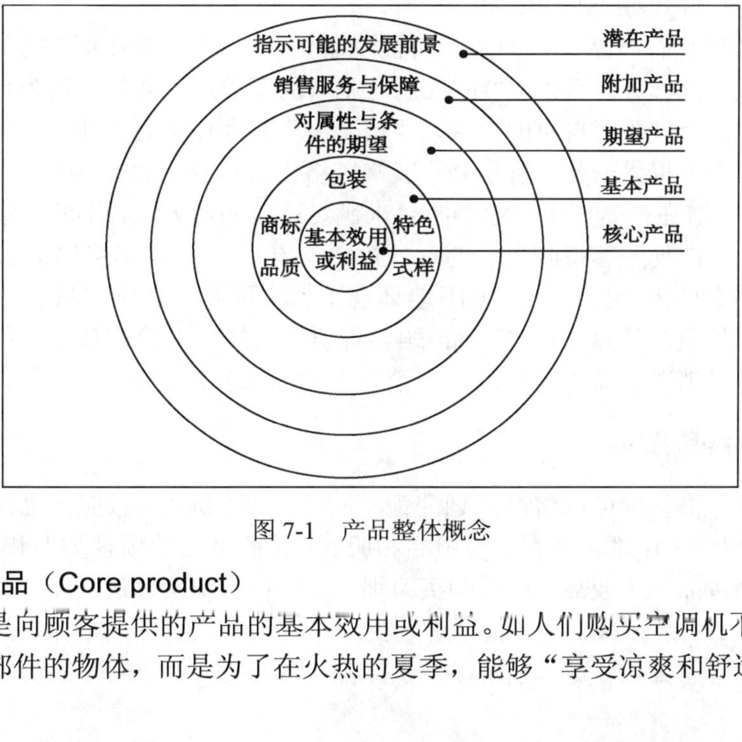

图 7-1　产品整体概念

1．核心产品（Core product）

核心产品是向顾客提供的产品的基本效用或利益。如人们购买空调机不是为了获取装有某些电器零部件的物体，而是为了在火热的夏季，能够“享受凉爽和舒适”，这种核心的需求即核心产品，也是生产者和营销者要提供给消费者的核心利益。

2．基本产品（Basic product）

基本产品也称为形式产品，是指核心产品借以实现的形式或目标市场对某一需求的特定满足形式。因为核心产品只是一个抽象的概念，产品设计者必须把它转化为具体形式的产品。形式产品由五个特征所构成，即品质、式样、特征、商标及包装。由于产品的基本效用必须通过特定形式才能实现，因而市场营销人员在着眼于对顾客能产生核心利益的基础上，还应努力寻求更加完善的外在形式以满足顾客的需要。基本产品是核心产品借以实现的形式，即向市场提供的实体和服务的形象。

3．期望产品（Expected product）

期望产品是指购买者在购买产品时期望得到的与产品密切相关的一整套属性和条件。在一般情况下，顾客在购买某种产品时，往往会根据以往的消费经验和企业的营销宣传，对所欲购买的产品形成一种期望，如旅店的客人，期望的是干净的床单、香皂、毛巾、热水、电话和相对安静的环境等。顾客所得到的，是购买产品所应该得到的，也是企业在提供产品时应该提供给顾客的，对于顾客来讲，在得到这些产品基本属性时，并没有太多的要求和偏好，但是如果顾客没有得到这些，就会非常不满意，因为顾客没有得到他应该得到的东西，即顾客所期望的一整套产品属性和条件。

4．附加产品（Augmented product）

附加产品也称延伸产品，是指顾客购买形式产品和期望产品时，附带获得的各种利益的总和，如所提供的产品说明书、保证、安装、维修、送货、技术培训等。附加产品的概念来源于对市场需要的深入认识，因为购买者的目的是为了满足某种需要，他们希望得到与满足该项需要有关的一切。

5．潜在产品（Potential product）

潜在产品是指现有产品包括的所有可能实现的附加部分和未来可能发展成为现实产品的处于潜在状态的部分。例如，当前人们对就餐的要求越来越高，认为理想的餐厅不应该仅仅是味道好，而且要有自身的个性，“概念型”餐厅便应运而生。“概念型”餐厅能够给就餐者在闹市中提供一处幽静所在，装修风格也有自身魅力，菜品往往是由餐厅自主设计，别具一格。潜在产品要求企业不断寻求满足顾客的新方法，不断将潜在产品变成现实的产品，这样才能使顾客得到更多的意外惊喜，更好地满足顾客的需要。

产品整体概念的五个层次十分清晰地体现了以实现和传递顾客价值为中心的现代营销观念。整体产品概念是建立在“产品=顾客价值”这样一个等式基础上的。这一概念的内涵和外延都是以消费者需求为标准，由消费者的需求来决定的。

二、产品分类和营销特性

依据不同的分类标准可以将产品划分为不同的类型。例如，按照产品的耐用性和有形性，可以将其分为三类：非耐用品、耐用品和服务；按照产品的顾客类型和可直接使用性，可以将其分为消费品和工业品。根据购买习惯，还可以将消费品进一步划分为便利品、选购品、特殊品和渴求品四种类型。根据进入生产过程的方式及相对成本，又可以将工业品进一步划分为材料与部件、资本项目以及供应品与服务这三种类型。在分类的基础上，每一种产品类型都有与之相适应的市场营销组合策略，如表 7-12 所示。

表 7-12　产品分类和营销特性

<table>
<tr><th>分类标准</th><th colspan="2">产品类型</th><th>产品特性</th><th>营销特性</th></tr>
<tr><td rowspan="3">耐用性和是否有形</td><td colspan="2">非耐用品（啤酒、肥皂和盐等）</td><td>具有一种或多种消费用途；消费快，购买频率高</td><td>注重“地点效用”；售价中的加成要低；加强广告以吸引顾客试用并形成偏好</td></tr>
<tr><td colspan="2">耐用品（冰箱、机械设备等）</td><td>具有多种用途</td><td>需要有较多的人员推销和服务；需要提供较多的销售保证条件</td></tr>
<tr><td colspan="2">服务（理发、各种维修等）</td><td>无形、不可分、易逝和不可储存</td><td>需要更多的质量控制、供应商信用以及更高的适用性</td></tr>
<tr><td rowspan="6">顾客类型和可直接使用性</td><td rowspan="4">消费品</td><td>便利品(烟草制品、洗涤用品和报纸等）</td><td>频繁购买或即刻购买的产品</td><td>注重“地点效用”</td></tr>
<tr><td>选购品（家具、服装、旧汽车和大的器械等）</td><td>在选购过程中，对产品的适用性、质量、价格和式样等基本方面要做认真权衡比较的产品</td><td>对于同质选购品，价格往往是主导因素；对于异质选购品，产品特色通常比价格更重要，公司必须备有大量的品种花色，以满足不同顾客的爱好；他们还必须有受过良好训练的推销人员，为顾客提供信息和咨询</td></tr>
<tr><td>特殊品（小汽车、高保真元器件、摄影器材等）</td><td>具备独有特征和（或）品牌标记的产品</td><td>不需要考虑销售地点的事情，但是要让顾客知道购买地点</td></tr>
<tr><td>非渴求品(人寿保险、墓地、墓碑以及百科全书等）</td><td>不了解或即使是了解了也不想购买的产品</td><td>需要付出诸如广告和人员推销等大量营销的努力</td></tr>
<tr><td rowspan="2">工业品</td><td>材料与部件(小麦、水果等农产品；鱼、原油等天然产品；铁、棉纱、马达等半制成品和部件）</td><td>完全转化为制造商产成品的那类产品</td><td>对农产品需进行集中、分级、储存、运输和销售服务；对天然产品，用户与供应商之间普遍采用长期合同制，供应商需要注重价格因素和交货可靠性；对半制成品和部件，价格因素和供应商可信性是组织用户特别关注的营销要素</td></tr>
<tr><td>资本项目（厂房、发电机等）</td><td>部分进入产成品中的产品</td><td>对装备和固定设备，售前需要经过长时期的谈判，制造商需使用一流的销售队伍，设计各种规格的产品和提供售后服务；对在生产过程中起附属作用的附属设备，市场的地理位置分散，用户众多，订购数量少，质量、特色、价格和服务是用户选择中间商时所要考虑的因素，人员推销比广告促销更重要</td></tr>
</table>

续表

分类标准	产品类型		产品特性	营销特性
顾客类型和可直接使用性	工业品	供应品与服务（打字纸、铅笔等）	不会形成最终产品的那类项目	由于顾客人数众多，区域分散，且这些产品的单价低，所以一般都是通过中间商销售。由于供应品的标准化，顾客对它无强烈的品牌偏爱，价格因素和服务就成了要考虑的重要因素

三、产品组合策略

1．产品线、产品项目及产品组合

产品是一个复合的、多维的整体的概念。公司为了实现营销目标，充分有效地满足目标市场的需求，必须设计一个优化的产品组合。

产品线是同一产品种类中密切相关的一组产品，它们能够满足同类需要，在功能、使用和销售等方面具有类似性。

产品项目是指产品大类或产品线中各种不同的品种、规格、质量和价格的特定产品。如米其林生产的185/65R15 88H型号的轮胎就是一个产品项目。

产品组合是指一个企业生产销售的各种产品线及其产品品种、规格的组合或相互搭配。它反映了一个企业提供给市场的全部产品项目和产品线系列构成，也是企业的生产经营范围和产品结构。如米其林公司的产品组合由轮胎、地图和餐饮服务三条产品线组成。

2．产品组合的宽度、长度、深度和相关性

产品组合的宽度是指产品组合中包含的产品线的多少，包含的产品线越多，就越宽。如某公司假如拥有清洁剂、牙膏、条状肥皂、纸尿布、卫生纸，它的宽度为5。

产品线的长度每一条产品线内的产品项目数称为该产品线的长度，如果一个公司具有多条产品线，公司可以将所有产品线的长度加起来，得到公司产品组合的总长度，除以宽度则可以得到公司产品线的平均长度。

产品组合的深度是指产品线中每个产品项目所具有的花色、口味、规格等不同种类的数量。例如，佳洁士牌牙膏有3种规格和2种配方（普通味和薄荷味），佳洁士牌牙膏的深度就是6。通过计算每一品牌的产品品种数目，就可以计算出宝洁公司的产品组合的平均深度。

产品线的相关度是指各条产品线之间在最终用途、生产条件、销售渠道或其他方面相互关联的程度，不同的产品组合存在着不同的关联程度。如某家用电器公司拥有电视机、收录机等多条产品线，但每条产品线都与电器有关，这一产品组合具有较强的相关性。相反，实行多角化经营的公司，其产品线间的相关性则小，或毫无相关性。

上述产品组合的四种尺度，为公司产品组合决策提供了依据。公司可以据此采取四种方法发展其业务组合：

（1）加大产品组合的宽度，可扩展公司的经营领域，实行多角化经营，分散投资风险。

（2）增加产品组合的长度，使产品线更为丰满。

（3）加强产品组合的深度，可以占领同类产品的更多细分市场，满足更广泛的市场需求，同时，可增强行业竞争力。

（4）加强产品组合的相关性，可以使公司在某一特定的市场领域内加强竞争和赢得良好的声誉。

因此，对产品组合的决策，就是公司根据市场需求、竞争形势和公司自身能力对产品组合的广度、长度尝试和相关性方面做出的决策。

3．优化产品线的分析

优化产品线的过程，通常是分析、评价和调整现行产品线的过程。由于产品线直接关系到公司销售额和利润水平，公司必须对现行产品线的未来额、利润水平的发展和影响做出系统的分析和评价，进而决定是加强还是剔除某些产品项目。

优化产品线包括两个重要步骤。第一个步骤是分析、评价现行产品线上不同产品项目所提供的销售额 和利润水平。例如，图 7-2 是一条拥有五个产品项目的产品线。

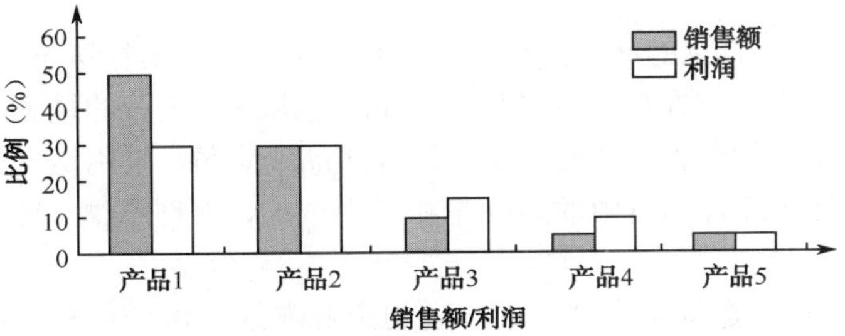

图 7-2　产品线销售额和利润分析

如图 7-2 所示，第一个产品项目的销售额和利润分别占整个产品线销售额和利润的 50%和 30%；第二个产品项目的销售额和利润均占整个产品线销售额和利润的 30%。如果这两个项目突然受到竞争者的打击或遇到市场疲软的情况，整个产品线的销售额和利润就会暴跌，给公司带来致命的打击。因此，在一条产品线上，如果销售额和盈利高度集中在少数产品上，则意味着产品线比较脆弱。为此，公司必须细心地加以保护，并努力发展具有良好前景的产品项目。最后一个产品项目的销售额和利润只占整个产品线销售额与利润的 5%，如无发展前景，可以剔除。

优化产品线的第二个步骤，是分析产品线上的各产品项目与竞争者同类产品的对比状况，目的是全面分析自己的各产品项目的市场定位问题。

4．产品组合决策

（1）扩大产品组合决策。扩大产品组合包括拓展产品组合的宽度和加强产品组合的深度，前者指在原产品组合中增加产品线，扩大经营范围；后者指在原有产品线内增加新的产品项目。当企业预测现有产品线的销售额和盈利率在未来可能下降时，就须考虑在现有产品组合中增加新的产品线，或加强其中有发展潜力的产品线。

（2）缩减产品组合决策。在市场繁荣时期，较长较宽的产品组合会为企业带来更多的盈利机会，但是在市场不景气或原料、能源供应紧张时期，缩减产品线反而能使总利润上升，因为剔除那些获利小甚至亏损的产品线或产品项目，企业可集中力量发展获利多的产品线和产品项目。

（3）产品线延伸决策。每一企业的产品线只占所属行业整体范围的一部分，每一产品都有特定的市场定位。当一个企业把自己的产品线长度延伸超过现有范围时，我们称为产品线延伸，具体包括向下延伸、向上延伸和双向延伸三种实现方式。

① 向下延伸，是在高档产品线中增加低档产品项目。实行这一决策需要具备以下市场条件之一：利用高档名牌产品的声誉，吸引购买力水平较低的顾客慕名购买此产品线中的廉价产品；高档产品销售增长缓慢，企业的资源设备没有得到充分利用，为赢得更多的顾客，将产品线向下伸展；企业最初进入高档产品市场的目的是建立品牌信誉，然后再进入中、低档市场，以扩大市场占有率和销售增长率；补充企业的产品线空白。实行这种策略有一定的风险，如处理不慎，会影响企业原有产品特别是名牌产品的市场形象，而且也有可能激发更激烈的竞争对抗。虽然新的低档产品项目可能会蚕食掉较高档的产品项目，但某些公司的重大失误之一就是始终不愿意填补市场上低档产品的空隙，从而失去商机。

② 向上延伸，是在原有的产品线内增加高档产品项目。实行这一策略的主要原因是：高档产品市场具有较大的潜在成长率和较高利润率的吸引；企业的技术设备和营销能力已具备加入高档产品市场的条件；企业要重新进行产品线定位。采用这一策略也要承担一定的风险，要改变产品在顾客心目中的地位是相当困难的，处理不慎，还会影响原有产品的市场声誉。

③ 双向延伸，即原定位于中档产品市场的企业掌握了市场优势以后，向产品线的上下两个方向延伸。

四、产品生命周期及其营销决策

1．产品生命周期的概念

所谓产品生命周期，是指产品从进入市场开始，直到最终退出市场为止所经历的市场生命循环过程。产品只有经过研究开发、试销，然后进入市场，它的市场生命周期才算开始，产品退出市场，则标志着生命周期的结束。产品的生命周期可分为四个阶段：试销阶段即介绍期（引进期）、畅销阶段即成长期、饱和阶段即成熟期、滞销阶段即衰退期。

产品生命周期是一个很重要的概念，它和企业制定产品策略以及营销策略有着直接的联系。管理者要想使他的产品有一个较长的销售周期，以便赚到足够的利润来补偿在推出该产品时所做出的一切努力和经受的一切风险，就必须认真研究和运用产品的生命周期理论，此外，产品生命周期也是营销人员用来描述产品和市场运作方法的有力工具。

产品的生命周期与产品的使用寿命是两个完全不同的概念，产品的使用寿命是指产品的耐用程度，是产品从开始使用到损坏报废的时间间隔；产品的生命周期与市场上的消费者、新产品的推出息息相关，从另一个角度看，指的是一种产品从上市到退市的间隔时间。

2．产品生命周期阶段

（1）典型产品生命周期阶段。产品生命周期如图 7-3 所示。生命周期曲线的特点为：在产品引进阶段，产品销售额呈缓慢增长状态，由于销售额较低、成本较高，利润一般为负；在成长期销售快速增长，利润也显著增加；在成熟期利润在达到顶点后逐渐走下坡路；

在衰退期间产品销售量显著衰退，利润也大幅度滑落。

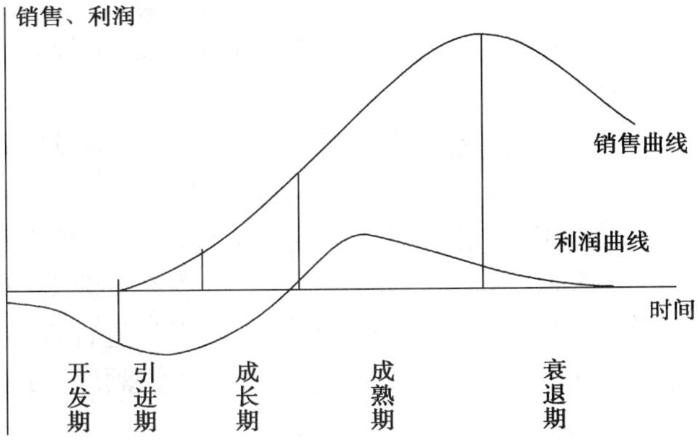

图 7-3　产品生命周期

产品生命周期理论对分析产品种类（如香烟）、产品形式（如过滤嘴香烟）、产品品牌（云烟）的市场变化的适用程度是不同的。一般而言，产品种类具有最长的生命周期，很多产品种类如钢铁、汽车、冰箱的产品成熟阶段可以无限期地持续下去，其生命周期的变化与人口增长率成正比关系。产品形式比产品种类能够更准确地体现标准的产品生命周期历程。例如，胶卷在经历了典型的导入期、成长期、成熟期之后，由于数码照相机的问世而进入衰退期。产品品牌相对于前两者而言显示了较短的生命周期历程。

（2）产品生命周期的其他形态。产品生命周期是现代营销理论中的一个重要概念，是以统计规律为基础进行理论抽象的结果。但在现实经济生活中，并不是所有产品的生命历程都完全符合这种理论形态，还存在以下几种形态。

① 再循环形态，指产品在市场经过一个周期衰退以后，过一段时期又重新兴起，开始第二个周期（见图 7-4）。这种再次产生的原因是由于公司采取各种不同的市场营销策略，使产品生命周期出现再循环的现象。如医药产品生命周期曲线中最多的就是循环—再循环型。

② 多次循环形态，亦称“扇形”，或波浪形循环形态。多次循环形态绝非仅求助于降价或营业推广费用的增加，而是在产品进入成熟期以后，公司通过进一步发展新产品特性，寻求产品新的用途，或者改变公司的营销战略，重新树立产品形象，开发新的市场，使产品销售量从一个高潮进入一个新的高潮（见图 7-5）。

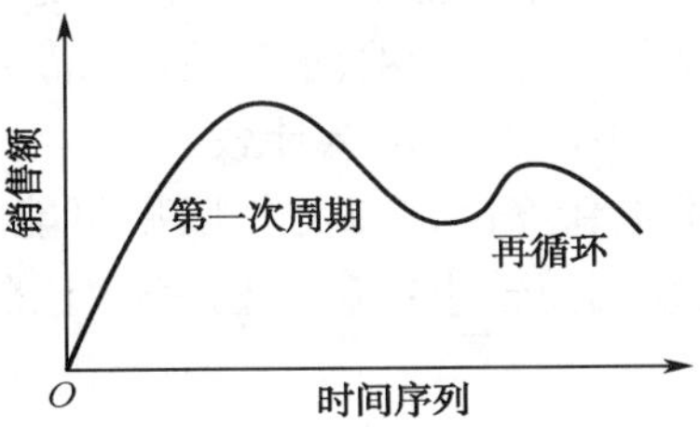

图 7-4　产品生命周期再循环

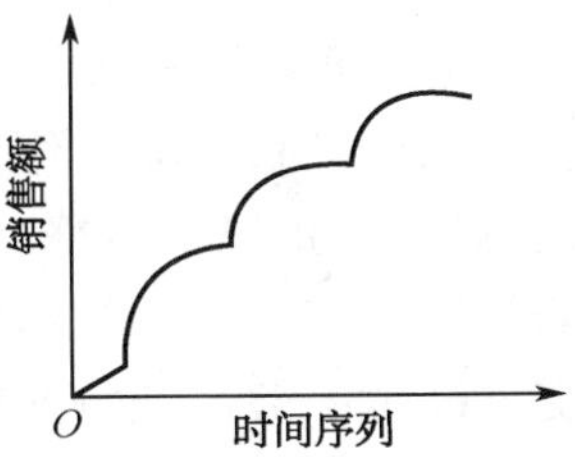

图 7-5　产品生命周期多次循环

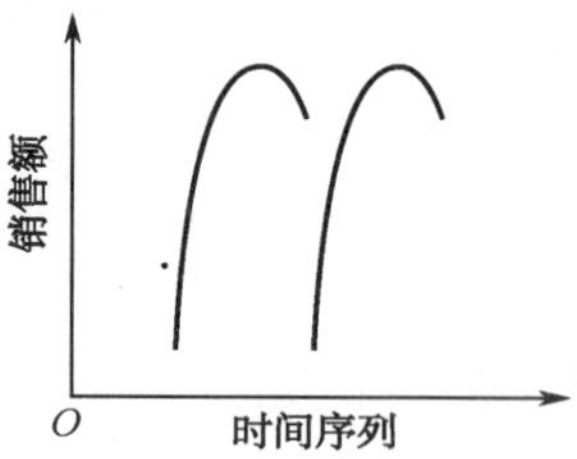

图 7-6　产品生命周期非连续循环

③ 大多数与时尚相关的产品呈非连续形循环，这些产品一上市即热销，而后很快在市场上销声匿迹，公司既无必要也不愿意做延长其成熟期的任何努力，而是等待下一周期的来临（见图 7-6）。

3．产品生命周期各阶段的特点与营销策略

（1）产品生命周期各阶段的特点。

① 介绍（投入）期。新产品投入市场便进入介绍期，此时，顾客对产品还不了解，只有少数追求新奇的顾客可能购买，销售量很低，企业为了扩展销路，需要大量的促销费用，对产品进行宣传。在这一阶段，由于技术方面的原因，产品不能大批量生产，因而成本高，销售额增长缓慢，企业不但得不到利润，反而可能亏损，因此产品有待进一步完善。

② 成长期。这时顾客对产品已经熟悉，大量的新顾客开始购买，市场逐步扩大。产品大批量生产，生产成本相对降低，企业的销售额迅速上升，利润也迅速增长；竞争者看到有利可图，纷纷进入市场参与竞争，使同类产品供给量增加，价格随之下降，企业利润增长速度逐步减慢，最后达到生命周期利润的最高点。

③ 成熟期。市场需求趋向饱和，潜在的顾客已经很少，销售额增长缓慢直至转而下降，标志着产品进入了成熟期。在这一阶段，竞争逐渐加剧，产品售价降低，促销费用增加，企业利润下降。

④ 衰退期。随着科学技术的发展，新产品或新的代用品出现，使顾客的消费习惯发生改变，转向其他产品，从而使原来产品的销售额和利润额迅速下降，于是，产品进入了衰退期。

（2）产品生命周期各阶段的营销策略。

① 介绍期的营销策略。介绍期企业应努力做到：投入市场的产品要有针对性；进入市场的时机要合适；设法把销售力量直接投向最有可能的购买者，使市场尽快接受该产品，以缩短介绍期，更快地进入成长期。在产品的介绍期，一般可以由产品、分销、价格、促销四个基本要素组合成各种不同的市场营销策略。仅将价格高低与促销费用高低结合起来考虑，就有下面四种策略：

a．快速撇脂策略。即以高价格、高促销费用推出新产品。实行高价策略可在每单位销售额中获取最大利润，尽快收回投资；高促销费用能够快速建立知名度，占领市场。实施这一策略须具备以下条件：产品有较大的需求潜力；目标顾客求新心理强，急于购买新产品；企业面临潜在竞争者的威胁，需要及早树立品牌形象。一般而言，在产品引入阶段，只要新产品比替代的产品有明显的优势，市场对其价格就不会那么计较。

b．缓慢撇脂策略。指以高价格、低促销费用推出新产品，目的是以尽可能低的费用开支求得更多的利润。实施这一策略的条件是：市场规模较小；产品已有一定的知名度；目标顾客愿意支付高价；潜在竞争的威胁不大。

c．快速渗透策略。指以低价格、高促销费用推出新产品，目的在于先发制人，以最快的速度打入市场，取得尽可能大的市场占有率，然后再随着销量和产量的扩大，使单位成本降低，取得规模效益。实施这一策略的条件是：该产品市场容量相当大；潜在消费者对产品不了解，且对价格十分敏感；潜在竞争较为激烈；产品的单位制造成本可随生产规模和销售量的扩大迅速降低。

d．缓慢渗透策略。即以低价格、低促销费用推出新产品。低价可扩大销售，低促销费用可降低营销成本，增加利润。这种策略的适用条件是：市场容量很大；市场上该产品的知名度较高；市场对价格十分敏感；存在某些潜在的竞争者，但威胁不大。

② 成长期市场营销策略。针对成长期的特点，企业为维持其市场增长率，延长获取最大利润的时间，可以采取下面几种策略：

a．改善产品品质。如增加新的功能，改变产品款式，发展新的型号，开发新的用途等。对产品进行改进，可以提高产品的竞争能力，满足顾客更广泛的需求，吸引更多的顾客。

b．寻找新的细分市场。通过市场细分，找到新的尚未满足的细分市场，根据其需要组织生产，迅速进入这一新的市场。

c．改变广告宣传的重心。把广告宣传的重心从介绍产品转到建立产品形象上来，树立产品名牌，维系老顾客，吸引新顾客。

d．适时降价。在适当的时机，可以采取降价策略，以激发那些对价格比较敏感的消费者产生购买动机和采取购买行动。

③ 成熟期市场营销策略。对成熟期的产品，宜采取主动出击的策略，使成熟期延长，或使产品生命周期出现再循环。为此，可以采取以下三种策略：

a．市场调整。这种策略不是要调整产品本身，而是发现产品的新用途、寻求新的用户或改变推销方式等，以使产品销售量得以扩大。

b．产品调整。这种策略是通过产品自身的调整来满足顾客的不同需要，吸引有不同需求的顾客。整体产品任何一层次的调整都可视为产品再推出。

c．市场营销组合调整。即通过对产品、定价、渠道、促销四个市场营销组合因素加以综合调整，刺激销售量的回升，常用的方法包括降价、提高促销水平、扩展分销渠道和提高服务质量等。

④ 衰退期市场营销策略。面对处于衰退期的产品，企业需要进行认真的研究分析，决定采取什么策略，在什么时间退出市场。通常有以下几种策略可供选择：

a．继续策略。继续沿用过去的策略，仍按照原来的细分市场，使用相同的分销渠道、定价及促销方式，直到这种产品完全退出市场为止。

b．集中策略。把企业能力和资源集中在最有利的细分市场和分销渠道上，从中获取利润，这样有利于缩短产品退出市场的时间，同时又能为企业创造更多的利润。

c．收缩策略。抛弃无希望的顾客群体，大幅度降低促销水平，尽量减少促销费用，以增加目前的利润。这样可能导致产品在市场上的衰退加速，但也能从忠实于这种产品的顾客中得到利润。

d．放弃策略。对于衰退比较迅速的产品，应该当机立断，放弃经营。可以采取完全放弃的形式，如把产品完全转移出去或立即停止生产；也可采取逐步放弃的方式，使其所占用的资源逐步转向其他的产品。

任务 2 产品策略案例分析

项目任务书

课内学时	4	课外学时	至少 2
学习目标	1．通过听教师讲解案例并进行分析，掌握关于新产品开发、商标与品牌、品牌与包装的分析方法及相关知识点，并在规定的时间内以团队为单位进行一个案例的讨论，课后提交案例分析报告 2．学会用所学的产品策略的相关知识进行具体的案例分析		
学习方法	1．小组讨论沟通 2．小组讨论、查找资料学习并进行沟通		
所涉及的专业知识	新产品开发策略、品牌策略、商品包装策略		
本任务与其他任务的关系	本任务是建立在组建团队、确定模拟企业、营销观念案例分析、具体企业的业务组合规划分析、企业的营销环境分析、消费者购买行为分析、具体企业的市场竞争战略分析、具体企业的目标市场营销策略分析、产品策略分析等任务的基础之上，是做好后续其他任务的前提。在完成后续任务时学生应达到了本任务的要求才能做好		
学习材料与工具	学习材料：样例　PPT 工具：互联网、电脑、项目任务书、笔		
学习组织方式	1．学生以团队为单位完成产品策略案例分析 2．团队代表上台介绍产品策略案例分析		

项目指导书

完成项目基本路径：

听老师讲解品牌策略的相关案例及知识（90分钟） → 以团队为单位，分析案例（45分钟） → 案例汇报与点评（45分钟）

Step 1 听老师讲解品牌策略的相关案例及知识

完成任务前认真听教师讲解品牌策略相关案例及知识，学习案例 7.5～案例 7.8 完成

项目任务产出表 7-13～表 7-16，并在课后认真复习。（时间为课上 45 分钟）

案例 7.5 “娃哈哈”的防御性品牌注册

坐落于杭州西子湖畔的全国著名企业娃哈哈集团，自 1987 年靠 3 个人、14 万元贷款起家以来，由一个校办工厂已成为拥有 23 家合资或控股子公司、员工近万名、资产 28 亿元的大型综合性食品工业集团。杭州娃哈哈集团的成因固然有很多，但不管怎样，成功的“娃哈哈”品牌运营是其重要原因。1998 年，“娃哈哈”被国家商标局定为驰名商标，品牌资产达 22.48 亿元。

“娃哈哈”商标在国内注册，经济全球化发展的高涨，国内外市场的对接以及“娃哈哈”品牌在国内市场运营的成功，使决策者开始将眼光瞄向国外市场。随着集团公司的快速发展，产品市场不断扩展，企业认识到仅在国内进行商标注册已远远不够，为了进一步扩展市场，有效开展对外贸易，开拓国际市场，争创世界名牌商标，维护自己在国际市场的合法权益，在国外进行商标注册已迫在眉睫。于是，娃哈哈集团公司于 1992 年 4 月通过国家工商局、商标局向世界知识产权组织国际局提出“娃哈哈”商标的国际注册申请，并指定了法国、德国、意大利、波兰、俄罗斯 5 国作为申请领土延伸的对象。1992 年 5 月 29 日，国际局正式对娃哈哈集团公司的 5 件商标注册申请进行受理，1993 年 8 月获准“娃哈哈”商标在 5 国注册，保护期均为 20 年。与此同时，“娃哈哈”公司还分别向中国香港及日本、韩国、美国等国家进行了逐一注册申请。

（资料来源：http://yingyu.100xuexi.com/view/specdata/20100708/B11E0958-6D52-4A6C-89C7-7BB48951FE5F.html）

表 7-13　项目任务产出——品牌与商标

1．“娃哈哈”品牌防御性注册有何启示？
2．你认为“娃哈哈”应如何加强品牌的自我保护和品牌扩展？

案例 7.6 美国易捕公司——捕鼠器行业的重要角色

一些投资者从专利发明人那里购买了一种改进的专利捕鼠器，成立了易捕公司，并聘用玛莎做公司经理。某年 6 月的一天，在参加芝加哥的家庭用具展销会的 400 多件新产品中，捕鼠器获得了第一名。一些大众媒介还对此做了报道。形势好像一片大好，可是从头几月的销量来看却并不理想。易捕器的主要产品特点是清洁和安全，它的优点是消费者不会被夹到手指；对孩子和宠物不会有伤害和危险；可以重复使用。缺点是捕获后老鼠不死，叫声烦人；怎么处置老鼠是个棘手的问题；连男人也不适应，而公司的目标市场却是家庭主妇。

（资料来源：http://doc.mbalib.com/view/c43f58e217da0577f2d3fa2298168153.html.）

表 7-14　项目任务产出——品牌的构成要件

1. 你认为易捕器作为一种新产品在开发及后续的工作中出了什么问题？先进的产品就是好产品吗？
2. 结合本案例谈谈品牌的构成要件中包含哪些内容（本案例中不涉及的不用谈）？

案例 7.7　“金利来”的诞生

在国内市场上很有名气的“金利来”产品及商标，最初的名字叫“金狮”：意在体现男子汉的气魄和阳刚之美。一次，金利来创始人曾宪梓先生将两条上等“金狮”领带送给一个亲戚，不料却引起对方不快：“我才不用你的领带呢，尽输，尽输，什么都输掉了。”原来，香港话中的“狮”与“输”谐音。为此，曾先生彻夜未眠，终于构思出一个绝妙好词，即把“金狮”的英文“Gold Lion”采用音译与意译相结合的方法，演绎为新的名字——取“Gold”的意译“金”，与“Lion”的音译“利来”组合为“金利来”。这样，“尽输”变成了“金利来”，既有外国名的韵味，又具典型的东方色彩，中西合璧，大吉大利。同时，又保持了名称的稳定性。一举创造了“一个男人的世界”！

（资料来源：中国就业培训技术指导中心编写. 营销师国家职业资格培训教程——六级营销师. 北京：中央广播电视大学出版社，2006.）

表 7-15　项目任务产出——品牌塑造

1. 金利来为何取得了成功？结合本案例谈一谈，在塑造品牌时应注意哪些问题？

案例 7.8　起死回生——老产品重新设计包装

解放鞋，一个听起来熟悉而又陌生的名字，它是长期作为中国人民解放军制式军鞋的布面胶鞋的俗称。从 20 世纪 50 年代初起就是中国人民解放军的主力鞋，直到 2002 年解放军换上了新型作训鞋，解放鞋才从解放军部队退役。这样已经退役，很少有人穿的鞋子，居然在它诞生 60 年后，发生了戏剧性的一幕。

解放鞋在大洋彼岸的美国卖到了 76 美元一双，价格居然比一线品牌耐克还贵，而且销量猛增。原来，一位美国人——BenWalters 来到中国，将原款的解放鞋重新进行改良设计，使之成为样式很酷的潮鞋，改良后的解放鞋品牌叫“Ospop”。它保持了解放鞋的经典款式，在材料上做了改进使其更舒适、更牢固。这些解放鞋在国外出售，并且每卖出一双，其收入的 1%将捐给河南文县教育事业，帮助一些优等生解决第一年的学费。Ospop 的起源就在河南文县，文县生产胶鞋已经有 50 年的历史了，Ospop 和天狼鞋业（焦作）合作生产 Ospop 牌解放鞋。该品牌产品目前有两个系列，分别是 Skywolf（天狼）和 Departure，售价都为 76 美元，成为欧美年轻人追逐的流行潮鞋。

通过以上案例可见，对老产品、老字号、滞销品而言，重新进行符合市场需求的设计和推广，就能使老产品枯木逢春、重获新生。

（资料来源：http://www.brandmax.cn/blog/blog20101223068662332.html.）

表 7-16　项目任务产出——品牌策略

1. 解放鞋为什么能够起死回生？它主要采用了新产品开发策略中的哪些策略？

Step 2　以团队为单位，分析案例

1. 以个人为单位认真阅读案例 7.9（51 分钟，课前学生先进行预习，可能的话查找一些可口可乐和百事可乐产品的资料，上课时再将案例快速看一遍）。

2. 以团队为单位对案例进行讨论并做记录，完成表 7-17（30 分钟）。

案例 7.9　可口可乐品牌策略的重大变革

1978 年百事可乐公司第一次取代了可口可乐公司长达近百年的领先地位，荣膺美国（也是世界）软饮料市场争夺战的冠军。布莱恩·戴森临命受命，出任可口可乐公司美国分公司的总经理。总公司希望戴森不负众望，重振旗鼓。

戴森上任后，先做了两件事情：一是妥善地处理了可口可乐公司与瓶装商之间的紧张关系，使之得到缓解；二是领导了以“可口可乐的微笑”为主题的全国性广告运动。可口可乐在消费者中的形象得到了进一步强化，人们看得出可口可乐正在进行反击。

接着，戴森开始谋化一项大的行动——扩展可口可乐品牌的使用范围。可口可乐的镇山之宝是一个被称为“商品-7x”的秘方。1893 年美国专利局裁定可口可乐为注册商标，“商品-7x”秘方连同其商誉是公司的巨大财富，占公司总资产的 1/3。1959 年其价值已达到 2 500 万美元。自 1923 年罗伯特执掌大权以后，实行美国企业界罕见的个人独裁达 60 年之久。当百事可乐大举进攻时，罗伯特坐观事变，没有采取有力的反击战略，尤其在可口可乐的商标使用上更是保守。

戴森开始起草一份战略计划。此前，公司高级领导一直回避任何计划。问题的关键是要对现有产品重新进行业务组合，“小精灵”、“特宝”和“可口可乐”是畅销的，要大力发展，而“芬达”系列汽水、“皮皮先生”则销路不太好，“弗来斯卡”和“美露雅”则要做重大的改变或是限制销售。

戴森发现，低糖饮料需求不断增加，将会成为今后相当一段时期的重要趋势。在该市场上，百事可乐公司直接以其公司命名的“轻怡百事可乐”获得了巨大成功，虽然当时可口可乐公司的低糖可乐产品“特宝”的销路最好，但“轻怡百事可乐”正急起直追。调查表明，“轻怡百事可乐”的口感好，味道更柔和。戴森担心，“特宝”将会被“轻怡百事可乐”所取代。

戴森确信，低糖百事可乐的魅力主要来自它的品牌而非配方。而可口可乐却不肯把品牌用于哪怕是市场上发展最快的产品。他决定尝试一种新的软饮料——“轻怡可口可乐”。

戴森的计划在总部引起了轩然大波。反对扩大可口可乐品牌使用范围的意见认为这将会使该品牌有贬值的危险。之前也有人这样提议，但被拒绝了，公司使用了 IBM 公司的计算机起的名称“特宝”。公

司执行主席和总裁保罗·奥斯丁也持否定态度，但他最后还是批准了这一项实验计划。

戴森的计划举步维艰，直到49岁的罗伯特·戈伊祖艾塔被委任为公司总部的总裁。公司把它作为对付百事可乐的战略核心，并将其命名为“哈佛计划”。

1981年3月1日，可口可乐公司公布了1980年的收入情况。销售额虽然很高，但利润平平。同一天，罗伯托·戈伊祖艾塔接替奥斯丁成为主席兼总裁。他以迅速的行动结束了公司中老将与少壮派之间的分裂局面。任命54岁的唐·基奥为董事长，戴森和齐曼保持原职。

上任后三天内，戈伊祖艾塔阐明了他对公司有关问题的见解，要求董事会在他的“80年代战略”上签字。他鼓励人们对公司哪怕是最根深蒂固的传统进行重新评价。他决意改写可口可乐公司的章程，且已做好了准备。

哈佛计划上马后不到五个月，戴森和齐曼就拿出了可以上市的产品。公司请著名的设计师阿尔文·谢克特为轻怡可口可乐设计“模样”。谢克特以设计骆驼牌香烟和百威啤酒的包装而闻名。在后面两个月中，他给齐曼看了150多种方案，但都被否决了。最终他们确定了一种方案：白底红字基本上是原来包装的“负片”。为了给白色的背景增添生气而且不使包装流于一般化，在图案中加上了银色的斜细线。商品名称比原来大一号的“可口可乐”字样同小写的“轻怡”二字结合在一起，显得大胆而新颖。

1981年7月31日，齐曼与戴森在纽约会面。他建议新产品在秋天推向市场。戴森没想到齐曼这么快就将一切准备好了。他知道，瓶装商们不愿意在第四季度里加班加点地投入一种全新产品的生产、改进包装设备和宣传新的生产项目，这需要花费几百万美元的资金。这笔钱在年底以前毫无赚回的希望，从而会影响下一年的收入。戈伊祖艾塔觉得应当考虑瓶装商们的要求。百事可乐公司不太可能在低糖饮料市场上推出新的产品，它已经在销售上名列第二。戴森决定把上市时间推迟到次年春天以便更好地筹划。

1982年2月4日，可口可乐公司的250多位经理和瓶装商聚集在亚特兰大的市政大厅里观看广告片。瓶装商们对这些广告很满意。当天晚上9点15分，可口可乐公司新的广告战同时在三家电视台拉开序幕。那天，美国的所有电视观众都看到了这些广告。以下是几个广告片的片段：

（1）精疲力竭的软式棒球队员被齐氏商店挽留下来，在比赛之后恢复一下体力：“可口可乐，您的选择！”

（2）一群从事商业性演出的年轻演员在彩排的间歇时间里突然唱起一首即兴歌曲：“有一种可乐，永远不会让您失望。”

（3）一个在农场参观了一整天的小男孩坐在回家的公共汽车上，眨着水汪汪的大眼睛说：“我喜欢可口可乐。”

1982年7月8日，戴森在纽约的记者招待会上宣布，8月轻怡可口可乐将在纽约超市出售。他告诉记者们，新可口可乐不进行试销，公司完全以事先的品尝试验和消费者调查为基础，在全国范围内全面推出这种低糖饮料。这种做法在饮料行业里是闻所未闻的。按照惯例，新产品先要在一个小市场上出售，然后才能逐步扩大市场，直至全国。戴森还申明：他的公司正在寻求新的途径来发展这个世界上最受欢迎的品牌。这种新产品的开发意味着可口可乐公司正以一种全新的眼光来看待它的品牌！

轻怡可口可乐上市的消息发出前，百事可乐也在纽约举行了记者招待会，公开他们公司的新产品——一种不含咖啡因的可乐——“百事自由”。该时间是百事可乐公司特意算计好的，用以暗中破坏轻怡可口可乐投放市场。可口可乐对此并不感到惊奇。

一年前，皇冠公司推出第一种不含咖啡因的可乐——RCl00。可口可乐和百事可乐公司都派出研究人员进行追踪调查。同时，菲利普·莫里斯公司也开始为“七喜”产品大做广告宣传，声称：“无咖啡因，从来没有，永远没有。”早在1981年，可口可乐公司就开始为特宝、可口可乐和低糖可口可乐研究无咖啡因的配方。

在百事可乐公司举行记者招待会的第二天，记者又采访了戴森，他们轻蔑而尖刻地问道：“究竟为什么要推出一种新的低糖可乐呢？难道它不会抢了特宝已经独霸的市场吗？可口可乐的行动果真是协调统一的吗？”

可口可乐公司推出Diet Coko的第二天，就接连不断地接到消费者打来的电话和信件，有的是咨询，有的则是激烈的抨击，甚至有人已经开始收藏老可口可乐的瓶子了，他们担心老可口可乐会从市场上消失。

公司不得不承认这是一次失败的战役。为了消除恐慌，公司向公众宣布：这次公司推出新可乐是进行一次市场试验，想检验一下消费者对可口可乐的真实情感；实验证明，可口可乐拥有最忠诚的顾客，公司对此感到非常自豪；现在宣布，这次试验到此结束。这个酝酿筹备了近五年的一场大战役就这样草草地收兵了。

（资料来源：http://wenku.baidu.com/）

表7-17 项目任务产出——品牌策略

请团队讨论并进行以下分析： 1．案例中提到，可口可乐的镇山之宝是“商品-7x秘方”，你同意这种观点吗？ 2．可口可乐公司为什么对使用可口可乐商标这样慎重？ 3．可口可乐将要推出的Diet Cock与“多宝”同为低糖可乐，产品上是否存在重叠？ 4．可口可乐公司领导，不论是谁，始终把可口可乐品牌声誉作为一项重要资产来管理，那么你认为是把它紧紧地搂在怀里不作拓展使用好，还是把它延伸到其他产品上好呢？ 5．案例描述的可口可乐公司推出新可乐这件事情最后的结果怎样？现在市场上可口可乐产品是怎样的？你有何评论？

Step 3 案例汇报与点评

1．团队派出代表，上台汇报案例分析结果。其他成员配合回答其他小组提出的问题。教师最后点评（45分钟）。

2．团队成员注意做好笔记，本次课结束后，以团队为单位提交案例分析报告。

3．各团队为其他团队进行评分，下课前交给任课教师（见表 7-18）。

表 7-18　任务产出——学生提问及点评笔记记录

Step 5 项目考核与评价

【评价标准】

（1）上课时积极与老师配合，积极思考、发言。

（2）课后认真阅读案例，熟悉案例内容，能够按时完成分析任务；讨论全面，案例分析题所要求的分析基本完整，能够自圆其说。

（3）上台讲解时团队配合较好，能够回答各团队队员及教师的提问。

（4）能对其他团队成员的讲解提出疑问。

对于上面的评价标准，分别进行评分，根据上述标准和权重关系，可评出优秀（90～100 分），良好（75～89 分），及格（60～74 分），不及格（60 分以下）等级别。

案例分析项目由教师进行评分。

【分值划分】 上课时积极与老师配合，积极思考、发言占得分的 10%；课后认真阅读了案例，案例分析基本完整、正确占 50%，上台讲解团队配合占 30%；对其他团队提问占 10%。

本次项目完成占项目任务总分的 5%，由教师打分（见表 7-19）。

表 7-19　项目评分——产品策略案例分析

教师评价	产品策略案例分析（35%）		总分：______
	上台汇报及回答问题（35%）		
	学生间的合作及表现（30%）		

基本知识

一、新产品开发策略

随着科学技术和社会经济的迅速发展，产品更新换代越来越快，产品生命周期越来越短，市场竞争也越来越激烈。这种现实迫使企业不断开发新产品，以创新求发展。从短期看，新产品的开发和研制是一项耗资巨大且风险极大的活动。但从长远看，新产品的推出能使企业开拓新的市场、扩大产品销量、带来丰厚利润和增强市场竞争力。因此，有远见的企业经营者把新产品开发看作企业营销的一项具有战略性的重要策略。

1．新产品的概念

市场营销理论从"产品整体概念"角度出发，强调消费者的观点，对新产品的定义是：凡是消费者认为是新的，能从中获得新的满足、可以接受的产品都属于新产品。根据这一理解，新产品可分为以下几种。

（1）全新产品。即科技型发明的产品，是指采用新原理、新技术及新材料研制成功的前所未有的产品。这种产品往往代表了科学技术发展史上的一个新突破，甚至将改变人们的生活习惯和生活方式。

（2）换代产品。即在原有产品的基础上，利用现代科学技术制成的具有校报的结构和性能的产品。

（3）改进产品。即对原有产品在品质、性能、结构、材料、花色、造型或包装等方面作出改进而形成的产品。这种新产品与原有产品差别不大，往往是在原有产品的基础上派生出来的变形产品。

（4）仿制产品。即对市场上已有产品进行模仿或稍做改变，而使用一种新牌号的产品。这种产品对较大范围的市场而言，已不是新产品，但对本地区或本企业来说，则可能是新产品。

以上四种新产品尽管“新”的角度和程度不同，科技含量相差悬殊，但都有一个共同特点，就是消费者在使用时，认为它与同类产品相比具有特色，能带来新的利益和获得更多的满足。

2．新产品开发的必要性

（1）产品生命周期的客观存在要求企业不断地开发新产品。企业同产品一样也存在生命周期，如果企业不开发新产品则当产品走向衰落时企业也同样走到了生命周期的终点。一般而言，当一种产品投放市场时企业就应当着手设计新产品，使企业在任何时期都有不同的产品处在生命周期的各个阶段，从而保证企业利润的稳定增长。

（2）消费需求的变化需要不断开发新产品。随着生产的发展和人们生活水平的提高，消费需求也发生了很大变化。消费结构的变化加快，消费选择更加多样化，一方面给企业带来了威胁，使之不得不淘汰难以适应消费需求的老产品；另一方面也给企业提供了开发新产品、适应市场变化的机会。

（3）科技的发展推动企业不断开发新产品。科学技术的发展导致许多高科技新型产品的出现，并加快了产品更新换代的速度。如光导纤维的出现，对电报、电话、互联网终端等信息处理设备的更新换代起到了巨大的推动作用。科技的进步有利于企业淘汰老的产品，研发生产出性能更优越的产品，进而把新产品推向市场。

（4）市场竞争的加剧迫使企业不断地开发新产品。在市场竞争日趋激烈的今天，企业要想在市场上保持优势，必须不断创新，开发新产品。另外企业定期推出新产品可以提高企业在市场中的信誉和地位，并促进新产品的市场销售。

3．新产品开发战略的选择

（1）领先型新产品开发战略。领先型新兴产品开发战略是指企业首先研制、开发新产品，并率先将产品投入市场，从而在行业中确立技术领先和产品领先的战略。

领先型新产品开发战略具有以下两方面优点：

① 成功的新产品开发，是企业对新技术成果享有独占权，能够较早地建立起现实及潜在竞争对手进入市场的技术壁垒，并在新产品市场上处于主动地位。在这一阶段，企业不存在竞争者威胁，一方面可凭技术领先、理念领先等优势树立企业及产品品牌形

象；一方面可以占有尽可能多的市场份额，并采取高撇脂的定价策略，赚取高额利润。

② 企业在新产品生产、管理方面拥有的丰富经验和不断扩张的市场需求，有利于企业扩大生产规模，提高产品质量，降低生产成本，取得对后进入市场者的竞争优势。此外，企业还可以在必要时，采取出售产品生产许可证的方式，从技术转让中获利。

领先型新产品开发战略所面临的风险，主要是投入大、成本高、开发周期长，由于市场的瞬息万变和研发的高风险性，新产品开发的结果难以预料。一旦开发失败，往往会给企业造成巨大的损失，同时带来员工士气的挫败。

（2）跟随型新产品开发战略。跟随型新产品开发战略是指企业密切关注市场上刚出现的新产品，一旦发现新产品获得成功，便立即组织力量通过某种方式生产出类似产品以进入这一市场的战略。

跟随型新产品开发战略具有以下几个方面的优点：

① 风险较小。由于采用领先型新产品开发战略的企业，已经解决了产品创新过程中一系列的技术难题，特别是实践证明，市场对这一新产品有较好的反映，这样跟随企业就可以大大减少技术开发与市场开发中的失误和风险，避免可能出现的巨额损失。

② 投资少，成本低。跟随企业在跟进新产品时，新产品概念开发方面的成本已经由领先企业承担，跟随企业可以享受领先企业开辟市场所产生的外部效益；同时，跟随企业可以通过观察领先企业的创新行为，进行技术的学习和模仿，不需要耗费巨大的技术进行探索研究，因此其新产品开发比领先企业投资少、周期短、成本低。

③ 开发的产品可能更具竞争力。领先企业开发的新产品，通过消费者的使用，一定会体现出一些有待改进之处。跟随企业可以在充分了解消费者需求和期望的基础上，对领先企业的产品在若干方面予以修正、改进，从而生产出更具竞争力的产品，获得良好的市场反应。

跟随型新产品开发战略的主要缺点是跟随型企业几乎在同一时期进入市场，面临的市场竞争比较激烈，因此跟随型企业的产品必须比已有产品的性能和品质更高一筹，或者营销实力更为雄厚，否则很难取得市场份额。

4．新产品的开发过程

新产品开发过程由八个阶段构成，即寻求创意、甄别创意、形成产品概念、制定市场营销计划、经营分析、产品开发、市场试销、批量上市。

（1）寻求创意。新产品开发过程是从寻求创意开始的。这里的创意，是指开发新产品的设想。虽然并不是所有的设想或创意都可变成产品，但寻求尽可能多的创意却可为开发新产品提供较多的机会。新产品创意的主要来源有：顾客、科学家、竞争对手、企业销售人员和经销商、企业高层管理人员、市场研究公司、广告代理商等。此外，企业还可以从大学、咨询公司、同行业的团体协会、有关报刊媒体等寻求有用的新产品创意。一般来说，企业应当主要依靠激发内部人员的热情来寻求创意。

（2）甄别创意。取得足够创意之后，要对这些创意加以评估，研究其可行性，并挑选出可行性较强的创意，这就是甄别创意。甄别创意的目的就是淘汰那些不可行或可行性较低的创意，使公司有限的资源集中于成功机会较大的创意上。甄别创意时，一般要考虑两个因素：一是该创意是否与企业的战略目标相适应，表现为利润目标、销售目标、销售增长目标、形象目标等几个方面；二是企业有无足够的能力开发这种创意，表现为资金能力、技术能力、人力资源、销售能力等。

（3）形成产品概念。经过甄别后保留下来的产品创意还要进一步发展成为产品概念。在这里，首先应当明确产品创意、产品概念和产品形象之间的区别。产品创意是指企业从自己的角度考虑能够向市场提供的可能产品的构想；产品概念是指企业从消费者的角度对这种创意所做的详尽的描述；产品形象则是消费者对某种现实产品或潜在产品所形成的特定印象。以一块手表为例，从企业角度来看它主要包括这样一些因素：齿轮、轴芯、表壳，它的制造过程、管理方法及成本等。而从消费者的角度看，消费者不会考虑上述因素，他们只考虑手表的外形、价格、走时准确性、是否保修、适合人群等。

企业必须根据消费者的要求把产品创意发展为产品概念。确定最佳产品概念，进行产品和品牌的市场定位后，就应当对产品概念进行试验。所谓产品概念试验，就是用文字、图形描述或者用实物将产品概念展示给一群目标顾客以观察他们的反应。

（4）制定市场营销计划。形成产品概念之后，需要制定市场营销计划，市场营销管理人员要拟定一个初步的市场营销计划报告书。报告书由以下三个部分组成。

① 描述目标市场的规模、结构，新产品在目标市场中的定位，前几年的销售额、市场占有率、利率目标等。

② 简述新产品的计划价格、分销策略以及第一年的市场营销预算。

③ 阐述计划长期销售额和目标利润以及不同时间的营销组合策略。

（5）经营分析。新产品开发过程的第五个阶段是进行经营分析。在这一阶段，营销管理者要复查新产品未来的销售额、成本和利润的预计，权衡它们是否符合企业的目标。如果符合，就可以进行新产品开发。

（6）产品开发。如果产品概念通过了经营分析，研发部门、工程技术部门及生产部门就可以把这种产品概念转变成为产品，进入试制阶段。只有在这一阶段，以文字、图形及模型等描述的产品设计才变为实体产品。这一阶段必须搞清楚的问题是，产品概念能否变为技术上和商业上可行的产品。如果不能，就意味着产品开发所耗费的资金将全部付诸东流。

（7）市场试销。如果企业的高层管理者对某种新产品开发试验结果感到满意，就应着手用品牌名称、包装和初步市场营销方案把这种新产品装扮超来，把产品推向真正的市场。其目的在于了解顾客和经销商对于经营、使用和再购买这种新产品的实际情况以及市场规模，然后再酌情采取适当对策。试销的规模取决于两个方面：一是项目投资费用和风险；二是试销的费用和时间。投资费用和风险越高的新产品，试销的规模应越大；反之，试销规模规模可小一些。从试销费用和时间来讲，所需费用越多、时间越长的新产品，规模应越小；反之，则可大一些。总的来说，试销费用不宜在新产品开发投资总额中占太大比例。

（8）批量上市。这一阶段，企业高层管理者应当作出以下决策：

① 何时推出新产品。企业高层要决定在什么时间将新产品投放市场最为适宜。例如，如果某种新产品是用来替代老产品的，就应等到老产品的存货被处理掉时再将这种新产品投放市场，以免冲击老产品的销售，造成损失；如果某种新产品的市场需求有高度的季节性，就应在销售季节来临时将这种新产品投放市场。

② 何地推出新产品。企业高层者要决定在什么地方（某一地区，某些、全国市场或国

际市场）推出新产品最为适宜。一般是先在主要地区的市场推出，以便占有市场，取得立足点，然后再扩大到其他地区。因此，企业特别是中小企业需制定一个市场投放计划。在制定市场投放计划时，先要找出最有吸引力的市场投放。选择市场时要考虑以下几个方面：市场潜力；企业在该地区的声誉；投放成本；该地区调查资料的质量高低；对其他地区的影响力以及竞争渗透能力。此外，竞争情况也十分重要，它同样可以影响到新产品商业化的成功。

③ 向谁推出新产品。企业高层管理者要把分销和促销目标面向最理想的顾客群。这样做的目的是要利用最理想的顾客群带动一般顾客群，以最快的速度、最少的费用扩大新产品的市场占有率。企业可以根据市场试销的结果发现最理想顾客群。对新上市的消费品来讲，最理想的顾客群一般应具备以下特征：他们是早期采用者；他们是大量使用者；他们是倡导者或意见领袖，并能为该产品做宣传。当然，完全具备这些特征的顾客为数很少，企业可以根据这些标准为不同的顾客群打分，从而找出最理想的顾客群。

④ 如何推出新产品。企业管理部门要制定开始投放市场的营销战略。首先要对各项市场营销活动分配预算，然后规定各项活动的先后顺序，从而有计划地开展市场营销管理。

5．新产品的采用与扩散

新产品进入市场后，实际上就开始了它的寿命周期历程。此时，企业的任务是把握时机及时推广。新产品的采用与扩散是指新产品在市场上取代老产品、并逐步被广大消费者所接受的过程。

（1）新产品的采用过程。指购买者个人由接受新产品成为重复购买者的各个心理阶段，包括知晓、兴趣、评价、试用和采用五个阶段。

① 知晓阶段。即购买者通过无意识地接触有关新产品的信息，对其有所察觉且产生感性认识的阶段。

② 兴趣阶段。即购买者不断了解到新产品信息，对新产品有了比较全面甚至理性的认知，并逐步产生喜爱和想要拥有产品的愿望的阶段。

③ 评价阶段。即在充分掌握新产品信息的基础上，购买者会对新产品进行功能分析、评价，并得出确定性认识。

④ 试用阶段。购买者通过评价新产品，决定在一定范围及程度上尝试使用新产品。

⑤ 采用阶段。购买者决定全面和经常地使用新产品。

营销人员应仔细研究各个阶段的不同特点，采取相应的营销策略，引导购买者尽快完成采用过程的中间阶段。在这个过程中，营销人员可采取多种办法让购买者充分认识到新产品的特性，促使购买者作出购买新产品的决策。

（2）新产品的扩散过程。所谓新产品的扩散，是指新产品上市以后随着时间的流逝，被愈来愈多的购买者所采用的过程。新产品的扩散过程与新产品的采用过程有很大区别。前者需要从宏观即整个产品寿命周期角度研究新产品如何在整个市场上传播并被市场所采用的过程；后者需要从微观角度研究购买者由接受新产品到成为重复购买者的各个心理阶段。

不同购买者采用新产品的过程所花费的时间长短是不一样的。为此，可将新产品的采用者分为五种类型：创新采用者、早期采用者、早期大众、晚期大众和落后采用者。其模型如图 7-7 所示。

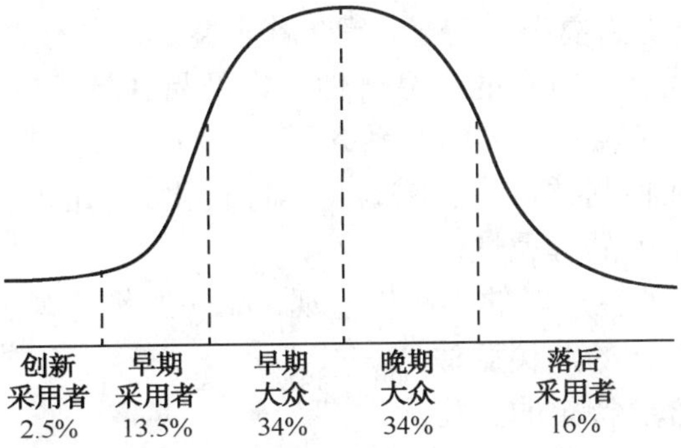

图 7-7　新产品采用者的五种模型

① 创新采用者。创新采用者即时尚的带头人，占全部采用者的 2.5%。这些人对新事物极其敏感，其收入、社会地位和受教育程度也较高，并富有冒险精神，信息灵通。新产品都是少数创新采用者率先使用的。

② 早期采用者。早期采用者占全部采用者的 13.5%。这类用户虽然不及创新采用者那么敢于冒风险，但他们往往是某个领域里的舆论领袖，是新产品从首次投放市场阶段到成长阶段的最重要的推动力，对后来的采用者影响很大。由于他们对新产品的扩散有着决定性的作用，所以在成长期寻找到合适的早期采用者并进行有针对性的营销是特别重要的。

③ 早期大众。这类采用者采用新产品的时间较平均采用的时间要早，占总采用者人数的 34%。其特征是：态度谨慎，深思熟虑；决策的时间长；受过一定的教育；有较好的生活环境和固定的收入；对舆论领袖表现出较强的追随性，往往是赶时髦者。由于早期大众与晚期大众占总采用者人数的大多数，研究他们的消费心理和购买习惯，对于加速新产品的扩散，获取最大的市场份额具有重要意义。

④ 晚期大众。这类采用者采用新产品的时间较平均采用时间晚，占总采用者人数的 34%。其主要特征是多疑。他们对新事物持怀疑态度，从不主动采用或接受新产品，在大多数人都采用了新产品，并确定该产品值得购买后才决定采用，晚期大众是五类采用者营销中的一个难点，营销人员应针对其特点多花工夫，用多种手段与方法打消其顾虑，关键在于增强他们的购买信心。

⑤ 落后采用者。他们是新产品的最后采用者，在完全被别人使用证明采用新产品没有任何风险时才会使用该产品，占总采用者人数的 16%。这类人群思想保守，拘泥于传统的生活习惯与消费模式，不愿意接受新事物，其社会地位和收入水平一般，所以，他们在产品进入成熟期后才购买。

二、品牌战略

1．品牌的基本概念

美国营销大师菲利普·科特勒对品牌做出了如下定义：“品牌是一种名称、名词、标记或设计，或是它们的组合运用，其目的是借以辨认某个销售者或某群销售者的产品，并使之同竞争对手的产品区别开来。”品牌就其实质来说，它代表着销售者（卖者）对交付给买者的产品特征、利益和服务的一贯性的承诺。久负盛名的品牌就是优良质量的保证，不仅如此，品牌还是一个更为复杂的符号，蕴含着丰富的市场信息。品牌应包括以下内涵：

（1）属性。即品牌代表着特定的商品属性，也是品牌最基本的含义。

（2）利益。品牌不仅代表着产品的一系列属性，而且还体现着某种特定的利益。顾客购买商品的实质是购买某种利益，这就需要将属性转化为功能性或情感性利益。或者说，品牌利益相当程度地受制于品牌属性。

（3）价值。品牌体现了生产者的某些价值观，品牌的价值观客观要求企业营销者必须分辨出那些对价值观有兴趣的购买群体。

（4）文化。品牌包含着特定的文化。

（5）个性。品牌反映一定的个性，不同的品牌会使人们产生不同的品牌个性联想。

（6）用户。不同的品牌有可能面对或拥有不同的购买或使用产品的购买群体。

2．品牌的意义

（1）品牌对企业的意义。

① 品牌可以提升企业形象，促进产品销售。有效的品牌利用简单易记的特征，成为顾客记住企业产品及产品属性的标示，成为企业与顾客沟通的重要元素。顾客可以通过品牌记住对应的商品，及至记住相关的企业。如果品牌让顾客感到满足与满意，从而被顾客认可并信任，那么，顾客的品牌忠诚度会随之提高，企业形象也会随之提升。

② 品牌可以保护所有者的权益。如果品牌注册成商标，就会受到法律保护而具有排他性，从而可以防止别人假冒，为品牌的所有者权益得以保护提供现实的基础。

③ 品牌有利于企业营销活动的顺利进行。优秀的品牌可以帮助企业进行合理的市场定位。同时，企业可以借助已有的品牌更方便地推出新产品。品牌是企业顺利进行营销活动的有力武器。

④ 品牌是企业重要的无形资产。优秀的品牌是企业高度创造性劳动的结晶，是企业重要的无形资产，它可以比有形资产更具增值能力，可以给企业带来巨大的有形效益，以及更多的繁荣发展的机会。

（2）品牌对购买者的意义。

① 品牌可以方便购买者选购商品。不同的品牌可以代表不同的商品性能、品质及不同的利益，所以，品牌可以在商品种类繁多的今天帮助购买者更便捷、有效地选购商品。

② 品牌有利于维护购买者的权益。有了品牌，企业会为强化自己的品牌在市场中的地位而进行各种努力，以不断提高顾客的品牌忠诚度，维护和提升企业良好的品牌信誉和形象。这样，企业须更好地考虑顾客利益，实实在在地实现品牌对顾客的承诺。因此，购买者在企业品牌营销的同时可以获得更好、更稳定的利益。另外，品牌也有利于行政机构及其他相关部门实施监督，使购买者权益得到更好的保障。

③ 品牌有利于降低购买者的购买风险，更大地实现购买价值。购买者可以根据自己的购买实践，对不同的品牌作出更符合自己利益的认知，并形成品牌偏好。在品牌偏好形成之后，购买者可以按品牌选择产品，从而尽可能地降低购买风险。同时，当品牌个性与购买者个性一致时，品牌还可以给购买者带来附加价值，使购买者实现更高的购买价值。

3．品牌与商标的区别

（1）商标的含义。商标是一个专门的法律术语，品牌或品牌的一部分在政府有关部门依法注册登记后，获得专用权，受到法律保护的，称为商标。经注册登记的商标有“R”标记，或“注册商标”的字样。

（2）商标的特征。

① 商标是商品或服务的标志。非商品上的图案、符号、标记都不是商标。

② 商标是受到法律保护的产权标志，是经商标局核准注册而取得的特殊权利，具有独占性，不容他人或企业侵犯。

③ 商标是生产者或经营者的标志，区别于其他商品，它是企业声誉和评价的象征。

（3）商标的种类。现代商标根据不同的标准可划分为不同的种类，具体划分如下：

① 根据商标的构成分为文字商标、符号商标、图形商标、组合商标、立体商标与非形象商标。

② 根据用途划分为营业商标、等级商标和证明商标。

③ 根据使用者不同分为制造商标、销售商标、集体商标和服务商标。

（4）商标与品牌的区别与联系。

① 联系。商标的实质是品牌，两者都是产品的标记。

② 区别。并非所有的品牌都是商标，品牌与商标可以相同也可以不同，商标必须办理注册登记，品牌则无须办理；商标是受法律保护的品牌，具有专门的使用权。

4．品牌战略

（1）成功品牌的构成要件。成功的品牌集各种因素之大成，不单靠广告和产品功能，它必须具备以下要素：

① 产品本身必须符合市场需求。

② 必须满足顾客的预期品质。一个品牌的实际情况要尽量与顾客的预期品质相符合。如果被顾客认为品质不够高，必须立即对此做出反应。一种办法是向消费者进行宣传，传播产品的品质信息；另一种办法是向消费者提供一些现实的担保。如麦当劳保证将40分钟没卖出的汉堡丢弃；多乐秀甜甜圈规定，所有产品都不能隔夜出售。

③ 品牌必须能激发顾客的忠诚。

④ 成功品牌必须不断创新。

⑤ 成功品牌必须注意自身形象。

（2）品牌塑造的要点。

① 名字的作用。为产品取个响亮的名字非常重要。

在确定品牌名称前，应了解哪些字眼能够反映商品所要描述的联想。比如我们要为一家录影带出租公司取名，由于它的服务特色是为周围住户送录影带上门，因此，能引起这方面联想的词有快速、上门服务、片源丰富、方便、容易、友好、电影、出租、电话预订、特快等，将这些想法通过各种组合列出备选的名称，如家庭电影院、影视特快专递、流行磁场等。也可以选择描述客观事物的词汇，如：

动物——灵猫、美洲狮、灰狗；

花卉——紫丁香、红玫瑰；

人物——吉列、福特；

形容词——美好、快速。

接下来的工作是对各种备选名称进行评估和挑选，标准是这个名字是否好记，是否具备有益的联想，是否有助于宣传口号的创作，是否能受到法律的保护，等等。

品牌名称要让消费者容易记住，必须注意以下几个因素：

a．与众不同，能引起人们的注意和好奇心，如凉霸空调、黑人牙膏。读音朗朗上口，如可口可乐、柯达胶卷。

b．能使消费者的脑海中浮现出画面的名字，如苹果电脑、金龟车等。具有感情色彩的名字，感情能影响记忆，所以与快乐、爱有关的字眼容易给消费者留下深刻印象，如施乐复印机。

c．简单的名字。一个烦琐的品牌名称会令消费者混淆，因此切忌饶舌乏味。品牌名称和广告语必须能紧密结合在一起，有些品牌名称，如快译通，就对其产品有很强的指示作用。

d．品牌名称必须具有高度合法性，一个合法的名字看上去或听上去必须和竞争品牌有别，取的名字会受到法律的保护。米勒啤酒公司在推出它的低热量啤酒后，想把它注册为“淡味啤酒”，但是经多方努力，未能成功，商标局认为，淡味是个只起描述作用的概念，不能予以注册，这样没有受到法律保护，结果竞争对手们可以毫无顾忌地使用这个词，米勒公司由此失去了独占低热量啤酒市场的大好机会。可口可乐公司也遇到了同样的麻烦，尽管它为保护自己的品牌使尽全力，但是最终还是没能阻止其他饮料公司使用可乐这个词，因为它是咖啡因饮料的总称。

e．尽量使品牌名称与商品的用途联系起来。

f．既要考虑市场营销计划当前的要求，又要兼顾品牌成熟以后的长远利益。

② 标志的威力。光有品牌名称不够，必须要为商品设立一个标志。标志是品牌的外形，是创造品牌知名度和品牌联想的关键。视觉形象远比文字描述容易被人接受，标志对获得品牌知名度有很大影响，同样能引起联想。

③ 广告语的诱惑。广告语能将商标和标志中模棱两可的含义去掉，能够加强品牌在消费者心中的印象，好的广告语还能表现公司的管理理念。日本第一劝业银行的广告语是：“把您的利益放在我们心中”，这是因为“利益”一词在英文中还有利息的意思，可谓一语双关，耐人寻味。

（3）品牌战略。

① 品牌化决策。即指营销管理者首先要做的第一个决策就是是否一定要给产品标注品牌名称。在当今产品和服务日趋同质化的时代，品牌已经成为企业差异化的竞争利器，即使像大豆、水果、蔬菜、大米和肉制品等过去从不使用品牌的产品类别，现在也被放在有特色的包装袋内，冠以品牌出售。

并非所有的商品都必须拥有品牌，这取决于产品品牌运营的投入对产品是否有利。因为品牌在带来诸多好处的同时，品牌的建立、维持和保护也要付出巨大成本，如包装费、广告费、标签费和法律保护费等。一般来说，未加工的原料产品以及那些不会因生产商不同而形成不同特色的商品可以使用无品牌战略。

② 品牌使用者决策。在决定对产品使用品牌后，制造商还要决定如何使用品牌。制造商的产品在品牌的使用上有三种选择：

a．制造商品牌策略。该策略是生产者获得自立品牌的收益。

b．中间商品牌策略。受各种条件约束而无力建立自己品牌的生产企业可采用该策略。

c．混合策略。制造商对自己生产的一部分产品采用品牌，其他产品则采用中间商品牌。

随着连锁零售商、超级市场等批发零售商的出现，以及中间商之间日趋激烈的市场竞争，越来越多的中间商从以往单纯采用生产品牌开始转向自主品牌的开发。中间商品牌的出现及强势发展掀起了中间商与生产商之间新一轮更宽范围的品牌战。企业选择生产者品牌或中间商品牌，即品牌归属于生产者还是中间商，要全面考虑各项关因素，综合分析得益损失，关键是看生产者和中间商谁在这个产品分销链上居于主导地位、拥有更好的市场信誉和拓展市场的潜能。一般来讲，在生产者或制造商的市场信誉良好、企业实力较强、产品市场占有率较高的情况下，宜采用生产者品牌；在生产者或制造商资金拮据、市场营销薄弱的情况下，不宜选用生产者品牌，而应以中间商品牌为主，或全部采用中间商品牌。若中间商在某个目标市场拥有较好的品牌忠诚度及庞大而完善的销售网络，即使生产者或制造商有自营品牌的能力，也应考虑采用中间商品牌。

③ 品牌质量决策。品牌质量决策指企业做品牌决策时，还必须决定其品牌的质量水平，以保持其品牌在目标市场中的地位。所谓品牌质量，是指反映产品耐用性、可靠性、精确性等价值属性的综合尺度。企业在进行品牌质量决策时可分两步走：

a．决定其品牌的最初质量水平——低质量、一般质量、高质量、优质量。一般来讲，企业的盈利能力、投资收益率会随着品牌质量的提高而提高，但是不会呈直线上升，优质产品只会使投资收益率少量提高，而低质量品牌却会使企业投资收益率大大降低。因此，企业应当提供高质量品牌。

b．决定其品牌的最初质量水平后，随着时间的失衡还要决定如何管理其品牌质量。在这个方面企业有三种决策可供选择：提高品牌质量，以提高收益和市场占有率；保持品牌质量；根据提升或者维持品牌质量所需要付出的投入产出比，考虑是否要逐步降低品牌质量。

④ 品牌名称决策。一般而言，有四种常用的品牌名称使用战略。

a．个体品牌名称，不同的产品使用不同的品牌名称。这种方法的优点是，不会因某一品牌的产品声誉不佳而危害整个企业的名声。

b．同一家族品牌名称，即企业所有的产品使用同一品牌名称。该战略的好处是能利用规模经济，可以节省建立品牌认知和进行品牌传播的大量费用，有利于新产品迅速打开市场，获得消费者认同。

c．分类别的家族品牌名称，即企业为每一种产品类别制定一个不同的品牌名称。例如，美国的西尔斯（Sears）公司就将家用电器、工具和装修设备等三类明显不同的产品分别命名为Kenmore、Craftsman、Homart。

d．公司名称和单个品牌名称相结合。这是一种主副品牌结构，既可分享公司现有的声誉，又可突出单个品牌的特色、不同的功能和不同的形象风格。例如，科龙冰爽星冷柜，科龙双效王空调等就属于这种品牌名称战略。

⑤ 品牌拓展战略。品牌拓展战略是指公司利用现有的品牌来推出新产品的一种营销活动。品牌拓展可以分为两类。一是品牌线拓展，即公司利用现有品牌向同一类产品中的

新品种拓展。这各拓展通常产生代表品牌的不同性能、不同款式的副品牌，如海飞丝油性发质去屑香波。二是品牌类别拓展，是指现有品牌向不同的品类拓展，如美国通用电气公司的品牌 GE 从飞机引擎、机车拓展到了塑料化工、金融服务等领域。

品牌拓展战略是一把双刃剑，如果成功实施能够为企业产生诸多的利益，如有助于新产品更快地被消费者接受，有助于降低新产品的推广成本，有助于满足消费者多样化的需求，有助于丰富母品牌内涵等。

⑥ 多品牌战略。如果说品牌拓展决定了品牌战略的广度，即同一品牌下企业所售产品数目和性质，那么，多品牌战略就决定了品牌战略的深度，即企业出售的一类产品中所拥有的品牌的数目和性质。多品牌战略也称为品牌组合战略。品牌组合是指企业经营的所有品牌和品牌线的集合。例如，美国惠而浦公司就实行了多品牌战略，它的家电产品有帮厨、水星、林肯、套马人、百姓家产和快速王等多个品牌。

实施多品牌战略的原因主要有以下六点：

a．可以进入多个细分市场参与竞争，提高市场覆盖率，赢得更多的消费者。

b．可以使企业扩大在零售商货架上的展示空间，压缩竞争对手的展示空间。

c．满足消费者多样化的需求，提供多种品牌从而吸引品牌转换者。

d．通过增加新品牌在企业内部形成竞争机制，可以提高每个品牌经理的积极性和主动性，形成营销合力。

e．可以通过整合营销，在广告、销售和分销等方面获得范围经济。

f．有利于抵御经营风险。由于品牌组合中的每一种品牌都有其特定的市场定位，彼此之间相互独立，个别品牌的失败不至于损害其他品牌及企业的整体形象。

然而，多品牌战略并不意味着企业拥有的品牌越多越好。如果一个品牌的市场份额很小并且不能为企业盈利，或者它对品牌组合中的其他品牌构成损害，或者与其他品牌形成重叠，那么这个品牌对企业而言就是一种资源浪费和负效应，就应从品牌组合中剔除。企业制定多品牌战略的原则是：

a．每一个品牌都应发挥其特点，具有自己的有吸引力的、足够大的目标市场和清晰的、与众不同的市场定位，品牌之间的重叠性小。

b．尽可能地扩大市场覆盖面，争取更多的消费者。判断标准是如果在品牌组合中再增加一个品牌时企业的边际利润为零。

c．所有品牌和品牌线形成的品牌组合使企业的品牌资产最大化。

⑦ 品牌联合战略。品牌联合战略是指两种或两种以上的企业品牌，通过合资、合伙或许可协议等形式形成的一种独特的品牌。品牌联合的基础是合作双方品牌的优劣势互补，其中一种品牌可以借助于其他一些品牌来丰富自己品牌的内涵，以实现“1+1>2”的效应。如果不能实现这样的目标，品牌联合就失去了意义。例如，在手机行业，索尼与爱立信合作生产 Sony-Ericsson 手机，整合了爱立信的技术优势和索尼的时尚元素。

三、商品包装策略

1．包装的概念

包装是为产品提供直接容器或包裹物及其设计装潢的行为。产品包装一般包括以下内容：

（1）首要包装。产品的直接容器或包装物，它保证产品正常存在及其功能正常发挥。例如，饮料的瓶子、牙膏的软管等。

（2）次要包装。保护首要包装的包装物。如装牙膏软管的纸盒等。

（3）运输包装。为了便于储存、识别和运输产品所需要的装运包装。如装运牙膏的大纸板箱。

（4）标签。是指打印或贴在包装上随包装一起出现的说明产品的信息。一般情况下，标签上包括包装内容和产品所包含的主要成分、品牌标志、产品质量等级、生产厂家、生产日期、有效期和使用方法等内容，有些标签为了促销还印有相关的彩色图案或实物照片。

2．包装的作用

（1）保护产品。良好的包装可以使产品在流通过程中，在顾客保存产品期间不致损坏、变质、散落，从而保护产品的使用价值。例如，用复合铝箔袋抽氧充氮封装茶叶，可以有效防止茶叶香味散发和接触空气而氧化变质。

（2）促进产品销售。设计良好的包装可以美化、宣传、介绍产品，吸引更多的顾客购买产品。并且，有效的包装可以帮助企业做好产品定位，开拓更大的市场空间。例如，正是由于小袋真空包装的出现，使四川特产涪陵榨菜名扬四海，远销到世界各国。

（3）提高产品价值。良好的包装不仅可以促进销售，而且可以提升产品档次，提高产品附加价值。在市场上可比较的情况下，包装精美的产品肯定可以卖出更好的价钱。

（4）方便产品的经营和消费。有个性的产品包装可以成为产品特色的一个重要组成部分，并由此与竞争产品相区别，而便于市场识别、选择；同时，良好的包装可以方便产品储运、陈列、买卖，方便消费者选购和使用。

3．包装的基本原则

企业在进行包装设计时，应注意以下原则：

（1）包装应与产品的价值或质量相适应。因为包装是产品营销的诸多要素之一，所以包装必须要与其他产品要素相互呼应、协调。包装应能显示产品的特点或独特风格。“一等产品、二等包装”或者“二等产品、一等包装”都有可能不利于产品的销售。通过调查分析得知，有人认为包装成本应该控制在产品本身价值的13%～15%。

（2）包装要美观大方，独具特色。包装有可能成为顾客对产品产生的第一印象，所以设计时要充分尊重大众审美习惯，美观大方的包装让顾客愉悦，并愿意购买产品。同时，包装还必须有自己的个性，独特的包装才可能吸引顾客的注意。

（3）包装要方便储运、陈列，方便消费者选购、携带和使用。包装的美学功能不容忽视，包装的实用价值更应重视。在保证安全的前提下，包装要尽可能小巧、合适。这样既节省储运费，又便于储存、运输、陈列；同时，包装要尽可能提供不同的规格和分量以方便顾客选购，企业应通过不断改进包装技术以方便顾客选择购买。

（4）通过包装提供的信息要准确、真实。包装上关于产品成分、性能、使用方法、分量、规格、有效期限等说明信息一定要符合实际，要具体、真实准确，不应使顾客产生误解。

（5）符合法律规定，尊重购买人群的宗教信仰和风俗习惯。在包装设计中，一定要注意不得违背国家的有关法律法规，还要尊重不同顾客群的宗教信仰和风俗习惯，切忌运用有损购买者宗教感情和容易触及购买者忌讳的图案作为包装设计，必要时可以用不同的包装满足不同目标市场的需要。

（6）保证安全。包装的安全性要求是包装设计的基本原则。从某种意义上说，没有包装的安全，别的原则就无从谈起。包装的安全性首先表现在包装设计和包装材料的使用上，包装应能够保证产品安全储运、陈列以及携带、使用；包装的安全性还表现为包装是否有利于环境保护，便于回收。

4．包装策略

符合设计要求的包装固然是良好的包装，但良好的包装只有同科学的包装决策结合起来才能发挥其应有的作用。可供企业选择的包装策略主要有以下几种。

（1）类似包装策略。企业对其生产的产品采用相同的图案、近似的色彩、相同的包装材料和相同的造型进行包装，便于顾客识别出本企业产品。对于忠实于本企业的顾客，类似包装具有促销作用，企业还可因此而节省包装的设计、制作费用。类似包装策略只能适用于质量相同的产品，对于品种差异大，质量水平悬殊的产品则不宜采用。

（2）等级包装策略。等级包装策略是指企业对自己生产经营的不同质量等级的产品分别设计和使用不同的包装。这种依产品等级来配比设计包装的策略可使包装质量与产品品质等级相匹配，对高档产品采用精致包装，对低档产品采用简略包装，其做法适应不同需求层次消费者的购买心理，便于消费者识别、选购商品，从而有利于全面扩大销售。该策略的实施成本高于类似包装策略。

（3）分类包装策略。分类包装策略是根据消费者购买目的不同，对同一种产品采用不同的包装。例如，购买商品用作礼品赠送亲友，则可精致包装；若购买者自己使用，则选择简单包装。这种包装策略的优缺点与等级包装策略相同。

（4）配套包装策略。配套包装策略是指按消费者的消费习惯，将数种有关联的产品配套包装在一起成套供应，便于消费者购买、使用和携带，同时还可降低包装成本，扩大产品销售。配套包装大致可分三类：同品种而不同规格的商品配套；将不同品种但用途有密切联系的商品配套；既非同品种也非用途有关的商品配套。

（5）再使用包装策略。指原包装的商品用完后，包装容器可转作它用的策略，又称“双重用途包装策略”。再使用包装可分为复用包装和多用途包装。复用包装可以回收再使用，这样大幅度降低了包装费用，加速和促进了商品的周转，减少了环境污染。多用途包装在商品使用后，其包装品还可以作其他用途。

（6）附赠品包装策略。这是指在包装物内附赠品以诱发消费者重复购买的做法。在包装物中的附赠品可以是玩具、图片，也可以是奖券。该包装策略对儿童和青少年以及低收入者比较有效。这也是一种有效的营销推广方式。

（7）更新包装策略。更新包装策略是指企业为改变原有商品形象，促进商品销售而采用新的包装。更新包装一方面是通过改进包装使销售不佳的商品重新焕发生机，重新激起人们的购买欲望；另一方面是通过改进，使商品顺应市场变化。有些产品要改进质量比较困难，但是如果几年下来，总是老面孔，消费者又会感到厌倦。经常变一变包装，会给人带来耳目一新的感觉，这样可以促进销量的增长。

项目自我练习 7

一、单项选择题

1．企业在考虑营销组合策略时，首先需要确定生产经营什么产品来满足（　　）的需要。

A．消费者　　B．顾客　　C．社会　　D．目标市场

2．每种产品实质上是为满足市场需要而提供的（　　）。

A．服务　　B．质量　　C．效用　　D．功能

3．产品组合的宽度是指产品组合中所拥有（　　）的数目。

A．产品项目　　B．产品线　　C．产品种类　　D．产品品牌

4．产品线上平均具有的产品项目数是（　　）。

A．宽度　　B．长度　　C．深度　　D．关联性

5．丰田公司为了优化产品组合，在其中档产品卡罗纳品牌的基础上，为高档市场增加了佳美品牌，为低档市场增加了小明星品牌。丰田公司这种策略是（　　）。

A．向下延伸　　B．向上延伸　　C．双向延伸　　D．扩大产品组合

6．电视机的核心产品是（　　）。

A．漂亮的外形　　B．优良的质量

C．装饰的需要　　D．娱乐的需要

7．某大型建筑企业想使企业的资源、技术得到充分利用，以提高经营效益，它可以增加产品组合中的（　　）。

A．长度　　B．宽度　　C．深度　　D．关联度

8．延伸产品是指顾客购买某类产品所附带获得的各种（　　）的总和。

A．功能　　B．利益　　C．属性　　D．用途

9．在产品整体概念中最基本最主要的部分是（　　）。

A．核心产品　　B．形式产品　　C．潜在产品　　D．附加产品

10．某种产品在市场上销售迅速增长，利润显著上升，这种产品这时正处于其产品生命周期的（　　）阶段。

A．介绍期　　B．成长期　　C．成熟期　　D．衰退期

11．包装和商标属于产品整体概念中的（　　）。

A．核心产品　　B．形式产品　　C．附加产品　　D．延伸产品

12．品牌最持久的含义是（　　）、文化和个性。

A．价值　　B．名称　　C．利益　　D．属性

13．注册后的品牌有利于保护（　　）的合法权益。

A．商品所有者　　B．生产商　　C．品牌所有者　　D．经销商

14．品牌是市场概念，而商标是（　　）。

A．设计　　B．法律　　C．组合　　D．传播

15．企业利用其成功品牌的声誉来推出改良产品或新产品，称为（　　）。

A．品牌延伸　　B．品牌转移　　C．品牌更新　　D．品牌再定位

16．商品包装包括若干因素，（　　）是最主要的构成要素，在整体包装上应居突出的位置。

A．商标或品牌　　B．图案　　C．包装材料　　D．形状

17．为了使包装成为激发顾客购买欲望的主要诱因，客观要求在包装设计中注重（　　）。

A．差异性　　B．安全性　　C．便利性　　D．艺术性

18．三叉星圆环是奔驰汽车的（　　）。

A．品牌名称　　B．品牌图案　　C．品牌象征　　D．品牌标志

19．品牌中可以被认出但不能用语言称呼的部分叫做（　　）。

A．品牌标志　　B．商标　　C．品牌名称　　D．品牌延伸

20．有些大公司在一个市场上往往有多个品牌，比如宝洁公司的洗发精有“飘柔”、“潘婷”、“海飞丝”等，这种做法属于（　　）。

A．品牌扩展决策　　B．多品牌决策

C．统一品牌决策　　D．品牌更新定位决策

二、多项选择题

1．产品可根据其耐用性和是否有形进行分类，可分为（　　）。

A．高档消费品　　B．低档消费品　　C．耐用品

D．非耐用品　　E．服务

2．产品组合包括的变数是（　　）。

A．适应度　　B．宽度　　C．长度

D．深度　　E．关联度

3．快速渗透策略，指企业以（　　）推出新产品。

A．高品质　　B．高价格　　C．高促销

D．低价格　　E．低促销

4．新产品开发需要优选最佳产品概念，选择的依据是（　　）以及企业设备、资源的充分利用等。

A．技术能力　　B．生产能力　　C．未来的市场潜在容量

D．销售成长率　　E．投资收益率

5．对于产品生命周期衰退阶段的产品，可供选择的营销策略是（　　）。

A．集中策略　　B．竞争策略　　C．扩张策略

D．榨取策略　　E．维持策略

6．产品导入期的市场特点是（　　）。

A．商品销售额迅速上升　　B．制造成本高

C．促销费用大　　D．销售数量少

E．生产成本低

7．产品成长期的营销策略有（　　）。

A．改善产品品质　B．寻找新的细分市场
C．增加产品新用途　D．改变广告宣传重点
E．选择适当时机调整价格

8．产品成长期的主要特点是（　　）。

A．销售额达到顶峰　B．顾客对产品已经熟悉
C．利润上升　D．销售额迅速上升
E．竞争者逐渐增多

9．下列项目属于附加产品内容的有（　　）。

A．功能　B．消费信贷　C．包装
D．保修措施　E．安装

10．品牌是一个集合概念，它包括（　　）。

A．商标　B．包装　C．品牌名称
D．标签　E．品牌标志

11．新产品开发的策略主要有（　　）。

A．改进现有产品策略　B．仿制策略
C．差异化策略　D．借脑生财策略
E．拾遗补缺策略

12．商品包装的构成要素有（　　）。

A．形状　B．颜色　C．材料
D．图案　E．商标或品牌

13．包装的营销作用主要表现在（　　）。

A．增加美感　B．保护商品　C．便于储运
D．促进销售　E．增加盈利

14．等级包装策略是企业对自己生产经营的不同质量等级的产品分别使用不同包装，它有利于（　　）。

A．全面扩大销售　B．消费者识别商品
C．扩大企业影响　D．消费者购买商品
E．满足不同需求层次消费者的购买心理

15．再使用包装策略的突出作用是（　　）。

A．有营业推广的效果　B．增加产品销售
C．增加包装用途　D．延伸宣传
E．刺激购买欲望

三、判断题

1．价格、分销和促销等必须以产品为基础进行决策。（　　）

2．核心产品必须具有满足需求的基本效用或利益。（　　）

3．即便内在质量符合标准的产品，倘若没有完善的服务，实际上是不合格产品。（　　）

4．缩减产品组合会导致企业利润的降低。（ ）

5．产品品牌的生命周期比产品品种的生命周期短。（ ）

6．产品处于衰退期时，企业承担的市场风险最大。（ ）

7．企业产品进入成熟期，销售额达到最高值，显然利润率最大。（ ）

8．产品生命周期不同阶段的市场特点与新产品市场扩散过程密切相关。（ ）

9．继续生产已处于衰退期的产品，企业也可维持生存。（ ）

10．现阶段，包装的首要功能是保护产品。（ ）

11．新产品一旦在市场中试销成功，就意味着新产品能迅速被消费者接受，企业能获得丰厚的利润。（ ）

12．包装要素中不包含包装材料。（ ）

13．某汽车公司原来生产高档轿车，后来又发展了一些中低档轿车，这种产品延伸的策略是双向延伸。（ ）

14．产品整体概念的内涵和外延都是以追求优质产品为目标。（ ）

15．为提高新产品开发成功率，必须建立科学的新产品开发管理程序。（ ）

四、案例分析题

【案例 1】　大班冰皮月饼

月饼是中秋佳节的传统食品，近年来其主要用途已由家庭消费变为人情消费，成为中秋送礼之首选。由于同质化严重，每年月饼大战后便是月饼过剩，造成大量积压。

一、市场环境

1993 年香港的月饼市场竞争非常激烈。众多厂商纷纷以品牌或价格作为竞争的主要手段，此时大班决定推出全新的冰皮月饼，以差异化对抗同质化。

二、产品推广

大班研制冰皮月饼经过了认真的市场调查：人们已经厌倦了甜、腻的传统口味，渴望清爽、清淡的口感。大班冰皮月饼采用进口原料制作，不经烘制，毫不油腻，颜色是清冷的白色。细看一个个月饼冰清玉洁、晶莹剔透，微微显出里边绿豆沙的馅。该月饼从里到外都与众不同，如新月般悄然出场。

在 1991 年和 1992 年的香港食品博览会上，大班连续对其冰皮月饼进行了市场测试，结果显示，该产品对 25～40 岁年龄阶段的月饼的购买主力人群更具吸引力。于是，大规模的市场推广活动在 1993 年全面展开。该活动的营销目标是：市场份额获得 5%的提高；品牌形成联想，提升大班富于创新精神的品牌形象。

此次活动主要针对“潮流领先者”这一细分市场，基于上述营销目标及目标市场的特点，大班制定并实施了以下营销策略：

产品：以与众不同的清爽口味为其定位，以精美包装衬其独特、高贵的形象。

价格：采取了高价格，以与其高质量、高档次的形象相衬。在产品设计、定价、包装、促销等各个环节都协调相衬，其高价高质的形象在高档月饼中显得非常突出。

促销：配合高价策略，采取了高水平促销。在该年的食品博览会以及大班的专卖店中提供免费品尝，对先期购买的顾客给以折扣。

渠道：只在大班专卖店中销售，不经过任何中间商。再次体现了其“高贵矜持”，非同一般的月饼。除零售之外，他们特别指定了30家机构，专门服务于集团购买。

广告：电视广告颇具新意，整体风格轻松有朝气，充满活力。电台广告也秉承这一特色，强化这种风格。广泛散发的产品宣传册和传单也不断传达着冰皮月饼独具特色的信息。

三、活动成效

大班以全新的冰皮月饼上市，精心策划的推广活动得以准确施行而大获成功。清爽味淡的冰皮月饼在市场上大受欢迎，供不应求，在中秋节前几天就销售一空，销售收入超过预期50%，业内戏称大班冰皮月饼的成功为“新月传奇”。

（资料来源：陈晶，卢泰宏. 销售与市场. 1999年食品专刊. 经过了改编.）

【案例分析】

1．分析大班冰皮月饼所处的行业生命周期阶段及其特点。

2．全面评价大班冰皮月饼从产品介绍期迅速进入成长期的成功之处。

3．进入成长期的大班冰皮月饼的营销策略应做哪些调整？

【案例2】　润妍：三年准备，一年败北

2002年宝洁公司在中国市场打了败仗，所推出的第一个针对中国市场的本土品牌——润妍洗发水一败涂地，短期内就黯然退市。润妍洗发水的推出，是为了应对竞争对手对其持续不断发动的“植物”、“黑发”概念的进攻。在“植物”、“黑发”等概念的进攻下，宝洁旗下产品被竞争对手贴上了“化学制品”、“非黑头发专用产品”的标签。因为这些概念根植于部分消费者的头脑中，无法改变，因此面对这种攻击，宝洁无法还击。

为了改变这种被动的局面，宝洁公司从1997年调整了其产品战略，决定为旗下产品引入黑发和植物概念品牌。在新策略的指引下，宝洁按照其一贯流程开始研发新产品，从消费者到竞争对手，从名称到包装，宝洁处处把关，整整花费了三年时间。

润妍采用和主流产品不同的剂型，需要经过洗发和润发两个步骤，比起2合1产品，消费者洗头发的时间要延长一倍。润妍把目标消费群体定位在高知识城市白领女性，然而这个群体对黑头发并不感兴趣。在价格上，润妍沿袭了飘柔等旧有强势品牌的价格体系，在这种价格体系下，经销商没有利润，又不能不做，润妍的价格政策导致经销商对其采取了抵制态度。

润妍在传播时，黑发概念强调不足。而夏士莲黑芝麻洗发水，强调黑芝麻成分，让消费者由产品原料对产品功能产生天然联想，从而事半功倍，大大降低了概念传播的难度。

宝洁推出的第一个本土品牌就这样夭折了。

（资料来源：摘自中国营销传播网）

【案例分析】

1．指出润妍在市场上失败的原因。

2．如果你是润妍产品经理，你将采取什么措施挽救该产品？

【案例3】　小米如何煮出“熟饭”

小米手机销售额达到100亿元只用了1年多时间，它没有电视广告，没有实体渠道，只用了网络营销，而且最早的发展只是集中在论坛、微博和门户网站。那么，小米是如何煮出“熟饭”的呢？

一、洞察

2010年，手机市场上传统品牌正被打压，三星还没有赶上来，已发布三年的苹果iPhone手机如日中天。但是，有三个问题，正在培育中国市场的反向心理。

第一，乔布斯判决“传统手机都是垃圾”，人们也确实发现智能机很炫，期待一个让自己扔掉老土功能机的理由——“反传统”；第二，iPhone的价格让很多人消费不起，而追随的智能机在高性能的价位上都向高位趋近，这让人们很犹豫——“反高价”；第三，iPhone毕竟是一个美国品牌，代表着美国创新，它没有让本土人群（尤其是看重技术研发的核心消费人群）扬眉吐气的精神内涵——“反崇洋”。

很少人关注第三个问题，很多人认为这个问题不是问题。对普通人不是，但对手机界、IT界的精英人群，就是一个问题。所以小米的联合创始人林斌曾说：“‘小米’的名字能让很多人联想到‘小米加步枪’，能够唤起很多爱国人士的民族情结。”后来，小米公司的吉祥物“米兔”，也采用的是脖系红领巾和头戴雷锋帽的形象，同样被认为能够激发很多中国人的民族自豪感。“咱们自己的品牌”，这会堵住很多批评者的嘴。当然，“民族情结”只是推广的好概念，但对于销售来讲，最核心的部分就是那个惊天的价格——1999元。千万别光关注这个价格，一定要结合后来小米发布会上的产品要点：国内首款双核1.5G智能手机（当时顶级智能手机只达到双核1.2G），全球主频最快（比当时主流智能手机单核1G快200%以上），全球操作系统升级最快（疯狂到每周升级一次），全球最大主题库，全球顶级供应商……

当时几乎所有人都承认，小米在数个“最”的支持下，的确是性价比最高的手机。小米一出，从认知角度，使得市场就剩下两款产品——高价位的iPhone和低价位的小米，而小米的品质还不亚于那些主流价位3000元以上的手机。加上针对iPhone的民族品牌情结，可以说，小米成功地将自己稳稳置身于当时所有智能机的对立面。

二、借势

小米最主要借了谁的势？乔布斯和iPhone。小米发布的整个过程，都有一个隐隐的台子在撑着它，或者有一个高高的风标在指引着它。没错，这就是iPhone。在小米的公关稿中，总是出现苹果、iPhone。甚至媒体自主创作的稿件中，也不由自主地将小米与iPhone对比。

人人都知道，从价位上说，小米其实是iPhone的对立面，但无论从技术研发过程的认真程度，还是从发布会过程的表现方式，大家都看出小米在向乔布斯和iPhone致敬。小米聪明地避免了自己直接说出“比肩iPhone”这类引发唾弃的话，它的“潜在膜拜”和“低调攀比”，赢得了大量的小米粉丝。小米的借势，是借的一种大家渴望但又隐藏的心理。其中最重要一点，是这样一种心理：中国能否出现一个像苹果一样的公司、像iPhone一样的手机？尽管人们知道小米不可能达到苹果的地位，但他们终将好奇：这个在很多表现细节上都像iPhone的手机，究竟是个什么样子？

三、聚核

小米一创立，打出的口号是“为手机发烧友而生”。因此一定要先组建一个让人信服的团队。这就是为什么到处传颂着“小米公司七人超豪华联合创始人团队”的信息：雷军是金山软件董事长，林斌是谷歌研究院副院长，洪锋是Google高级工程师，黄江吉是微软工程院首席工程师，黎万强是金山软件人机交互设计总监、金山词霸总经理，周光平是摩托罗拉北京研发中心总工程师，刘德是来自世界顶级设计中心 Art Center 的工业设计师。这些人本身就有大量技术界的朋友。小米实际上在微博传播之前，先建立了一个小米论坛社区，将一众 IT 和手机朋友聚集在一起，通过他们再聚合一批手机发烧友，参与、讨论与整合之后，再发布相关技术信息到微博等社交媒体上，影响下一层更多的“鉴赏者”。小米手机释放大量类似“每秒 8800 万三角形的渲染能力、每秒 5.32 亿像素填充能力、F2.4 大光圈、Launcher FPS 测试、ALT 系统测试”的专业词汇，不断强化“鉴赏者”们的信心和兴趣，并推动他们一圈一圈的向外传递小米信息，甚至直接引发购买。

四、结构

仅有硬件是不够的。手机硬件能保证基本的顾客群，但不能保证将顾客群扩大。顾客对手机的关注分为三个层面：手机硬件、操作平台和应用程序。电信运营商相当于高速公路，手机本身相当于路上跑的汽车，手机操作系统相当于汽车上的驾驶系统，而应用程序相当于驾驶舱里的 CD 播放器或者 GPS 导航仪。你以为顾客要的是汽车，但他们其实要的是更快更好地到达目的地，是驾乘体验。因此，小米公司做的其实是三个产品：硬件级别的小米手机、系统级别的米柚、应用级别的米聊。

这三个产品尽管在用户上有交叉，但分三个方向满足了粉丝三方面的需求，或者说吸引了三类粉丝。小米手机直接针对硬件粉丝，米柚比手机早一年发布并安装到多种手机上，米聊更是很早就在安卓市场上被广泛下载并产生比微信更早的一批通话应用粉丝。2010 年就推出的米柚，实际上是安卓系统的一个优化版。它充分运用了安卓系统与苹果系统的斗争，但又基于中国市场需求进行改进而高于安卓系统。在各类手机论坛中，当你看到“用 MIUI 替代安卓，手机瞬间提高了一个档次啊”类似的评论，就是小米所要的效果——尽管你还没有用到小米手机，但至少知道米柚比其他安卓系统更好。

另一款很特别的产品是同样在 2010 年推出的米聊，它戏谑人生、替代电话的存在方式，帮小米吸引了第一代非技术型粉丝。多种娱乐气质的话题发布，给小米蒙上另一层有意思的色彩，也拉动了大量有关小米的谈资。“手机+米柚+米聊”让小米拥有了可以和苹果全产业链（iPhone+iOS+App Store）虽不能“对等”但可以“对比”的地位。有对比，就有推广内容，就有消费联想。

五、试探

米柚是小米的试探级产品。因为主力产品小米手机从硬件保密方面考虑，不适合做市场测试和交流互动。小米手机在 2011 年 8 月发布，但一年前的 2010 年 8 月，米柚就开始公开发布测试版。米柚基本上调动了粉丝所有的参与欲和表现欲。这款号称每周都进行升级的操作系统，其改进点大多数来自粉丝的意见和建议。而操作系统的性能与硬件直接相关，当操作系统的粉丝需求聚焦到一定程度，可以直接拉动手机硬件的研发工作。何况，小米论坛上很多建议是直接提给手机的。从粉丝反馈中不断改进手机的设计和研发，基本上等同于为粉丝定制手机。

六、抢位

对一个新品牌，多数人都不熟悉，但看多了、看久了就会熟悉。但它必然要求要有一个产生大范围、大频次曝光的媒体平台。小米微博基本上是一个完整的矩阵，它包括：公司级别的@小米公司；产品级别的@小米手机、@米聊、@MIUI_ROM；人物级别的@雷军、@黎万强、@林斌_Bin 等，以及大量员工微博；粉丝类型的@小米社区、@小米粉丝网、@小米手机后援会等。因此，从 2010 年就开始的小米微博矩阵，加上百度帖吧、其他论坛和后来的 QQ 社区，成为小米传播的主要位置。

七、组织

对于粉丝来说，如果只见微博，不见互动，没有不断的信息爆点发布，基本等于无用功。因此，小米始终维持 20～30 个人的团队，来进行微博互动管理。与小米相关的微博，至少有上百个，它们有目的的组织开展了与大范围粉丝进行的高频次沟通。雷军甚至给自己规定：每天必须在微博上与 100 个粉丝互动。那么，除去一定的重复率，仅雷军一人一年就可以直接影响到一两万名粉丝，而这些粉丝又可以影响几十万的外围粉丝。

想想粉丝的感受：那可是和一个公司的董事长零距离沟通！难道不能尝试一下他的产品吗？加上小米全员数百人的沟通量，以及微博后台和相关软件带来的协助沟通效率，小米达成百万级的中坚粉丝沟通量和千万级的外围粉丝影响量！而组织工作中最紧要的一项是给自己的粉丝团体起一个名字——米粉。别小看名字，它有天生的聚合力。

八、打磨

我们重新回到产品——这是顾客购买的核心，也是粉丝关注的核心。粉丝想“粉”的理想目标，是一个类似明星的艺术品。小米做的不是艺术品，但它至少可以显现出制作艺术品的专业诚恳态度和精心打磨过程。实际上，小米手机后来在发布过程中不断主打的四个卖点：双核、超大屏幕、信号好、电池大，都来自之前对“发烧友想要什么样的手机”的调研。小米自己也承认“在立项之始就针对这四大特点进行研发”，从未偏离，同时他们一直欣喜地发现其他对手的手机“或多或少都无法满足这四个特点”。

听取粉丝意见是一种吸取，但小米针对粉丝群还有系列的主动信息放送。更重要的，在@雷军、@MIUI_ROM、@米聊、@小米手机、@小米粉丝网乃至所有小米相关微博之间，进行了大量有规划有内涵的信息震荡。在小米网络信息发布的震荡过程之中，设计了很多有利新闻传播的内容。这类内容主要包含：产品测评、产品上市、销售业绩、粉丝故事、高层理念等。它们最直接的作用是引发各类粉丝的参与、互动和转发。但小米在网络内容传播的设计方面，还特别重视对线下媒体关注内容的释放。例如，100 万台销量、工程机发售、1 小时售罄等，都具有很强的新闻性，因此获得了各类报刊、电台、电视媒体的传播，达到多级、多维的放送效果。

九、爆发

在网络发布内容中，一定要有一些爆发点。例如，在微博上发布的小米、小米 2 和红米，结合了特别设定的转发送手机内容，往往获得数十万次的转发传播效果。但最集中的爆发点，仍然是正式举办的发布会。这也是粉丝和媒体集中关注的事件。2011 年 8 月小米手机发布会后，并未马上进行公开发售，而是先做了一场工程机发售。为最后的发售蓄能！

我们知道，核心粉丝对小米的各类产品贡献巨大，而对小米的维护和期待也最高。小米对他们所进行的“核心回馈”，实际上是再次强化这个群体和小米之间的关系。工程机的发售，不仅仅在成品上市之前，再次收集改善意见和建议，同时也让核心粉丝满足于小米的开放和自信，以及对核心粉丝的尊重和关心——他们将成为未来推动中坚粉丝购买、解答外围粉丝疑问、反驳外界对手批判的重要力量！

接着，小米用发布会后的3个月时间来积蓄需求和订单，进行饥饿营销，不仅仅是针对下游顾客的饥饿营销，也是针对上游的“蓄势”营销。米粉们在等待的过程中，将购买预期放大，产生赶紧抢、多点抢的心理。

十、快销

1999元，实际上是一个精选的促销价格点。小米知道，2000元是一个价格敏感点。这里，小米显出它的电商本色。电商的主流客群，期待的价位是线下价格的60%，这时周转可以达到最佳。小米的价位，其实就是专门为网络快销模式设计的；而当时其他双核手机，最低在2300元以上，主流产品都在3000元以上。3000元，恰好是1999元的1.6倍！

小米手机为粉丝提供的，并不仅仅是产品和性价比，它在包装和配件方面，也提供了大量的增值性质的可选项。唯一与典型增值服务不同的是，小米将一些增值项也用来收费了。米粉对小米不同色彩的彩壳收集，就是其中一项。不过米粉对此津津乐道，并有比拼谁收集得多的现象。小米社区还为粉丝提供了一些增值项，例如《爆米花》杂志和小米学院。前者是针对小米手机用户制作的内部刊物，有在线版和印刷版两种。其中就有大量的米粉故事、米粉创意和最新手机玩法；后者是针对各类新手学习小米用法、老手交流小米玩法的园地。对于参加发布会和其他活动的粉丝，小米还为他们提供统一的文化衫，以营造共同的“场效应”。

基于一个新品牌的发展位置和粉丝的高期待，小米预感到其产品可能引发大量应用问题。客服满意度直接决定小米发售之后的企业生死。为此，小米内部组织了庞大的客服团队——有大约400位客服人员，通过各种通道，回答米粉的问题。同时，这些客服也非简单的“呼入型”（等待顾客呼叫咨询），而是采用积极营销方式，通过论坛、微博、贴吧、QQ空间等，向米粉和外围顾客传递产品信息、米粉故事和有趣玩法。也就是说，其客服的重点在于攻击，而非防守。

在上述基本工作之外，小米还针对粉丝提供特别的荣誉、活动和交流机会。例如就在小米手机发布之后，小米就成立了“小米荣誉顾问团”，他们类似苹果专卖店里“天才吧”的天才们，只要符合拥有小米手机、社区积分≥1500、玩机年限2年以上、熟悉手机软硬件等条件的，就可以申请加入，并可获得专门勋章、可被邀请参加粉丝同城会等活动。但这些荣耀、组织还不足以集中释放粉丝的热情，也不能留下深刻印象。因此，小米组织了一个集中的年度庆典——“米粉节”，和分布全国的区域体系“米粉同城会”，辅以爆米花活动和米粉团活动，并按各类型人群对米粉进行分类研究和互动交流。这些活动并非单纯的粉丝互动，也可以成为极佳的销售场合。例如2012年4月6日第一届米粉节，当日在节庆过程中就创造了6分多钟销售完10万手机的记录！

［资料来源：张伯峙，韩沐威，张泽岩．小米如何煮出“熟饭”——造就米粉的18个要素．销售与市场（渠道版）．2013(10)］

案例分析：

1．请总结小米手机的产品策略。

2．你认为小米手机的产品策略有何特点？

3．为小米手机的营销提供你的意见或建议。

项目8

企业定价策略分析

定价策略是市场营销组合中一个十分关键的组成部分。价格通常是影响交易成败的重要因素，同时又是市场营销组合中最难以确定的因素。企业定价的目标是促进销售，获取利润。这要求企业既要考虑成本的补偿，又要考虑消费者对价格的接受能力，从而使定价策略具有买卖双方双向决策的特征。此外，价格还是市场营销组合中最灵活的因素，它可以对市场做出灵敏地反映。

任务1 学习相关知识

项目任务书

课内学时	3	课外学时	2
学习目标	1．理解产品定价的影响因素，明确定价的原则和目标 2．掌握企业定价的基本方法 3．理解并能运用企业定价的各种策略和技巧		
学习方法	1．听老师讲解案例并思考 2．听老师讲解理论知识并记笔记		
所涉及的专业知识	1．产品定价的影响因素，产品定价的原则和目标 2．产品定价的方法 3．企业定价的策略 4．价格调整策略		

续表

本任务与其他任务的关系	本任务是完成本项目下一个任务的基础，与其他项目任务联系不是很紧密，相对独立
学习材料与工具	学习材料：样例 工具：项目任务书、笔
学习组织方式	以个人为单位进行学习

项目指导书

完成项目的基本路径：

听老师讲解案例和相关知识点（45分钟）→ 案例讨论与分析（45分钟）

Step 1 听老师讲解案件及相关知识点

听老师讲解案例，积极思考，回答提问，同时完成项目任务产出表8-1和表8-2。

案例 8.1

走进超市，500毫升的矿泉水品牌不同价格也不同。有的售价0.8元，有的1元，有的1.5元，有的2元；一些国外的品牌甚至要十几元或二十几元。同一品牌的矿泉水在不同的地点销售其价格也不同，例如，康师傅矿泉水在超市售价1元，景区售价3～5元，路边摊售价则为1.5～2元。

【案例思考】 相同的商品为什么价格会不同？企业在对产品定价的时候应考虑哪些因素？

表8-1 项目任务产出表——定价的影响因素

影响企业对产品进行定价的因素有哪些？

案例 8.2

美国有个叫罗西的人，他经营了一家家庭餐馆。餐馆菜单上的菜品没有标价，餐厅内的广告牌上有五个字："随你给多少。"他规定："让顾客根据饭菜和服务的满意程度自定价格，给多给少，悉听尊便；若不满意，也可分文不付。罗西这一招很绝，好奇的食客们闻风而至，罗西餐馆顿时顾客爆满，应接不暇，收入大增。许多食客心甘情愿地付出比实际价格高出许多的餐费。虽然难免有个别无赖之徒和饕餮之客，但对餐厅的整体经营却不伤筋骨，最终使罗西腰缠万贯。

【案例思考】 罗西运用了什么定价方法？给人们以何种启示？

案例8.3

20 世纪 30 年代，著名华侨陈嘉庚先生被誉为“世界胶鞋大王”。在他的胶鞋刚刚问世的前几年，他用大大低于成本的价格对市场进行渗透，以赢得大量消费者，并且迅速打开了销路，直到他的胶鞋成为知名牌产品时，才逐渐把价格提高，但最后仍然赚了大钱。

【案例思考】 陈嘉庚先生是运用什么定价方法打开市场的？这种方法有何特点？

案例8.4

第二次世界大战结束时，美国雷诺公司生产了一种笔，趁当时世界上第一颗原子弹爆炸的新闻热潮，公司给这种笔取了个时兴的名字——原子笔（现在的圆珠笔），并作为圣诞礼物投入市场。种种宣传为这种新产品披上了神秘外衣，致使该笔身价倍增，成本仅 50 美分，售价却高达 20 美元。雷诺公司一下子就发了大财。等这种商品的神秘外衣不断被揭开，身价一落千丈时，生产者早已带着快要撑破的钱包去经营更新的商品去了。

【案例思考】 美国雷诺公司运用的是什么定价方法？这种方法有何优点？给我们何种启示？

案例8.5

巴厘克是印度尼西亚久负盛名的服装，印尼某服装厂设计师经过革新，在服装设计中使精美与典雅、娟秀与华丽并存。设计师带着服装到日本进行展销，日本社会名流应邀光顾，但却无人问津。后经调查发现，服装定价太低，贵妇们认为购买低价服装脸上无光。之后，设计师改进了设计，第二年又到日本进行展销，服装质量并没有很大变化，定价却比上次高出 3 倍，这次，服装被抢购一空。后经调查发现，日本妇女们认为，价格昂贵，又久负盛名，购买这种服装能显示自己的身份和地位，因而争相购买。

【案例思考】 印度尼西亚服装厂运用的是什么定价方法？利用了人们的何种心理？给人们何种启示？

案例8.6

美国商业心理学家经调查发现，零售价为 49 美分的商品，其销量远比标价 50 美分的高，也比标价 48 美分的好。因此，许多商店对商品标价时，宁取 9.97 元也不标 10 元，宁定 4.99 元而不定 5 元。

（资料来源：李小叶. 物流营销管理. 北京：北京大学出版社，中国农业大学出版社，2011.）

【案例思考】 分析美国商店运用的是什么定价方法？其依据何在？有何好处？

案例8.7

卡特彼勒公司的拖拉机定价。卡特彼勒公司为其生产的拖拉机定价 10 万美元，尽管其竞争对手销售同类拖拉机的售价只有 9 万美元，但卡特彼勒公司的销量还是超过了竞争者。一位潜在顾客问卡特彼勒公司的经销商，购买其拖拉机为什么要多付 1 万美元，经销商回答说：“90 000 美元是拖拉机的基价，与竞争者的拖拉机价格相等；+7 000 美元是最佳耐用性的价格加成；+6 000 美元是最佳可靠性的价格加成；+5 000 美元是最佳服务价格加成；+2 000 美元是零件较长保用期的价格加成；这样，110 000 美元是总价值的价格让利给顾客 10 000 美元折扣。所以，100 000 美元是最终价格。

顾客惊奇地发现，尽管他购买卡特彼勒公司的拖拉机要多付 1 万美元，但实际上得到了 1 万美元的折扣以及更好的品质和服务。最后，他选择了卡特彼勒公司的拖拉机。

【案例思考】

1．卡特彼勒公司采用的是什么定价方法？

2．为什么顾客能够接受该公司的价格？

表 8-2　项目任务产出表——产品的定价方法和定价策略

1．产品的定价方法

（1）[　　　　] {

（2）[　　　　] {

（3）[　　　　] {

2．产品定价的策略（填表）

新产品定价策略	产品组合定价策略	心理定价策略	折扣定价策略	价格调整策略
1. 2. 3.	1. 2. 3.	1. 2. 3. 4.	1. 2. 3. 4. 5. 6. 7. 8. 9.	1. 2.

Step 2　案例讨论与分析

阅读下面的案例，以团队为单位进行讨论，并汇报，教师点评（45 分钟）。填写表 8-3、

表 8-4 和表 8-5。

案例 8.8 家乐福定价法

家乐福自 1963 年在法国开业以来，截至目前已在全球 30 多个国家和地区开设了 1 万多家销售网点，涉及的零售业态包括大卖场、超级市场、折扣店、便利店、仓储式商店与电子商务等，集团的 50 万名员工正致力于为 20 亿名不同国家和地区的消费者提供有竞争力的商品。家乐福的成功很大程度上取决于它的价格策略，作为一家全球性的零售企业，其价格的制定具有很强的科学性和目的性。

开业初期，家乐福主要目标是维持企业生存。20 世纪 90 年代以来，我国零售业发生了变化，各种新型大商场发展很快。面对激烈竞争的市场环境，为在市场站稳脚跟，家乐福的商品价格普通低于正常价格 10%～20%，体现了其超低售价的经营理念，从而打开了市场。正当消费者津津乐道地议论着家乐福的低廉价格时，家乐福却悄悄提高了商品的售价，然而此时人们已在心理上认定了家乐福的价格便宜，养成了到家乐福购物的习惯。

家乐福的商品价格是成本加上固定的毛利率。其商品的一般毛利率为：食品、饮料、日用品类为 3%～5%，鲜活类为 17%，服装类为 30%，玩具类为 20%，家具类为 20%～30%，家电类为 7%，文化用品为 20%。这种方法，首先保证了商场的盈利，同时在竞争日趋激烈的市场上，也缓和了与对手的相互对抗。

家乐福同时也采用排他的定价方法。开业初期，在采用低价策略成功地打开了市场后，下一步便是针对主要对手来制定价格。每周三它都要派出大量人员到两个主要竞争对手处采集价格信息，然后迅速汇总，星期四晚上调整商品价格，迎接即将到来的双休日销售高峰。它以竞争对手的价格作为基础，稍微进行下调，这样既保证了价格优势，也不致使收入过分降低。

家乐福是靠低价策略打开市场的，同样其市场在一定程度上靠不断的低价来维持。家乐福始终有 10%左右的低价商品比正常价格低 10%～20%，这些低价商品主要以低利润、高购买率、大购买量的日用化妆品和食品饮料为主，这 10%的商品却带动了其他 90%正常价格商品的销售。

在被抽查的 500 种商品中，采取整数定价的，食品类约占 10%，非食品类占 20%；价格尾数为奇数的商品占 80%，日用品、食品、饮料的价格尾数以 5、9 居多，约占 50%，非食品类以 9 为多，占 40%。家乐福的价格往往仅在尾数上比对手少一点儿，但却因此给顾客一种东西便宜的感觉。

家乐福在店庆和一些节日活动期间还会采用特价策略。如在店庆期间，一辆永久自行车仅售 396 元，而进价则为 392 元，最后与厂家结算时平均每辆车的利润仅为 0.5 元。一个迷你衣柜进价 159 元，售价只有 149 元。一款休闲沙发床正常售价 779 元，此时也仅售 759 元。这些特价商品，强烈刺激了顾客的购买欲望，使店庆期间几天的销售额都超过了 400 万元。

家乐福每一列货架的两端都有促销台，台上单一的摆放着那些低价的促销商品，而且上方挂着醒目的黄色价格牌，这些低价商品 10%～20%的让利一般由厂家全部负担或与商场分摊一部分，对于家乐福来说并无太大损失，甚至每个促销台还要加收台费。

在家乐福超市里一般都设有化妆品专柜、首饰专柜等，在专柜中陈列的商品价格一般都不低，当然也不能高得离谱，把顾客吓走。例如，玉兰油、羽西、欧珀莱这些商品的价格比丁家宜、佳雪、大宝等要高出好几倍，但是，仍然有很多顾客购买。

家乐福的价格策略充分反映了它的经营理念。虽然是超低售价，但是通过高速运转，以及统一进货、协调配送、计算机网络管理等先进的经营方式，保证了在低价销售时仍可通过最大销量来获取利润。通过价格策略的运用，再配以宽松的购物环境、优良的服务，家乐福牢牢吸引住了顾客的心。

（案例来源：丁慧，刘雪琴.家乐福和沃尔玛定价策略对比分析.商场现代化，2007（9），有改编）

【案例思考】

1．结合案例分析家乐福采取了什么样的定价方法？

2．结合案例分析家乐福采取了什么样的定价策略？

表 8-3　项目任务产出表——价格策略分析

团队讨论记录：

表 8-4　项目任务产出表——汇报点评笔记

表 8-5　项目任务产出表——团队案例分析报告

可提交电子版或另附纸：

任务2　企业的定价策略分析

项目任务书

课内学时	2	课外学时	2
学习目标	1．学会用定价策略方面的相关知识进行具体的案例分析，通过案例分析对定价策略的重点知识进行复习并且进一步掌握 2．学会如何进行小组合作和沟通 3．能将所分析的资料写成书面分析报告		

续表

学习方法	1．团队讨论，分析资料；遇到不清楚的概念，自学相关知识 2．各小组上台进行汇报 3．撰写案例分析报告
所涉及的专业知识	1．定价的策略 2．企业的价格调整策略
本任务与其他任务的关系	本任务需在完成本项目任务1的基础上完成；与其他项目任务联系不是很紧密，相对独立
学习材料与工具	学习材料：案例 工具：项目任务书、笔、计算机
学习组织方式	1．以团队为单位完成本任务 2．团队沟通、个人完成分配的任务与团队讨论相结合

项目指导书

完成项目基本路径：

案例阅读、讨论分析（45分钟）→ 上台汇报（35分钟）→ 教师点评和总结（10分钟）

Step 1 案例阅读、讨论分析

（1）以个人为单位认真阅读案例、思考，填写项目任务产出表8-6。
（2）以团队为单位进行研讨，完善项目任务产出表8-6。

Step 2 上台汇报

各团队依次上台汇报，回答其他团队成员的提问。不汇报的团队认真做好笔记。填写项目任务产出表8-7。

Step 3 教师点评和总结

认真听教师总结，做好记录。课后以团队为单位修改案例分析报告，提交完整的案例分析报告，并填写项目任务产出表8-8。

案例8.9 中国汽车市场的经典价格案例

一、本田飞度

在国内经济型轿车市场上，像广州本田的飞度一样几乎是全球同步推出的车型还有上海大众的POLO。但与飞度相比，POLO的价格要高得多。飞度1.3L五速手动挡的全国统一销售价格为9.98万元，

1.3L 无级变速自动挡销售价格为 10.98 万元。而三厢 POLO 上市时的价格为 13.09 万～16.19 万元。飞度上市后，POLO 及时进行了价格调整，到 2006 年 12 月中旬，在北京亚运村汽车交易市场上，三厢 POLO 基本型的最低报价是 11.11 万元。即使这样，其价格还是高于飞度。虽然飞度 9.98 万元的价格超过了部分消费者的心理预期，但在行家眼里，这是对其竞争对手致命的定价。

飞度是一个技术领先的产品，它在起步时国产化就已经超过 80%。而国产化比例是决定国内轿车成本的两大因素之一，它采取了一步到位的低价策略。由于其汽车性能和价格在短期内都难以被对手突破。使得长期徘徊观望的经济型轿车潜在消费者打消了顾虑，放弃了持币待购的心理，纷纷选择了飞度。虽然这种做法会使消费者往往要向经销商交一定费用才能够快速取得汽车，增加了消费者的负担。但供不应求的现象让更多的消费者产生悬念。其市场表现良好。

二、大众奥迪

作为国内中高档车标杆的奥迪 A6 的换代车型 A6 系列——新奥迪 A6，在 2005 年 6 月 16 日正式公布售价，除了核心配置和美国版有差异外，国产后的新奥迪 A6/3.0 高出了美国版逾 20 万元。据业内资深人士分析，德国大众旗下的奥迪品牌在主力车型上的过高定价一旦失误，很可能将加速大众汽车在华市场份额下滑，同时导致中国中高档车市重新洗牌。

（1）一汽——大众正式公布了全新奥迪 A6/L2.4 和 A6/L3.0 共 6 款车型的价格和详细装备表。其中 A6/L2.4 三款车型的厂家指导价格区间为 46.22 万至 57.02 万元；A6/L3.0 三款车型的价格区间为 56.18 万至 64.96 万元。这 6 款车型已于 2005 年 6 月 22 日正式上市销售。

据了解，自 1999 年投产以来，上一代国产奥迪 A6 经历了五次升级，在不到 5 年的时间里销量超过 20 多万辆，在国内豪华车市场多年来可谓是“一枝独秀”，市场份额维持在 60%左右。按照这个价格，新奥迪 A6 的最高价格已经打破了目前国产豪华轿车最贵的一款宝马 530i。国产宝马 5 系目前的价格是 53 万 ~ 61 万元，市场报价还更低；日产的价格是 24.98 万～34.98 万元、丰田的报价是 32.8 万～48 万元，新奥迪 A6 等于“让出”了原来销量最大的价格区间。

奥迪美国官方网站上写到，美国市场上目前新奥迪 A6 只有 3.2L 和 4.2L 两个排量，其价格分别为 4.262 万美元和 5.222 万美元。这样，美国版的 3.2L 折合人民币为 35 万元，国内版本竟高出了 21 万～29.96 万元。和美国版的新奥迪 A6 相比，在核心配置方面，国内版的新奥迪 A6 发动机不是 FSI 的，而且不带全时四驱，变速箱还不是 Tiptronic，且价格也贵出很多。“业内人士这样分析道。一位不愿意透露姓名的分析师说，如果市场证明新奥迪 A6 在定价上出现失误，很可能将加速大众汽车在华市场份额下滑，同时导致中国中高档车市的重新洗牌。

某机构全球中国首席汽车分析师则认为，从目前 A6 的定价来看，肯定是改变老 A6 的产品定位了，这将使得原来老 A6 在 30 万～40 万元的区间被竞争对手们蚕食，假如奥迪今年年内没有弥补这个价格区间的车型，那么 2005 年要想达到去年 5 万多辆的销量，几乎成了不可能完成的任务。

其实，奥迪采取高价策略，已经不是第一次了，以前奥迪 A4 也同样采用的是高价入市策略。这样，可以使汽车厂商在短时间内攫取大量利润，等到过一段时间后，竞争对手的车也上市了，消费者的热情也消退大半，再降价刺激市场，扩大市场占有率，提升销量。对于高档豪华轿车来说，顾客多是高收入个人、政府和企事业单位，对价格并不是太敏感，他们主要看重的是品牌。

奥迪自己不可能不知道高价入市的风险，但这两年大众在华业务销量和利润都逐年下滑，如果没有利润增长点，今年很可能出现 20 年来第一次亏损。奥迪 A6 新车型如果高价入市成功，则很可能避免全年的亏损。奥迪在中国这么多年的先入优势，品牌在消费者心目中的地位，经销商的实力，这次赌赢的胜算很大。但越往后，消费者越成熟，信息越透明，中国的消费者没理由愿意比美国的消费者买同样的车却多花二三十万。所以，大众奥迪就算赢了这次，使今年勉强不亏损，但明年能躲得掉吗？

三、现代伊兰特

降价时机的选择，首先要看竞争厂家是否有可能跟进、是否有实力跟进，因为竞争车型跟进的时间长短和车型多少决定着自己的降价效果。

北京现代的伊兰特经过深入的市场分析，选择在 2004 年 9 月初降价。按照往年的惯例和经验，国内汽车厂商会把每年的九十月视为“金九银十”，指望在这两个月多卖车，于是会集中在 8 月份向经销商大幅度压货。在每年 8 月底、最晚在 9 月初，汽车厂家就会把高于月均销量 50%～80%的车子压到经销商手中，或者购车合同已经签订。在此情况下，汽车厂家一般是很难降价跟进的。因为按照厂家和经销商的汽车销售政策和合同，如果厂家在把车子卖给经销商之后再调低汽车的市场指导价，厂家要赔偿旧价格与新价格的差额；如果合同另有约定，汽车厂家还需要另外向经销商支付违约金。厂家在此时降价就意味着，汽车厂家在约定的付款时段内不仅要向上游的供应商付款，同时还要向下游的经销商付款，会导致公司的财务不堪重负。当时的情况是，上海通用、南北大众分别在 2004 年六七月刚刚降过价，他们不是不想跟进，而是跟进不了、赔不起了。

如果在 8 月降价，有可能引发其他厂商降价跟进，不仅自己降价的效果难以体现，而且加快了价格这个“魔鬼螺旋”的转速，于己于人于整个行业都不利；而如果是在 9 月中旬或者下旬降价，则自己降价的效果要差好几成，因为一位“准消费者”从知道降价消息到真正去买车，一般会有 3～10 天的时间，选择在 9 月初降价能促使更多的人在当月去买车。

另外，降价时机不能只选择自己的市场份额足够高了才降价，同时更要考虑遏制新的竞争车型成长。比如爱丽舍，现在回头看该车型 2004 年 4 月的第一次降价行为就是动手太晚了，如果爱丽舍在 2003 年 9～12 月降价，将非常具有竞争力，凯越和伊兰特可能就不会成长这么快。而如果等到新车型成长起来、消费者认可之后再去降价拼抢，这时就很难遏制新车型的增长势头了。

[资料来源：陈玮，李穗豫. 中国汽车市场的经典价格案例分析. 北京：现代营销·营销学苑. 2005 (08)，有改编]

表 8-6　项目任务产出表——案例思考题

1．为什么本田飞度要采用一步到位的低价格策略？它为什么能够做到这样定价？这样的定价策略适合处于产品生命周期哪个阶段的产品？
2．奥迪 A6 采取了什么样的定价策略？为什么要这样定价？如果奥迪也采取本田飞度的定价策略，将会给其自身和整个汽车市场将带来什么样的影响？
3．为什么说现代伊兰特的降价策略运用的非常成功？在降价时它考虑了哪些方面的因素？

表 8-7 项目任务产出表——团队汇报答辩及教师点评笔记

表 8-8 任务产出表——团队案例分析报告

【成果要求】 案例分析报告。

【评价标准】

（1）优秀（90～100 分）：团队组织到位，整个活动过程有序、有效。能在规定的时间内完成案例资料的阅读、讨论、分析；团队成员积极上台发言并互相配合，对于其他团队的分析能积极提问；在规定的时间内提交案例分析报告，分析应用了所学的理论知识，做到合理、全面。

（2）良好（80～90 分）：能在规定的时间内完成案例资料的阅读、讨论、分析；团队成员能够上台发言并有一定的配合，对于其他团队的分析有成员提问；在规定的时间内提交案例分析报告，分析应用了所学的理论知识，比较合理、内容较全面。

（3）合格（60～80 分）：基本能在规定的时间内完成案例资料的阅读、讨论、分析；团队成员能够上台发言阐述本组讨论的结果；在规定的时间内能够提交案例分析报告，分析基本合理、内容不太全面，部分地应用了所学的理论知识，能够自圆其说。

（4）不合格（60 分以下）：没有能够在规定的时间内完成案例资料的阅读和讨论、分析；团队成员没有上台发言阐述本组讨论的结果或仅为应付而上台发言，效果较差；延迟提交案例分析报告，案例分析不得要领，论述不清晰，不知要说明什么，要求的产出不全，没有应用所学的理论知识，许多地方不能够自圆其说。

打分时教师与各团队将给出每个团队的档次及具体分值，最后进行平均。本次成绩占该系列项目总分值的 7%。

【分值划分】 团队组织情况占 30%，上台汇报情况 30%，自主学习情况占 20%，分析报告的质量占 20%。

教师评价	团队组织情况（30%）		学生评价	团队组织情况（30%）		总评：
	汇报情况（30%）			汇报情况（30%）		
	分析报告质量（20%）			分析报告质量（20%）		
	自主学习情况（20%）			自主学习情况（20%）		

项目基本知识

一、影响定价的因素

1. 成本因素

成本是营销价格的最低界限，对企业营销价格有很大的影响。产品成本是由产品在生产过程和流通过程中耗费的物质资料和政府的劳动报酬所形成的。成本一般由固定成本和变动成本两部组成。固定成本费用并不随产量的变化而等比例发生变化，企业取得盈利的初始点是在价格补偿平均变动成本费用之后的累积余额等于全部固定成本费用的时候。显然，产品成本是企业核算盈亏的临界点，产品销售大于产品成本时企业有可能形成盈利，反之则亏损。

2. 供求关系

供求关系是影响企业产品价格的一个基本要素。一般而言，当供小于求时，产品价格高，反之，价格低；当供求基本一致时，产品的售价为买卖双方能够接受的“均衡价格”。此外，在供求关系中，企业产品营销价格还受到供求弹性的影响。一般来说，需求价格弹性较大的商品价格相对较低，而需求价格弹性较小的商品价格相对较高。

3. 竞争因素

竞争是影响企业产品定价的重要因素之一，在实际营销过程中，以竞争对手为主的定价方法主要有三种：一是低于竞争对手的价格；二是与竞争对手同价；三是高于竞争对手的价格。采取什么样的竞争价格，主要看企业在营销市场中，与其竞争对手相比处于什么样的地位。

在企业市场营销实例中，除上面三个主要因素外，市场营销的其他组合因素，如产品、分销渠道、促销手段、消费者心理因素、企业本身的规模、财务状况和国家政策等，都会对企业的营销价格产生不同程度的影响。

二、产品的定价方法

定价方法是企业在特定的定价目标指导下，依据对成本、需求及竞争等状况的研究，运用价格决策理论对产品价格进行计算的具体方法。定价方法主要包括成本导向定价法、需求导向定价法、竞争导向定价法三种类型。

1. 成本导向定价法

成本导向定价法是以产品成本为中心的定价方法，这种方法简便实用。它以产品成本为基础，加上预期利润，即为产品的基本价格。根据采用的成本项目和所追求利润指标的不同，计算单位产品价格的成本导向方法也不同。这种定价方法一般有成本加成定价法、目标收益定价法、盈亏平衡定价法和边际贡献定价法。

（1）成本加成定价法，是指产品单位成本加上一定比例的利润得出产品价格的定价方法。该方法简便易行，是企业普遍采用的一种方法。这种定价法的关键在于确定加成率。现实中，不仅各种产品的加成率相差较大，而且不同企业同一种产品的加成率也不是固定的，需视各种具体情况而定。该方法的不足之处是忽视了市场需求和竞争因素，缺乏灵活性，难以适应市场竞争的变化形势。

（2）目标收益定价法，是根据企业总成本和预期销量，确定一个目标利润率作为定价的标准，该方法简单易行。由于目标收益定价法的价格是按预测销量确定的，只要预测销量较为准确，价格也较为准确，进而能保证企业目标利润的实现。其缺陷是，企业根据销量倒推出价格，而价格又是影响销量的一个因素。因此，为确保实现预期销售量，企业应将价格、销售量与需求因素结合起来考虑。

（3）盈亏平衡定价法，也称收支平衡定价法或损益平衡定价法，以总成本和总销售收入保持平衡为定价原则。企业生产一单位产品所耗费的成本与销售获得的收入相等的点称为平衡点。这种方法适用于市场不景气的情况，因为保本总比停业的损失小，而且企业具有较灵活的回旋余地。若产品价格定在盈亏平衡价格之上，并能保证完成预期销量，则企业有利润。

（4）边际贡献定价法，又称变动成本定价法，企业采用此方法定价时暂时不考虑固定成本，只根据变动成本制定价格，从而以预期的边际贡献适当补偿固定成本，获得收益的定价方法。边际成本定价法通常适用于两种情况：一是市场竞争激烈，产品供过于求，库存积压，如果企业坚持以总成本为基础定价市场难以接受，其结果不仅不能补偿固定成本，连变动成本也难以回收；二是订货不足、生产能力过剩、企业开工不足，与其设备闲置，不如利用低于总成本但高于变动成本的价格扩大销售，维持生存。但是，过低的成本有可能被指控为不正当竞争，并招致竞争对手的报复，在国际市场则易被进口国认定为“倾销”，产品价格会因“反倾销税”的征收而上升，从而失去其最初的意义。

2．需求导向定价法

需求导向定价法又称市场导向定价法、顾客导向定价法，是指按照顾客对商品的认知和需求程度制定价格的方法，而不是根据卖方成本定价。这类定价方法的出发点是顾客需求，以顾客对商品价位的理解为依据来制定价格。主要方法有理解价值定价法、需求差异定价法。

（1）理解价值定价法，是以消费者对产品价值的认识和理解程度作为定价的依据。作为定价关键的不是卖方的成本而是顾客对产品价值的认知，企业利用营销组合中的非价格变量（如质量、服务、宣传等）来提高顾客对商品价值的理解。实施这一方法的关键在于正确估计顾客的认知价值。如果定价高于买方的理解价值，顾客的注意力就会转移到其他地方，企业的销售额就受到影响；如果定价略低于买方的理解价值，尽管会增加产品的销量，但创造的收益将低于价格提高到顾客认知价值水平时应创造的收益，从而减少企业的收入；如果定价大大低于买方的理解价值，顾客将会对产品产生怀疑，从而影响企业产品的销售，使企业利益蒙受损失。

（2）需求差异定价法，需求差异定价法以不同时间、地点、商品及不同消费者的消费需求强度差异为定价的基本依据，针对每种差异决定其在基础价格上是加价还是减价。主要有以下几种形式：

① 因地点而异。如国内机场的商店、餐厅向乘客提供的商品价格普遍要高于市内的商店和餐厅。

② 因时间而异。如月饼的销售价格在农历八月十五日前可定得相对较高，但中秋节一

过，月饼便大幅度减价甚至是低于成本销售。再如，节假日和旅游旺季车船票定价比平时高。

③ 因商品而异。在 2008 年奥运会举行期间，标有奥运会会徽或吉祥物的 T 恤及商品价格比其他同类商品的价格高。

④ 因顾客而异。因职业、阶层、年龄的不同，顾客的需求不同。比如，火车票对学生、军人与普通顾客的价格不同。

（3）习惯性定价，指消费者在日常生活中形成了对某种商品价格的一种稳定性的价值评估。许多商品，尤其是家庭生活日常用品，在市场上已经形成了一个习惯价格。消费者已经习惯于消费这种商品时只付出这么大的代价，如购买一块肥皂或一瓶洗涤灵等。对这些商品的定价，一般应依照习惯确定，不要随便改变价格，以免引起顾客的反感。

3．竞争导向定价法

竞争导向定价法是以市场上竞争对手的同类产品价格为主要依据的定价方法。对一些市场竞争十分激烈的产品，其价格的制定不能依据成本的高低，只能以竞争对手的价格为定价基础。这种方法的特点是，只要竞争对手的价格不发生变化，即使成本或需求有所变化，产品价格也不变；一旦竞争对手的价格有了变动，即使成本或需求不变，也要及时调整价格。竞争导向定价法一般有随行就市定价法和密封投标定价法。

（1）随行就市定价法，是根据本行业的平均价格水平作为定价依据。它要求企业制定的产品价格与同类产品的平均价格一致。这种方法适用于企业难以对顾客和竞争者的反应做出准确估计，同时自己又难以另行定价的情况。产品差异很小的行业多采用此方法。

（2）密封投标定价法，是买方引导卖方通过竞争成交的一种方法。一般由买方公开招标，卖方竞争投标，密封递价，买方按质优价廉的原则到期公布中标者名单，然后中标企业和买方签约成交。投标竞价法是建筑工程、大型机械设备等项目交易时常用的定价方法。

三、企业的定价策略

定价方法侧重于从量的方面对产品的基础价格做出科学的计算，而定价策略则是运用定价艺术和技巧，根据市场的具体情况，制定出灵活机动的价格。科学正确的定价策略是企业实现定价目标、获得最佳经济效益的根本保证。常用的定价策略有新产品定价策略、产品组合定价策略、心理定价策略、折扣定价策略和地理定价策略。

1．新产品定价策略

新产品定价策略一般有撇脂定价策略、渗透定价策略和满意定价策略。

（1）撇脂定价策略，是指在新产品投入市场时，将价格制定得很高，以便在短期内获得更多利润，因此也称高价策略。撇脂定价策略适用于需求价格弹性较小的细分市场，对于具有特殊功效的商品或竞争威胁较弱的市场可考虑选择此策略，但从长期发展的观点看是不可取的。因为高价格虽然获得高收益，但容易吸引竞争者进入，此时企业应适当降价，以取得竞争优势，扩大销售额。

（2）渗透定价策略，和撇脂定价策略相反，是以低价为特征，通过把新产品的价格定得较低，使新产品在短期内最大限度地渗入市场，打开销路。渗透定价策略容易接近消费者，刺激需求，争取市场的主动权，它一般适用于需求价格弹性大的商品。企业可以通过增加需求，扩大产销量降低成本，实现企业的利润目标。

以上两种新产品价格策略各有利弊，企业在选择时可参考表8-9所列的条件进行选择。

表8-9　影响新产品价格策略选择的因素

选择标准	渗透定价策略条件	撇脂定价策略条件
销售推广工作	很少	很多
产品特性	普及产品	特殊性
生产方式	标准成品方式	定制
市场大小	普遍性市场（大）	选择性市场（小）
产品过时性	可行性较久	短时即消失
技术变迁性	技术稳定	技术创新速度快
生产资料使用方式	劳动力密集	知识密集
市场占有率大小	扩大市场占有率	—
分销渠道长短	短渠道	—
收回成本时间	长期内收回	短期内收回
产品兼用的可能性	单一用途	多种用途
服务工作	少	多
产品使用寿命	短	长

（3）满意定价策略，是一种处于撇脂定价与渗透定价之间的价格策略，是指产品的价格定在一个比较合理的水平，使消费者比较满意，企业又能获得适当的利润。这是一种普遍使用并且简便易行的定价策略。满意定价策略以其兼顾生产者、中间商和消费者等多方面的利益而广受欢迎。

2．产品组合定价策略

当企业同时生产多种产品时，定价需着眼于整个产品组合和实现利润最大化，而不是单个产品。具体做法主要有分档定价、系列产品定价和互补产品定价。

（1）分档定价，是将同类商品分为价格不同的数组，每组产品制定统一的价格，即企业为选定的商品设置几种有限的价格。商家可以为一组不同款式、品牌，但质量相近的男士T恤定价为150元，同时为另一组质量较好的T恤定价为210元，这样，在同价的一组商品中顾客只需选择款式或品牌，无须考虑价格，简化了顾客对商品进行选择的过程。

（2）系列产品定价，是企业向顾客提供一系列相关产品和服务。如一家宾馆为顾客提供住宿、餐饮、娱乐、健身等服务，那么，可以考虑住宿、餐饮定价较低，以吸引顾客；而娱乐、健身服务定价较高，以获取利润。

（3）互补产品定价，指必须和主要产品一起使用的产品，如照相机和胶卷、手电筒和电池、喷墨打印机和墨盒等。一些既生产主要产品又生产互补产品的企业，有时将主要产品的价格定得较低，而将互补产品价格定得较高，靠消耗量大赚钱。

3．心理定价策略

心理定价策略是指企业在定价时充分考虑消费者心理和生理、物质和精神的多种需要，制定出较有吸引力的价格。常用的心理定价策略有整数定价策略、尾数定价策略、声望定价策略和招徕定价策略。

（1）整数定价策略。对于那些无法明确显示其内在质量的商品，消费者往往通过价格的高低来判断其质量的好坏，但是在整数定价法下，价格高并不是绝对的高，而只是凭借整数价格来给消费者造成高价的印象。例如，精品店的服装可以定价为 1 000 元，而不必为 998 元。这样定价的好处是：满足顾客炫耀富有、显示地位、崇尚名牌、购买精品的虚荣心；省却了找零钱的麻烦；方便企业和顾客的价格结算；花色品种繁多、价格总体水平较高的商品，利用产品的高价效应，在消费者心目中树立高档、高价、优质的产品形象。该定价策略适用于需求价格弹性小的商品，如流行品、时尚品、奢侈品、礼品、星级宾馆服务等，由于其消费者都属于高收入阶层，也甘愿接受较高的价格，所以整数定价得以大行其道。

（2）尾数定价策略。尾数定价又称非整数定价，是指企业利用消费者求廉的心理，制定非整数价格，而且常常以奇数作为尾数，尽可能在价格上不进位。例如，把毛巾价格定为 2.97 元，而不定为 3 元；将台灯价格定为 19.90 元，而不定为 20 元，这样可以在直观上给消费者一种便宜、价格计算精准的感觉，从而激起消费者的购买欲望，促进产品销售量的增加。这种策略适用于价格较低的商品。

（3）声望定价策略。声望定价是根据产品在消费者心目中的声望、信任度和社会地位来确定价格的一种策略。声望定价可以满足某些消费者的特殊欲望，如地位、身份、财富、名望和自我形象等，还可以通过价格显示名贵优质。因此，这一策略适用于名优产品，具有历史地位的民族特色产品，以及知名度高、有较大的市场影响、深受消费者欢迎的产品。

（4）招徕定价策略。招徕定价策略是指企业为了招揽顾客，将某几种商品以比较低的价格出售，以此吸引顾客，带动其他商品的销售。美国有家“99 美分商店”，不仅一般商品以 99 美分标价，甚至每天还以 99 美分的价格出售 10 台彩电，极大地刺激了消费者的购买欲望。商店每天门庭若市，一个月下来，不仅每天按 99 美分出售 10 台彩电的损失完全补回，商店还有不少盈利。

4．折扣定价策略

折扣定价是一种降低产品价格的策略。即若顾客满足企业对其提出的一定条件，则企业按照原定价格少收顾客部分货款，给顾客一定的价格折扣或馈赠部分产品以争取用户的策略。折扣定价策略有数量折扣定价、现金折扣定价、贸易折扣定价和折让定价四种形式。

（1）数量折扣定价，指根据顾客的购买数量决定价格折扣水平，季节折扣定价购买数量越多折扣越大。这是鼓励和吸引顾客长期大量购买的一种定价策略。

（2）现金折扣定价，是根据购销合同，对按约定日期提前付款的顾客给予一定折扣，目的是鼓励顾客及时付款，加快企业资金周转，避免坏账、呆账。这种方式多适用于零售商向批发商或批发商向生产商的购买。

（3）贸易折扣定价，又称功能性折扣，是制造商依据各类中间商在商品流通中所担负的不同职能，给予不同的价格折扣。

（4）折让定价，是指顾客可以以旧换新，新商品价格减去旧货折算价格为消费者实际支付价格。灵活运用折扣定价策略是企业争取顾客，扩大消费群行之有效的重要方法。

5．地理定价策略

地理定价策略是依据商品流通费用如运输成本、仓储、保险、装卸等确定价格的一种策略，具体形式有FOB产地价格、统一运送定价、区域定价和免收运费定价。

（1）FOB产地定价。指商品报价为生产地起货价格，即顾客按照厂价购买某种产品，企业只负责将这种产品运到产地某种运输工具上交货，交货后，从产地到目的地的一切费用均由顾客负担。

（2）统一运送定价：指企业对不同地区的顾客实行统一价格加运费（按平均运费计算）定价。这种定价简单易行，有利于争取远方顾客。与邮政定价类似。

（3）区域定价。指将商品的销售市场划分为数个区域，在每一个区域内实行统一价格。一般区域较远的价格应高些。

（4）免收运费定价。即运费全部由卖方承担的定价，其目的是迅速促成交易，增加销售，使平均成本降低到足以补偿运费开支，使企业在竞争中站稳脚跟。

6．差别定价策略

（1）企业按照不同的价格，把同一种产品或劳务卖给不同的顾客；

（2）企业对不同型号或形式的产品分别制定不同的价格，但是，不同型号或形式产品的价格之间的差额和成本费用之间的差额并不成比例；

（3）企业对于处在不同位置的产品或服务分别制定不同的价格，即使这些产品或服务的成本费用没有任何差异；

（4）企业对于不同季节、不同时期甚至不同钟点的产品或服务也分别制定不同的价格。

四、价格调整策略

企业为产品制定出价格以后，并不意味着大功告成，随着市场消费环境的变化，企业必须对现行价格予以适当的调整，降价、涨价或及时对竞争者的价格变动做出适当反应。

1．价格变动反应

（1）顾客对价格变动的反应。一般来说，顾客对于不同价值产品价格变动的反应是不同的。顾客对于价值高、经常购买的产品的价格变动较敏感，而对于那些价值低、不经常购买的小商品，即使单位价格较高，顾客也不大注意。此外，顾客虽然关心产品价格变动，但是通常更为关心取得、使用和维修产品的总费用。因此，如果卖主能使顾客相信某种产品取得、使用和维修的总费用较低，那么，他就可以把这种产品的价格定得比竞争对手高，以取得较多的利润。

（2）竞争者对价格变动的反应。企业在考虑改变价格时，不仅要考虑顾客的反应，而且必须考虑竞争对手的反应。当某一行业中企业数目很少、企业提供同质产品、顾客颇具辨别力与知识时，竞争者的反应就愈显重要。

企业可以从两个方面来估计和预测竞争者对企业产品价格变动的可能反应：假设竞争对手采取老一套办法来对付本企业的价格变动，则其反应是能够预测的；假设竞争对手把每一次价格变动都看做是新的挑战，并根据当时自己的利益做出相应的反应，企业就必须断定当时竞争对手的利益是什么。

2．价格调整

（1）企业主动调整价格。当企业出现生产能力过剩、市场份额下降、成本费用比竞争者低的情况时，应考虑运用降价策略。

当出现通货膨胀，为了适应通货膨胀，减少企业损失时；当产品供不应求，为了遏制过度消费时；利用顾客心理，创造优质效应等情况下，可以考虑运用涨价策略。

（2）企业对竞争者价格变动的应对策略。在现代市场经济条件下，企业经常会面临竞争者变价的挑战。如何对竞争者的变价做出及时、正确的反应，是企业定价策略的一项重要内容。

如果生产同质产品的竞争者降价，企业可以有三种应对方法：一是随之降价；二是采取相反的策略，即提价；第三种方法是置之不理。如果某企业提价，其他企业也就会随之提价，但是，如果没有企业跟随提价，那么最先发动提价的企业也不得不取消提价。

生产异质产品的企业对竞争者价格变动的反应有更多的自由。企业在做出反应前必须考虑以下问题：竞争者为什么要变价？竞争者的价格变动是长期的还是短期的？如果对此置之不理，企业的市场份额与利润将会发生什么变化？其他企业是否会做出反应？对于企业可能做出的反应是什么？竞争者和其他企业会怎样行动？

在现代市场经济条件下，人才流动越来越频繁，产品越来越容易被复制。一些市场领导者往往会遇到市场追随者的进攻，追随者通过“侵略性降价”和市场领先者争夺市场份额，因此，市场领先者可选择维持原价、降价和提价策略。

项目自我练习 8

一、单项选择题

1．为鼓励顾客购买更多商品，企业给那些购买量大的顾客以一定折扣，这种减价方式称为（　　）。

A．功能折扣　　B．数量折扣　　C．季节折扣　　D．现金折扣

2．（　　）是需求导向定价。

A．目标定价　　B．需求差别定价

C．随行就市定价　　D．密封投标定价

3．电信局在一天中对电话费按不同的标准收费，这种定价策略叫（　　）。

A．心理定价策略　　B．地区定价策略

C．差别定价策略　　D．折扣与折让策略

4．中国服装设计师李艳萍设计的女士服装以典雅、高贵享誉中外。在国际市场上，一件“李艳萍”牌中式旗袍售价高达 1 000 美元，这种定价策略属于（　　）。

A．声望定价　　B．尾数定价　　C．招徕定价　　D．需求导向定价

5．市场上经常看到一些商品的价格标为 98 元、1980 元，这种定价策略属于（　　）。

A．整数定价（声望定价）　　B．尾数定价

C．招徕定价　　　　　　　　D．需求导向定价

二、多项选择题

1．影响企业定价的主要因素有（　　　　）。

A．定价目标　　　　　　　　B．产品成本

C．市场需求　　　　　　　　D．经营者意志

E．竞争者的产品和价格

2．企业定价目标主要有（　　　　）。

A．维持生存　　　　　　　　B．当期利润最大化

C．市场占有率最大化　　　　D．产品质量最优化

E．成本最小化

3．价格折扣主要有（　　　　）等类型。

A．现金折扣　　B．数量折扣　　C．功能折扣

D．季节折扣　　E．价格折让

4．引起企业提价的主要原因有（　　　　）。

A．通货膨胀，物价上涨　　　　B．企业市场占有率下降

C．产品供不应求　　　　　　　D．企业成本费用比竞争者低

E 产品生产能力过剩

5．心理定价的策略主要有（　　　　）。

A．声望定价　　B．分区定价　　C．尾数定价

D．基点定价　　E．招徕定价

6．企业定价导向大体上有（　　　　）。

A．成本导向　　B．需求导向　　C．竞争导向

D．效益导向　　E．批量导向

7．竞争导向定价法包括（　　　　）。

A．通过价格定价法　　　　　　B．主动竞争定价法

C．密封投标定价法　　　　　　D．需求差异定价法

8．属于成本导向定价法的是（　　　　）。

A．成本加成定价法　　　　　　B．目标贡献定价法

C．损益平衡定价法　　　　　　D．反向定价法

三、案例分析题

iPhone5c 不廉价　苹果股价应声跌

2013 年 9 月 11 日凌晨，苹果公司发布了两款新 iPhone 手机：iPhone5c 和 iPhone5s。除在美国总部之外，苹果公司还于北京、柏林和东京三地设置发布现场。不过此前被媒体热炒的“廉价版”新机最低价为 4488 元，令不少果粉大失所望。

此前苹果新品发布前一直严格保密，但此次新品发布内容却被提前泄露。苹果发布 iPhone5s、iPhone5c，与此前媒体报道内容基本一致。

相比前一代 iPhone，iPhone5s 最大的改进是采用新 A7 双核处理器，运算频率速度比 iPhone5 快 5 倍。传说中的“廉价版”iPhone5c 配置与老 iPhone5 大体相同。

不过，iPhone5c最便宜的16GB机型售价为4488元，只比16GB iPhone5s（5288元）少了800元，所以它并不能称为一款“廉价手机”。这里的“C”不代表“Cheap（廉价）”，而是指“Colourful（多彩的）。”iPhone5c的最大特点是后壳可更换为塑料多彩背壳。

这让一直以来苦等“廉价版”的果粉十分懊恼。一位果粉对记者表示，原本的购机计划被打乱了，“本想以3000元左右的价位年内入手一台传说中廉价的iPhone5c，现在发现5c只比5s便宜了几百块，没什么购买的意愿了。”还有果粉考虑，可能倾向按照预算从国产手机当中选择。

9月11日美国发布会开始，苹果股价跌幅已经达到1.32%；至发布会结束，苹果股价收报494.64美元，下跌2.28%。分析人士认为，这与iPhone5s、5c两款产品缺乏创新，以及iPhone5c“廉价版”期待落空也有一定关联。

苹果发布了塑料多彩背壳的iPhone5c，诺基亚随即在推特上表示“谢谢，苹果！模仿，是最好的恭维！”

国内电信专家项立刚表示，“不敢相信今天发布的iphone5c在中国发售的价格要4480元，这哪里是廉价？是低配高价。今天的苹果依然是优秀的手机，但它会被自以为是害死。未来一年，中国消费者会因为黄、绿、蓝、粉去买iphone？……打死我也不信。”

还有网友称iPhone5c的c意喻“cheat”，翻译成中文就是：坑爹！

（资料来源：刘夏. iPhone5c不廉价 苹果股价应声跌. 北京：新京报，2013-09-12.）

【案例分析】

请分析iPhone5c和5s的定价策略是否恰当？你认为应怎样定价？

项目 9

渠道策略分析

无论是什么类型的企业，最终都需要通过市场将自己的产品销售出去，实现价值的转换。商品（服务）从生产出来到最终到达消费者手中需经过一定的渠道，有时渠道是企业制胜的关键。通过本项目，读者可以了解、分析企业渠道系统的各种类型及渠道建设、管理的方法，从而为今后从事营销工作打下良好基础，同时增进对营销行业、岗位的了解。

任务 1 学习相关知识

项目任务书

课内学时	3	课外学时	2
学习目标	1．掌握分销渠道的概念与基本类型 2．理解分销渠道的系统结构 3．掌握物流企业分销渠道的设计与管理		
学习方法	1．听老师讲解案例并思考 2．听老师讲解理论知识并记笔记		
所涉及的专业知识	1．分销渠道的概念与基本类型 2．分销渠道的系统结构 3．分销渠道中中间商的类型和功能 4．分销渠道的选择和管理		

续表

本任务与其他任务的关系	任务1是完成任务2的基础，本任务与其他项目任务联系不是很紧密，相对独立
学习材料与工具	学习材料：项目指导书 工具：项目任务书、笔
学习组织方式	以个人为单位进行学习

项目指导书

完成项目的基本路径：

以个人为单位阅读，讨论案例并回答问题 → 认真听老师讲解并记笔记

Step 1 讨论并回答问题

学习案例，完成表9-1。

案例9.1 奥普浴霸渠道策略

澳大利亚奥普卫浴电器（杭州）有限公司是专业从事卫浴电器研发、生产和营销的现代国际化企业。其代表产品“奥普浴霸”（浴室取暖设备）在国内外颇受欢迎，仅此一项，奥普公司在中国地区的年销售额便超过2亿元。在中国市场，奥普公司靠“奥普浴霸”系列产品出名，“浴霸”（浴霸两个字变成了浴室取暖设备的代名词）因奥普公司在中国内地的引进和发展而成为一个行业。当中国人“随时在家洗个热水澡”的梦想因热水器的大量上市而变成现实时，人们又感觉到，洗浴时浴室的温度太低（尤其在冬季南方一些地区，此问题更加突出）。正当无奈之际，“奥普浴霸”在中国杭州生产的产品就已经下线了。产品在中国部分城市上市后，立即引起强烈反响，产品在许多销售点供不应求。如今，奥普浴霸在中国内地市场已拥有大量用户，用户群对产品的理解已经开始从奢侈品转变为大众适用商品，继而成为家庭浴室的必备用品。

产品一旦旺销，立即会引来许多行业跟进者，据不完全统计，目前国内生产浴霸产品的厂家至少有上百家。作为行业的开拓者和领先者，奥普企业是相当成功的，其独特的市场营销策略和先进的渠道管理方法非常值得研究。

奥普公司在行业中领先的一大法宝就是独特的代理商制度,即让代理商有归属感。奥普现在的CEO马悦是原来西安的代理商。奥普公司认为，代理商是奥普企业的自家人，市场的繁荣、品牌的构建是厂、商共同努力的结果。奥普在与代理商的合作中，不仅给了他们合理的利润空间，同时，也将他们视为企业的一员。奥普与代理商的合作过程，是一方吸纳另一方融入的过程，彼此建立信任、理解、同舟共济的合作关系，奥普选择代理商有其独到方法，他们把志向一致、目标相同、条件相仿的代理商纳入到奥普的利益共同体系中来。

目前有这样一种现象：一些企业选择代理制销售，是因为市场拓展难，所以难做的事情让别人去做，自己放弃营销工作。等到网点铺开了，市场做大了，就以各种形式取缔代理商。而奥普公司在市场导入

初期总是自己先去开拓市场，从最基础的工作做起，等到市场已经打开，产品销路畅通时，就把市场交给合适的代理商操作，公司则以在当地开设办事处来协助代理商做好产品销售和品牌维护工作。在工作中，办事处会主动协助代理商做好通路建设、导购培训等基础管理工作。对新产品的信息、存货情况、企业经营动向、广告诉求方向等方面都会定期主动与他们沟通，使代理商感到："我就是奥普的一员。"产生了这种归属感之后，代理商就下定了决心，放开手脚去做市场拓展工作了。奥普的许多"合作伙伴"都是与奥普一起发展壮大起来的。奥普公司为了搞好当地售前、售中、售后服务和工作细致化，设定所有代理均为城市代理，以服务半径作为市场划分的标准，不搞以行政区域为标准的"圈地"，也就是说，在奥普公司没有所谓的省级、地市级代理，这样就避免了代理商专注于搞大批发而忽视了终端管理、售后服务、品牌维护等基础工作。同时，奥普建立了代理商模型，每个模型都设计了发展方向。对于不同特点的代理商，公司在模型中设定了不同的工作侧重点，以便工作的有效开展和统一执行。

公司对代理商的科学管理也是奥普成功的原因之一。奥普公司有一整套建立商务代理的文件，其中《代理商素质描述文本》中全面约定了代理商应具备的素质条件，把《代理合同》作为双方的工作说明书。记者在奥普公司的《代理商素质描述文本》中看到这样一段话："区域营销代理商是奥普公司持久发展的战略伙伴，是奥普营销系统的最重要的组成部分，奥普公司与代理商是利益共同体。奥普公司与代理商的共同利益应通过双方最大程度在代理区域共同构建奥普品牌的影响力和扩大奥普市场容量后公平获取。任何一方的短视行为都会成为双方合作的羁绊。合作双方均应具备：现代的诚信理念、科学的营销理念、发展的市场理念、朴素的双赢理念、良好的沟通理念、相互的学习理念。双方应达成这样的共识：双方追求的均是利润最大化。实现追求的唯一合理方式是塑造强势品牌，品牌的持久发展是双方盈利的根本保障。奥普品牌的区域营销代理商前提是对奥普理念的认可和赞同。奥普应通过其良好的企业文化和科学的管理技术思想影响合作者，并从对方汲取所长，共同进步。"

（资料来源：http://www.docin.com/p-377321930.html.）

案例9.2 贝发集团的渠道变革

2007 年年初，著名文具大王贝发集团正式宣布了以"品牌特许加盟+渠道扁平化"为特征的文具行业全新商业模式，并高调宣布进军中国最大的文具市场——上海。贝发集团总裁邱智铭宣布将投资 1.8 亿元，在青浦开工建设亚洲最大的集运营中心、物流中心和营销中心为一体的奥运商品基地，正式启动贝发集团奥运推广战略。

随着我国零售业的对外开放，外资零售巨头不断涌入并大肆扩张，国内中小零售企业切实感到了"狼"的威胁，为了抵御外来势力的侵袭，唯一的出路就是做大做强。作为国内最大的文具企业、全球三大书写工具制造商，贝发集团目前年产销各种笔类和文具产品 1 亿美元以上，其中 95%以上的产品销往国际市场。

此次贝发集团引入上海的全新商业模式就是在总结多年行业经验基础上首创的全新商业形态。针对中国文具制造产业"散、乱、小"的特点，贝发集团通过强大的品牌影响和资金实力，通过整合上下游资源，对国内文具生产到零售各个环节的相关企业实施并购，建立以智能化信息管理和强大物流能力为基础的"二级到终端"扁平化、短渠道模式，实现渠道的真正扁平化，减少了批发商环节。通过对终端的统一形象、统一品牌、统一服务、统一帮扶、统一供货等标准化流程体系以及专店、专区、专柜的三专管理，真正将传统文具行业的粗放式渠道管理转变为精细化管理、标准化管理，实现文具行业的健康有序发展，使贝发集团真正成为"中国文具产业链的管理者"。

表 9-1　任务产出表

1．什么是分销渠道？分销渠道具有哪些功能？
2．什么是中间商？中间商有哪些类型？
3．奥普的分销渠道建设如何？你认为还有哪些地方可以改进？
4．贝发集团目前的渠道类型是怎样的？

学习案例 9.3，完成表 9-2。

案例 9.3　三星显示器的渠道管理

三星公司的显示器在中国占有很大的市场份额，这不仅是因为三星产品自身质量高，外观时尚，功能新颖决定的，也是其卓越的渠道建设，控制和管理能力决定的。

人口总数占世界 1/4，经济发展势头强劲的中国一直是国际商业巨头称霸全球的必争之地。三星显示器刚进入中国时保持十分严谨的态度，在铺设销售渠道方面专门派出考察人员从南到北调研了 100 多所城市。经过近两年的反复论证、筛选，最后按行政区域，确定了九大区域总代理。其中，华东与西南地区因特殊市场状况设了两名总代理。同时，在每个大区设有两个从总部派驻的销售人员，其工作重点是监测竞争对手并与代理商保持交流，控制市场节奏并及时反馈情况。

当时中国的市场情况是，有些厂商采用总代理模式，在全国范围内设立一两家总代理；另一些厂商则选择城市代理模式，一个城市找一个甚至两个代理商。而三星的九个区域总代理的体系刚好介于两者之间。三星之所以放弃这两种模式而另辟蹊径主要基于以下几个方面的考虑：由于中国市场具有幅员广阔、地域宽广的特点，如果采取城市代理的形式，势必要投入大量的管理力量，而且还有可能会造成渠道管理的混乱。再者，经销商与厂商本就是一对矛盾统一体，它们有一些根本不同的地方。比如在卖产品上，厂商追求的是上量，而经销商更多关心的是利润。在能获取同等利润的前提下，经销商能少卖产品就绝不会多卖，这样既可以降低成本，又可以控制风险。如果选择一两家全国性的总代理，经过几年的发展以后，可能带来的后果之一就是经销商对厂商的牵制。而选择九个区域总代理则避免了这种风险。事实证明，三星的这种思路是非常正确的。现在，由于三星有控制渠道局面的能力，所以能主动有效地解决各种渠道中出现的问题，协调各代理商之间的关系，使渠道始终处于稳定顺畅的状态。

当然，三星选择九大区域总代理还有一些策略上的考虑。与当时选择全国性代理制的竞争对手相比，九个代理首先在数量上超过竞争对手。其次，在以后的发展中，三星对九大总代理是直接支持的，而在大部分三星的区域总代理所在地，竞争对手的代理商属于二级代理，是通过其总代理支持的。通过总代理对下级代理支持的效果显然不能与厂商的直接支持相提并论。

（资料来源：万后芬等. 市场营销教学案例（第2版）. 北京：高等教育出版社，2012.）

表 9-2　项目任务产出表

1. 三星显示器刚进入中国时是如何铺设销售渠道的？
2. 和竞争对手比较，评价三星显示器的分销策略。

学习案例9.4，完成表9-3。

案例9.4　美的的渠道创新

一、创新的营销策略

作为中国生活电器领域的领袖品牌，美的生活电器的名字往往与“第一”、“领先”这些字眼挂钩。在连续销量第一，长期引领行业发展的同时，美的生活电器始终将创新作为企业发展的重要动力。进入2012年，电商的崛起对传统家电企业带来巨大影响，社会网络化、信息化的态势将很大一部分消费者带入网络消费，电商的增长速度远远超过了传统销售渠道，开始备受家电品牌商重视。电商的迅猛增长，已经形成了与线下渠道共存的局面。

面对新的市场形势与竞争格局，美的生活电器率先改变经营战略，转为采取线上、线下两翼齐飞的发展策略，通过双品牌运作，加强对电子商务的推广。易酷客品牌的诞生，正是以年轻消费群体需求为导向，高度融合电商渠道而推出的创新品牌。

二、个性化、差异化的群体定位

当今的家电市场，伴随电商渠道快速发展，电商平台对于引导客户购买的重要作用正日益凸显。小家电体积小、物流方便、价格适中，与电子商务业态匹配度非常高。随着80、90后消费者成长为消费者主力军，他们对于小家电的使用需求也得到充分释放，他们具有网购习惯，因此，小家电与电商渠道的高度融合成为必然。

但目前市面上针对80、90后的专属厨电品牌寥寥无几。凭借对市场需求的精确把握，美的生活电器最终将易酷客定位为网销新品牌。易酷客推崇轻松、快乐、时尚的生活，其产品也以简洁、炫彩、高性价比作为特色，符合80、90后的消费观及消费水平。

三、开启电商渠道新模式

美的生活电器是全球最大的小家电生产制造企业，核心产品电饭煲、电磁炉、电压力锅等均拥有电磁能量转换核心技术和电磁能量加热控制核心技术，形成了完整的电磁加热产业链，并拥有包括日本、韩国专家在内的超过300人的中国最优秀的研发专家队伍。而京东商城拥有大约9000万的优质用户，对京东而言，自2008年推出小家电产品以来，小家电销售为京东商城带来了相当可观的利润。据统计，2012年京东家电销售额超过100亿元，其中小家电约在40亿元规模。因此，寻找优质的家电供应商与合作伙伴，对于京东未来发展也大有裨益。

2013年6月13日，在北京举行的“美的生活•网销新品牌发布会”上，美的生活电器全新网销品牌“易酷客”盛装亮相。据悉，易酷客是美的生活电器事业部针对80、90后消费者打造的专属家电品牌，旨在为年轻消费者群体带来专享用户体验。

美的生活电器联合京东打造专属性“易酷客”品牌，不仅为合作双方带来共赢发展的新机遇，而且它的诞生也可以视作家电产业与电子商务有机结合的鲜活例证，是在品牌定位和渠道拓展上的创新尝试，具有广阔的发展前景和重要的借鉴意义。

（资料来源：http://www.ce.cn/cysc/zgjd/kx/201306/13/t20130613_21509106.shtml，有改动）

表 9-3　项目任务产出表

1．本案例中企业渠道的创新有何特点？
2．美的公司这种渠道模式的优点和缺点是什么？

学习案例 9.5，完成表 9-4。

案例 9.5　格力空调分销渠道模式研究

1997 年以来，格力独创了“以经销商大户为中心”的核心销售体制，并在此基础上在各地推出了“股份制区域销售公司”模式。此营销方法被推崇者称之为“21 世纪全新营销模式”。格力独创的股份制区域销售公司模式在规范和稳定市场竞争、保护经销商和消费者利益、维护行业健康有序发展等方面发挥了巨大作用。凭借着渠道优势，格力连续十年蝉联空调销售冠军宝座。

1997 年以来，格力独创了“以经销商大户为中心”的核心销售体制，并在此基础上在各地推出了“股份制区域销售公司”模式。此营销方法被推崇者称之为“21 世纪全新营销模式”。其具体做法是：联合某地区内几家经销大户，由格力电器控股，合资组建联合股份销售公司，代理某区域全部的格力空调销售，即把当地原先各自分散的格力销售和服务网络集中在一起，统一价格对外供货。目前，格力已经先后在 30 多个省、市、自治区成立了股份制区域销售公司，并通过进一步增持“股份制区域销售公司”的股份，达到了更加有效地掌控。

各省的销售公司并不是格力的派出机构（分公司或办事处），而是由格力电器和该省最有实力的家电经销商出资组建的厂商联合体。实际上，销售公司相当于格力电器在该省的总代理商，实行的是独家经销制。在各省的二级市场，格力采用的是选择性分销。在地级区域范围内，选择几家势力较强的家电经销商作为批发商（格力称为代售商），再由若干家分销商（格力称为指定经销商）作为零售终端。销售公司严格划分各代售商的批发区域和批发对象（指定经销商）。即使在同一区域，也可能存在一家以上的批发商，但是该区域内的经销商被指定在某批发商处提货，各经销商隶属于不同的批发商，因此被称为指定经销商。

格力总部相当于制造商及全国性总批发商，销售公司相当于各省级市场的总代理商。格力和销售公司是资本纽带关系，都是销售公司的股东。格力以品牌等无形资产入股，其他股东以货币资产入股。格力对销售公司具有控制权，主要体现在：格力对各销售公司实行现款现货，不赊货；销售公司的董事长由格力方出任，格力方对各销售公司的总经理有任免权；格力公司可以通过品牌和产品控制销售公司，可以根据需要扶持新的销售合作伙伴（更换股东或代售商）。

销售公司是该省的一级批发商，代售商相当于二级批发商。销售公司在二级市场没有中转仓，各代售商承担了中转仓的功能。代售商是名义上的批发商——因为代售商不赚取任何批发利润，只赚取2.5%的代理费和3%的运费补贴。代售商是该区域内各指定经销商的提货点，各指定经销商的提货量算做该代售商的批发量。各指定经销商在指定的代售商处提货，在指定的区域内销售货物。各代售商也只能给被指定的经销商发货，而不能给非指定的经销商发货。指定经销商的货款直接打到销售公司，销售公司向某代售商发出提货通知，指定经销商持提货通知只能到指定的代售商处提货。再者，指定经销商的提货量是要算做代售商的批发量的，所以批发商也会监督所属指定经销商的提货行为。

指定经销商直接打款给销售公司，销售公司为指定经销商核算有关往来账目。所有渠道政策都是由销售公司直接针对指定经销商出的，销售公司根据指定经销商的打款金额、时间和提货量兑现有关政策。指定经销商网络更多地掌握在销售公司手中而不是批发商手中。销售公司、代售商、指定经销商之间通过签订三方协议，明确各自在市场中的责任和利益。

通过这种方式，格力公司给不同渠道商设计了不同的定位和功能，格力销售公司削弱了二级批发商对分销商网络（零售商网络）的控制，加强了自己对分销商网络的控制。代售商功能的弱化，减少了销售公司对渠道成员特别是对批发商的依赖性。充分利用和整合经销商的资源，降低了自己的渠道成本（主要是建设中转仓的费用和仓储管理费），提高了渠道资源的使用效率。

（资料来源：万后芬等. 市场营销教学案例（第2版）. 北京：高等教育出版社，2012.）

表9-4　项目任务产出表

1. 格力空调的销售渠道的独特之处是什么？
2. 格力空调的销售渠道策略对你有什么启示？

Step 2　教师讲解，学生将笔记记在表9–5内

表9-5　项目任务产出表

1. 什么是分销渠道？

续表

2．分销渠道的类型（填表）

（1）零渠道

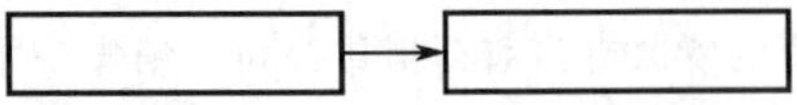

（2）一级渠道

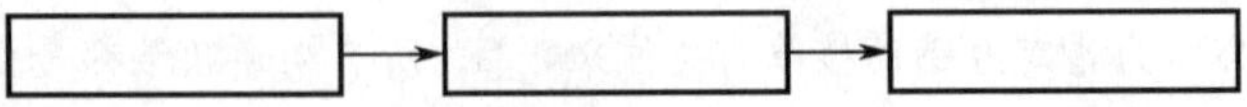

（3）二级渠道

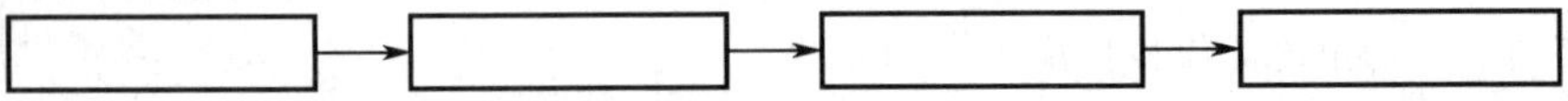

（4）三级渠道

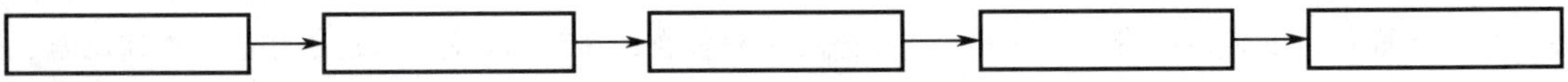

3．分销渠道的中间商有哪些？

4．分销渠道的系统结构（填表）

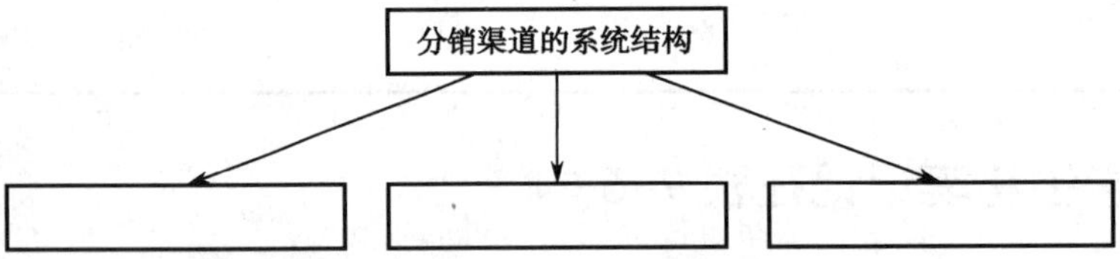

5．影响分销渠道选择的主要因素有哪些？

6．分销渠道基本策略有哪些？

任务 2 企业的渠道策略分析

项目任务书

课内学时	2	课外学时	2
学习目标	1．学会用渠道策略方面的相关知识进行具体的案例分析,通过案例分析对渠道策略的重点知识进行复习并进一步掌握 2．学会如何进行小组合作和沟通 3．能将所分析的资料写成书面分析报告		
学习方法	1．团队讨论，分析资料；遇到不清楚的概念，自学相关知识 2．各小组上台进行汇报 3．撰写案例分析报告		
所涉及的专业知识	1．渠道的类型 2．渠道的策略		
本任务与其他任务的关系	本任务需在本项目任务 1 完成的基础上完成，与其他项目任务联系不是很紧密，相对独立		
学习材料与工具	学习材料：样例 工具：项目任务书、笔、计算机		
学习组织方式	1．以团队为单位完成本任务 2．团队沟通、个人完成分配的任务、团队讨论相结合。		

项目指导书

完成项目基本路径：

案例阅读、讨论分析（45分钟）→ 上台汇报（35分钟）→ 教师点评和总结（10分钟）

Step 1 案例阅读、讨论分析

（1）以个人为单位认真阅读案例并思考，填写任务产出表 9-6 和表 9-7。

（2）以团队为单位进行研讨，完成任务产出表 9-6 和表 9-7。

Step 2 上台汇报

各团队依次上台汇报，回答其他团队成员的提问，不汇报的团队做好笔记，填写任务产出表9-8。

Step 3 教师点评和总结

认真听教师总结，做好记录。课后以团队为单位修改案例分析报告，提交完整的案例分析报告。

案例9.6 立邦在中国的营销渠道案例分析

立邦漆自1881年创建以来已有一百多年的历史。在中国运作的立邦公司是由1962年在新加坡成立的立时集团投资和管理的。自成立至今，立时发展迅速，业务横跨十一个国家和地区，包括新加坡、中国、中国台湾地区、中国香港地区、印度尼西亚、日本、韩国、马来西亚、菲律宾、泰国和越南，已拥有20余家工厂和7 000多名职工。

据近几年的全球涂料厂家排名统计显示，立邦漆的产量和销售额在亚太地区始终稳居首位。这里面蕴涵了许多成功的经验，除了在技术不断创新、对产品质量的高标准、对消费者高度负责和全球统一的经营理念外，立时集团独特的自治管理体系，更是保证立邦品牌在东南亚迅猛发展的基石。

自1992年进入中国市场后，立邦漆经历了三个阶段：

1. 市场进入阶段（终端铺货）：1992—1998年

1992年，立邦涂料（中国）有限公司、立邦涂料广东有限公司在华成功建立，这是立邦在中国大陆同时建立的两家独资企业。从此，立邦将世界领先的涂料技术带到了中国，与中国共享立邦全球的经验和技术成果，也从此掀开了立邦在华业务多彩辉煌的历史篇章。此后，立邦在全国先后建立了4家独资厂、4家合资厂、35家办事机构，几乎覆盖了中华大地的各个省份，足迹遍及大江南北。

在这个阶段，立邦采取的市场营销策略是在所有建材店进行密集铺货，把乳胶漆产品通过数以万计的终端建材店推向市场，让消费者从不知道乳胶漆为何物到装修时使用乳胶漆成为习惯。同时立邦通过各种媒体（主要是电视广告）的大量宣传，让立邦乳胶漆成为装修时乳胶漆的首选品牌。

2. 市场规模扩张阶段（专卖店特许经营）：1999—2005年

这时的立邦在品牌方面已经成熟，在销售终端布点的第一阶段也已完成。但国内和国外的竞争对手也从立邦大力推广乳胶漆中获利，趁此东风抢夺自己的市场份额。如何巩固自己在零售终端的优势，进一步扩大市场占有率，成为立邦公司的新课题。

受跨国企业的特许经营在国内成功案例的启发，立邦公司决定在中国进行涂料专卖店的建设，这一思路在当时被许多业内人士当做笑谈。大多数同行认为，涂料行业的门槛低，代理商的素质低，经营品种杂，店面形象差等特征决定了在涂料行业进行专卖店的特许经营是不现实的，在全国进行特许经营更是天方夜谭。但立邦公司却正是深入分析了中国涂料市场的终端现状，看到了现有的涂料小店品种杂，经营不正规，形象差，必须彻底改变这种状况才能满足消费者不断增长的装修需要，让消费者放心消费。通过专卖店计划，立邦收到了两大好处，一是通过专卖店计划，对原有的代理商进行了筛选，把那些不适应公司发展要求的代理商扫地出门，优化了代理商队伍，选择了忠于立邦品牌、能够和立邦长期合作下去的战略伙伴，为今后更好地开展销售工作打下了坚实的基础；二是在涂料市场的销售终端建立了一大批战斗力强、形象统一的立邦可控专卖店，这是任何一个涂料品牌在国内都难以达到的。

在这个过程中，值得一提的是立邦对乳胶漆产品的概念做了延伸，通过对未来装修会注重个性化和人性化的准确预测，立邦提出了乳胶漆电脑调色概念。在全国的专卖店中大量上马电脑调色机，通过专业的软件进行调色以满足客户不同的需求，这一做法使得立邦的专卖店在与竞争对手的竞争中立于不败之地，也迫使许多竞争对手不得不增加投资来跟进。

3. 品牌提升阶段：2006—2010 年

2006—2010 年，当立邦在中国的涂料专卖店体系运作成功时，其他的国际和国内品牌也争相效仿立邦的做法，在全国各地开展自己品牌的专卖店建设工程。这时一直要求领导国内涂料市场的立邦公司为了避免同质竞争，为了再次领先于对手，在 2005 年下半年提出了提升全国专卖店整体水平、建设新型零售网络专卖店的“531”计划，即从 2006 年到 2010 年这 5 年时间，在全国建立 3 000 家网管店，这家店每店年零售额达 100 万元人民币。为了这个宏伟目标，立邦专门从各部门抽调精英人员组成零售网络管理部负责这一项目的实施。在各地办事处，也从当地销售人员中抽调人员专门配合公司进行建店工作，以确保如期完成新型网管店的建设计划。

（资料来源：http://wenku.baidu.com/link?url=j5faBydaijLgrFgDbxL15ffvG7Zmd3mZRFnz7GT7V4qgCpvkg6waNtUdkmmYZdzjbt-KzfvuoReR0dKWDTKel79WNhjd8sLBa21tL50YTCi）

表 9-6　项目任务产出表——案例思考题

1. 分析立邦公司在中国的营销渠道策略的三个阶段的特点及每个阶段渠道策略的优缺点。   2. 对于立邦公司以后的渠道发展你有何更好的建议？

表 9-7　任务产出表——团队汇报答辩及教师点评笔记

表 9-8　任务产出表——团队案例分析报告

【成果要求】 案例分析报告。

【评价标准】

（1）优秀（90～100 分）：团队组织到位，整个活动过程高效、有序。能在规定的时间内完成案例资料的阅读和讨论、分析；团队成员积极上台发言并互相配合，对于其他团队的分析能积极提问；在规定的时间内提交案例分析报告，分析中应用了所学的理论知识，合理、全面。

（2）良好（80～90 分）：能在规定的时间内完成案例资料的阅读、讨论、分析；团队成员能够上台发言并有一定的配合，对于其他团队的分析有成员提问；在规定的时间内提交案例分析报告，分析应用了所学的理论知识，分析比较合理、内容较全面。

（3）合格（60～80 分）：基本能在规定的时间内完成案例资料的阅读、讨论、分析；团队成员能够上台发言阐述本组讨论的结果；在规定的时间内能够提交案例分析报告，分析基本合理、内容不太全面，部分地应用了所学的理论知识，能够自圆其说。

（4）不合格（60 分以下）：没有能够在规定的时间内完成案例资料的阅读、讨论、分析；团队成员没有上台发言阐述本组讨论的结果或仅为应付而上台发言，效果较差；延迟提交案例分析报告，案例分析不得要领，论述不清晰，不知要说明什么，要求的产出不全，没有应用所学的理论知识，许多地方不能够自圆其说。

打分时教师与各团队将给出每个团队的档次及具体分值，最后进行平均。本次成绩占该系列项目总分值的 7%。

【分值划分】 团队组织情况占 30%，上台汇报情况 30%，自主学习情况占 20%，分析报告的质量占 20%。

教师评价	团队组织情况（30%）		学生评价	团队组织情况（30%）		总评：
	汇报情况（30%）			汇报情况（30%）		
	分析报告质量（20%）			分析报告质量（20%）		
	自主学习情况（20%）			自主学习情况（20%）		

基本知识

一、分销渠道的概念与类型

1．分销渠道的概念和特点

（1）分销渠道的含义。分销渠道是指某种商品和劳务从生产者向消费者转移的过程中，取得这种商品和劳务的所有权或帮助所有权转移的所有企业和个人。因此，分销渠道包括中间商和代理中间商，还包括处于渠道起点和终点的生产者和最终消费者或用户。

（2）分销渠道的特点。

① 分销渠道的起点是生产者，终点是个人消费者或用户。这反映了某一特定产品价值实现的全过程所经由的通道。

② 分销渠道是一组线路，其参与者是由商品流通过程中各种类型的组织或个人所组成。

③ 在分销渠道中，产品或服务从生产领域转移到消费者领域的前提是所有权的转移，并且所有权至少转移一次。

④ 在分销渠道中，除商品所有权转移方式外，在生产者与消费之间还隐含着其他的物质流动形式，如物流、信息流、货币流等，它们相辅相成，但在时间和空间上并非完全一致。

（3）分销渠道的作用。

① 分销渠道是企业生产经营活动得以正常进行的基础。

② 市场定位策略、产品策略、价格策略、促销策略等方面密切相关。

③ 分销渠道反馈回来的市场信息，是企业调整生产经营行为的重要依据。

（4）分销渠道的功能。

① 研究：收集制订计划和进行交换所必需的信息。

② 促销：为了吸引和说服消费者购买产品和服务而进行的沟通活动。

③ 谈判：达成有关产品的价格和其他条件的最终协议，以实现所有权的转移。

④ 接洽：寻找可能的购买者并与其进行沟通。

⑤ 融资：收集和分配资金，供分销渠道不同层次工作的需要。

⑥ 风险承担：承担与渠道工作有关的风险。

⑦ 物流：从事商品实体的运输和储存。

⑧ 配合：使所供应的货物符合购买者需要，包括制造、分等、包装等活动。

2．分销渠道的类型

分销渠道可以从不同角度划分成许多类型，下面介绍按渠道长度来划分的类型。

在商品流通过程中，从生产者开始，商品每经过一个直接或间接地转移商品所有权的营销机构就称之为一个流通环节或一个中间层次。分销渠道的长度取决于商品在整个流通过程中经过的流通环节或中间层次的多少，经过的流通环节或中间层次越多分销渠道就越长，反之分销渠道就比较短。由此可见，分销渠道的长度问题实际上是对商品流通过程的一种纵向考察。

按渠道长度的不同，即按其有无中间环节和中间环节的多少，分销渠道可分为四种基本类型，如图9-1所示。

（1）零级渠道（直接渠道），也称零渠道，指产品不经任何中间环节，直接由生产者供应给消费者。

（2）一级渠道（一阶渠道），指仅有一个中间机构的渠道。这个中间机构在消费者市场上通常是零售商，在产业市场上通常是代理商或经纪人。采用这种分销渠道的企业通常生产耐用消费品和高级选购品。

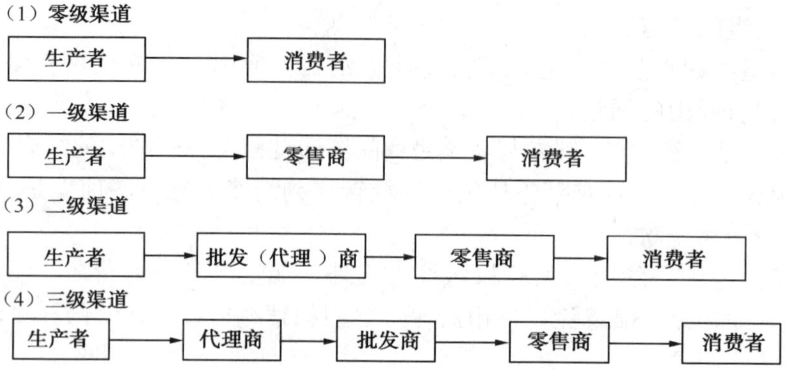

图9-1　销售渠道类型示意图

（3）二级渠道（二阶渠道），指包括两个中间环节的渠道。这两个环节在消费者市场是批发商和零售商，在产业市场则可能是代理商与批发商。这种分销渠道是传统的渠道模式，尤其适合于中小企业。

（4）三级渠道（三阶渠道），指包含三个中间环节的渠道。除了批发商和零售商之外，中间环节应再加一个代理商或一个更大的批发商。

以上四种类型也可概括为直接渠道和间接渠道两大类。直接渠道是指生产者不经过任何中间环节，将产品直接销售给最终消费者或用户的分销渠道。间接渠道是指生产者通过若干中间环节，包括代理商、批发商、零售商等，把产品销售给最终消费者或用户的分销渠道。

我们不能简单地说长渠道好还是短渠道好。分销渠道长度决策的关键在于，企业选择的渠道类型应具有较高的分销效率和经营效益，一般情况是，在长渠道中商品分销的职能分散在多个市场营销机构的身上，在短渠道中商品分销的职能相对集中地由少数市场营销机构来承担。例如，一家服装加工厂决定改由自己的推销机构直接向消费者出售商品，这样一来，这家服装加工企业就要把原来由批发商、零售商替他承担的储存、运输、包装、拼配、资金周转、风险承担等多项职能统揽起来。因此，企业在选择分销渠道时，关键是要针对自身条件和环境要求，权衡利弊得失，选择出适合本企业和产品的渠道。

二、分销渠道的系统结构

1．渠道系统

渠道成员之间都采取不同程度的一体化经营或联合经营。一方面，大公司为了控制和占领市场，实行集中和垄断，往往采取一体化经营或联合经营的方式；另一方面，广大中、小批发商和零售商为了在激烈竞争中求生存与发展，也往往走联合经营的道路。

（1）垂直营销系统。这是由制造商、批发商和零售商形成的统一体，他们协商行动，对渠道的影响取决于谁的能量和实力最强。最强的一方或者拥有其他各方，或者给其他各方以特许权，或者领导这种营销系统的合作。这种渠道形式可以解决渠道成员之间因不合作而产生的矛盾。垂直营销系统有以下三种主要类型。

① 公司系统，指一家公司拥有和统一管理若干工厂、批发机构和零售机构，大工业

公司和大零售公司控制分销渠道的若干个层次，甚至控制整个营销渠道，综合经营生产、批发和零售业务。公司系统分为两种：

a．大工业公司，指拥有和统一管理若干生产单位和商业机构的公司，它采取工商一体化经营方式。

b．大零售公司，如美国零售业巨头沃尔玛、西尔斯、大西洋和彭尼公司等，他们拥有并且统一管理若干批发机构、工厂等，采取工商一体化经营方式，综合经营零售、批发、加工生产等业务。

由于这些公司规模足够大，这种渠道系统容纳了原属于不同所有权的企业，并使其社会分工转为同一所有权的内部分工，使矛盾冲突减少，协调性增强。

② 合同系统，指以契约为基础的较为松散的联营关系。合同系统为以下三种：

a．特许经营系统。

第一种是制造商、饮食公司或服务公司创办的零售商特许经营系统——制造商、饮食公司或服务公司与零售商签订合同，授予经营其注册商标的产品或服务项目特许权，以打开、控制其产品在某一地区的销售，双方共同受益。如美国福特汽车公司、麦克唐纳公司（饮食公司）、肯德基炸鸡、罗玛达旅店等均享盛名。

第二种是制造商倡办的批发商特许经营系统——如美国可口可乐公司（制造商）与某些“装瓶者”（批发商）签订合同，授予在某一地区分装和向零售商发运可口可乐的特许权，使产品无处不在，随手可得，使消费者实现买得到、乐得买、买得起。

b．批发商倡办的自愿连锁。由若干独立中小零售商为和连锁商店这种大零售商竞争而自愿组成的联营组织，参加联营的各个中小零售商仍保持自己的独立性和经营特点，在采购中心的统一管理下统一进货分别销售，实行“联购分销”，并有一个或一个以上独立批发商参加。

c．零售商合作社。这是一群独立中小零售商为了和大零售商竞争而联合经营的批发机构。例如，荷兰中小零售商组成“采购联营组织”，直接向国外订购货物，并有自己的仓库，实际上成了中小零售商联合经营的进口批发机构；瑞典的ICA是由5 000多家零售商联合经营的批发机构；美国联合食品杂货商公司实际上是一个零售商合作社。

③ 管理系统，指许多制造商由一个管理中心统筹市场营销规划，在促销、库存、运输、定价、成本控制以及购销活动上与零售商建立协作关系。如蒙牛公司指导客户进行市场开发、物流、铺货覆盖、整体建设、梯级奖励、价格管理、市场规模建设等；联想集团把渠道成员纳入自己的规范、控制之下。

在这一系统下，大企业在管理意义上处于支配地位，而不改变其他渠道成员的所有权性质。大企业一方面提供资金融通、技术咨询、管理协作等优惠条件，以稳定和改善渠道关系；另一方面也以此为手段逐步控制整个营销渠道。

总之，组建垂直渠道系统的目的是：力求利用协同效应原理，加快资金周转，增加议价能力，物流综合治理取得显著的规模效益。

（2）水平营销系统。水平营销系统是指同一层次的两家或多家相互独立的企业，为共同开展和利用市场机会而联合起来。这种联合可以是暂时的，也可以是永久的。联合后，各方在资金、技术、设备和营销方面能够形成优势互补，达到最佳协同效果。

在日本，许多小公司从一种叫做“友好社”的水平营销系统中获益，友好社将不同行业中的公司合并起来共同使用管理资源，以此获得效益。

（3）多渠道营销系统。多渠道营销系统是指企业通过两条或两条以上的渠道将相同的产品销售给同一个或不同的目标市场。多渠道营销系统与单一渠道相比，能够增加产品的市场覆盖面，更好地实现市场渗透；能够降低渠道成本；能够更好地满足顾客需求，增大产品的销售量，但多渠道营销系统有可能会造成渠道冲突。因此，企业在运用多渠道营销时，要做好渠道的控制和协调工作，尽量避免或减少渠道冲突的发生。

三、分销渠道的中间商

1．中间商的概念

中间商是指介于生产者与消费者（用户）之间，专门从事商品流通活动的经济组织或个人，或者说，中间商是生产者向消费者（或用户）出售产品时的中介机构。

根据是否拥有分销产品的所有权可以把中间商分成两类：买卖中间商和代理中间商。

2．中间商的类型及功能

（1）买卖中间商。买卖中间商是指从事商品交易业务的经销商，它们在商品买卖过程中取得商品所有权，其利润来源主要是商品的购销差价，一旦买进商品，则商品的销售风险与利益均由自己独立承担。买卖中间商包括批发商和零售商。

① 批发商，是指那些主要从事批发业务的企业。批发是指将购进的商品批量转售给各类组织购买者的业务，也指将商品转售给为了转卖或者商业用途而进行购买的人的活动。

② 零售商，是指向最终消费者直接销售商品的企业或个人。根据美国市场营销专家科特勒提出的标准，零售商分为商店零销商、无店零售商和零售组织。

（2）代理商。代理商是指从事商品交易业务，接受生产企业委托，但不具有商品所有权的中间商，其利润来源主要是被代理企业的佣金，但商品的销售风险一般由被代理企业承担。代理商一般是专业化的，有制造业代理商、销售代理商、采购代理商和佣金商等。通过代理商推销产品、开拓市场是现代市场营销一种通用的办法，在经济发达国家十分普遍，目前在我国也日益增多。

（3）经纪人。经纪人俗称掮客，既无商品所有权，也不持有和取得现货，其主要职能在于为买卖双方牵线搭桥，协助谈判，促成交易，由委托方付给佣金，不承担产品销售的风险。经纪人一般都是专业化的，专门经营某一方面的业务。经纪人多见于房地产业、证券交易以及保险业务、广告业务等。

通过对上述三类中间商的比较，我们可以看到它们之间的差异，如表 9-1 所示。

表 9-1　经销商、代理商和经纪人的区别

类　型	商品所有权	利 润 来 源	销 售 风 险	业 务 特 点
经销商	取得	购销差价	自己承担	购进商品
代理商	不取得	佣金	不承担	代理销售商品
经纪人	不取得	佣金	不承担	不取得商品，撮合交易

（4）中间商的主要功能。中间商的功能主要有以下几点：

① 有助于减少交易次数，降低流通费用。

② 代替生产企业完成营销。

③ 集中、平衡和扩散商品。

④ 沟通信息。

⑤ 实现商品配送。

四、 分销渠道的选择

1. 影响渠道选择的主要因素

（1）消费者特性。

① 顾客人数。顾客多，市场范围大，分销渠道一般就长；相反，则可短一些。

② 购买者的地理分布。购买者分布相对集中，生产企业可选择直销或以尽可能短而窄的间接渠道分销；反之，顾客分布广泛而又稀疏，则需要更多发挥中间商的作用，可选择长而宽的渠道。

③ 购买习惯。消费者对产品购买方便程度的要求，每次购买数量、购买地点及购买方式的选择，会影响企业选择不同的分销渠道。

（2）产品特性。

① 产品的理化属性。凡是易腐、易毁产品，如鲜活产品、陶瓷制品、玻璃制品及有效期短的产品（如食品、药品）等，应尽可能选择短而宽的渠道，以保持产品新鲜，减少腐败损失。

② 产品的体积和重量。体积和重量直接影响运输和储存费用。因此，对于体积和重量过大的商品，宜采用短渠道，以减少商品损失，节约储运费用；体积和重量较小的商品，可采用较长渠道。

③ 产品的单价。一般而言，商品单价越低，分销渠道越长；反之，价值越高分销渠道越短。例如，一些日用百货一般都经过几个中间商之后才到达顾客手中，而一些价格昂贵的商品，不易使用过多的中间商，甚至可选择直销。

④ 非标准化的产品。产品的标准化程度高、通用性强，可选择较长、较宽的销售渠道；非标准化的专用性产品，通常由企业推销员直接销售，这主要是由于不易找到具有该类知识的中间商，如顾客订制的机器和专业化商业表格。

⑤ 产品的时尚性。对于时尚性强、款式花色变化快的产品，应选用短渠道，以免产品过时；对于款式花色变化较小的产品，渠道则可以长一些。

（3）企业特性。

① 企业实力。企业规模大、声誉高、资金雄厚、销售力量强，具备管理销售业务的经验和能力，在渠道选择上主动权就大，甚至可以建立自己的销售机构，这样渠道就短一些；反之就要更多地依靠中间商进行销售。

② 企业产品组合。如果一个企业产品组合的深度深、宽度大，可以直接把产品销售给各零售商，这种分销渠道短而宽；反之，如果企业生产的产品种类单　、型号少，则只能通过若干批发商和零售商转卖给广大消费者，这种分销渠道长而窄。产品组合的关联性

越强，越应使用性质相同或相似的渠道。

（4）中间商特性。设计渠道时，还必须考虑执行不同任务的市场营销中间机构的优缺点。例如，由制造商代表与顾客接触，花在每一顾客身上的成本比较低，因为总成本由若干个顾客共同分摊。但制造商代表对顾客所付出的销售努力不如中间商的推销员。中间商在执行运输、广告、储存及接纳顾客等职能方面，以及在信用条件、退货特权、人员训练和送货频率方面，都有不同的特点和要求。

（5）竞争特性。生产者的渠道设计还受到竞争者所使用的渠道的影响，因为某些行业的生产者希望在与竞争者相同或相近的经销处与竞争者的产品抗衡，例如食品生产者就希望其品牌和竞争品牌摆在一起销售。有时，竞争者所使用的分销渠道反倒成为生产者所避免使用的渠道。

（6）环境特性。

① 经济因素。在经济萧条期，通货紧缩，市场需求下降，生产企业的侧重点只能是控制和降低产品的最终价格，所以必须尽量减少不必要的流通环节，使用较短的分销渠道，避免影响产品销路。当市场繁荣、需求上升时，生产商应考虑扩大其分销渠道。

② 政治法律因素。政府有关商品的流通政策、法规也限制渠道选择的范围。如专卖制度（烟草）、专控商品（控制社会集团购买力的少数商品），对于这些商品，企业应遵循指定的销售渠道和购销方式进行销售。

2．分销渠道基本策略的选择

企业对分销渠道的选择，不仅要保证产品能够及时到达目标市场，而且还要考虑能否提供最好的服务质量、最少的流通费用和最大限度的目标市场覆盖率。因此，企业要在考虑其战略目标、营销组合策略以及其他影响分销渠道选择因素的基础上，选择和决定具体的渠道策略。

（1）分销渠道长度的选择。一般来说，分销渠道越短，所经过的渠道层次越少，制造商承担的销售工作就越多，越容易控制渠道，这有利于及时传递信息，提高营销效率；分销渠道越长，制造商使用中间商的数目就越多，虽然可以起到优势互补的作用，但企业对渠道的控制就比较弱，会使信息传递慢，产品流通时间长。因此，制造商在选择分销渠道的长短时，应综合考虑各种因素后再确定。

（2）分销渠道宽度的选择。分销渠道的宽度是指每个渠道层次使用多少中间商，制造商可以根据产品本身的特点、市场需求量的大小和需求面的宽窄做出决策。一般有以下三种常用策略可供企业选择。

① 广泛分销策略，指制造商选择尽可能多的中间商来销售自己的产品。这种策略的特点是产品能够快速进入目标市场和扩大产品的市场覆盖率，通常用于日用消费品和工业品中标准化、通用化程度较高的产品的分销。因为这类产品的消费者在购物时，考虑的是快速和方便，对生产商不太注重，制造商通过广泛分销，既满足了消费者的需求，又增加了产品的销量。

② 选择性分销策略，指制造商在一定区域内从愿意合作的中间商中精心选择一些条件较好的中间商来销售其产品。这种策略的特点是制造商与精心选择的中间商之间的配合较为密切。对制造商来说，由于中间商的数量不多，因而便于制造商对渠道的控制，同时

也有利于降低营销成本，提高营销效率；对中间商而言，每个中间商可获得较大的销售量，利润有一定的保障，在一定程度上可激发中间商的销售热情，提高渠道的运转效率。有些制造商在新产品上市时，可能采用广泛分销的方式，以使产品能够快速进入市场，等到产品进入市场后，往往改为选择性分销，淘汰不理想的中间商，以减少费用，保持产品声誉。

③ 独家分销策略，指制造商在一定的市场区域内，在一定的时间内只选择一家中间商销售其产品。企业和中间商双方通过协商签订独家销售合同，规定双方的责任和权限，规定中间商不得销售其他企业生产的同类产品。这种策略的优点是：可以较好地提高中间商的销售积极性，使之更好地服务于市场；产销双方在广告宣传、产品促销、货物发送、货款结算等方面能够互相支持与合作；产品的市场价格易于控制。缺点是：在市场区域过于依赖该中间商，容易受其支配；如果该中间商的销售力量不足会失去部分潜在顾客。这种策略主要适用于消费品中的特殊品或需要提供售后服务的产品，以及需要进行现场操作表演、介绍使用方法的产品。

自学与拓展

一、分销渠道的设计与决策

1. 确定渠道的目标与途径

渠道目标是指企业预期达到的顾客服务水平以及中间商应执行的职能等。渠道设计的中心问题是确定到达目标市场的最佳途径，每一个生产者都必须在顾客、产品、中间商、竞争者、企业效果和环境等因素的限制下确定其渠道目标。

2. 确定各主要渠道选择方案

（1）确定中间商的类型与数目。企业必须识别、明确适合自己产品分销的中间商类型，通常的选择可以是：

- 企业销售人员，即企业扩大自己的直接销售人员，利用自己的销售代表来联系顾客，销售产品。
- 生产商的代理机构，即企业通过经销来自不同企业的相关产品的独立公司销售产品。
- 行业销售商，系企业通过在相关行业或地区寻找愿意销售企业产品的销售商来销售产品。

在确定了中间商类型之后，企业还必须确定每一层次渠道上的成员，即中间商的数目。企业通常可以有密集型分销、选择性分销和独家分销三种选择。其中密集型分销是使企业的产品，在尽可能多的零售商店销售，独家分销是指选择有限的几家经销商销售企业的产品，选择性分销使用中间商的数目介于上述两者之间。

（2）确定渠道成员的责任。生产商与中间商要在相关的渠道成员的权责利方面达成协议，协议要规定好分销产品的价格政策、销售条件、区域权利以及具体服务安排。在未来的渠道运作中各渠道成员要严格按照达成的协议，在承担相应责任的前提下，拥有相应的权利，并能够获得应有的利益。

3. 评估主要渠道方案

（1）经济性。经济标准最为重要，判别一个渠道方案好坏的标准，不仅看其能否导致较高的销售额和较低的成本费用，还要看其能否确保最大利润。

（2）控制性。使用代理商无疑会增加控制上的问题，因为代理商是一个独立的企业，它所关心的是自己如何取得最大利润。

（3）适应性。这是指生产者是否具有适应环境变化的能力，即应变力如何。

二、分销渠道的管理

1. 渠道成员之间的关系

（1）合作。

① 同一个渠道往往是不同企业之间的结合，他们是为了谋取共同的利益。

② 在渠道中，生产者、批发商、零售商互相合作、互相补充，得利更多。

③ 合作的目的是更好地了解目标市场的需求，并且竭尽全力予以满足。

（2）冲突。

① 横向冲突，指在同一渠道系统内部的同一级别中，不同企业之间的矛盾。

② 纵向冲突，指同一渠道中不同层次企业之间的矛盾。

（3）竞争。竞争指为同一目标市场服务的几个企业或系统之间进行正常的竞争，这种竞争是有益的，它能使消费者对产品价格、服务、质量等方面感到满意。

2. 渠道管理

（1）选择渠道成员。选择中间商应主要考虑以下因素：中间商的历史长短、声誉好坏、经营范围、销售和获利能力、收现能力、协作精神、业务人员的素质、开设地点、未来的销售增长潜力、顾客类型、购买力大小和需求特点等。

（2）激励渠道成员。

① 激励的首要原则是站在别人的立场，设身处地为别人着想，不应只从自己的观点出发看待问题。

② 避免激励过分与激励不足。

③ 与经销商的关系。

a．合作。既采用积极的激励手段，也采用消极的惩罚手段。

b．合伙。比较成熟的企业一般与它们的经销商建立一种合伙关系，达成一种协议，制造商明确自己应该为经销商做些什么，也让经销商明确他的责任，他的市场覆盖面和市场潜力，及他应提供的咨询服务和市场信息，企业根据协议执行情况对经销商支付报酬。

c．分销规划。这是一种最先进的办法，是一种把制造商和经销商的需要融为一体的、有计划的、有专门管理的纵向营销系统。制造商在其市场营销部门中设立一个分部，专门负责同经销商关系的规划，其任务主要是了解经销商的需要和问题，并做出经营规划，以帮助经销商实现最佳经营。双方可共同规划营销工作，如共同决定销售目标、存货水平、陈列计划、培训计划以及广告和营业推广方案等。

④ 生产者可借助某些权力来赢得中间商的合作，包括胁迫力、付酬力、法定力、专家力、声誉度。

（3）评估渠道成员。

① 契约约束与销售配额。

② 测量中间商的绩效。

a．评估的依据：销售定额完成情况及平均存货水平；服务质量、顾客反映、付款情况；与生产者的合作及今后的发展规划。

b．评估的方法：现销量与前期销量相比较；把经销商完成的实绩与定额指标相比较。

（4）调整销售渠道。

① 增减某一渠道成员。依据是增加或减少这个经销商对企业的盈利有何影响，调整后对其他成员会不会引起反映。例如，一家电器制造商在某地区另设特许代理商，不仅要考虑该代理商的能力，还要考虑对其他代理商可能造成的销售损失或利益。

② 增减某一销售渠道。因为原有渠道已不适应客观情况。例如，某企业原来通过一家商店销售其产品，其中某一种规格型号的产品销路不好而未受到该店重视，为了打开这种产品的销路，企业决定另辟渠道或增加一条渠道来销售这种产品。

③ 调整整个渠道。这是企业调整渠道的大手术，因为调整整个渠道就是要改变企业营销组合的许多因素以及企业诸多方面的政策。例如，原来是密集分销改为独家销售渠道；原来是独家的销售渠道改为企业直销。

三、窜货及其整治

1．窜货及其原因

窜货是指经销商置经销协议和生产者长期利益于不顾而进行的产品跨地区降价销售。产生这种现象的原因主要有：

（1）某些地区市场供应饱和。

（2）广告拉力过大而渠道建设没有跟上。

（3）企业在资金、人力等方面的不足，造成不同区域之间渠道发展的不平衡。

（4）企业给予渠道的优惠政策各不相同，分销商利用地区之间的差价进行窜货。

（5）由于运输成本不同而引起窜货，一些经销商自己到厂家去提货，其费用低于厂家送货的费用，从而使得经销商可以窜货。

2．窜货的整治

整治窜货的方法主要有四个：

（1）企业内部业务员与企业之间、客户与企业之间签订不窜货乱价协议。从博弈论的纳什均衡看，该协议是没有意义的，却为处罚违约者提供了法律依据。该协议是一种合同，一旦签订，就等于双方达成契约，如有违反，就可以追究责任。

实际上，除了个别情况，厂方业务人员对自己所负责的客户是否具有帘货行为是非常清楚的。但是．有相当多的企业对业务人员的奖励政策是按量提成，只要他所负责地区的经销商的销量增加，自己的提成就增加。这种制度安排往往导致厂方业务员对自己负责地区客户的窜货行为不认真监督防治。为此，企业可以采取如下惩罚措施：可将所窜货物价值累计到被侵入地区的经销商的销售额中，作为奖励基数；同时，从窜货地区的业务员和客户已完成的销售额中，扣减等值销售额。

（2）外包装区域差异化。即厂方对相同的产品，采取不同地区不同外包装的方式，可以在一定程度上控制窜货乱价。主要措施有：一是通过文字标识，在每种产品的外包装上印刷“专供××地区销售”口，以在产品外包装箱上印刷，也可以在产品商标上加印。这种方法要求这种产品在该地区的销售达到一定数量，并且外包装必须无法再次回收利用才有效果。二是商标颜色差异化，即在保持其他标识不变的情况下，将同种产品的商标在不同地区采用不同的色彩加以区分。该方法也要求在某地区的销量达到足够大时，厂方才有必要采取该措施。三是外包装印刷条形码，不同地区印刷不同的条形码，这样一来，厂方必须给不同地区配备条形码识别器。这些措施，都只能在一定程度上解决不同地区之间的窜货乱价问题，而无法解决本地区内不同经销商之间的价格竞争。

（3）发货车统一备案，统一签发控制运货单。在运货单上，标明发货时间、到达地点、接受客户、行走路线、签发负责人、公司负责业务员等，并及时将该车的信息通知沿途不同地区业务员或经销商，以便进行监督。

（4）建立科学的地区内部分区业务管理制度。可以采取“七定”的措施：

① 定区。依据所在地区的行政地图，根据道路、人口、经济水平、业务人员数量，蒋所在地区划分成若干个分区。

② 定人。每个分区必须有具体负责的业务员。

③ 定客户。业务员必须尽快建立起客户档案：一是职能部门与新闻部门顾问档案；二是零售商与批发商档案。

④ 定价格。所有分区，作为内部业务管理制度，必须实行统一价格。

⑤ 定占店率。分区业务员必须将所在分区的零售商准确地标记在分区图上，并在规定时间内，占领一定比例的零售店。

⑥ 定激励。从单一的折扣、返利，转到综合奖励，主要是为了更公平、更公开地奖励客户的努力。

⑦定监督。主要是监督窜货与价格：一是企业内部必须成立市场监督部，直接对销售总经理负责；二是设分区业务员，监督客户的客户。

项目自我练习 9

一、单项选择题

1．在某个目标市场上，电梯这种产品适合采用（　　）策略。

A．广泛分销　　B．选择性分销　　C．独家分销　　D．混合分销

2．房地产的销售宜采用（　　）。

A．长渠道　　B．短渠道　　C．多渠道　　D．窄渠道

3．对与人们生活密切相关的必需品在选择渠道时，应采用（　　）。

A．长渠道　　B．短渠道　　C．宽渠道　　D．窄渠道

4．新产品进入市场时，最好的渠道结构是（　　）。

A．长渠道　　B．短渠道　　C．宽渠道　　D．窄渠道

5．福持汽车公司特许经销商出售汽车，这是属于（　　）营销系统中的形式。

A．公司式垂直　B．管理式垂直　C．契约式垂直　D．水平式

6．设计一个有效的渠道系统首先要（　　）。

A．选样渠道成员　　B．确定渠道目标与限制因素

C．明确各主要渠道交替方案　　D．评估渠道交替方案

7．制造商通过不同渠道将同一产品送到不同市场，这种渠道结构属于（　　）营销系统。

A．公司式垂直　　B．管理式垂直

C．水平式　　D．多渠道

8．下列成员类型中，只有（　　）对商品拥有所有权。

A．独立批发商　　B．经纪人

C．制造商代理人　　D．佣金商

9．在以下关于高档“劳力士”手表的经营决策中，正确的是（　　）。

A．视其为特殊品，采用长而宽的渠道　　B．视其为特殊品，采用短而窄的渠道

C．视其为选购品，采用长而宽的渠道　　D．视其为选购品，采用短而窄的渠道

10．（　　）对其经营的商品不持有所有权。

A．经纪人和代理商　　B．批发中间商

C．现销批发商　　D．制造商销售办事处

二、多项选择题

1．下列属于直接销售的是（　　）。

A．直接邮购产品　　B．挨家挨户推销

C．制造商自己开设零售商店　　D．农民在农场门口开设门市部

E．面包房销售面包

2．企业的分销策略通常有（　　）。

A．密集分销　　B．直接分销　　C．选择分销

D．独家分销　　E．合作分销

3．在明确各种不同的渠道方案时主要涉及的基本因素是（　　）。

A．中间商的类型　　B．每一个分销层次使用的中间商的数目

C．各中间商特定的市场营销任务　　D．生产者与中间商的交易条件

E．生产者与中间商的相互责任

4．分销渠道按照商品在交易过程中是否经过中介环节来区分，可以分为（　　）。

A．直接渠道　　B．宽渠道　　C．窄渠道

D．间接渠道　　E．市场渠道

5．下列影响分销渠道选择的因素中属于产品因素的是（　　）。

A．产品本身的物理化学性质　　B．产品单价高低

C．产品式样　　D．产品的技术复杂程度

E．产品的新旧程度

6．下列影响分销渠道选择的因素中属于市场因素的是（　　　）。

A．目标市场范围　　B．顾客集中程度　　C．消费者购买习惯

D．需求的季节性　　E．竞争状况

7．下列产品中适用于直接渠道销售的是（　　　）。

A．建筑机械　　B．服装　　C．矿山开采设备

D．鲜花　　E．家禽鲜鱼

8．下列产品中适用于宽渠道销售的是（　　　）。

A．毛巾　　B．内衣　　C．服装

D．大型设备　　E．牙膏牙刷

三、案例分析题

西尔斯公司的一体化渠道战略

美国西尔斯公司是 1887 年在一个小钟表店的基础上发展起来的，目前已成为世界上首屈一指的零售业“巨无霸”。公司拥有庞大的零售网络和众多的制造性企业，所经销的商品 70%来自 12 000 多家厂商，近 30%由该公司所拥有的、占 9%～100%股权的制造型企业所提供，公司要求这些商品全部使用“西尔斯”的牌子。

由于西尔斯公司拥有众多的从制造到批发，再到零售的各类机构，所以可以强有力地控制从生产到消费的整个分销流程。这种一体化战略使西尔斯公司获得两方面的好处：一方面，由于直面终端客户，公司可以充分掌握市场信息以指导进货；另一方面，从拥有自有产权的厂家进货，可以大大降低成本，这构成了西尔斯公司竞争优势的核心能力。

（资料来源：邹树斌著．分销渠道理．广州：广东经济出版社，2000.）

【案例分析】

西尔斯公司的渠道结构是怎样的？

项目10

促销推销实战

促销是企业营销过程中应用最多的一种策略，它可大可小，极其有效，好的促销策略能使促销达到预期效果。促销所包括的方法、手段极多，涉及面也非常广。本项目通过让学生联系实际中的企业并协助企业或与企业合作完成促销活动（其中会涉及众多方面，包括制作促销计划、方案、实施方案、产品定价、推销、广告、销售促进、资金预算、人员组织、人员配合等），能够切实让学习者对促销有感性的认识，同时也锻炼其实际工作能力，包括与外界企业的沟通能力、促销活动的运作能力，进一步熟悉营销行业，为今后从事营销类岗位奠定坚实的基础。

任务1 促销推销实战

项目任务书

课内学时	8	课外学时	8
学习目标	1．能够在教师的指导下完成寻找校外合作企业的任务 2．与企业确定合作项目后，团队成员进行深入沟通，明确自己的职责与任务，如企业资料收集与整理、校外促销实训的主要任务、促销策划书的撰写、PPT制作、上台演讲、沟通、组织与管理、促销成果分析报告的撰写 3．明确促销目标，通过获取的一二手资料，进行促销工具的选择并撰写促销策划方案 4．通过团队合作，互相协作，解决相关问题并完成任务 5．通过汇报促销成果及交流，提高对营销岗位的认识		

续表

学习方法	1．学习基本知识 2．团队合作，制定促销方案 3．团队合作，组织实施促销方案
所涉及的专业知识	促销的各种方法、消费者心理和行为的分析、促销所包括的各种内容及其方法（广告、公共关系、销售促进、人员推销）、价格策略的相关知识
本任务与其他任务的关系	本任务是一个综合性的项目任务，是在前期学习的基础上，结合理论进行的实操性训练项目；学生应在完成对市场营销4P理论学习的基础上完成该任务
学习材料与工具	学习材料：教材 工具：互联网、电脑、项目任务书、促销的商品、场地等
学习组织方式	学生以团队形式为主完成该任务

项目指导书

完成项目基本路径：

学习促销理论知识（90分钟）→学习促销策划方案的撰写（45分钟）→完成促销策划方案的撰写（45分钟）→促销策划方案实施（90分钟）→项目总结与评价（90分钟）

Step 1 学习促销理论知识

听教师讲解促销相关知识，完成项目任务产出表10-1。

表10-1 项目任务产出表

1．广义的促销是什么含义？狭义的促销是什么含义？
2．什么是促销组合？影响促销组合的因素有哪些？
3．促销预算的确定有哪些方法？

续表

4．促销的方式有哪四种？   5．营业推广的方式有哪些？

Step 2 学习撰写促销策划方案

听老师讲解促销策划方案撰写的步骤，完成任务产出表 10-2。

样例 10.1 百姓生活广场中秋节促销方案

一、促销项目描述

1．促销目的

为了迎接中秋节的到来，以提升市场占有率为目的，扩大本超市的影响力，提高知名度和美誉度，提前做好产品销售准备工作，促进产品销售增加短期销售收入，发展新进入的消费群，以保证“中秋节”期间产品的市场销售额比去年同期增长 10%。

2．活动主题

“百姓生活广场中秋节大酬宾”。

二、促销活动文案

1．日程安排

7 月 25 日～8 月 4 日，前期准备；

8 月 5 日～8 月 11 日，宣传活动；

8 月 12 日～8 月 18 日，正式促销；

8 月 19 日～8 月 25 日，活动总结。

2．活动地点

百姓生活广场内与门前。

3．促销对象

全市人民。

4．促销内容

超市内生活、洗化、食品、生鲜等商品。

5．促销方法

（1）限量销售、争相抢购。利用消费者的消费心理，限量销售是一种提高销量的有效办法。限量销售只让一部分消费者得到实惠，因此常能形成争相抢购的局面。

（2）限时购买、创造高潮。将促销活动分出层次，限时购买的方法是把促销活动推向高潮的有力之举。由于时间所限，促使许多犹豫不决的人下决心购买。当然要想销售形势火爆，必须和其他优惠措施相结合才能更加有效。

（3）赠送牵制、销量倍增。利用节日吸引消费者，活动方只提供赠品或部分赠品和优惠服务，消费者要想得到完整的馈赠或服务必须继续消费，直到满足活动设定的条件。这种方法常让人有欲罢不能之感，就像用长线钓鱼一样，一步步地吸引消费者的胃口。

（4）广告前置、提前行动。即在节日之前就宣传某种产品，诉说产品的功能性价值，引起消费者的注意力，给产品一种神秘感，造成"犹抱琵琶半遮面"的感觉。

三、促销成本预算

（1）POP，计100元；

（2）DM，计10 000×0.1 = 1 000元；

（3）赠品，计5 000元；

（4）促销员工资，计1 200元；

（5）其他费用，计1 000元。

四、物资与人员安排

食品区由王经理负责，所有货物放在1号仓库；生鲜类商品由袁经理负责，所有货物放在2号仓库；生活区由张经理负责，所有货物放在3号仓库；洗化类商品由孙经理负责，所有货物放在4号仓库。赠品由各自区域经理负责规定。

五、促销应急方案

组成促销应急组，组长为陈总经理，下分三个小组，副组长分别由张主任、周主任和侯主任担任。张主任负责缺货时联系进货方，周主任负责补货，侯主任负责解决出现的一切争议情况。

六、控制

每个执行者都应明确岗位职责、员工守则，由专项检核督办、奖罚。各岗位、各工作环节之间建立必要的、简洁的管理报表，并进行严格的工作效绩考评，保质保量完成工作；再次进行与供应商确定促销配合事宜，确保全部商品项目备货充足；成立专门的工作小组对突发事件进行预测和处理，尽最大可能降低风险。在大型的促销活动中，安全是第一位的，一定要注意消费者和超市的安全。

有一些活动容易引发消费者之间的争执，而且在人多的时候，人们容易有不理智行为，所以一定要注意控制。对于任何情况事前要有安排，要有人维持秩序，保证活动井然有序地进行。卖场本身也要做好准备，如电力供应的保证、人流疏导、卖场卫生，以及礼品发放秩序维持等。

七、效果评估

本次活动时间为中秋节期间，是中国人团圆在家的日子，此时是家庭聚会、朋友聚会、同学聚会较为集中的日子，物品需求量大。本次活动的目标是实现产品预期销售目标，达到提高产品知名度、增加市场份额、引进新顾客、增加销售量的目的。

表10-2　任务产出表——撰写促销策划方案的相关知识

1．促销策划方案由哪几部分组成？
2．在撰写促销策划方案时要注意什么？

Step 3 以团队为单位制定并撰写促销策划方案

1. 联系校外合作企业

（1）了解企业信息，选择合作企业。

本项目开始前2周，调查了解学校周边或附近商圈情况，根据获得的一手资料和利用互联网、报刊杂志、图书馆等查找的二手资料，了解企业情况，看是否有企业有促销合作意向，了解本团队是否可以完成企业的要求，确定团队是否可以做某促销项目。多选几家进行比较，最后确定一家企业。

总的来说，可以通过两种形式去了解企业：通过调查和实地查看等方法获取第一手资料；通过互联网、报刊杂志、电视广播等途径获取第二手资料。在本地或距离较近的地方找合作企业时，可以首先利用第一手资料，然后以第二手资料辅助，更全面真实地了解意向合作企业；但当寻找的合作企业距离较远些时，为了节省人力、财力和物力，可以以第二手资料为主。

（2）与企业人员联系，初步确定合作意向。

了解企业基本情况后，就可以开始与企业人员进行联系了。通常的方法是打电话，电话号码的获取分为两类：一是主管人员的私人电话，这样就可以直接联系，但该方法难度较大，因为一般情况下，主管人员的电话是不会轻易向外界透露的，可以通过与之有关系的亲戚、朋友、同学获得。当没有这样的关系时，要利用第二种方式，通过公司的网站或公司的印刷品等一些外在公开途径获取办公室电话，打电话时一定要选择合适的时间。

通过询问企业是否需要做促销活动，试探企业的合作意愿，询问要懂得使用技巧，怎样提问效果好呢？重要的是要选择好提问形式：

① 引起对方注意。这种类型的提问，其功能在于，既能引起对方的注意，又不会使对方焦虑不安。如："李经理，您看对面今天敲敲打打的那么热闹是干什么啊？看来是节日快到了，这么喜庆！"其实，是想让对方清楚节日快到了，试探一下公司会不会有相关的活动。

② 可获得需要的信息。这种提问往往会有一些典型的前导字词，如"什么"、"什么时候"、"哪个地方"、"会不会"、"能不能"等。在发出这种提问时，应事先把自己提问的意图示意给对方，否则，很可能引起对方的焦虑。如："李经理，节日快到了，我了解到往年咱们公司利用这个节日，市场份额增长不少啊，今年咱们还会不会有这样的促销活动呢？"

2. 与企业洽谈，签订合作协议

（1）与企业进行洽谈。如企业有合作意向，可以选择一个合适的时间进行约谈。洽谈的主要内容如下：

① 市场背景及目的。即企业要求举办促销活动的商品目前的市场状况；企业促销的目的，如提高产品的知名度、美誉度，提高产品的铺货率、占有率，扩大市场份额、提升产品销量，有效打击竞争产品，实施通路占仓，激发客户经销信心和推广热情等。

② 促销活动的目的。本次促销的期望值和初衷。

③ 促销的时间、地点。

④ 促销方式：即对促销方式以及执行细节进行充分沟通。比如，是通过优惠价促销还是通过赠送礼品的方式促销；是增加户外销售点促销还是在卖场增加促销人员进行促销等。对于促销方式，还要说明公司需要给予的人力和物力支持等，此外，要尽可能地把使用的标准予以量化和细化，使其具有可操作性。

⑤ 促销预算：明确企业可以支持的促销预算是多少？对本次促销进行初步的预算，预估市场所能带来的产出比，提出要求企业支持的促销费用。预估本次活动能给企业带来的收益。

⑥ 促销过程控制及效果评估：要明确企业负责的具体工作是什么，学生团队负责的具体工作是什么，企业有什么样的期望（如有无量化指标），企业对学业生团队的最终效果会有什么样的激励等。

（2）洽谈注意事项。在与企业进行洽谈的工作中应注意以下几点。

① 事前准备。事前准备包括两个方面：

第一，对自己和对合作的企业了解，知己知彼，知己是指学的专业是否与企业要求一致，分析自己的优势和劣势，扬长避短；知彼是指了解企业的发展背景，主打产品的特点，市场状况及客户情况和消费者的需求特征。

第二，做好个人准备，主要是思想上和仪容仪表上。

② 谈判。

a．谈判准备阶段有以下几点注意事项。

- 了解对方的合作理由，是必须与自己合作，还是无所谓；对方参加谈判人员的弱项与强项有哪些。
- 指定谁负责此次谈判，选好其他人作为协助。
- 明确我们想达到什么样的目的，达到目的的条件和理由是什么？
- 我们能做出多少让步，让步的底线是什么？我们必须争取做到什么？
- 选择谈判的地点和时间。

b．谈判过程注意事项：

- 注意说话态度，不能一上来就针锋相对，要表明我们的态度是希望能达成合作，如果现在的条件和要求使自己有些为难，希望对方能看在合作的诚意上做出一些让步。
- 话不能说死，否则没有退路。
- 当对方说“不行，只能这样，没有半点的考虑余地”时，为了达到自己的目的，可以把一些不重要的要求去掉，或附加一些售后服务之类的方式表示我方诚意。
- 要尊重对方，说话要对事不对人，如果对方说话者职位高，我方最好让相应职位者回复。
- 在表示承诺时，应同意谈判中职位最高者表示承诺的条款，避免对方不相信你答应的条件。
- 掌握谈判节奏。

c．谈判结束注意事项：

- 握手庆祝谈判成功，同时对谈判的条件再重复一遍，看双方的理解是否相同。
- 做好备忘录，当场打印出备忘录，在上面签字确认，避免过后反悔。
- 感谢对方给予的这次合作机会，对对方参加谈判的人员表示感谢。

（3）签订合作协议。

洽谈顺利，可以把各方权利和义务以文本的形式展现出来，形成校企合作协议草稿，通过修改合作协议草案，签订正式合作协议。在实际工作中，可能一些企业不愿签订协议，只想进行小规模的促销活动，团队可以根据实际情况灵活处理。

样例10.2 高校学生与当地百姓生活广场的合作

高职高专院校工商管理类专业注重的是学生实践，系实训教研室每年都为学生联系合作企业，2013年9月新学期伊始，教研室就又开始着手这次活动。

（1）首先，教研室通过市场调查和实地走访考察企业信誉度、消费者满意度等问题；其次，浏览网页，熟悉各企业的发展历史，企业价值观和侧重方向。通过综合考察，选择百姓量贩有限公司为合作企业。百姓量贩公司是该地区最大的量贩，业务量较多，在当地很有名气。

（2）选择合适的时间。中秋节即将到来，在超市忙碌之时与企业的人力资源部经理取得联系，说明意图，征求其合作意见。

（3）了解企业往年的活动信息和竞争对手经常采用的促销策略。询问市场营销部是否需要做促销活动，说出自己的优势并拿出具体的方案。

（4）确定初步意向，就合作事宜进行洽谈，草拟校企合作协议。

（5）对合作协议草案进行修改，签订正式合作协议。

3．制定促销策划方案

制定促销策划方案，完成任务产出表10-3。

表10-3 任务产出表——促销策划方案的制订及实施

企业名称：	产品名称：
与企业合作的内容：	
促销策划方案 一、促销活动的目的 二、促销活动的对象 三、促销活动的主题	

续表

四、活动的时间和地点
五、活动前期准备（人、财、物的准备）
六、活动中期操作（现场纪律和活动控制，注意标明每项活动的具体时间和负责人）
七、费用预算（详细列表，考虑所有的成本费用）
八、意外防范
九、效果预估 （预期利润）

Step 3 方案实施（课内90分钟，课外至少180分钟）

利用课上及课下时间根据策划方案进行实施。在实施过程中要精心注意和监测市场反应，及时调整方案，保持良好的实时控制，以顺利实现预期的方案和效果。

1. 实施促销方案时的注意事项

（1）准确的定位。主要表现在主题鲜明，明确是传达品牌形象宣传还是现场售卖，不要陷入甩卖风、折价风的促销误区。另外，也需要了解竞争对手的动态，特别是在几个大的节假日中，要了解竞争对手最新的促销意图，比如新品状况、折扣情况、赠品分派、新产品引进等。

（2）合理使用最佳的行动方案。总负责人要清楚活动的每个环节，了解各环节的进度，及时发现和解决活动现场出现的新问题；要对参与活动的人员进行详细培训，把活动的目的和宗旨深入传达到每个人心中，充分调动每位员工的积极性和责任感。

（3）确定时间安排和规划预算。卖场促销时间宜早不宜迟，特色活动最好比对手早三四天，以免被对手抢先。再好的策划，再好的时机，如果没有完整准确的规划预算，活动中出现产品不充足、促销品不到位、顾客买不到，也必定影响整体活动的效果。

（4）现场氛围营造。节日活动气氛包括两部分，一是现场氛围，包括气氛海报、POP张贴、装饰物品的布置、播音与音乐，这些将会在很大程度上刺激顾客的购买欲望。具体而言，做好主题广告宣传，从色彩、标题到方案、活动等均应突出节日氛围，以主题广告营造节日商机。另外一种氛围就是员工心态，这要看组织者是否能够调动员工的积极性，最有效的方法是制定一个恰当的任务与销售目标，活动结束后按照达成率情况进行奖赏。

（5）现场执行要点。

① 工作人员第一个到达现场，各就各位。

② 宣传人员派发宣传单，介绍活动和产品，引导顾客至销售台。

③ 掌握好活动节奏，维持好现场秩序，防止出现哄抢或其他意外，以免造成负面效应。

④ 销售人员准备销售事项，介绍销售产品。

⑤ 赠品在规定时间发放，不宜太早或太晚，发放时登记个人资料并签字。

⑥ 主持人宣布活动结束，现场暂时保留一段时间。

⑦ 现场销售台继续销售。

⑧ 现场清理，保留可循环使用物品。

（6）严格控制促销成本。理性预测和控制投入产出比，切不可盲目跟风，挥金如土；尽量不要和强势厂家正面对抗，尤其是不要和强势对手大打价格战，应该独辟蹊径，突出自己的优势和卖点；节日促销活动的设计，要“因己制宜”，这样才能取得好的效果。

（7）评估总结。每次节日营销整体活动都需进行一番很好的评估总结，才能提升节日营销的品质和效果，比如本次活动销量情况、执行的有效性、消费者评价、同业反应概况等。分析每次活动的优点和不足，总结成功之处，借鉴不足教训。评估总结的目的，就是使今后规避风险，获取更大的成功。

（8）活动结束要开总结会。评估活动效果及得失是十分重要的一环，只有不断地总结，才能避免走弯路。

2. 实施促销时的价格策略

可参看价格策略项目的基础知识部分。

Step 4 总结汇报及项目考核（90分钟）

1. 如何写总结

样例10.3 百姓生活广场促销总结

我是一名大四学生，在百姓生活广场的工作中我懂得了很多。作为一个大学生，没有社会经验是不完整的，因此我必须紧密地和社会联系在一起，和它成为一个整体。通过工作，我明白了很多，比如，我懂得如何和同伴团结在一起，挖掘每个人的优势，发扬团队精神，高质量地完成任务。要知道，一个人的力量是弱小的，集体的力量是强大的，换句话说，积水成河，积沙成丘。在积累工作经验的同时，我也懂得了市场的重要性，这是经济体制结构所影响的，在社会主义市场经济占主导地位的情况下，经济的发展要密切联系市场这个大的环境，没有它，一切都不用谈，没有市场也就没有顾客，没有顾客怎么实现销售获取利润呢？在我看来，大型超市是社会将来的发展趋势，因为它有几大优点：（1）购物方便；（2）物品种类繁多；（3）环境优雅；（4）总体服务水平比较高；（5）卫生符合国家标准。

我通过在百姓生活广场担任盘点小组长的工作，明白了作为一个领导要想得到下属赞同，必须及时地发现下属的困难，进行帮助，这是非常重要的。在发现工作中的错误时，我都会及时地纠正，并且教育他们，这是我的职责，也是我必须做的，而在实际工作中我更多的是去谅解他们，这可能与我工作的时间长短有关。

在工作中，我发现了许多好的建议可以用在经营上，比如，银座百货与百姓生活广场的价格相比上还是银座好，原因有很多：首先，银座百货的地理位置比较好，我计算过，晚上银座百货每半小时进入的顾客平均为600人；其次，银座百货门口经常有大型活动，如舞蹈、音乐，这些都极大地吸引了客源；第三是会员卡制度，会员价与商品的实际价是一样的，只是会员卡可以积分，会员根据积分可以兑换礼品。在节日的时候赠送礼品，这对顾客来说是非常温暖的，虽然赠送的商品不多，但充满了人性化。

经过紧张有序的锻炼，我感觉自己的工作技能上了一个新台阶，做每一项工作都有了明确的计划和步骤，行动有了方向，工作有了目标。基本做到了忙而不乱、紧而不散、条理清楚、事事分明，从根本上摆脱了过去只顾埋头苦干，不知总结经验的现象。

市场营销部　王晓红
2013年9月

点评：

作为促销总结，该文有点简单化，没有突出促销的重点。做促销总结要了解在促销时间内主要做了哪些工作，工作中取得了什么成果，有什么缺点，并提出建议及措施。通过对这些成果和经验的研究及分析，可以对过去的工作有正确的认识和评价，这样就可以指导今后的工作，以便在以后工作中发扬优点、改正缺点。

一般来说，促销总结是对过去一个阶段或一定时期的促销工作进行系统的回顾、分析和研究，将工作中的感性认识上升到理性认识，将片断的、零星的认识变成有条理的认识，从中找出规律性的东西，用以指导今后促销工作的文字材料。

（1）促销总结的作用。

① 确定成绩，归纳经验。总结是对前一段促销时间的工作进行系统回顾，所以销售

人员要了解在促销时间里主要做了哪些工作，工作中取得了什么成果，成果是如何取得的。通过对这些成果和经验的研究及分析，可以对过去的工作有正确的认识和评价，这样就可以对今后的工作进行指导，以便在后续工作中发扬优点、改正缺点。

② 发现问题，总结教训。任何人和任何事都不是完美的，在工作取得成绩的同时也会存在一定问题。如果没有及时发现和改正缺点，会给销售人员的后续工作带来负面影响。因此，总结的另一个重要作用就是发现工作中的问题，尽力找出问题存在的真正原因，为以后改正打下基础。

③ 总结过去，汇报工作。任何上级领导，不可能对员工的工作时时予以监督和指导，因此，总结的另一个重要作用就是在某一规定的时间段或是任何需要的时候将自己所做的工作向上级汇报。为了起到更好的汇报作用，总结一定要重点突出、真实客观。

④ 积累资料，便于查阅。在追求速度和效率的网络经济时代，企业的营销信息系统对企业效益的贡献越来越大，而营销信息系统的内容是对企业各个部门各阶段资料的积累。

（2）促销总结的内容。促销总结一般由标题、正文、落款和日期组成。

① 标题。在确定总结的标题时通常采用两种形式：一是公文式标题，主要由总结单位名称、时间、内容和文种组成，如“××公司营销部关于十一促销活动的总结”。二是文章式标题，一般采用类似于新闻稿件标题的写法，如“可口可乐的广告促销”。

② 正文。正文一般由前言、主体、结尾三部分组成。

a．前言，也称开头，一般是概述基本情况。基本情况是对前一段促销时间工作的汇总，包括工作背景、工作的完成情况以及对工作总的评价等。

b．主体是总结最重要的部分。主体一般包括肯定成绩、总结经验等，有时也把基本情况和努力方向放在这个部分。成绩是总结中要肯定的部分，指在总结的特定期间里做了哪些工作，完成得怎么样（根据实际情况可以采用定性和定量的方法来说明）。经验就是从实践过程中得来的知识，具体表现为成效、体会。其中，成效是指结果怎样，有什么效果；体会是理性的认识，是把实践上升到理论的高度，把个别的现象抽象为普遍的规律，具有广泛的指导意义。

c．结尾是对以上的内容做简短的总结，并且提出下一步努力的方向。

③ 落款和日期。

（3）促销总结的写作要求。

① 求真务实。促销总结要坚持实事求是的态度，如实反映促销活动的情况，所有内容都要符合客观实际并核实无误，显现销售文书的科学性、可信性，不可脱离实际、故意拔高、移花接木、遮盖隐瞒。另外，写出的总结一定要对以后促销工作其有指导意义，为写而写和流于形式的总结毫无价值。

② 准备充分。要想写好总结，在起草前就要有针对性地了解相关情况、收集资料，对促销方案要有充分的认识。

③ 分析提炼。促销总结的目的是回顾以往的促销活动，提出新的目标，所以要突出重点，抓住关键的有特色的问题做深入分析，找出事物内在的联系，并提炼出规律性的、有指导意义的观点。

④ 行文简洁。促销总结兼用叙述和议论表达形式，使观点和内容统一，理论与事实结合。写作中要分清主次、条理清晰、言语准确。如果能用图表等辅助手段说明问题，将使总结更加简洁醒目。

样例10.4 中秋节百姓生活广场促销总结

在百姓生活广场实习这段时间，我见识了很多东西，特别是中秋期间的促销活动可以作为我人生当中一次难忘的经历。总结促销七天以来的所见、所闻、所感，点点滴滴，让我思考了很多问题。

百姓生活广场是河南濮阳最大的超市，在当地有很高的知名度和美誉度，为了答谢全市人民的关爱，特在中秋期间举行多种商品打折让利活动，并取得了以下良好的效果：

（1）通过广告，宣传单发放等方式宣传，让信息得以扩散。

（2）商品储存准备较好。

（3）促销人员到位情况良好，且仪容仪表做得很好。

（4）通过配合礼品赠送和购物券赠送等方式大大提高了消费者的购买热情。

但这期间也存在很多问题：

（1）促销员比较懒散。建议采取措施，提高促销员积极性。比如，可以建立一种制度，表现好的促销员能够申请成为自营员工，或者发放贡献奖。

（2）超市商品品种有限。建议扩大品类，如果空间有限，建议同一品牌单品收缩牌面，增加货架和新品。

（3）周转仓管理不够严格，随意进出现象比较普遍。建议加强管理，人员定岗定位。

（4）为顾客送货存在问题（时间、距离）。建议完善顾客送货标准并严格参照执行，现有标准过于形式化，建议超市购物车只能推到商场外面，不能离开商场，若确实需要送货，超市负责专人逢整点进行统一送货。

（5）特价商品存在问题（断码严重）。建议进行及时督促。

最后，感谢百姓生活广场的各级领导对实习生的关心与培养！

市场营销部　王晓红

2013年9月

学习样例10.4，完成表10-4。

表10-4　项目任务产出表——项目总结（以团队为单位）

总结汇报文字稿：（可提交电子版文稿或PPT或另附纸）

2．项目考核与评价

【评价标准】

第一部分：单项考核。

（1）无须教师帮助，一周以内寻找到合作企业，能根据所查找到的资料，分别列出：①适合该产品消费者的需求特征；②制定促销目标，正确选择适合该企业的促销工具；③获取一、二手资料的相关途径。策划书格式正确，策划方案有创意，促销策划方案内容完整，应包含：促销项目、促销目标、促销活动文案、促销成本预算、物资与人员安排、促销应急方案；认真、细致地撰写促销成果分析报告：报告工整、内容完整（实际销售量、销售额与预期促销目标是否相近，是否很好地进行了促销实施控制，该促销方案在实施过程中的不足及改进措施）；用于促销成果展示的PPT制作精美，上台发言同学准备充分，表达能力较强，言之有物。

完成上述各项，可得A（90～100分）。

（2）需教师帮助一周以内，或无须教师帮助两周以内寻找到合作企业，能根据所查找到的资料，列出下列内容中的至少两种：①适合该产品的消费者的需求特征；②确定促销目标、促销工具；③获取一、二手资料的相关途径。策划书格式基本正确、策划方案较有创意、内容较为完整（有1～2项内容欠缺）；认真地撰写了促销成果分析报告，报告中内容有欠缺（销售量、销售额与预期促销目标是否相近，是否很好地进行了促销实施控制，该促销方案在实施中的不足及改进措施，三项中有一项内容未阐述）；用于促销成果展示的PPT制作较好，上台发言同学准备充分，表达能力一般。

完成上述各项，可得B（80～90分）。

（3）需教师帮助，两周以内寻找到合作企业，能根据所查找到的资料列出下列内容中的至少一种： ①适合该产品的消费者的需求特征；②确定促销目标、促销工具；③获取一、二手资料的相关途径。策划书格式基本标准，但策划方案缺乏创意，促销策划方案内容不够完整（有3～4项内容欠缺）；撰写的促销成果分析报告中内容有欠缺（销售量、销售额与预期促销目标是否相近，是否很好地进行了促销实施控制，该促销方案在实施中的不足及改进措施，三项中有两项内容未阐述或阐述不正确）；PPT制作较为认真，上台发言同学准备不够充分，表达能力不够理想。

完成上述各项，则得C（70～80分）。

（4）超过2周仍未找到合作企业，需要教师帮助寻找合作企业；调研后未分析说明消费者的需求特征、促销目标、促销工具和获取一、二手资料的相关途径；策划书格式不正确；策划方案缺乏创意；促销策划方案内容不完整（缺少4项以上内容）；撰写的促销成果分析报告中，多处内容不完整、分析不合理；用于促销成果展示的PPT制作较为粗糙，上台发言同学准备不够充分，表达能力较差，言之无物。

完成情况如上所述，酌情扣分，可得D（0～70分）。

教师可据不同团队完成该项目的态度、团队合作效率、队员表现等其他指标酌情加减0～10分。

第二部分：综合考评。

教师据学生提交的《方案及实施综合效果评价报告》进行打分。

（1）促销方案有创意，可实施性强：预期与实施的销售数量差距小，方案实施细节中存在的不足少（应急措施考虑周全，人员与物资调配及时合理）；实施促销方案的成本与风险低。可得A（90～100分）。

（2）促销方案较有创意，可实施性较强；预期与实施的销售数量的差距较小；方案实施细节中存在一些不足（应急措施的考虑、人员与物资调配及时、合理等方面有所欠缺）；实施促销方案的成本与风险较低。可得B（80～90分）。

（3）方案缺乏创意，可实施性不强；预期与实施的销售数量差距较大；方案实施细节中存在较多不足（应急措施考虑不周，人员与物资调配不够及时、合理）；实施促销方案的成本与风险较大。可得 C（70～80 分）。

（4）方案缺乏创意，可实施性差；预期与实施的销售数量的差距大；方案实施细节中存在较多不足（应急措施考虑不周，人员与物资调配不够及时、合理）；实施促销方案的成本与风险大。酌情扣分，可得 D（0～70 分）。

分值划分：单项考核得分占本项目考核总分数的 70%，综合考评得分占 30%，将两部分所得分数求加权后再相加即为学生此项项目任务最终得分。

3. 项目评分表

项目评分表如表 10-5 所示。

表 10-5　项目评分表——“促销推销实战”

评分人	评分内容	考核内容	评分结果	部分核算比重	核分结果	总分核算比重	总分核分结果	总评
教师评价	促销方案与实施的综合考评	促销方案创意		30%	均分	30%		
		实施细节（应急措施、人员调配、风险与成本）		70%				
教师评价	促销方案策划细则考评	寻找合作企业		10%	均分	70%		
		促销策划书的撰写		40%				
		促销效果		25%				
		促销成果分析报告		15%				
学生评价	促销成果展示 将各组所打分数求平均值	组 1	平均分	10%	均分			
		组 2						
		组 3						
		组 4						
		组 5						

基本知识

一、促销组合

促销策略是企业市场营销组合策略的重要组成部分，其根本任务就是沟通供给者和消费者之间的信息，将企业产品、服务等相关信息通过说服、报道等多种方式传递给目标顾客，激发其购买欲望和购买行为，从而达到扩大销售的目的。企业将合适的产品、在适当地点、以适当的价格出售的信息传递到目标市场，一般有两种方式：①人员推销，即推销员和顾客面对面地进行销售；②非人员推销，即通过大众传播媒介在同一时间向大量顾客传递信息，主要包括广告、公共关系和营业推广等方式。这两种推销方式各有利弊，相互补充。此外，目录、通告、店标、陈列、展销等也都属于促销策略范围。一个好的促销策略，往往起到多方面作用。如提供信息情况，及时引导采购；激发购买欲望，扩大产品需求；突出产品特点，建立产品形象；维持市场份额，巩固市场地位等。因此，制定好促销策略，是企业提高经济效益的必由之路。

1. 促销

（1）促销的概念。促销是指企业将其产品及相关有说服力的信息告知目标顾客或公众，说服目标顾客做出购买行为而进行的市场营销努力。促销实质上是一种沟通活动。通过促销活动，能够帮助购买者或公众认识企业或产品，引起他们的注意和兴趣，激发他们的购买欲望和购买行为，从而达到扩大销售的目的。促销活动是在企业与其目标顾客或社会公众之间进行的。

（2）促销的作用。促销的作用有以下几方面：

① 传递信息。

② 激发购买欲望。促销通过介绍新产品，展示合乎潮流的消费模式，提供满足消费者生存和发展需要的承诺，从而激发消费者的购买欲望，创造出新的需求。

③ 突出特点。企业通过促销活动，在同类市场商品激烈竞争的情况下，可以突出展示自己产品的性能和特点，或显示产品能给顾客带来的满足程度及附加价值等，以使顾客加深对产品的了解和信任，认识到购买该企业产品能得到的特殊利益。

④ 建立信誉。企业通过促销活动，可以使更多消费者和用户对产品和企业产生信任感，有利于企业在顾客心目中树立良好形象。

⑤ 扩大销售。

（3）促销工具。

① 广告。广告是企业按照一定的预算方式，支付一定的费用，通过一定的媒体把企业或产品的信息迅速而广泛地传送给目标人群的一种促销方式。

② 销售促进。销售促进是企业运用各种短期诱因，鼓励目标群体试用或购买其商品或服务的促销方式。销售促进是营销活动的一个关键因素，如果广告提供了购买的理由，那么销售促销则提供了购买的刺激。

③ 公共关系。公共关系是企业以非付款方式通过第三者在媒体上发表有关企业产品

或企业形象方面的有利信息，以刺激购买需求的一种促销方式。良好的企业及其产品形象可以引起顾客的好感和兴趣，赢得公众的信任和支持，从而促进企业产品的销售。

④ 人员推销。人员推销是指企业通过派出销售人员与一个或多个预期购买者进行面对面地接触，进行产品或项目介绍、回答问题并取得交换成功的促销方式。人员推销是销售人员帮助和说服购买者购买某种商品或服务的过程。在企业促销费用中，人员推销的费用一般比广告高出 2～3 倍。

2．促销组合

（1）促销组合的概念。促销组合是指企业根据促销的需要，对广告、销售促进、公共关系、人员推销等各种促销方式进行的适当选择和配合，以形成一个促销整体。

促销组合体现了现代市场营销的核心思想——整合营销传播。促销组合是一种系统化的整体策略，几种基本促销方式则构成了这一整体策略的子系统。每个子系统都包括一些可变因素，即具体的促销手段或工具，某一因素的改变意味着组合关系的变化，也就意味着一个新的促销组合。

促销工具不同，它们的特点也不同，互相不能取代，但具有互补性。

（2）促销工具的特点。

① 广告的特点。

a．公开展示性。

b．普及性。广告具有“广而告之”的特点，也就是普及化、大众化，企业可以反复地向目标受众传达这一信息，购买者可以接受和比较同类信息。

c．艺术表现力。广告可以借用各种形式、手段与技巧，提供给企业及其产品艺术化的表现机会，增加其吸引力和说服力。

d．信息传递单向性。广告推广传递具有单向性，受众的反应无法及时传递给广告主。

② 销售促进的特点。

a．迅速的吸引作用。销售促进可以迅速地引起消费者注意，把消费者引向购买地点。

b．强烈的刺激作用。通过采用让步、诱导和赠送等方法带给消费者某些利益，刺激其购买动机，进而采取购买行动。

c．明显的邀请性。销售促进以一系列具有短期诱导性的手段，显示出邀请消费者前来与之交易的倾向。

在企业的促销活动过程中，运用销售促进方式可以产生更为强烈、迅速的市场反应，能快速扭转销售下降的局面。然而，销售促进的影响常常是短期的，销售促进不适用形成产品的长期品牌偏好。

③ 公共关系的特点。

a．高度可信性。例如，新闻往往比广告的说服力更强，使消费者产生认同感和信赖感。

b．消除防卫。公共关系是通过一种隐蔽、含蓄、不直接触及商业利益的方式进行信息沟通，从而可以消除购买者的回避、防卫心理。

c．新闻价值。公共关系具有新闻价值，可以引起社会的良好反应，甚至产生社会轰动效果，从而有利于提高企业知名度，促进消费者发生有利于企业的购买行为。

企业运用公共关系手段要支付一定费用，但这与广告和其他促销工具相比要低得多。

④ 人员推销的特点。

a．面对面沟通。

b．人际关系培养。推销人员与客户在交易关系的基础上，建立与发展其他各种人际关系，人际关系的培养使推销人员可以得到客户更多的理解和支持。

c．直接的行为反应。人员推销可以产生直接反应，使客户接触产品信息或项目信息后觉得有义务做出反应。

（3）影响促销组合的因素。由于促销方式各具特点，因此，企业应该根据不同的需要和情况来选择、搭配促销方式，制定相应的促销组合策略。在制定促销组合策略的过程中，要注意几个因素：促销目标、促销策略、产品性质、市场性质、产品生命周期、促销预算等。

① 促销目标。不同企业在同一市场、同一企业在不同时期及不同市场环境下所进行的特定促销活动，都有其具体的促销目标。促销目标是制约各种促销形式具体组合的重要因素，促销目标不同，促销组合必然有差异。例如，迅速增加销售量（扩大企业的市场份额）与树立或强化企业形象（为赢得有效的竞争地位奠定有利基础）是两种不同的促销目标。前者强调近期效益，属于短期目标，促销组合往往更多地选择使用广告和营业推广；后者则较注重长期效益，需要制定一个较长远的促销方案，建立广泛的公共关系和强有力的广告宣传显得相当重要，但后者的广告宣传从手段到内容与前者都会有很大差别。

② 促销策略。从运作的方向来区分，促销策略可以分为两种基本类型：推式策略和拉式策略。

a．推式策略，指通过以人员推销方式为主的促销组合，把商品推向市场。其目的在于说服中间商，使他们接受企业和产品，从而使产品渗透进分销渠道，最终抵达消费者手中。

b．拉式策略，指通过以广告为主的促销组合，把消费者吸引到企业的特定产品上来。这种策略首先设法引起消费者对产品的需求和兴趣，使消费者向中间商询购这种产品，然后导致中间商向生产者进货，如图 10-2 所示。

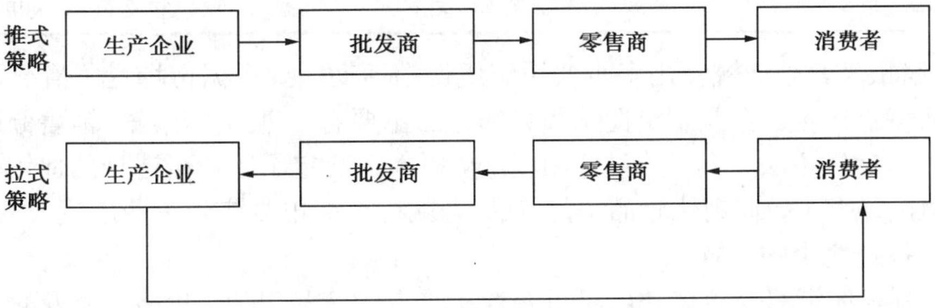

图 10-2　两种促销策略

推式策略与拉式策略都包含了企业与消费者双方的能动作用，但前者的重心在“推”，着重强调了企业的能动性，表明消费需求是可以通过企业的积极促销而被激发和创造的，而后者的重心在“拉”，着重强调了消费者的能动性，表明消费需求是决定生产的基本原因。

企业在经营过程中要根据客观实际的需要，综合运用两种基本促销策略。一般来说，对于需求比较集中、技术含量高、销售批量较大的产品，宜用“推”的策略；对于需求分散、销售批量较小的产品，宜用“拉”的策略。

③ 产品性质。不同性质的产品，需要采用不同的促销组合策略。一般来说，生活消费品的技术结构比较简单，购买人数众多，可以较多地使用广告，但对中间商则宜采用人员推销。大宗生产资料的购买者多为专门用户，促销活动主要是向用户宣传产品的质量、技术性能及该产品能为用户增加利润的程度，因此，宜采用人员推销方式，以便向用户做详细说明，并解答疑问，提供咨询。公共关系、营业推广两种方式，在促销活动中对不同性质的产品反应相对较为均衡，应根据具体情况而定。

④ 市场性质。市场地理范围、市场类型和潜在顾客的数量等因素，决定了不同的市场性质，也决定了不同的促销组合策略。一般说来，目标市场范围小、潜在顾客数量有限的生产资料市场，便于开展人员推销；反之，目标市场大、潜在顾客多而分散的消费品市场，则应以广告为主。

⑤ 产品生命周期。在产品生命周期的不同阶段，促销的目标不同，因此，要相应制定不同的促销组合。介绍期促销的主要目标是使消费者认识新产品，所以多用广告；到了成长期和成熟期，促销目标应调整为增进消费者对产品的兴趣和偏好，需要采取多种广告形式突出产品的特点、效用，或利用公共关系；衰退期的促销目标是要促成持续的信任和刺激购买，宜采取营业推广的方式。 产品生命周期不同阶段的促销方式如表10-6所示。

表10-6　产品生命周期不同阶段的促销方式

产品生命周期	促销目标	促销主要方式
介绍期	认识、了解产品	各种广告
成长期	增进兴趣、偏好	改变广告形式
成熟期	增进兴趣、偏好	改变广告形式，辅之以销售促进
衰退期	促成信任购买	销售促进，辅之提示性广告
产品生命周期各个阶段	消除不满意感	改变广告内容，利用公共关系

⑥ 促销预算。企业究竟用多少费用组织促销活动，要根据市场竞争情况、企业的实力和产品的特点决定。企业制定促销预算的方法主要有：量力支出法、销售额比例法、竞争对等法和目标任务法。不同的预算额度，从根本上决定了企业可选择的促销方式。一般说来，促销预算大（如促销化妆品、营养品），就可选择电视广告等费用较大的促销方式；反之，就选择花费少的方式。

此外，制定促销组合策略还应考虑企业所采取的产品渠道、价格策略及企业资源、竞争环境等因素，从更高层次上配套组合，以期收到最好的促销效果。

二、促销策略

1．广告策略

各类企业做广告的方法不同。在小企业里，广告是由销售或营销部门的人负责，这些部门和广告代理商一起工作，完成广告传播的任务；大公司一般拥有自己的广告部，广告部的工作是制定总预算，审批广告代理商的广告活动及从事直接邮寄广告、商品展示等工作。大多数企业都会用一个企业外的广告代理商，以帮助他们创建广告活动及选择购买媒体。

在开展广告活动时，企业首先必须确定目标市场和研究购买者动机，然后需要制定广告方案的五项决策，即确定广告目标、编制广告预算、决定广告信息、选择广告媒体、评估广告效果。

（1）确定广告目标。企业的广告目标取决于企业的整个营销目标，但在企业实现其整体目标的每个阶段，广告起着不同的作用：

① 以告知为目标：即只向目标顾客说明产品，使顾客对产品产生初步的认识和了解。这种广告常用于产品生命周期的介绍期。

② 以说服为目标：即强调特定品牌的产品与竞争产品的差异，突出该产品的优点和特色，目的是使顾客形成品牌偏好。这种广告常用于产品生命周期的成长期，以不断争取新顾客，扩大企业的市场份额。

③ 以提醒为目标：在成熟期对已经畅销的产品做广告，目的是加深消费者的印象，提醒其购买，如可口可乐广告；对季节性商品在旺季时做广告，起到提示作用。

（2）编制广告预算。广告目标确定之后，企业即可编制广告预算。编制广告预算可以采用量力支出、销售额比例法、竞争对等法或目标任务法。此外，还要考虑下面几个因素：

① 产品生命周期：对处于生命周期不同阶段的产品，广告预算应有所不同，如介绍期产品需要较高的预算，而成熟期产品广告预算应按销售比例有计划地进行缩减。

② 市场份额：占有较大市场份额的产品广告预算应较高，反之，则应低些。但是，企业想要扩大某种产品的市场份额时，其广告预算当然要比仅保持现有市场份额的产品广告预算高。

③ 竞争的激烈程度：如果产品市场竞争激烈，广告预算就要高。而如果产品具有独特性或是专利产品，没有什么竞争者，那么广告预算可低些。

④ 广告的频度：如果企业决定多次重复进行广告促销，广告预算就要高。

（3）决定广告信息。决定广告信息即设计广告内容，一般要经过信息创作、信息的评估和选择、信息的表达三个步骤：

（4）选择广告媒体。广告所发出的各种信息，必须通过一定的媒体才能传达给消费者。广告所运用的媒体大致有报刊、杂志、广播、电视、电影、幻灯片、户外张贴、广告牌、霓虹灯、交通广告、传单、包装纸、商品陈列、现场 POP 广告以及目前流行的网上广告等。其中，最常用的四大媒体是报纸、杂志、广播、电视，它们各有优缺点。

报纸广告的优点是迅速及时，成本较低，灵活度高，传播面广；缺点是表现能力差，持续时间短，不易保存。杂志广告的优点是针对性强，持续时间长，便于保存查阅，比报纸表现力强；缺点是成本较高，灵活性差，传播范围有限。广播广告的优点是传播速度快、范围广，费用比电视便宜；缺点是时间短，没有视觉上的刺激，不易记忆。电视广告的优点是直观，有听觉、视觉的综合效果，具有强烈的刺激作用，传播广泛；缺点是成本高，竞争者多。

企业在选择广告媒体时，除了应了解各种媒体的优缺点外，还应考虑以下四方面因素：

① 目标顾客的习性：不同的消费者对不同的媒体有不同的偏好，如老年人爱听广播，青少年爱看电视等。

② 产品性质：不同的产品要运用不同的广告媒体，如服装最好运用电视、杂志做广告，高技术产品宜用样品做广告。

③ 广告信息：选择何种媒体取决于广告信息本身，如复杂的技术信息在广播、电视中难以说清，而选择专业杂志或直接邮寄却比较有效。

④ 成本费用：广告活动应考虑企业的经济负担能力，电视广告成本很高，而报纸广告成本较低。此外，同一媒体的影响力和流通性也不同，如果是在全国范围内销售的产品，就应在全国性广播、电视上做广告；如果是在局部地区销售的产品，可选用地方性广告媒体。

（5）评估广告效果。企业应对广告效果进行持续地评估。评估的内容有信息传递效果评估、销售效果评估两方面。

2．销售促进（营业推广）策略

销售促进包括各种短期性刺激措施，用以刺激购买者较迅速或较多地购买某一特定产品或服务。销售促进包括建立目标、选择工具、制订方案、评价效果等内容。

（1）建立销售促进目标。针对消费者而言，销售促进目标包括鼓励更多消费者使用商品和促进大量购买，争取未使用者试用，吸引竞争对手的使用者；针对零售商而言，销售促进目标包括吸引零售商经营新的商品品目和维持较高水平的存货，鼓励他们购买过季商品，鼓励储存相关品目，抵消竞争性的促销影响，建立零售商的品牌忠诚和获得进入新的零售网点的机会；针对销售队伍而言，销售促进目标包括鼓励他们支持一种新产品或新型号，激励他们寻找更多的潜在顾客和刺激他们推销过季的产品。

（2）选择销售促进工具。可供选择的销售促进工具主要有面向消费者的促销工具、面向交易对象的促销工具及面向业务和销售团队的促销工具。

① 选择面向消费者的促销工具，见表10-7。

表10-7　面向消费者的促销工具

项目	主要内容
样品	样品是指免费提供给消费者或供其试用的产品；样品可以挨家挨户送上门，邮寄发送，在商店内提供，和其他产品一块附送，或作为广告品
优惠券	优惠券是一个证明，证明某持有者在购买某产品时可凭此券按规定少付若干钱；优惠券可以邮寄、附进其他产品包装内，也可以刊登在杂志或报纸等载体上；其回收率随分送的方式不同而不同，优惠券可以有效地刺激成熟期产品的销售，诱导对新产品的早期使用
现金折让	现金折让是在购物完毕后提供减价，而不是在零售店购买时就享受；消费者购物后将一张指定的“购物证明”寄给制造商，制造商用邮寄的方式“退还”顾客部分购物款
特价包（小额折扣交易）	向消费者提供低于常规价格的少额销售商品的一种方法；其做法是在商品包装上或标签上加以附带标明；它们可以采取减价包的形式（如原来可以买一件产品的价格现在可以买两件），或者可以采取组合的形式，即将两件相关的商品并在一起销售（如牙膏和牙刷）

续表

项目	主要内容
赠品	以较低的价格或免费向顾客提供某一物品，以刺激其购买某特定产品；这类赠品有附包装赠品（将赠品附在包装内或包装上）、免费邮寄赠品（消费者交还诸如盒、盖之类的购物证据就可以获得一份邮寄赠品）、自我清偿性赠品（以低于一般零售价的价格向需要此种商品的消费者出售商品）
奖品（竞赛、抽奖、游戏）	奖品是消费者在购买某物品之后，向他们提供赢得资金、旅游或物品的各种奖励机会；抽奖则要求消费者将写有其姓名的纸条放在一个抽奖箱中，游戏则是在消费者购买商品时请他参加游戏，如纸牌游戏、填字游戏等，这些游戏有可能中奖，也有可能一无所获
光顾奖励	光顾奖励是以现金或其他形式按比例地用来奖励某一主顾集团的光临，如大多数航空公司搞的“经常乘机者计划”
免费试用	邀请潜在顾客免费试用产品，以期他们购买该产品，如某汽车销售店的“试驾体验”活动
产品保证	由销售者保证，按规定产品无明显或隐含的毛病，如在保证期内出现故障，销售者可以免费维修或退款
联合促销	联合促销是指两个以上的企业或品牌合作开展促销活动；这种做法的最大好处是可以使联合体内的各成员以较少费用获得较大的促销效果，联合促销有时能达到单独促销无法达到的目的；各企业的销售人员则促使零售商参与这些促销活动，通过增加产品陈列和广告面积使他们更好地展示出来
交叉促销	交叉促销是用一种品牌为另一种非竞争的品牌做广告
售点陈列和商品示范	售点陈列和商品示范一般在销售现场举行，许多零售商不喜欢在门店放置来自制造商的陈列品、广告牌和广告招贴；对此，制造商做出的反应是提供较好的陈列资料，并将它们与电视或印刷品宣传结合起来，制造商还帮助零售商布置现场

当销售促进与广告结合起来使用时，效果尤为显著。一项研究表明单纯价格促销，销售量增加 15%；当价格促销与广告促销结合使用时，销售量增加 19%；当价格促销与广告促销和售点展示相结合时，销售量增加 24%。

② 选择面向交易对象的促销工具，见表 10-8。

表 10-8　面向交易对象的促销工具

项目	主要内容
价格折扣（也称发票折扣或价目单折扣）	在某段指定的时间内，每次购货都给予低于价目单定价的直接折扣，这一方法鼓励了经销商去购买平时不愿意购买的数量或新产品，经销商可以将购货补贴用做直接利润、广告费用或零售价减价
折让	制造商提供折让，以此作为零售商以某种方式宣传制造商产品的补偿，广告折让用以补偿为制造商的产品做广告宣传的零售商，陈列折让用以补偿对产品进行特别陈列的零售商
免费商品	制造商还可以提供免费产品给购买达到一定数量或某种质量特色或有规模的中间商，即额外赠送几箱产品；制造商也可提供促销资金，或附有企业名称的特别广告赠品

③ 选择面向业务和销售队伍的促销工具。企业花资金用于业务和销售队伍的促销，主要促销工具见表 10-9。使用这些促销工具是为了达到收集有关业务线索、加深顾客印象、

奖励客户、激励销售人员努力工作的目的。

表 10-9　面向业务和销售队伍的促销工具

项目	主要内容
贸易展览会	展览会向特定行业的企业有偿提供摊位，陈列展示其产品；参展的企业可以在这里找到新的推销线索，维持与老客户的接触，介绍产品，接触新顾客，向现有顾客推销更多的产品，用印刷品、电影及视听材料说服教育顾客。有些企业每年将 35%的促销预算用于展览会
销售竞赛	销售竞赛是一种包括推销员和经销商参加的竞赛，其目的在于刺激他们在某一阶段内增加销售，方法是谁成功就可以获得奖品；许多企业出资赞助这种活动，为其销售员举办年度或阶段竞赛，优胜者可获得免费旅游、现金或礼品等奖励；当竞赛目标与企业可衡量或可达到的目标相一致时（如出现新顾客，恢复老顾客等），则效果尤为明显
纪念品广告	纪念品广告是指由销售员向潜在的消费者赠送一些有用的但价格不贵的，有企业名称和地址的物品，有时还送顾客一条广告信息；大约有 86%的制造商供应给他们的销售员这些特定的物品

（3）制定销售促进方案。销售促进方案的内容包括：确定刺激强度、确定刺激对象、确定销售促进的途径、确定销售促进的时机和持续的时间、确定销售促进总预算。

① 确定刺激强度。销售促进的实质是企业通过刺激消费者、中间商或销售人员，使其对本企业产生有利的反应活动，所以，企业首先要确定刺激的强度。如果要促销成功，最低限度的刺激物是必不可少的。一般刺激程度越高，销售反应就越大，但其增加率却是递减的。如果刺激强度不够，就不能引起刺激对象的较大反应，达不到预期的目标；如果刺激过多，企业就要支付过多的费用，从而影响销售促进的经济效果。企业应对每次销售促进的成本和效益进行跟踪，以便确定合理的刺激强度。

② 确定刺激对象。企业的销售促进活动是有针对性的。企业在确定刺激对象时，应优先考虑那些可能成为企业顾客的潜在买主和对企业销售有较大影响的客户或顾客。

③ 确定销售促进的途径。要确定企业通过何种途径传递信息才会对销售促进对象产生有效地刺激。例如，一张减价 15 元的折价券可以通过多种途径分发，每种分发方法都会涉及不同的到达率、成本和影响效果。

④ 确定销售促进的时机和持续的时间。有些销售促进活动是按照全年的促销活动日程安排展开的，也有临时性的促销活动，这就要求企业在短期内组织协调此事。

销售促进的持续时间必须适当，如果持续时间太短，许多顾客还没有真正享受到促销带来的好处，使企业失去很多潜在顾客；如果持续时间太长，往往会使顾客认为企业产品质量太差或其他负面原因而给予顾客一定的优惠，这样会降低销售促进的刺激作用。理想的促销周期长度要根据不同产品种类，及不同具体产品来确定。

⑤ 确定销售促进总预算。促销总预算一般通过两种方式拟定。

一种是营销人员根据选用的各种促销办法来估计其总费用。促销成本由管理成本加刺激成本乘以在这种交易中售出的预期单位数量组成。

另一种方法是按一定的比例从企业的促销总预算中提取一定的费作为销售促进的总预算。

⑥ 评价销售促进效果。销售促进效果评价有利于企业积累经验，为将来开展有效的销售促进活动打下基础。企业可以从多种途径评价销售促进的效果，其中最主要的有以下三种途径：

第一，对销售促进前、销售促进期间、销售促进后的销售额进行比较。

第二，进行消费者调查，看看有多少人记得这次销售促进活动以及有多少人获得了实惠，并对其购买行为产生了哪些影响。

第三，实验法。企业在不同地区采用不同的销售促进方案，然后比较多种方案的效益。

（4）制定具体产品的促销方案。

① 在制定产品促销方案时要遵循以下几点要求。

a．目标明确且易为员工理解。

b．切合实际，有完成的可能。

c．兼顾企业、顾客、员工与社会的利益。

d．所有表格应注重操作性与实用性。

e．方案正文叙述要简洁。

f．长期方案只列方向、构想以及蓝图即可，短期方案应比较详细。

② 撰写促销策划方案。

案例 10.1 减肥促销不尽人意

减肥品经销商在浙江绍兴下属的××市举办了主题为“减肥效果万人大公证”的促销活动，希望通过这次活动，扩大产品的尝试人群，从而形成回头购买及口碑传播。据经销商介绍，为达到预期目的，这次活动做了积极地准备工作，但促销结果却不尽人意，这使他大为不解。下面看一下这次促销活动的全过程是如何进行的。

活动简述：

（1）时间：“3·15”消费者权益日；地点：仁寿堂大药店门口。

（2）内容：3 月 15 日只需花 18 元就可以购买价值 49 元的××减肥产品。

（3）活动前媒体宣传。

①3 月 12 日～14 日分别在当地《××日报》做促销活动宣传。

② 在当地人民广播电台，从 3 月 10 日～15 日发布促销活动广告，时间从 8:00 到 21:00 每天 25 次滚动播放。

③ 在仁寿堂门口挂跨街横幅一条，内容为活动通知，时间为 3 月 8 日～15 日（一周）。

（4）活动经过。

① 现场促销员 6 名，由于报酬高，并且做了培训，员工积极性很高，一开始就基本进入状态。

② 为了增加活动气氛，让顾客快速了解活动及产品，现场设置了两块大展板：一块介绍产品，一块介绍活动内容。顾客来咨询时，促销员一边发 DM 单，一边做介绍。

（5）活动结果。现场只来了 50 名咨询的顾客，其中 32 人当场购买产品，合计销售 80 盒。据事后统计 70%的顾客买了三盒，15%的顾客买了四盒，10%的顾客买了两盒。

【案例评析】

从以上介绍看，活动从开始宣传到结束的设计似乎很严密，经销商介绍，自己经常在终端观摩别的厂家的促销活动，大致都差不多，谁也没有什么离奇的手法，然而这次活动结果与他预期相差甚远。经过仔细分析，该促销方案主要存在以下问题：

（1）促销的目的。像这类促销活动，在区域性产品经销商的运作中很有代表性，他们大多数凭经验做促销，没有专业的活动策划能力，所有促销活动的目的就是"多卖产品"，很少考虑促销活动对品牌的影响。每次都精心准备，但活动过后总有避免不了的遗憾，这样常常造成不搞促销产品销不起来，搞了促销又得不偿失的局面。

（2）时间的选择。既然选择节日促销，就要找到促销与节日的结合点。为什么要在"3·15"，本次活动并没有体现出促销与"3·15"之间的关联。销量应该是节日促销的硬道理，除此之外，才是收获一些品牌形象的提升，或者宣传的作用。事实上，那些和节日文化相距甚远的产品，是不适合做促销的，即使要做，也要找到促销的理由。

（3）地点选择。本次活动地点选在当地一个大药店门口。众所周知，来药店的人大部分是买药的，到药店闲逛的人少之又少。这样除了听到宣传来的几十个人外，无旁人加入，气氛自然热闹不起来。成功的促销必是人气旺盛的，销售现场气氛有传染性，如果活动选在人气旺盛的大商场门口，借商场旺盛的人流，加上看到宣传来的目标顾客，活动成功的可能性将成倍提高。

（4）促销宣传。节日期间是促销的最好时间，为此企业必须把握住，争取在最短的时间内收到最大的效果。企业在节日内可以采用软硬广告、空中、地上广告等组合方式实现信息的垂直落地和传播，这种策划尤其适合企业的新品上市或者开发新的目标市场以及品牌营销等用途。

随着竞争的加剧，针对消费者的促销活动在营销环节中的地位已越来越重要。据统计，国内企业的促销活动费用与广告费用的比例达到 6∶4。正如一份缜密的作战方案在很大程度上决定着战争的胜负一样，一份系统全面的活动方案是促销活动成功的保障。

要想写一份完善的促销活动方案要注意以下 10 个部分。

a. 促销活动的目的。首先要明确活动的目的是什么，是处理库存，提升销量，打击竞争对手，新品上市，还是提升品牌认知度及美誉度。只有目的明确，才能够合理地根据企业自身的情况，市场的需要量身制定一份方案。

b. 促销活动的对象。这次活动中参与的商品是哪些，应分阶段陈列出来。哪些商品作为活动的主要商品；哪些商品针对的是目标市场的每一个人或某类特定群体；活动控制在多大范围内；哪些人是促销的主要目标，哪些人是促销的次要目标；这些选择会直接影响到促销的最终效果。

c. 促销活动的主题。制定活动主题主要是解决两个问题：

- 确定促销活动的主题。是因为节日，还是本企业的周年庆典，或者是企业项目招商成功，这些可以作为一个促销的主题，这些是根据时间来定的，这个时间有的为一些大众化的节日，人人都知道，有的是别人不知道的，如公司在哪里新开分公司，哪个分店周年庆典等。
- 包装促销活动的主题。

选择什么样的促销工具和什么样的促销主题，要考虑到活动的目标、竞争条件和环境及促销的费用预算和分配。

d．活动时间和地点。促销活动的时间和地点选择得当会事半功倍，选择不当则费力不讨好。在时间上尽量让消费者有空闲参与，在地点上要让消费者方便，而且要事前与城管、工商等部门沟通好。发起促销战役的时机和地点很重要，持续时间的长短也很重要。持续时间过短会导致在这一时间内无法实现重复购买，很多应获得的利益不能实现；持续时间过长，又会引起费用过高而且不能形成市场热度，并降低在顾客心目中的身价。

e．促销活动的广告及合作方式。一个成功的促销活动，需要全方位的广告配合。选择什么样的广告创意及表现手法，选择什么样的媒介炒作，这些决定着不同的受众抵达率和费用投入。

f．活动前期准备。活动前期，在人员安排方面要做到“人人有事做，事事有人管”，无空白点，也无交叉点。如负责与政府、媒体的沟通，负责文案写作，负责现场管理，负责礼品发放，负责顾客投诉，负责收银通道畅通，负责货物运输等工作，谁负责哪一项要分清楚，各个环节都要考虑清楚。在物资准备方面，要事无巨细，大到车辆，小到螺丝钉，都要罗列出来，然后按单清点，确保万无一失。还有一个很重要的环节就是信息反馈，要想在下次做得更好，就要不断吸取更多、更丰富的经验。因此有必要进行一个试验来判断促销工具的选择是否正确，刺激程度是否合适，现有的途径是否理想，有哪些地方做得不好，有哪些地方做得好，怎么做会更好，试验方式可以是询问消费者、有奖问卷、填调查表或在特定的区域试行方案等。

g．活动中期操作。中期操作主要是活动现场纪律和活动现场控制两个方面。纪律是战斗力的保证，是方案得到完美执行的先决条件，在方案中对参与活动人员各方面纪律应做出细致的规定。现场控制主要是把各个环节安排清楚，做到忙而不乱，有条有理。在实施方案过程中，应及时对促销范围、强度、额度和重点进行调整，保持对促销方案的控制。

h．费用预算。没有利益就没有存在的意义，对促销活动的费用投入和产出应做出预算。当年爱多 VCD 的“阳光行动 B 计划”以失败告终的原因就在于没有在费用方面进行预算，直到活动开展后，才发现这个计划公司根本没有财力支撑。一个好的促销活动，仅靠一个好的点子是不够的。

i．意外防范。每次活动都有可能出现一些意外，比如政府部门的干预、消费者的投诉，甚至天气突变导致户外的促销活动无法继续进行等。必须对各个可能出现的意外事件作必要的人力、物力、财力方面的准备。

j．效果预估。预测这次活动会达到什么样的效果，以利于活动结束后与实际情况进行比较，从刺激程度、促销时机、促销媒介等各方面总结成功点和失败点。

上面介绍的几部分是促销活动方案的一个整体框架，活动方案在实际运作过程中，应该大胆的想象哪些要进行改进，进行分析比较和优化组合，以实现更佳的实际效益和社会效益。

撰写促销策划方案可能用到表格参考表 10-10 至表 10-15。

【参考表格】

表 10-10 促销专员的岗位职责

职责 1	收集各种市场信息及其他资料，为促销计划、方案的制订提供数据支持
职责 2	协助制订促销计划和各类促销活动方案
职责 3	协助组织实施促销方案，指导各区域促销计划的实施
职责 4	协助进行促销活动现场的管理，发现问题及时汇报
职责 5	负责联络促销活动现场表演、主持人或单位
职责 6	负责促销品的选择、设计及管理
职责 7	负责对促销人员的工作进行监督、考察
职责 8	完成领导临时交办的其他任务

表 10-11 促销工作计划表

产品名称	月日预计	月日实际销售额	本月营业额	促销方式	目前销售方式	销售客户	促销方式	方法说明	督导人员

表 10-12 促销活动计划表

企业名称：　　　　　　　　　　　　　　　　填表日期：

促销编号	针对产品	促销方式	促销时间		主管	配合事项	预计经营	预期效果	备注
			起	止					

表 10-13 促销活动计划书

活动期间	年　月　日至　　年　月　日	地点	
促销活动类型	□地区产品展销活动　□DM 函攻势　□广告发布 □编制客户名簿　□感谢客户的赠品活动 □影艺欣赏、客户联谊活动　□为客户提供技术服务 □音乐欣赏、音响试听会　□郊游、旅游、露营、游园会等户外活动		

续表

	名称	单位	数量	单价	总额	初核补助金额	实际费用	实际补助金额
预计费用								

表 10-14　促销成本统计表

项目内容		规格、数量	费用	完成时间	备注
终端现场宣传	条幅				
	挂幅				
	背景板				
现场布置费用	场地布置（租用）				
	音响设备				
	桌椅、地毯				
促销品	促销卡				
	礼品				
人工成本	饮料				
	餐费				
	促销人员工资				
其他费用	摄影费				
	安全管理费				
合计					

表 10-15　促销活动总结表

活动主题		活动内容	
活动日期		活动地点	
活动成果（包括对产品销售的影响、对竞争对手的影响、对顾客的影响、对中间商的影响等）			

对促销活动的分析	活动主题	对活动主题的评价	□非常好　□较好　□一般　□不理想　□极差
		原因分析	
		改进意见	
	活动形式	对活动形式的评价	□非常好　□较好　□一般　□不理想　□极差
		原因分析	
		改进意见	

续表

对促销活动的分析	活动时机	对活动时机的评价	□非常好 □较好 □一般 □不理想 □极差
		原因分析	
		改进意见	
	活动地点	对活动地点的评价	□非常好 □较好 □一般 □不理想 □极差
		原因分析	
		改进意见	
对促销活动的分析	人员表现	对人员表现的评价	□非常好 □较好 □一般 □不理想 □极差
		原因分析	
		改进意见	
	准备工作	对准备工作的评价	□非常好 □较好 □一般 □不理想 □极差
		原因分析	
	准备工作	改进意见	
	执行过程	对执行过程的评价	□非常好 □较好 □一般 □不理想 □极差
		原因分析	
		改进意见	
活动效果的总体评价			
附上促销活动总结报告			

3. 公共关系策略

企业在考虑何时与如何运用公共关系时，必须建立营销目标、选择公关信息和载体、谨慎执行公关计划、评估公关效果。

（1）建立营销目标。

① 建立认知度。公共关系可利用媒体来讲述一些情节，以吸引人们对某产品、服务、人员、组织或创意的注意力。

② 树立可信度。公共关系可以通过新闻报道来传播信息以增加其可信性。

③ 刺激销售队伍和经销商。在新产品投放市场之前先以公关宣传披露，这便于帮助销售队伍将产品销售给零售商。

④ 降低促销成本。

（2）选择公关信息和载体。公关人员可以选择有吸引力或影响力的事件加以传播，也可以策划或创造有吸引力或影响力的事件。公共关系的常用工具如表10-16所示。

表10-16 主要的公关工具

项目	主要内容
公开出版物	企业依靠各种传播材料去接近和影响其目标市场，包括年度报告、手册、文章、视听材料、商业信件和杂志
事件	企业可以安排一些特殊的事件来吸引人们对其新产品和企业其他事件的注意，包括记者招待会、讨论会、郊游、展览会、竞赛、周年庆典、运动会和文化赞助等

续表

项目	主要内容
新闻	发掘、创造对企业和其他产品或人员有利的新闻，争取宣传媒体录用新闻稿件和参加记者招待会，这需要营销技巧和人际交往技巧
演讲	演讲是创造产品或企业知名度的另一项工具。企业负责人应经常通过宣传工具圆满回答各种问题，并在同业会议或销售会议上演讲，这种做法有利于树立企业形象
公益服务活动	企业向公益事业捐赠，支持一些社会活动等
形象识别媒体	企业至少应努力创造一个公众能迅速识别的视觉形象，视觉形象可以通过企业的标志、文件、手册、招牌、企业模型、业务名片、建筑物、制服标记等传播

（3）执行计划。执行公共关系就是要搞好与媒体编辑、政府机构等的关系，目的是保证公共关系计划的实施。

（4）评估效果。由于公共关系与其他营销手段配合使用，故其效果很难衡量。但如果公共关系在其他营销活动展开之前，则其使用效果较容易衡量。有效衡量公共关系效果的方法有：展露度、知名度和态度等方面发生的变化，销售额和利润贡献。

4. 人员推销策略

人员推销策略包括三方面内容：确定推销人员的任务；推销队伍建设，包括确定推销队伍的组织结构（地区型、产品型、顾客型）和规模，推销人员的选择、培训和报酬及对推销人员的评价等；明确推销人员的主要推销步骤。

（1）明确推销人员的任务。推销人员的任务包括寻找新顾客、传递信息、推销产品、提供服务、搜集信息、分配商品（当货源紧张，顾客需求大于企业供给量时，推销人员要提出向不同客户分配产品的建议）。

现代推销观念认为，推销人员不仅要重视商品推销，还应该知道如何使顾客满意，为企业带来更多利润。这就要求推销人员懂得如何分析销售资料、分析市场潜力、收集市场信息、制定市场营销计划。

（2）组建推销人员队伍。

① 确定推销人员数量。企业的推销人员越多，对产品销售越有利，但费用也会增加，因此，企业要确定合适的推销人员数量。

② 选择推销人员。优秀推销人员至少需要具备两个基本素质：把握顾客的能力，从顾客需求出发展开工作；对取得推销成功有强烈的驱使力。推销人员可以来自企业内部，也可以从社会上招聘。

③ 培训推销人员。培训的内容主要包括：

a．企业的情况、企业产品的情况、顾客和竞争对手的情况、推销技巧、推销工作的程序和责任。

b．培训时间应视推销人员原有的素质而定，培训方法可以灵活多样。

④ 合理分配推销人员。分配推销人员的方法包括：

按地区分配推销人员、按产品分配推销人员、按顾客分配推销人员、按多种因素分配推销人员。企业可以从自身特点出发，选择合适的方法。

⑤ 确定推销人员报酬。推销人员的报酬有三种基本类型：

a．薪金制。企业按期支付推销人员一定的薪金和从事推销所必需的费用津贴，不定期地向推销人员发放奖金。

b．佣金制。企业按销售额或利润的一定比例向推销人员支付报酬。

c．薪金和佣金结合制。把薪金制和佣金制结合起来，既能调动推销人员的积极性，又能促使推销人员去完成任务。

⑥ 对推销人员的指导、鼓励和评价。

（3）明确推销人员的主要推销步骤。推销人员可以通过多种途径同顾客达成交易，但有效的推销过程往往包含图10-2所示的七个步骤。

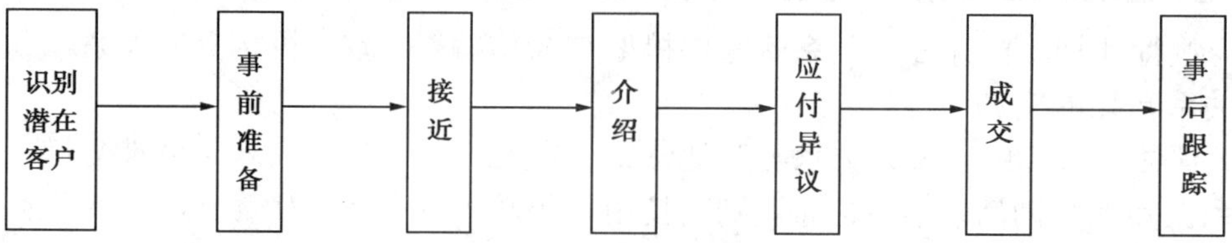

图10-2　人员推销七步骤

① 识别潜在顾客。推销人员可以通过多种途径寻找潜在顾客，然后根据潜在顾客的资金情况、销售额、其他特殊要求、地理位置以及发展前景等因素进行分析，以便尽早放弃没有成交可能的顾客，而把主要精力集中在成交可能性较大的潜在顾客身上。

② 推销前的准备工作。

a．尽可能了解顾客需要什么，谁参与购买决策，采购人的个性特征和购买类型如何等情况。

b．确定访问目标，它可能是进一步确定潜在顾客或搜集有关信息，或达成某项交易。

c．决定最佳的接触方法，如登门推销、电话推销或其他推销方式。

d．决定拜访时间，推销人员要选择合适的拜访时间，要避免在顾客较忙的时候去拜访。

e．推销人员还应构思出全面的推销策略，如成交价格、付款条件等。

③ 接近顾客。推销人员应以合适的方式，首次与顾客接触，为以后洽谈业务打下一个良好的基础。为此，要求推销人员注意自己的外表，交流过程中始终对顾客表示出应有的尊重和关注，给顾客一个好的印象，在洽谈前，一般要进行问候，然后转入双方关注的问题，出示能吸引顾客注意力和引起顾客好奇心的产品样品和有关资料。

④ 介绍产品。在介绍产品的过程中，推销人员始终要强调顾客的利益，并说明企业产品能够满足顾客所追求的利益，要把顾客所追求的利益与产品特色相结合。然后，推销人员通过产品说明书、现场操作等方式论证所介绍产品的特色。

⑤ 应付异议。推销人员在向顾客介绍和论证产品或要求顾客订货时，顾客往往会提出一些异议。为了处理这些异议，推销人员要采取积极的态度，运用一定的技巧打消顾客的顾虑。

⑥ 成交。推销人员要善于从顾客的身体动作、问题和谈话内容等方面了解顾客想要结束交谈的意向。此时，推销人员要特别注意，运用一定的技巧促成交易，如重述协议要

点，主动为顾客起草订单，以某种方式暗示如果现在不下单将会给顾客带来损失等。推销人员还可以通过一定的刺激手段促成交易，如向顾客提供优惠价格，免费赠送一定数量的产品等。如果顾客还是不下订单，销售人员应与顾客保持良好的关系，以便后期继续联系。

⑦ 事后跟踪。推销人员要重视访问后的工作，以保证让顾客满意并重复购买产品。其工作内容包括落实交货时间、采购条件及其他双方商定的具体事项，推销人员还应再次访问顾客，以了解顾客的满意程度，处理事先没有考虑到的问题，并表示对顾客的关心，促使顾客再次购买产品。

项目自我练习 10

一、单项选择题

1．下列各因素中，不属于人员推销基本要素的是（　　）。

A．推销员　B．推销品　C．推销条件　D．推销对象

2．促销的目的是引发刺激消费者产生（　　）。

A．购买行为　B．购买兴趣　C．购买决定　D．购买倾向

3．对于单位价值高、性能复杂、需要做示范的产品，通常采用（　　）策略。

A．广告　B．公共关系　C．推式　D．拉式

4．人员推销的缺点主要表现为（　　）。

A．成本低，顾客量大　B．成本高，顾客量大

C．成本低，顾客有限　D．成本高，顾客有限

5．人员推销活动的主体是（　　）。

A．推销市场　B．推销品　C．推销人员　D．推销条件

6．在产品生命周期的介绍期，消费品的促销目标主要是宣传介绍产品，刺激购买欲望的产生，因而主要应采用（　　）促销方式。

A．广告　B．人员推销　C．价格折扣　D．营业推广

7．公共关系（　　）。

A．是一种短期促销战略　B．直接推销产品

C．树立企业形象　D．需要大量的费用

8．公关活动的主体是（　　）。

A．一定的组织　B．顾客　C．政府官员　D．推销员

9．在商业企业，很多商品的定价都不进位成整数，而保留零头，这种心理定价策略称为（　　）策略。

A．尾数定价　B．招徕定价　C．声望定价　D．习惯定价

10．企业利用消费者具有仰慕名牌商品或名店声望所产生的某种心理，对质量不易鉴别的商品的定价最适宜使用（　　）法。

A．尾数定价　B．招徕定价　C．声望定价　D．反向定价

二、多项选择题

1．促销策略从总的指导思想上可分为（　　　）。

A．组合策略　　B．单一策略　　C．推式策略

D．拉式策略　　E．综合策略

2．促销的具体方式包括（　　　）。

A．市场细分　　B．人员推销　　C．广告

D．公共关系　　E．营业推广

3．人员推销的基本形式包括（　　　）。

A．上门推销　　B．柜台推销　　C．会议推销

D．洽谈推销　　E．约见推销

4．企业定价方法大体上有以下几种（　　　）。

A．成本导向定价　　B．竞争导向定价　　C．需求导向定价

D．效益导向定价　　E．批量导向定价

5．新产品定价策略一般有以下几种（　　　）。

A．撇脂定价　　B．渗透定价　　C．满意定价

D．理解定价　　E．目标定价

三、判断题

1．促销组合是促销策略的前提。在促销组合的基础上才能制定相应的促销策略。因此，促销策略也称促销组合策略。（　　）

2．人员促销也称直接促销，它主要适合于消费者数量多且比较分散的情况。（　　）

3．企业在其促销活动中，在方式的选用上只能在人员促销和非人员促销中选择其中一种加以应用。（　　）

4．对单位价值较低、流通环节较多、流通渠道较长、市场需求较大的产品常采用拉式策略。（　　）

5．因为促销是有自身统一规律性的，所以不同企业的促销组合和促销策略也应该是相同的。（　　）

6．公益广告是用来宣传公益事业或公共道德的广告，所以它与企业的商业目标无关。（　　）

7．广告的生命在于真实。（　　）

8．“刺激—反应”策略是在不了解顾客的情况下，推销者运用刺激手段引发顾客产生购买行为的策略。（　　）

9．随行就市定价法适用于同质产品。（　　）

10．面对激烈的竞争，企业为了生存和发展，在任何时候都应始终坚持只降价不提价的原则。（　　）

四、案例分析题

亚都：开辟天津市场

亚都科技股份有限公司拥有加湿器、净化器、新风换气机等产品，所有产品都采用亚都这个品牌，亚都超声波加湿器在 20 世纪 90 年代初在北京拥有很高的知名度与市场占有

率，但在天津市场上却受到冷遇。北京亚都人工环境科技公司市场部人员在思考：京津两地纬度基本相同，气候条件相差无几，同样是大都市，两地传媒对新生事物同样敏感，该产品在天津应该很有市场。为此他们借阅了大量描述天津市民生活的通俗读物，派人去天津商界听取有关人士的意见和建议，与天津新闻记者座谈，比较天津地区发行量在前 10 位的报纸的编排风格、发行范围、广告价格等，一个个促销方案经过形成—被否定—又形成新方案的过程，多次反复后，最终形成了一个“亚都加湿器向天津市民有偿请教”的促销活动方案。活动开始 10 天内，亚都公司收到天津市民 1 200 多封来信，获得 4 000 余种建设性意见，亚都随即向这些消费者回复了“感谢函”，并随函寄出礼品一份和“感恩卡”一张，消费者凭卡可特价购买“亚都”加湿器一台，加上其他配套措施，天津市场终于被打开了。在活动开展的两个月内，公司卖出了 4 000 台加湿器，相当于过去 3 年天津市场销量的 10 倍。

【案例分析】

1．亚都公司在此次活动中主要选择的面向消费者的促销工具是什么？

2．除此之外，还有哪些面向消费者的促销工具？